E. TARBOUR

ÉTUDES
SUR LA
RÉVOLUTION
DANS LE DÉPARTEMENT
DE SEINE-ET-OISE

PARIS
LIBRAIRIE J.-B. BAILLIÈRE ET FILS
19, RUE HAUTEFEUILLE, 19

1913
Tous droits réservés

ÉTUDES

SUR LA

RÉVOLUTION

DANS LE DÉPARTEMENT

DE SEINE-ET-OISE

E. TAMBOUR

ÉTUDES

sur la

RÉVOLUTION

dans le département

DE SEINE-ET-OISE

PARIS
LIBRAIRIE J.-B. BAILLIÈRE et FILS
19, rue hautefeuille, 19

1913
Tous droits réservés.

PRÉFACE

Les études contenues dans ce volume se rattachent, comme l'indique le titre sous lequel je les réunis, à l'histoire de la Révolution dans le département de Seine-et-Oise (1); elles concernent surtout l'époque du Directoire. Cette période ne présente pas le même intérêt tragique que celle qui l'a précédée; mais elle n'est pas moins fertile en enseignements, si nombreuses sont les fautes accumulées par les hommes qui détenaient alors le pouvoir. J'ai essayé, principalement dans les deux premières études, de montrer, à l'aide des documents que j'avais rassemblés (2) et dont beaucoup étaient inédits, quelle fut, dans la région dont je m'occupais, la répercussion d'une politique aussi aveugle que néfaste.

Le sentiment qui dominait, en l'an III, parmi les populations de Seine-et-Oise, c'était l'horreur du régime

---

(1) Plusieurs de ces études ont été publiées dans la *Revue de l'histoire de Versailles et de Seine-et-Oise*.

(2) J'ai consulté notamment les délibérations du Conseil général et de l'Administration centrale de Seine-et-Oise, ainsi que celles des Administrations municipales des cantons de Marly, d'Ablis et de Luzarches. Les procès-verbaux de ces délibérations se trouvent aux Archives départementales. Afin de ne pas multiplier outre mesure les références, je n'en ai donné que pour les autres sources. Mes recherches ont été facilitées par les indications que m'a fournies avec une inlassable obligeance M. Coüard, archiviste honoraire du département de Seine-et-Oise. Je tiens à lui exprimer ici toute ma gratitude.

de la Terreur. Si elles n'avaient pas vu la guillotine dressée en permanence, elles avaient subi l'oppression des comités révolutionnaires et des représentants en mission ; pendant de longs mois, elles étaient restées à la merci des délations qui encombraient les prisons de suspects. Malgré la réaction thermidorienne, la Convention nationale personnifiait encore pour elles un temps dont le souvenir leur était odieux. Aussi, quand cette Assemblée, qui ne pouvait se résigner à mourir tout à fait, eut décidé, sauf ratification plébiscitaire, que les deux tiers au moins des membres des futurs Conseils législatifs devraient être d'anciens Conventionnels, les habitants avaient rejeté à une très forte majorité (1) les décrets soumis à leurs suffrages. Cependant la plupart ne demandaient pas l'abolition des institutions républicaines. Avides surtout de repos, ils avaient accepté la Constitution nouvelle (2), et étaient disposés à appuyer le gouvernement, dans l'espoir que, sans ressusciter les abus d'autrefois, il assurerait l'ordre et la stabilité (3).

La déception fut grande. Ils voulaient l'apaisement ;

---

(1) Il y eut 7245 opposants contre 1972.
(2) Par 10120 voix contre 1549.
(3) Le duc Victor de Broglie raconte dans des *Souvenirs* (I, p. 23) qu'il alla, au commencement du Directoire, à plusieurs reprises à Dourdan chez deux cousines de son précepteur : « C'étaient, dit-il, deux vieilles filles, bonnes, pieuses et assez aimables. J'entendais dans cette société paisible et bourgeoise un tout autre langage que celui que j'entendais à la table de ma mère ; les événements du jour y étaient envisagés sous un point de vue très différent. Je n'y ai jamais entendu regretter l'ancien régime, ni même la monarchie, on ne désirait qu'un peu de repos ; on ne désespérait pas de l'obtenir du gouvernement directorial. »

le Directoire leur impose des commissaires, qui semblent prendre à tâche de réveiller les discordes. Ils appelaient de leurs vœux la paix; le gouvernement poursuit une guerre de conquêtes et de fiscalité. Ils comptaient sur le relèvement du crédit public; la situation financière est de plus en plus menaçante. Les conséquences ne se font pas attendre. Le mécontentement devient général; il se traduit, en germinal an V, par une manifestation énergique. Les électeurs de Seine-et-Oise ne choisissent pour les deux Conseils que des représentants hostiles.

Le gouvernement se croit consolidé par le coup d'État du 18 fructidor; c'est une illusion. L'opposition révolutionnaire l'emporte, aux élections de l'an VI; le Directoire se sent débordé; il obtient le vote d'une loi qui lui permet d'évincer nombre de députés régulièrement élus. D'autre part il abuse plus que jamais des épurations administratives et fait preuve en toute circonstance d'intolérance politique et religieuse. Cela ne suffit pas. Avec le concours des Conseils, il entreprend de régénérer la nation par l'établissement du régime décadaire. « Le 18 fructidor, disait, il y a quelques années, M. Paul Deschanel à la Chambre des députés (1), vint rouvrir l'ère des vexations, et le Directoire, en cherchant à entraver le culte catholique au moyen du décadi, prépara le dix-huit Brumaire. » Les causes de ce dernier coup d'État ont été multiples; mais rien n'était plus propre à en assurer le succès

(1) Séance du 22 octobre 1904.

que l'application de mesures oppressives dont le seul résultat fut de discréditer davantage le gouvernement directorial.

Les législateurs avaient beaucoup compté sur l'impression que produiraient les fêtes allégoriques. Dans les villes le spectacle offre d'abord quelque attrait par sa nouveauté ; il est souvent ridicule dans les villages. Vainement les orateurs prononcent des discours déclamatoires ; les paysans ne prennent guère d'intérêt qu'aux jeux et aux danses qu'il devient nécessaire d'y adjoindre pour les attirer. On s'efforce d'ailleurs de ruiner toutes les traditions ; on veut substituer le culte décadaire au culte catholique. L'ouverture des églises n'est pas interdite en Seine-et-Oise les anciens jours fériés, comme dans d'autres départements ; on se borne à exercer une pression sur les prêtres pour les déterminer à transférer leurs offices au décadi. C'est là en effet le jour sacré. Chaque décade, se tient au chef-lieu de canton une réunion solennelle. Les auditeurs manquent d'enthousiasme ; quelle satisfaction peuvent-ils avoir à entendre, tous les dix jours, la lecture du Bulletin des lois et des actes de l'état civil, les récitations des enfants des écoles ! Aussi l'assistance se compose-t-elle presque exclusivement de fonctionnaires, qui craignent que leur absence ne soit signalée, d'instituteurs et d'institutrices, que la loi oblige à en faire partie. Les autres citoyens ne sont pas tenus de se rendre au temple décadaire, mais la liberté de tous est atteinte. Quiconque ne travaille pas le dimanche est suspect ; quiconque prend part ce jour-là à des divertissements publics s'expose à des poursuites. Le décadi, au contraire, il est prohibé de travailler ostensiblement. Administrateurs et administrés trouvent le régime intolérable ; ceux-ci cherchent à éluder la loi ou la violent ouvertement ; ceux-là l'appliquent le moins possible par crainte de l'impopularité ou des représailles.

Dans ses rapports au ministre de l'Intérieur, l'ancien Conventionnel, Hyacinthe Richaud, commissaire près l'Administration centrale, déplore la résistance que rencontre en Seine-et-Oise l'exécution des lois décadaires. Il constate en même temps le trouble et l'inquiétude que causent la désunion qui règne en haut lieu, les dilapidations dont tous s'entretiennent. A la faveur de ce désordre moral, les politiciens les plus exaltés se concertent, dénoncent, réclament de nouvelles épurations. Tandis que les agitateurs jacobins se plaignent du modérantisme des administrateurs, le plus grand nombre des habitants redoute les compromissions révolutionnaires du gouvernement. Richaud ne dissimule pas que, dans ce département naguère « l'asile de la richesse et le séjour du luxe », beaucoup se montrent enclins à regretter le temps passé. En doit-on être surpris ! Plus d'un habitant de Versailles par exemple ne devait-il pas avoir la vision de l'époque encore si récente où la résidence de la cour donnait tant de mouvement et d'éclat à cette ville aujourd'hui déchue (1) ! Est-ce à dire que la majorité demande le retour de la

(1) La population était tombée de 70 000 habitants à moins de 30 000.

royauté? Ce qui est certain, c'est qu'elle aspire à un changement; villes et campagnes sont prêtes à acclamer celui qui apparaîtra comme le plus capable de ramener la paix intérieure et extérieure, que le Directoire est impuissant à rétablir. En Seine-et-Oise, comme presque partout en France, ce fut avec un sentiment général de délivrance qu'on apprit la chute de ces gouvernants qui n'avaient su rien réparer, rien édifier, et qui tombaient méprisés par le pays auquel ils n'avaient donné ni la prospérité matérielle, ni la sécurité, ni la liberté.

Les procès-verbaux de l'Administration municipale du canton d'Ablis reproduisent une série de discours prononcés, de l'an IV à l'an VIII, par Delaine d'Envers, commissaire du Directoire exécutif. La forme souvent bizarre de ces discours piquant ma curiosité, je voulus connaître le fonctionnaire qui avait, suivant une de ses locutions familières, « transmis à la postérité » de si nombreux spécimens de son éloquence. Je rencontrai un véritable *politicien de village* dans la plus mauvaise acception du terme : pérorant sur tout sujet, épris de grandes phrases dont parfois le sens lui échappe, visant, quoique dépourvu d'instruction, à étonner ceux qui l'écoutent par l'étendue et la variété de ses connaissances, ayant sans cesse à la bouche le mot de liberté et ne souffrant pas qu'on pense autrement que lui, envieux, sans scrupules, ne pardonnant jamais une offense faite à sa vanité, toujours disposé à la délation.

Malgré l'aversion qu'inspire la psychologie du personnage, il m'a semblé qu'à raison des événements auxquels il fut mêlé, les diverses phases de sa carrière politique et administrative pouvaient offrir quelque intérêt.

Tandis que sur les confins d'Eure-et-Loir, Delaine D'Envers exerçait sa basse tyrannie, un homme qui allait bientôt devenir célèbre, d'une culture raffinée, d'une intelligence telle qu'on s'est demandé « s'il ne fut pas l'homme le plus intelligent du xixe siècle (1) », remplissait, près de la limite du département de l'Oise, les modestes fonctions de président d'une administration cantonale. Benjamin Constant croyait que Luzarches serait pour lui une première étape sur le chemin de la gloire. Il y avait acheté l'ancien monastère d'Hérivaux, et il espérait que les électeurs de Seine-et-Oise s'empresseraient de le nommer membre du Conseil des Cinq-Cents, où il jouerait un grand rôle et rendrait son nom illustre. Un échec lamentable fit évanouir son rêve ; il dut attendre la fin du Directoire pour obtenir de la faveur du gouvernement consulaire une place au Tribunat. Il n'y resta guère, son premier discours lui ayant attiré la disgrâce du maître. Découragé, il vendit sa propriété d'Hérivaux et se rendit acquéreur d'une autre de moindre étendue, qui était également située dans le canton de Luzarches et qu'il conserva jusqu'en 1811. Vainement il chercha dans la solitude de ce nouveau domaine l'oubli de ses

(1) *Madame Récamier et ses amis*, par Édouard Herriot, p. 40.

déceptions politiques et l'apaisement des tristesses de son âme désemparée.

Dans l'étude suivante j'ai relaté deux épisodes politiques de la vie de François Fréville, qui fut, pendant le Directoire, professeur à l'École centrale de Seine-et-Oise. La dernière a trait à un pauvre maniaque, qu'on prit tout d'abord pour un dangereux conspirateur, et qui, après une longue détention dans les prisons de Versailles, monta sur l'échafaud la veille du neuf thermidor.

L'ADMINISTRATION CENTRALE
DE SEINE-ET-OISE
ET LE DIRECTOIRE

A la première séance que les cinq membres de l'Administration centrale de Seine-et-Oise (1) tinrent, le 5 brumaire an IV, dans l'ancien hôtel du Grand-Veneur (2), l'un d'eux, Chandellier (3), prit la parole : « Nos administrés, dit-il, battus pendant l'intervalle de six années par des orages dont les annales du monde ne présentent aucune image, ressemblent à ces liqueurs hétérogènes auxquelles des commotions violentes ont fait perdre leur équilibre respectif. Ce n'est que dans le repos et loin des tourbillons qui les agitent qu'elles recouvrent le niveau que leur assigne la nature, et c'est aussi ce calme si précieux après lequel vos concitoyens soupirent avec d'autant plus d'énergie qu'ils se trouvent peut-être trop voisins d'un volcan qui fume encore. Qui pourra donc enfin, à la place des convulsions

---

(1) Les administrations centrales de département étaient, aux termes de l'article 177 de la Constitution de l'an III, composées de cinq membres. L'assemblée électorale de Seine-et-Oise, réunie en vendémiaire an IV, avait nommé administrateurs : Hennin, de Versailles; Chandellier et Langoisseur, de Saint-Germain; Carqueville, d'Étampes; Garnier, de Pontoise.

(2) Cet hôtel fut affecté, de 1791 à 1800, à l'Administration départementale. C'est sur son emplacement qu'a été construit le Palais de Justice.

(3) Avant d'être élu administrateur, Chandellier avait exercé les fonctions de procureur-syndic, puis d'agent national près le district de Saint-Germain-en-Laye.

de l'anarchie, leur donner les avantages très prochains d'une paix profonde et durable? Un gouvernement d'aplomb, voilà, citoyens, le port tutélaire qui puisse seul les dérober à de nouveaux orages. Le nouveau pacte qui rattache à la grande famille tous ses membres dispersés le découvre à leurs avides regards; mais qui en facilitera l'entrée? Vous, fonctionnaires publics. C'est à vous qu'est exclusivement réservé ce magnifique privilège. Vous allez rouvrir les sources de la prospérité générale et rappeler leur cours bienveillant que le malheur des temps avait égaré. Cosmopolites par philosophie, philanthropes par sensibilité, vous n'économiserez ni vos soins, ni vos veilles pour donner la vie à une Constitution qui n'attend pour marcher que l'impulsion simultanée de tous les agents immédiats du corps social. L'amour de la patrie, le plus puissant des leviers, va reporter tout entier l'édifice politique sur sa véritable base, et, nouveau phare, lancera ses feux sur un plus vaste horizon; et, spécialement chargés de les alimenter, je ne crains pas de les voir s'éteindre. Votre active surveillance, semblable à celle des Vestales, m'en est un sûr garant. »

Si l'orateur, trop imbu du goût littéraire de l'époque, avait fait apparaître les Vestales dans sa péroraison, après avoir évoqué Aristide et Caton dans son exorde; si, visant à la haute éloquence, il avait multiplié les figures de rhétorique les plus disparates, il n'en exprimait pas moins les désirs de la grande masse des citoyens, qui, fatigués de tant de secousses, saturés de politique, aspiraient au repos, à la paix intérieure et extérieure, et demandaient, suivant le mot de Chandellier, un gouvernement « d'aplomb ». Ces vœux, qui étaient ceux de la France presque entière, allaient-ils être exaucés? On pouvait l'espérer en lisant ce passage de la proclamation du Directoire : « Faire régner la concorde, ramener la paix, régénérer les mœurs, rouvrir les sources de la production, ranimer le commerce et l'industrie, étouffer l'agiotage, donner une nouvelle vie aux arts et aux sciences, rétablir l'abondance et le crédit public, remettre l'ordre social à la place du chaos inséparable des révolutions, voilà la tâche de la législature et du Directoire. »

Les actes ne répondirent guère aux promesses. Les nouveaux gouvernants trouvèrent le pays trop indifférent, trop inerte; pour secouer sa torpeur, ils appelèrent aux fonctions publiques laissées à leur choix beaucoup d'hommes d'opinions très avancées et même d'ardents révolutionnaires. « Ces hommes atroces, écrivit plus tard le directeur La Revellière-Lépeaux, voulaient tous être placés chez eux ou dans les lieux où ils avaient principalement exercé leurs fureurs et leurs brigandages; incapables de honte et de remords, ils voulaient, quoique déchus de toute puissance, se montrer encore en place et narguer en quelque sorte ceux qui les avaient tant de fois si justement maudits depuis le 9 Thermidor. » En accédant aux sollicitations de nombre d'entre eux, le Directoire voulait tout à la fois tenter de se les concilier et stimuler l'ardeur des administrés. La plupart de ces étranges fonctionnaires ne revinrent pas à des idées plus sages, et leurs nominations firent mal augurer de la politique du Gouvernement.

Quelle ne fut pas la stupéfaction des membres de l'Administration centrale de Seine-et-Oise lorsqu'ils apprirent que le commissaire choisi pour siéger auprès d'eux était un ami et disciple de Babeuf, Félix Lepeletier, le frère du célèbre conventionnel! Ils le connaissaient, car il habitait Buc; ils savaient que c'était un dangereux agitateur. Un arrêté pris *in extremis*, le 13 vendémiaire précédent, par le représentant Delacroix, l'avait nommé procureur de la commune de Versailles; après avoir fait de grandes difficultés pour accepter ces fonctions, il ne les occupa pour ainsi dire pas, car il partit presque aussitôt en voyage. Cette fois, il refusa sans hésiter le poste de commissaire auquel il était appelé sur la recommandation de Carnot. Un simple refus ne lui parut pas suffisant; il écrivit, dit-on, à son protecteur « qu'il le regardait comme un tyran, et qu'il ne cesserait de travailler à le renverser (1) ». A défaut de Félix Lepeletier, qui peu après se dérobait par la fuite aux poursuites exercées contre lui pour complicité dans la conspiration de Babeuf, le Gouvernement désigna, le 13 frimaire, Germain (de Viroflay), jacobin intransigeant, ancien administrateur du département.

A peine installée, l'Administration put se rendre compte de l'état des esprits. Dès le 24 brumaire, elle écrivait au ministre de l'Intérieur : « Les rapports qui nous ont été faits nous ont véritablement affligés. Beaucoup de citoyens appelés aux fonctions de présidents, agents ou adjoints ont refusé de les accepter; d'autres, après avoir accepté, ont donné leur démission. » Ce fut pour le Gouvernement une raison de plus de recruter les commissaires des cantons de préférence parmi les hommes à tendances accentuées, dans l'espoir qu'ils parviendraient à vaincre l'apathie des habitants. Il en résulta surtout le désaccord entre un grand nombre d'administrations municipales et ces commissaires, qui se faisaient souvent leurs antagonistes et leurs dénonciateurs plutôt que leurs auxiliaires (2).

(1) *Bibliographie universelle*, de Michaud.
(2) Il n'en était pas ainsi toutefois dans le canton de Beaumont; une entente trop parfaite régnait entre l'Administration municipale et le commissaire du Directoire, Mazières, qui fut révoqué l'année suivante. Il avait été dénoncé comme ayant passé vingt-quatre heures, absolument ivre, sous un toit à porcs, entouré des administrateurs, et chantant avec eux : « Où peut-on être mieux qu'au sein de sa famille! » On lui reprochait en outre certaines malversations auxquelles il se livrait d'accord avec le président. (*La Municipalité cantonale de Rambouillet*, par M. For-

Une autre cause rendait la situation des plus critiques. La Convention avait laissé les finances publiques dans un état tel que la faillite semblait imminente (1). « Le Trésor national, dit La Revellière-Lépeaux dans ses *Mémoires*, était entièrement vide ; il n'y restait pas un sou, les assignats étaient sans valeur. Les revenus publics étaient nuls ; les citoyens avaient perdu l'habitude de payer les contributions. » Afin de remédier à cette détresse, le Directoire eut recours au pire expédient. Malgré l'insuccès de l'emprunt forcé de un milliard sur les riches décrété en 1793, il n'hésita pas à faire voter par les Conseils législatifs un emprunt de 600 millions « sur les citoyens aisés », convaincu que le pays accueillerait avec faveur un impôt qui n'atteindrait qu'une quantité restreinte de contribuables (2).

La loi chargeait les Administrations départementales de désigner, soit d'après le chiffre de leurs impositions, soit « d'après la notoriété publique des facultés », les plus imposés ou les plus imposables qui seraient obligés de fournir à l'emprunt. Nulle disposition n'était plus propre à réveiller les haines. L'opinion publique se prononça aussitôt en ce sens que la charge de l'impôt devait incomber à ceux qui avaient profité des événements de la Révolution pour s'en-

geot. — Mémoires de la Société des sciences morales de Seine-et-Oise, t. XVIII, p. 156).

(1) Dans un message adressé, le 30 frimaire an IV, au Conseil de Cinq-Cents, le Directoire exprimait en ces termes son anxiété au sujet de la situation financière : « Nous avions épanché dans le sein de votre commission des finances toute la douleur que nous ressentions à la vue de la détresse affreuse dans laquelle se trouvent tous les services. » Après avoir indiqué les ressources qu'il propose pour y remédier, il ajoute : « Sans ces ressources, nous ne voyons aucun terme aux maux de la patrie. Non, jamais elle n'a été en plus grand danger.... Dans tous les cas notre dernier soupir sera pour la République. Des mains plus heureuses, mais non plus pures, sauront peut-être la préserver de la ruine où le moindre retard peut la plonger. »

(2) Voy. Mémoire sur la prompte restauration des finances. — *Recueil des actes du Directoire exécutif*, t. 1, p. 87.

richir. Des instructions conformes à ce sentiment général furent adressées par les administrateurs de Seine-et-Oise aux administrations municipales, auxquelles revenait le soin de préparer dans chaque canton la confection des rôles. Il leur fallait, pour exécuter ce travail, scruter et discuter les revenus de chacun, rechercher les habitants qui avaient accru leur fortune depuis la Révolution. On comprend quelle dut être la violence des récriminations qu'entraîna l'exécution de cette loi. Il y eut sur certains points du département une véritable fermentation. Dans le canton de Milly, le président de l'Administration, le commissaire du Directoire et d'autres fonctionnaires furent injuriés, menacés ; on alla jusqu'aux voies de fait. L'Administration centrale hésita à déférer les coupables aux tribunaux ; elle crut préférable de chercher à calmer les esprits en n'usant « de ces moyens de rigueur qu'après avoir épuisé ceux qui lui sont dictés par l'autorité paternelle qui lui est confiée ». Le commissaire du canton d'Argenteuil écrit que, menacé par maints contribuables, il a couru les plus grands dangers. « Il ne serait pas indifférent, ajoute-t-il, que vous fassiez filer de temps à autre quelques troupes de cavalerie dans les campagnes ; il suffirait aux habitants de le savoir pour les contenir dans le respect et l'obéissance à la loi et à ses organes. » Celui du canton de Saint-Germain *extra muros* écrit également que les habitants reprochent aux administrateurs d'avoir cherché à les écraser et se livrent à des menaces. Dans le canton de Pontoise *extra muros*, un citoyen, qui avait aidé l'adjoint de sa commune à dresser le rôle de l'emprunt, fut hué par la foule ; dans la nuit, on tira sur lui par une fenêtre plusieurs coups de fusil. L'Administration centrale jugea nécessaire l'envoi d'un détachement de douze hommes qui feraient des patrouilles jour et nuit.

Ce déchaînement des passions ne fut même pas compensé

par une amélioration des finances de l'État. Comme il était à prévoir, l'emprunt ne procura que des ressources insignifiantes; au bout de seize mois, le montant des rentrées, soit en numéraire, soit en matières d'or ou d'argent, n'avait pas atteint 15 millions de francs. La pénurie du Trésor était telle que le fonctionnement des services publics se trouvait sérieusement compromis. A ces embarras financiers se joignait la baisse des assignats et des mandats nationaux, dont la valeur était devenue presque nulle (1). L'agiotage en avait été la conséquence presque fatale. Ce fut une véritable fièvre; on joua sur tout; il n'était pas une denrée, pas une marchandise qui ne donnât lieu à des spéculations, aussi bien que les titres d'État. « Paris, tout Paris — c'est une rue Quincampoix; on agiote pour vivre, on vit pour agioter (2). »

Versailles était trop près de Paris pour ne pas subir la contagion; mais tout Versailles n'agiote pas; c'est une bande qui trouble le calme de la ville et importune plus qu'elle n'entraîne la plupart des habitants. Au coin de la rue de la Pompe (3) et de l'avenue de Saint-Cloud se trouvait un café longtemps célèbre qui appartenait au citoyen Amaury. Là se réunissaient, au début de la Révolution, beaucoup de députés du Tiers-État; Mirabeau et Robespierre furent du nombre de ceux qui le fréquentèrent le plus assidûment. En nivôse an IV, une société d'autre nature s'y donnait rendez-vous, celle des agioteurs. Amaury, qui voyait avec déplaisir son établissement envahi par cette tourbe, cherche vainement à l'évincer. Le ministre de la Police s'émeut et enjoint à la municipalité de sévir. Les

---

(1) Dans le département de Seine-et-Oise, le cours des assignats, qui était de 2 liv. 1,6 en vendémiaire, tomba à 0, 10,6 en pluviôse.
(2) De Goncourt. — *Histoire de la Société française pendant le Directoire*, p. 156.
(3) Aujourd'hui rue Carnot.

agioteurs abandonnent le café pour se rassembler dans les rues environnantes. Le ministre envoie de nouvelles instructions. « ... On m'adresse encore, écrit-il le 19 prairial, des plaintes sur ce que, à la porte de ce même café, l'agiotage le plus infâme s'y fait très publiquement ; soldats de toutes armes, juifs et vagabonds y achètent l'or et l'argent. Vous connaissez les lois qui frappent sur ce criminel trafic ; pourquoi languissent-elles sans force, sans vigueur et sans exécution ? Je vous charge, sous votre responsabilité, d'employer tous les moyens que les lois mettent dans vos mains pour faire cesser un brigandage si pernicieux à la société. Faites livrer aux tribunaux tous les individus qui seront reconnus trafiquer de l'or et de l'argent, avilir et déprécier les mandats territoriaux. » La municipalité se conforma à ces ordres ; le colonel Dumoulin, à la tête de la force armée, dispersa les agioteurs ; on fit même fermer, par mesure de précaution, pendant quelques jours, le café Amaury (1).

L'avilissement du papier-monnaie et l'agiotage produisirent la misère, surtout dans les villes. Les vivres étaient hors de prix ; combien de malheureux manquaient de ressources pour se procurer même les objets les plus nécessaires ! Les rentiers étaient presque ruinés ; les employés ne souffraient pas moins. Déjà l'Administration de Seine-et-Oise écrivait, le 21 nivôse, au ministre de l'Intérieur : « Il est impossible que les administrations municipales, dépourvues des choses les plus indispensables à leurs travaux, remplissent le but qui leur est proposé par la Constitution, si on ne s'empresse de venir à leur secours. L'Administration gémit de voir que plusieurs sont entièrement désorganisées et presque toutes découragées. En deux mots, voici leur position que l'Administration vous

(1) Voy. Le Roi. — *Histoire de Versailles*, t. Ier, p. 204 et suiv.

a déjà mise plus d'une fois sous les yeux. Elles n'ont pour la plupart ni papier, ni encre, ni registres, ni cartons ; elles manquent de tables et de chaises. L'Administration ne connaît aucuns fonds disponibles pour leur en procurer... Aussi bientôt, par la démission des magistrats et la désertion des commis, il ne restera plus des administrations municipales que le nom, dans un instant où leur activité est si essentielle à la marche du gouvernement. » Quelque sombre que pût paraître ce tableau, il était fidèle. Vingt jours après, les employés de l'Administration centrale motivaient en ces termes une demande d'augmentation des traitements : « La hausse extraordinaire et rapide du prix des denrées a tellement diminué leurs traitements qu'ils se trouvent en ce moment réduits au dixième du taux effectif auquel il était porté en 1793 ; cette réduction a mis le plus grand nombre d'entre eux dans la nécessité de vendre leurs effets pour vivre, au point que plusieurs ont déjà succombé sous le poids de la misère à l'hôpital. La crise de leur malheureuse position est parvenue à son plus haut période ; ceux qui, en épuisant leurs dernières ressources, ont échappé jusqu'ici aux atteintes mortelles du besoin le plus impérieux de la vie sont sur le point d'expirer de misère en servant utilement la République. »

Le Gouvernement recevait de tous côtés des plaintes analogues. Dans une circulaire du 10 nivôse, le ministre de l'Intérieur disait : « On ne voit presque plus que calme, tiédeur, indifférence et découragement ; les fonctions publiques sont refusées et dédaignées... De là naissent obstacles sur obstacles qui s'opposent à l'assiette et perception de l'impôt; de là le progrès toujours plus effrayant du discrédit du papier-monnaie et la cherté excessive des objets de première nécessité; de là le mécontentement, l'inaction, la défection même des fonctionnaires et de leurs employés. » Seulement, le ministre, tout en se rendant compte des causes diverses de cet état de choses, affectait de n'en découvrir qu'une : la présence et les intrigues des émigrés ; il recommandait en conséquence la stricte exécution des mesures prescrites contre eux. En transmettant cette circulaire aux administrations municipales, les administrateurs de Seine-et-Oise y joignirent une lettre qui montre de quels sentiments des hommes même très modérés étaient alors animés à l'endroit des émigrés. « Redoublez, écrivaient-ils, d'efforts, de zèle et d'énergie pour remplir le vœu du Gouvernement ; que votre active surveillance déjoue les sinistres projets de ces coupables qui, après avoir abjuré leur patrie, n'y rentrent furtivement que pour l'assassiner, en préparant à l'ennemi extérieur des moyens de force qu'ils n'auraient pas si leurs complots liberticides n'entretenaient pas, au sein même de la République qu'ils s'efforcent de déchirer, les troubles, les défiances, les inquiétudes, l'espèce de schisme et d'anarchie. » Cette lettre, qui ne dénotait certes pas des opinions contre-révolutionnaires, ne sauva pas les administrateurs ; ils avaient en la personne du commissaire du Directoire un ennemi implacable.

La carrière administrative de Germain remontait à l'origine de la Révolution. Après avoir succédé à son père comme entrepreneur de terrassements, à Viroflay, il renonça bientôt à cette profession pour se consacrer exclusivement aux affaires publiques, vivant de ses revenus qu'il augmenta par l'acquisition de biens nationaux. Maire de Viroflay, il avait été élu, en 1790, membre de l'Administration départementale et avait continué à en faire partie lorsqu'elle fut reconstituée, le 23 septembre 1793, par les représentants du peuple Musset et Delacroix ; mais, jugeant nécessaire de s'occuper du soin de sa fortune, il refusa d'entrer dans le Directoire pour rester simplement membre du Conseil général. Trois mois après, un décret de la Convention supprimait les conseils généraux de département et investissait les districts des attributions politiques, en les chargeant des mesures de sûreté générale et de salut public. Le gouvernement révolutionnaire ne pouvait laisser à l'écart un homme tout indiqué pour jouer un rôle important dans la nouvelle organisation administrative. Dès le mois suivant, Germain était nommé administrateur du district de Versailles; le 19 ventôse an II, Crassous lui confiait les fonctions d'agent national provisoire près ce district. Il se compromit trop par l'ardeur de son zèle pour pouvoir les conserver après le 9 Thermidor. Un décret du 18 frimaire an III le destitua; le 24 germinal, André Dumont le faisait incarcérer aux Récollets; il n'y resta que quatre jours.

Il est facile de concevoir l'inquiétude qu'avait inspirée aux membres de l'Administration centrale la nomination d'un fonctionnaire qui était à leurs yeux le représentant d'un régime détesté. En procédant, le 20 frimaire, à son installation, le président Garnier crut devoir lui adresser une allocution qui, toute courtoise qu'elle fût en la forme, n'en contenait pas moins cette allusion au passé politique de Germain : « Si nous avons échappé aux fureurs de la tyrannie, nul de nous n'a à se reprocher de l'avoir flattée ni servie. Plusieurs d'entre vous ont des injustices, des persécutions à oublier et à pardonner; mais déjà nos cœurs ont prononcé cet oubli et ce pardon; nous sommes trop vivement pénétrés du besoin et du plaisir de la paix et de la concorde pour suivre d'autres impulsions et d'autres sentiments. Nous n'oublierons pas plus que vous-même vous n'oublierez que notre premier devoir est de faire aimer cette Constitution, que son gouvernement doit remplacer ce qu'on appelait un gouvernement révolutionnaire. »

Un pareil discours ne pouvait qu'humilier et exaspérer Germain. Si son honnêteté privée était indiscutable, si même il était susceptible de « sensibilité » en ce qui touche sa famille et ses amis, il restait un révolutionnaire impénitent, ne voulant ni d'oubli, ni de pardon, considérant comme un devoir de poursuivre sans merci ses adversaires politiques, afin de les mettre hors d'état de nuire. Il ne répondit pas au président; mais, dès lors, il dut être résolu à délivrer le département d'une administration qu'il tenait pour réactionnaire.

En attendant, il présenta, sans beaucoup de confiance dans la suite qui leur serait donnée, tous les réquisitoires que les circonstances lui paraissaient commander. Le plus grand danger que courait la République, c'était, suivant lui, l'indulgence dont on usait envers les prêtres catholiques. Le matin du 4 nivôse, il a entendu à Viroflay le son d'une cloche qui appelle les fidèles à l'église. Encore sous le coup de l'indignation, il arrive à Versailles, et, à peine entré en séance, il réclame la suppression d'un tel scandale. L'Administration décide qu'on écrira à l'agent municipal pour lui recommander de veiller à l'exécution de la loi sur l'exercice des cultes. Dix jours après, nouveau réquisitoire de Germain. On annonce encore à Viroflay, ainsi d'ailleurs que dans un grand nombre d'autres communes, la messe au son de la cloche; on replante sur plus d'une place publique « les signes de la religion catholique ». Ces actes délictueux sont la conséquence de l'inaction de l'Administration centrale qui, au lieu de faire « mettre en lieu de sûreté les prêtres que la loi expulse du sol de la liberté », s'est bornée à demander aux municipalités de dresser un tableau des différentes classes d'ecclésiastiques. Il est déjà tard pour agir; les prêtres ainsi avertis se cachent pour échapper aux poursuites. En conséquence, le commissaire du Directoire requiert : « 1° que l'Administration désigne une maison de détention pour renfermer les prêtres sujets à la déportation et à la réclusion; 2° qu'elle enjoigne incessamment et dans les termes les plus pressants aux administrations municipales, sous la responsabilité collective et individuelle de tous et chacun de leurs membres, de faire sur-le-champ arrêter et conduire sous bonne escorte en ladite maison de détention les prêtres réfractaires ».

L'anniversaire du 21 janvier approche; il importe de le célébrer de façon à réveiller chez les populations cette ardeur révolutionnaire dont elles sont de plus en plus dépourvues. Le 17 octobre 1792, Goujon, alors procureur général-syndic, avait fait placer dans la salle des séances du département une statue de Brutus avec une inscription contenant ce serment dont les termes étaient empruntés en partie à Tite-Live : « A compter de cet instant, je poursuivrai par le fer, par le feu et par tous les moyens qui seront en ma puissance, ce tyran orgueilleux, sa scélérate épouse et toute la race de ses enfants, et je ne souffrirai pas que ni eux ni quelque autre que ce soit règne jamais dans Rome. » Depuis, la statue avait été transportée dans une autre pièce. Germain pense qu'on ne saurait mieux commémorer la mort de Louis XVI qu'en faisant réinstaller dans la salle des séances la statue et l'inscription. Il prononce à cette occasion un discours qui prouve que le fanatisme politique du fonctionnaire de l'an II n'avait rien perdu de sa violence : « La race de nos tyrans médite encore l'asservissement du peuple français, avides de pouvoir et de sang; à nos portes et dans nos foyers même, ils forgent des chaînes, ils aiguisent des poignards, ils désignent des victimes. Le jour honoré par le dernier soupir de l'homme atroce qui étouffait, en les caressant, vingt-cinq millions d'hommes, de ce perfide dont l'exécrable mémoire fait ruisseler encore le sang des patriotes, ce jour doit recevoir un nouvel éclat dans cette enceinte, en y réfléchissant ses rayons sur la statue de Brutus... (1). »

Entre un commissaire du Directoire qui voulait la persécution et une administration qui cherchait l'apaisement, l'accord était impossible. Ce fut Germain qui triompha. Un ancien curé d'Épône, Dufour, prêtre réfractaire, était rentré solennellement dans sa paroisse et y avait été réinstallé avec le concours d'un grand nombre d'habitants. Les administrateurs du département firent envoyer un détachement de gendarmerie qui procéda à son arrestation ; mais ils demandèrent en même temps à la municipalité d'Épône d'éviter l'éclat, et de joindre « la fermeté à la prudence ». Le dossier n'avait été transmis au commissaire du Directoire qu'au bout de douze jours; dans l'intervalle, Dufour s'était évadé. Germain s'empressa d'informer de ces faits le Gouvernement; il accusait en outre les administrateurs d'avoir couvert « une dilapidation » en payant des appointements à un employé départemental, bien qu'ils sussent que cet employé touchait en même temps un traitement au service des remontes à Paris. Cette dénonciation ne pouvait être que bien accueillie par le Directoire, qui n'admettait aucune défaillance dans l'application des lois atteignant les prêtres catholiques. Un arrêté du 10 pluviôse destitua les cinq membres de l'Administration centrale de Seine-et-Oise (2). A la séance suivante, Germain donnait lecture de cet arrêté qui com-

(1) Archives départementales. — Personnel.
(2) L'Administration municipale de Versailles fut aussi frappée. Tous ses membres, sauf trois, furent destitués le 30 pluviôse. Le principal motif invoqué était que, dans la répartition de l'emprunt forcé, les considérations personnelles l'avaient emporté « sur les besoins de la patrie ».

blait ses vœux. Sans y mettre aucune forme, il invita les administrateurs révoqués à quitter immédiatement la salle pour céder la place à leurs successeurs.

II

Le but que poursuivait Germain était atteint. Le choix des nouveaux administrateurs (1) avait été, sinon dicté, tout au moins inspiré par lui; il était sûr de ne rencontrer de leur part aucune résistance; il devenait le maître du département. Le 29 pluviôse, Lépicier fut nommé président. Originaire de l'Eure, il avait exercé en province et à Paris les professions les plus diverses. Successivement clerc de notaire, de procureur, de féodiste, receveur du don gratuit sur les bois et foires, employé de commerce, banquier, il avait acheté en 1786 une propriété près de Mantes pour s'occuper désormais des travaux de la campagne. L'ennui l'ayant vite gagné, il revint à Paris, où il se livra encore à des opérations de banque; après y avoir perdu une partie de sa fortune, il se retirait dans sa propriété au mois de juin 1789. Un homme aussi épris de changement ne pouvait être qu'un partisan des idées nouvelles; il se lança dans la politique, mais il fut loin d'y apporter la rigueur inflexible de Germain. S'il entra dans le Directoire du département réorganisé en septembre 1793, il accepta, l'année suivante, les fonctions de membre de l'Administration départementale nommée par André Dumont dans une période de réaction. Comme Germain, il pratiquait la grandiloquence révolutionnaire; mais,

(1) Charpentier, Goujon, Lépicier, Morillon et Sauvat. Ces trois derniers ayant refusé, Horeau et Fauvel furent désignés en remplacement de Sauvat et de Lépicier, puis, celui-ci étant revenu sur son refus fut définitivement choisi, le 27 pluviôse, pour prendre la place de Morillon.

autant l'un était résolu et autoritaire, autant l'autre était indécis et prêt à subir l'influence d'un fonctionnaire plus énergique que lui. Le commissaire du Directoire pouvait donc compter cette fois sur le docile concours que lui prêterait le président.

Il s'attaqua tout d'abord aux employés de l'Administration centrale. Les relations qu'ils avaient eues avec les précédents administrateurs le mettaient en défiance; peut-être aussi l'amertume des plaintes qu'ils avaient formulées peu de temps auparavant était-elle pour lui un indice de sentiments insuffisamment patriotiques! Le 6 ventôse, il prononça contre eux une virulent réquisitoire : « Certains s'abandonnent à une lâche oisiveté ou perdent en murmures et quelquefois en coupables propos des moments qu'ils doivent aux administrés... On ne trouve plus dans la masse de nos employés ce degré de civisme, cet amour brûlant de la liberté qui semblait les distinguer en 1793... Le mot *monsieur*, cette qualification insignifiante ou adulatrice qui retrace à la mémoire le nom de l'ennemi le plus lâche et le plus acharné de la République, a pris la place dans la bouche d'un trop grand nombre d'entre eux du titre sacré de citoyen qui seul convient à la dignité de l'homme et à la grandeur d'une âme libre... Vous ne souffrirez plus que ce qui doit être un foyer de républicanisme devienne sous vos yeux la source impure du poison de l'aristocratie et du royalisme... » Il requiert donc qu'un arrêté soit pris : 1º pour fixer les heures de travail dans les bureaux et pour rendre les chefs responsables des absences non autorisées ainsi que des négligences commises ; 2º « pour qu'aucun d'eux ne se permette de qualifier qui que ce soit du nom proscrit de *monsieur* et qu'ils ne perdent pas une seule occasion de rappeler à la dignité de républicain tous ceux des administrés qui le prononceraient en leur présence de préférence à celui de citoyen ». Les administrateurs s'empressèrent de déférer à cette double demande ; employés et public durent sincèrement regretter l'Administration que le Gouvernement venait de frapper.

Ce fut surtout en ce qui concernait le culte qu'à l'instigation de Germain l'Administration se montra impitoyable. Le Directoire avait repris la politique de persécution religieuse. Les prêtres constitutionnels eux-mêmes n'étaient pas épargnés ; on en eut la preuve à Versailles. Ceux de Seine-et-Oise s'étaient réunis en synode, à la fin de nivôse, dans l'église Saint-Louis ; ils avaient adopté différentes règles de discipline, notamment pour interdire le mariage des prêtres, et avaient décidé, en outre, que les habitants du département seraient convoqués pour procéder à l'élection d'un évêque. La publication du compte rendu des « actes du synode » excita la colère du Gouvernement ; il ordonna la fermeture de l'église ; l'un des motifs invoqués était que « proscrire l'union conjugale, quand il faut régénérer les mœurs et attacher tous les citoyens à la patrie par les liens les plus chers », constituait un attentat « à la morale publique et à l'intérêt social ». L'Administration mit, comme on pense, la plus grande diligence à l'exécution de l'arrêté directorial ; le 6 ventôse, les scellés étaient apposés sur les portes du temple.

Germain trouvait cependant que le Gouvernement se montrait parfois beaucoup trop tolérant. Le ministre de l'Intérieur avait écrit qu'il consentait, sur la demande d'habitants du quartier de Notre-Dame, à ce qu'un Christ en marbre blanc retiré de cette église y fût replacé « sous la surveillance des citoyens employés au culte ». Germain fit prendre une délibération défavorable, par cette double considération que la surveillance des citoyens employés au culte était illusoire, puisque les lois défendaient « toute

18 L'ADMINISTRATION CENTRALE DE SEINE-ET-OISE

association ou collection de sectaires », et que d'ailleurs remettre le Christ fournirait « une nouvelle torche au fanatisme ». Six jours après, les administrateurs appliquaient le même principe en annulant une délibération du district de Pontoise qui autorisait la remise à des prêtres catholiques de livres d'offices et de souches en fer-blanc provenant de l'église de Saint-Maclou.

Si le commissaire du Directoire déplorait la faiblesse du ministre de l'Intérieur, Bénezech, il devait au contraire approuver sans réserve la politique du ministre de la Police, Merlin, qui était, comme lui, pour la manière forte. Le ministre avait invité les administrations départementales à mettre en mouvement la gendarmerie pour arrêter les prêtres réfractaires. Germain voulut que l'exécution de ces instructions eût un caractère d'intimidation. Il fit décider, le 27 ventôse, que toutes les brigades de gendarmerie seraient en permanence et que le capitaine commandant le département enverrait, le 1er germinal, dans chaque canton un détachement qui y arriverait à huit heures du matin.

Sûr d'atteindre ainsi les prêtres réfractaires encore en liberté, il chercha en même temps à rendre plus dur le sort de ceux qui, à raison de leur grand âge ou de leurs infirmités, ne pouvaient être déportés et étaient seulement reclus. Il a appris que ces prêtres recevaient des visites dans leur prison; un semblable abus lui paraît intolérable. Le 30 ventôse, il prononce un réquisitoire qui rappelle l'époque de la Terreur. « Je ne m'attacherai point, dit-il, à démontrer à quel point toute communication de ces ennemis acharnés de la République est dangereuse ; vous redouterez, comme moi, les moyens astucieux qu'ils emploient et le parti qu'ils peuvent tirer auprès du peuple crédule des prétendues persécutions qu'ils prétendent éprouver... Ils sont morts civilement ; ils doivent être regardés et traités moralement comme étrangers à la société, d'où il résulte qu'il est dans l'esprit de la loi de ne leur laisser aucune communication avec ceux qu'ils n'ont même plus le droit d'appeler leurs concitoyens. Le salut de la République est intéressé à ce qu'ils soient absolument isolés; c'est le seul moyen de les empêcher de répandre le poison de leur pernicieuse doctrine. » Il demande en conséquence l'autorisation de mettre au secret tous les prêtres incarcérés comme réfractaires ou insermentés, sauf les cas exceptionnels dont il sera juge. Suivant son usage, l'administration fit droit sans observation à ce réquisitoire.

Le lendemain, il y eut dans tout le département une véritable razzia de prêtres. Conformément à la délibération du 27 ventôse, les gendarmes arrivèrent dès le matin dans chaque canton. Partout on arrêta sans aucune vérification les prêtres dénoncés; ce fut au point qu'il fallut consacrer une partie des séances suivantes de l'Administration centrale à réparer les erreurs commises et à ordonner la mise en liberté des prêtres qui avaient été l'objet d'arrestations illégales.

Le département de Seine-et-Oise n'était pas le seul à souffrir des excès administratifs des commissaires du Directoire. Le gouvernement finit par s'émouvoir des plaintes qui affluaient. Reconnaissant que certaines nominations avaient été détestables, il prescrivit une enquête générale. L'arrêté pris à ce sujet contenait un exposé qui signalait la gravité du mal et la nécessité d'y porter promptement remède : « Les intentions pures qui ont dirigé (le Directoire) dans le choix des citoyens auxquels il a confié des fonctions publiques ont pu être entravées par les efforts de l'intrigue et de la malveillance... Il ne veut pas souiller l'autorité en la laissant entre les mains d'hommes qui, dénoncés pour vols ou assassinats, n'auraient prévenu ou fait cesser les poursuites auxquelles ces délits pouvaient donner lieu qu'en invoquant l'amnistie portée par la loi du 4 brumaire dernier, ni dans les mains de ceux qui ont coopéré aux crimes commis par des scélérats réunis sous la dénomination de compagnons de Jésus, du Soleil et autres... » On ne pouvait s'y méprendre; bien peu des fonctionnaires en question avaient dû être recrutés parmi les compagnons de Jésus ou du Soleil; c'était donc surtout les anciens terroristes que visait l'enquête.

Il eût été surprenant que Germain, dont les procédés violents avaient exaspéré tant d'habitants, ne fût pas dénoncé. Le ministre de la police reçut en effet, le 10 germinal, la note suivante sans signature : « Il y a à Versailles un club de jacobins sous le nom de Société littéraire, composé d'environ cent cinquante membres. Il se tient chez Jacob, imprimeur; les chefs sont : Germain, commissaire du pouvoir exécutif près le département; Gazard, commissaire près la municipalité; Desclozeaux, commissaire près le Tribunal civil; Fauvel et Horeau, membres du département. Ils distribuent avec profusion l'*Éclaireur*, n°s 3 et 18. Ils ont des correspondances; les lettres arrivent tantôt à l'un, tantôt à l'autre : elles se lisent en pleine Société. Il y eut ces jours derniers une affiche qui excitait les soldats contre le Gouvernement. On jette l'*Éclaireur* dans la rue. N'entre pas qui veut dans la Société. Les bons citoyens sont consternés. Il y a des soldats qui sont indignés; d'autres croient ce qu'on leur dit. »

Merlin écrit le lendemain à Germain : « Je vous crois trop franc pour ne pas vous consulter sur la véracité de cette note, quoiqu'elle vous inculpe gravement. Seriez-vous assez ennemi de votre pays et de vous-même pour conspirer d'un côté avec des pseudo-patriotes, tandis que les royalistes conspirent ouvertement de l'autre? Non, je ne puis le croire; mais j'ai besoin d'être rassuré par une explication précise de votre part (1). » Germain répond sans retard : Il y a bien une Société littéraire à Versailles ; il a assisté à deux séances, il n'y a entendu aucun propos contraire à la Constitution ou au Gouvernement ; il ne sait même pas si la Société existe encore. Quant à l'*Éclaireur*, il ne le connaît que par deux numéros que les gardes nationaux ont trouvés dans la rue et lui ont apportés. On le calomnie parce qu'on ne lui pardonne pas « d'avoir dénoncé les prévarications de l'hôpital militaire de Saint-Cyr, d'avoir dénoncé des magistrats qui protégeaient les voleurs des deniers publics, les chouans et les prêtres réfractaires, d'avoir fait marcher l'emprunt forcé, la réquisition des chevaux, assuré l'exécution sévère des lois contre les prêtres coupables, résisté à l'usurpation du pouvoir militaire ». Les faits avaient sans doute été exagérés. Germain n'était pas un membre actif d'une Société qui s'occupait plus de politique que de littérature ; mais il avait d'étroites relations avec ceux qui la dirigeaient. Le rôle de justicier qu'il s'attribuait vis-à-vis de tous lui avait suscité de nombreux ennemis, et sa destitution était certainement désirée par l'opinion publique. Merlin se déclara toutefois satisfait ; en lui écrivant, il lui annonça que sa santé délabrée le forçait à quitter le ministère de la Police pour revenir au ministère de la Justice. Des raisons de politique beaucoup plus que de santé lui faisaient prendre cette résolution. Le Gouvernement commençait à s'inquiéter des menées des partisans de Babeuf et à s'occuper des mesures nécessaires pour conjurer le péril anarchiste. Il fallait avoir au ministère de la Police un homme plus docile que Merlin ; celui-ci, d'autre part, redoutait les difficultés qu'il était certain de rencontrer. Il fut remplacé par l'ancien

(1) Archives départementales. — Personnel.

conventionnel Cochon qui, quoique régicide, avait des opinions modérées.

Cependant, le Directoire avait été saisi d'une nouvelle plainte concernant non plus Germain, mais l'Administration centrale elle-même, qui était accusée de pactiser avec les ennemis du Gouvernement. Les journaux répandirent la nouvelle que les administrateurs de Seine-et-Oise allaient être destitués. Ceux-ci prirent les devants; à la séance du 20 germinal, ils décidèrent d'envoyer la lettre suivante au Directoire par les soins du capitaine de la gendarmerie, pour qu'elle parvienne plus vite à sa destination : « Les patriotes inquiets viennent de toutes parts, nous demandant si nous ne sommes plus leurs administrateurs, et les chouans se réjouissent de ce qu'ils appellent ironiquement notre disgrâce. Nous apprenons que ce bruit fait refuser des places en remplacement des fonctionnaires publics destitués par vous, que ce refus est un nouveau triomphe pour les ennemis de la République; nous savons que ces derniers profitent de cette circonstance pour augmenter leurs trop nombreux partisans. Nous craignons que par ce moyen le départ des jeunes gens de la première réquisition, la levée des chevaux et autres mesures pressantes de salut public ne soient entravés. Nous craignons que le fanatisme ne fortifie ses funestes ressorts si difficiles à comprimer. Nous vous invitons donc, au nom du bien public, à vous prononcer au plus tôt ostensiblement sur notre compte en infirmant ou confirmant la nouvelle de notre destitution. Dans le second cas, nous saurions maîtriser notre sort et montrer que l'homme libre ne peut rien perdre de sa dignité. » Au ton presque agressif de cette lettre, il est facile de reconnaître l'inspirateur, qui était à coup sûr Germain. Le Directoire garda le silence; mais Cochon demanda au commissaire de lui donner avec franchise son avis sur la culpabilité de l'Administration centrale. A cette question, qui pouvait paraître un piège, Germain répondit en se solidarisant avec l'Administration qu'il déclarait avoir été, ainsi que lui, victime d'une calomnie. « Elle aspire, écrivait-il, au terme de cette lutte scandaleuse; il lui importe que le dénouement s'opère avec éclat; elle demande à être placée en face de ses détracteurs pour confondre l'imposture. » Le ministre de la Police s'excusa, il affirmait n'avoir pas donné le plus léger degré de confiance aux dénonciations reçues; la conduite politique de Germain et des administrateurs lui était un sûr garant de la légèreté et de la fausseté des inculpations. « Continuez, concluait-il, à mériter l'estime du Gouvernement ; répondez aux calomnies par des travaux constants, par votre fermeté dans l'exécution des lois, par votre sévère impartialité; ne connaissez d'ennemis que les amis du royalisme et de l'anarchie, et reposez-vous entièrement sur le calme de votre conscience et la justice du Directoire. » Comment Germain n'aurait-il pas été pleinement rassuré ! Le ministre ne se contentait pas de reconnaître son innocence ; il faisait son éloge.

Peut-être Cochon avait-il été effrayé par ces termes du rapport que le commissaire du Directoire venait d'envoyer à l'occasion d'un vol à main armée commis, le 17 germinal, à Chanteloup près Arpajon : « Cette malheureuse affaire coïncide trop bien avec les criminelles tentatives des ennemis de la République dans ce département pour qu'un concert aussi dangereux puisse échapper à l'œil vigilant des magistrats amis de la patrie. Là, on abat, on scie les arbres de la Liberté; ici, on relève les croix; ailleurs, on prêche le fanatisme et le rétablissement de la royauté. Partout cette hideuse idole a de nombreux et incorrigibles partisans; en un mot, les ennemis de la République travaillent de tous leurs moyens à faire de ce département une nouvelle Vendée. » Le Gouvernement crut sans doute tout d'abord que pour faire face à une situation aussi menaçante l'énergie de Germain pouvait encore être utile. En tout cas, il ne tarda pas à changer d'avis. Un arrêté du Directoire du 3 prairial destitua le commissaire de Seine-et-Oise, sans invoquer d'ailleurs aucun motif. Cette mesure était évidemment la conséquence des graves événements qui venaient de se produire. Le 21 floréal, le Directoire avait fait afficher sur les murs de Paris une proclamation qui débutait ainsi : « Un affreux complot doit éclater la nuit prochaine ou demain à la pointe du jour. Une horde de voleurs et d'assassins a formé le projet d'égorger le Corps législatif, tous les membres du Gouvernement, l'état-major de l'armée de l'intérieur et toutes les autorités constituées de Paris. » Le Gouvernement avait en effet reçu la révélation des détails de la conspiration des babouvistes ; il s'était senti menacé dans son existence ; il comprenait combien il était illusoire et dangereux de compter sur l'appui des anciens terroristes.

Non seulement le commissaire du Directoire fut révoqué, mais un projet d'arrêté destituant l'Administration centrale avait été préparé ; il resta toutefois sans suite. La désignation du successeur de Germain était également un indice du changement d'orientation apporté dans la politique gouvernementale. Chandellier fut nommé commissaire. Il ne se soucia probablement pas de devenir le collaborateur des administrateurs choisis en pluviôse, car il ne répondit même pas à la lettre du président de l'Administration centrale lui annonçant sa nomination.

La révocation de Germain fut accueillie avec un véritable soulagement par tous les modérés de Seine-et-Oise. Trois représentants de ce département, Tronchet, Le Brun, Mathieu Dumas, furent leurs interprètes en écrivant, le

12 prairial, au président du Directoire exécutif : « Le Directoire a fait justice de ce Germain qu'il avait nommé commissaire près l'Administration centrale de Seine-et-Oise; il l'a remplacé par un homme dont le patriotisme a toujours été soutenu et que nous lui aurions désigné, s'il nous avait consultés. Mais il n'aura rien fait tant qu'il laissera des administrateurs que l'opinion publique repousse. C'est par un nouveau choix qu'il rattachera les citoyens au gouvernement et consolera les vrais amis de la patrie que le premier avait profondément affligés. »

Quant à Germain, il épancha sa colère dans une lettre de onze grandes pages qu'il adressa, le 18 prairial, au Directoire exécutif, après avoir rendu visite à Carnot, dont les réponses évasives ne lui avaient pas laissé de doute sur le caractère définitif de la mesure prise contre lui. Cette lettre débutait ainsi : « Chargé du fardeau de l'exécution des lois et des actes émanés de votre autorité dans un des départements les plus étendus et les plus populeux de la République, je consacrais 16 heures par jour à remplir mes fonctions, dont la moins pénible n'était pas d'y combattre la funeste réaction royale organisée depuis que le représentant du peuple qui se qualifiait autrefois de maratiste, Dumont, y vint revêtu des pouvoirs de la Convention nationale, lorsque tout à coup, comme pour récompense de mes travaux, des journaux publient affirmativement que je suis un conspirateur et en état d'arrestation. Sûr de moi et ferme à mon poste, je n'étais que plus actif à poursuivre les malveillants et les fripons, persuadé que des journalistes chouans n'avaient d'autre but que de faire naître les soupçons... » Il se demande ensuite quelle est la véritable cause de sa révocation. A-t-on vu en lui un complice de Babeuf? Il affirme ne l'avoir jamais connu et ne lui avoir jamais

écrit. L'a-t-on accusé de ne pas avoir poursuivi assez énergiquement les émigrés ou les prêtres réfractaires, d'avoir toléré les écarts des ministres du culte, d'avoir négligé le recouvrement de l'emprunt forcé, la réquisition des chevaux, etc.? Il sait que ce ne sont pas des griefs de cette nature qu'on a invoqués contre lui; mais il pose ces questions, afin de pouvoir rappeler avec quelle vigueur il a agi dans chaque circonstance et faire son apologie. S'il a été dénoncé et frappé, c'est, il n'en doute pas, pour avoir réprimé sans aucun ménagement les abus qui se commettaient presque partout. Je me bornerai à reproduire le passage suivant, qui indique le ton de la lettre :
« Il y a quelque temps je dénonçai au ministre de la police générale des orgies contre-révolutionnaires qui se faisaient chez un nommé Charles, directeur de l'hospice militaire de Saint-Cyr, dans l'une desquelles sept *carossées* de convives de tout sexe et de tout état, notamment des hommes revêtus des pouvoirs tant civils que militaires, vinrent le 6 janvier dernier, jour des Rois (vieux stile) prendre leur part d'un repas estimé près d'un million et dont on préparait depuis trois jours la pâtisserie. C'est ainsi que pendant que les soldats républicains, qui remplissaient cet hospice, manquaient peut-être du nécessaire et ne s'en préparaient pas moins à fêter, le 21 du même mois, et par les simples élans de l'âme, au milieu de leurs concitoyens réunis au canton, la mort du traître Capet, les hommes chargés de pourvoir à leurs besoins, d'adoucir leurs souffrances, se gorgeaient, eux et leurs vils protecteurs et protégés, des mets et des liqueurs destinés à restaurer les défenseurs de la patrie, et par ce brigandage semblaient rendre hommage aux mânes de leur dernier maître... (1). »

(1) La révocation de Germain produisit un grand effet dans le département de Seine-et-Oise. Beaucoup espérèrent que le même sort serait

Cependant Chandellier gardait toujours le silence, et le gouvernement n'avait pas pourvu au remplacement de Germain. Le 6 messidor, les administrateurs écrivent aux membres du Directoire que la nomination d'un commissaire ne peut être ajournée davantage. « Depuis la révocation que vous avez faite du citoyen Germain, disent-ils, personne ne s'est présenté pour remplir ses fonctions, et celui que vous avez nommé à cet effet, et auquel le département a transmis aussitôt vos ordres lui laisse ignorer même s'il existe. Chacun de nous, en consacrant 15 et 16 heures par jour aux travaux administratifs, ne suffit pas à la tâche... » Ils terminent leur lettre par une protestation contre la destitution de Germain dont ils font cet éloge sans réserve : « Notre franchise ne serait pas satisfaite si nous ne rendions devant vous un témoignage solennel à ses vertus. Ami du gouvernement, fidèle observateur des lois, il était peut-être le plus sûr et le plus zélé de vos

---

réservé à d'autres fonctionnaires. A Mantes tout particulièrement, où Amédée Lepeletier, frère de Félix, exerçait une certaine influence, des efforts furent tentés dans ce sens. Une lettre anonyme du 19 prairial an IV, adressée au ministre de la Justice, signalait plusieurs membres de la municipalité et fonctionnaires comme anarchistes et complices de Babeuf. L'auteur de cette lettre s'excusait ainsi de ne pas avoir signé sa lettre : « Je rougis de ma faiblesse, mais je ne puis la secouer. Sans famille, je braverais tout... Telle est la terreur qui consterne encore quelques âmes que plus de vingt personnes m'ont transmis des renseignements sans oser me les adresser, même anonymement. » D'autre part le *Courrier Universel* de prairial contenait des dénonciations analogues. Ruffy, président de l'Administration municipale du canton de Mantes, répondit à ces attaques par une lettre écrite le 26 prairial au ministre de la Police : « La diatribe insérée au *Courrier universel* n'est qu'un tissu de mensonges et de calomnies inventées par le royalisme à l'agonie, qui répand le venin de sa rage impuissante sur tous les amis de la patrie. » Le ministre de la Police recevait aussi vers la même époque une lettre anonyme : « Tous les cantons de la juridiction de Mantes, écrivait-on, sont indignement organisés; les commissaires du pouvoir exécutif sont les hommes les plus dépravés. » A l'appui de cette assertion, l'auteur de la lettre donnait des renseignements qui, s'ils étaient exacts, justifiaient pleinement le jugement qu'il portait sur eux. (Archives nationales. A F III, 380, doss. 1923).

commissaires. Peu jaloux des fonctions publiques, quoique avec assez de fortune et de talents pour en supporter le poids, il leur a sacrifié sous nos yeux toutes ses jouissances, et s'en est montré digne, en les remplissant avec le dévouement, la droiture et l'intégrité qui n'appartiennent qu'aux vrais républicains. Il eut des ennemis; la calomnie marche toujours à la suite de la probité. Nous espérons de votre sollicitude que vous ne différerez pas à nommer un commissaire près de notre administration ou à lui rendre celui que nous avons toujours vu digne de votre confiance » (1).

Malgré l'admiration de leur président pour l'ancien commissaire du Directoire, l'attitude des membres de l'Administration centrale n'était plus la même depuis qu'ils avaient cessé d'entendre ses véhéments réquisitoires. La dureté des procédés n'avait pas rendu les administrés plus soumis aux représentants de l'autorité. De divers points on signalait le manque de respect pour les fonctionnaires publics. Le 5 messidor, les administrateurs décidaient à l'unanimité d'envoyer une adresse dans tous les cantons. Ce n'était plus le ton de la menace, ils ne craignaient même pas d'évoquer le spectre de la Terreur : « ... Bons citoyens, ne voyez-vous pas que, si vous ne soutenez de tout votre pouvoir ce nouvel édifice que ses ennemis ont vainement tenté de détruire par la force, il s'écroulera par leurs efforts criminels et vous entraînera dans sa chute ? Ne sentez-vous pas que des outrages faits impunément à vos magistrats conduiraient bientôt à l'avilissement des autorités constituées et que cet avilissement causerait le renversement de l'ordre social, produirait l'anarchie, le pillage des propriétés et redresserait les échafauds ? Cette idée vous fait frémir sans doute; elle vous rappelle des souvenirs amers et des époques désastreuses... »

(1) Archives nationales A F III, 372. — Doss. 1835.

Le Gouvernement affirma encore sa volonté de se séparer des jacobins en nommant, le 4 thermidor, commissaire du Directoire, sur le refus de Chandellier, Brunet, qui, après avoir été élu en 1791 juge au tribunal du IVe arrondissement de Paris, avait dû, en 1793, accepter les fonctions d'administrateur du district de Gonesse, sous peine d'être déclaré suspect. Lépicier prit facilement son parti de ce choix; il exprima même le plaisir avec lequel l'Administration avait appris la nomination du nouveau commissaire qui n'était rien moins que révolutionnaire. Suivant les mêmes errements, le Directoire destitua les administrateurs Horeau et Fauvel. Bien que l'arrêté contînt ce seul motif qu'ils « n'étaient pas propres aux fonctions auxquelles ils avaient été appelés », le caractère de la mesure ressortait assez de cette circonstance que l'un et l'autre avaient été, on l'a vu, dénoncés comme affiliés à un cercle jacobin.

L'Administration centrale, de son côté, témoigna de ses sentiments de conciliation lorsqu'elle procéda, le 9 fructidor, au remplacement de ces deux membres. Elle élut, en même temps que Morillon (1), Lecouteulx, qui, le mois suivant, président, à la place de Lépicier, la fête anniversaire de la fondation de la République, appréciait ainsi la période antérieure au 9 Thermidor : « L'anarchie étendit bientôt sur toute la France ses fureurs et ses ravages. Les auteurs de tant de maux ne pouvaient eux-mêmes calculer leurs horribles succès : inimitiés d'homme à homme, schisme dans le Sénat, guerre civile, guerre au dehors dans le monde entier, nos trésors épuisés, nos richesses pillées, le crédit anéanti, le commerce détruit, le Français assassinant le Français ; la dissolution était complète, l'État tou-

(1) Morillon refusa. Sauvat, qui avait été nommé à sa place, ayant également refusé, les administrateurs élurent Le Laurain.

chait à sa ruine. » Il ajoutait que la Constitution de l'an III avait sauvé la France; mais il ne prétendait pas qu'elle fût parfaite et demandait à chacun de mettre de côté ses idées personnelles pour la soutenir dans un intérêt d'ordre et de concorde.

Ces sages conseils étaient inspirés à Lecouteulx par le spectacle qu'offrait alors le département de Seine-et-Oise. La politique du Gouvernement et les excès de zèle de ses agents avaient produit plus d'irritation que de crainte; l'union régnait moins que jamais. Comme Paris, Versailles avait ses muscadins ; on en venait journellement aux injures et aux rixes. L'Administration centrale le constatait avec tristesse dans une circulaire du 25 vendémiaire an V : « Des cris séditieux se font entendre fréquemment; déjà des voies de fait ont été commises, presque sous les yeux de l'Administration, dans le chef-lieu du département; un rassemblement de jeunes gens égarés sans doute, et poussés à cet excès par de lâches et perfides meneurs, se portent dans les cafés, dans les promenades publiques et dans les spectacles, ayant sans cesse la provocation et la menace à la bouche, désignant même leurs victimes sous le faux prétexte de dénominations proscrites par la loi; les inconvénients et les malheurs ci-dessus ne prouvent que trop qu'on veut soulever le peuple et exciter une guerre civile dans le département. Dans certains cantons, les lois telles que celles relatives à la réorganisation des gardes nationales et à la formation des colonnes mobiles restaient sans exécution ; les insoumis et les déserteurs étaient parfois plutôt protégés que poursuivis. « La négligence répréhensible d'un grand nombre de fonctionnaires publics et la récalcitrance de quelques-uns sur ces objets de la plus haute importance ont exposé ce département à être infesté de brigands, d'émigrés, de bandits, de déserteurs et d'assassins. » Pour arrêter les progrès de cette sorte d'anarchie, et pour ramener le calme dans les esprits, quelle efficacité pouvaient avoir ces exhortations finales : « L'Administration rappelle toutes les autorités et tous les fonctionnaires à la stricte et exacte exécution des lois et arrêtés, ainsi que celle qui défend expressément les qualifications d'aristocrate, de jacobin, royaliste, terroriste, etc.; recommande à tous les administrés la paix, l'union, la fraternité et l'attachement à leurs devoirs réciproques! »

Une autre cause de l'opposition que rencontrait le Gouvernement était la continuation de la guerre. On désirait ardemment la paix, et on était convaincu qu'il n'en voulait à aucun prix. Les fonctionnaires saisissaient toutes les occasions d'affirmer qu'elle ne tarderait pas à être assurée. Le 2 pluviôse an V, Lépicier, qui présidait la cérémonie anniversaire du 21 janvier, tint ce langage pacifiste : « Puissent les généreux efforts des armées, secondés par le génie qui veille sur les destinées de la France, hâter l'instant où la paix viendra consoler l'humanité des maux affreux de la guerre! Qu'alors la République, prenant parmi les nations de l'Europe la place que lui assigna sa supériorité, jouisse de la douce satisfaction de contempler dans son sein un peuple de frères et ne voir chez ses voisins que de dignes émules et des alliés fidèles! »

III

En dépit des plus pompeux discours, le pays était résolument hostile au Gouvernement; les élections de germinal an V en fournirent une preuve accablante. Le Directoire craignait un échec; ce fut une déroute. Les électeurs se prononcèrent non pas pour la monarchie, mais contre les conventionnels et les gouvernants. L'assemblée électorale de Seine-et-Oise fut une de celles où cette hostilité se manifesta le plus ouvertement. Pour faire contrepoids au procès de Babeuf, le Directoire avait poursuivi quelques individus impliqués dans un complot royaliste. On avait trouvé sur une note les noms de personages indiqués comme devant composer le futur ministère du Roi, entre autres celui de Vauvilliers, membre distingué de l'Académie des Inscriptions. Celui-ci, qui avait été complètement étranger à la conspiration, protesta de l'ignorance absolue dans laquelle il était du complot et de la composition fantaisiste du prétendu ministère. Son honorabilité, les services qu'il avait rendus antérieurement ne suffirent pas à le protéger. Il fut traduit devant le tribunal criminel, qui se déclara imcompétent. Il était encore en prison lorsque les électeurs de Seine-et-Oise l'appelèrent à siéger au Conseil des Cinq-Cents, et lui rendirent ainsi la liberté.

Cette nomination est assez caractéristique du mouvement d'opinion qui entraîna les membres de l'assemblée électorale. Ayant en même temps à désigner les cinq administrateurs départementaux, elle élut quatre de ceux qui avaient été révoqués le 10 pluviôse an IV (1) et un cinquième (2) qui partageait leurs idées. Ce fut en réalité une protestation contre la mesure prise l'année précédente par le Gouvernement. Les nouveaux administrateurs publièrent aussitôt une adresse dans laquelle ils exposaient nettement le programme qu'ils étaient résolus à appliquer : « Honorés du suffrage successif de deux assemblées électorales de ce département, nous devons redoubler de zèle et d'efforts pour répondre dignement à leur confiance. Ce que nous avons fait dans l'exercice de notre première administration, les ennemis et les persécutions que nous nous sommes

---

(1) Chandellier, Garnier, Carqueville, Langoisseur.
(2) Bessière.

attirés ont dû vous faire connaître nos principes et notre moralité. » Révoqués à raison de la modération qu'ils avaient apportée dans la solution des questions touchant à la politique ou au culte, ils affirmaient en ces termes leur volonté de ne se prêter à aucune mesure révolutionnaire et de maintenir énergiquement la liberté religieuse : « Ce sera pour nous une douce jouissance d'être l'organe de la justice lorsque la loi nous offrira les moyens de restituer à des familles infortunées les biens dont des actes ou des jugements révolutionnaires les avaient injustement dépouillées. Il est une propriété sacrée dont nous nous montrerons les plus ardents protecteurs, c'est celle qui établit des rapports entre la conscience de l'homme et la bonté de l'Être suprême. Nous ne serons les apôtres d'aucune opinion religieuse ; mais nous serions, s'il était nécessaire, les martyrs de cette liberté inaliénable, de ce droit plus qu'humain que chacun de nous a d'être fidèle à son culte, en se conformant à la loi, et d'y puiser pour lui-même des principes de moralité et pour ses enfants des leçons de vertu. »

Le Gouvernement, d'autre part, donna un gage de sa modération en nommant, le 1er floréal, commissaire du Directoire, à la place de Brunet, élu député au Conseil des Cinq-Cents, Chandellier, qui venait de signer avec ses collègues cette adresse si fermement libérale. Le président tint à dire combien les administrateurs étaient heureux de ce choix, et rappela la disgrâce que le nouveau commissaire avait subie avec eux : « Nous sommes entrés dans la même carrière que vous : des événements nous y ont été communs ; nous y sommes entrés de nouveau. Nous n'avons tous qu'un même but, qu'un seul objet : le bonheur des administrés du département. » Chandellier, s'associant à ces sentiments, traça une ligne de conduite qui était le contre-pied de celle que Germain avait suivie : « Ne voir dans la loi que ce qu'elle exige, n'employer dans son exécution que les mesures qui la font aimer et qui adoucissent la sévérité de ses dispositions sans jamais en altérer l'intégrité, être toujours homme public et se défendre de l'influence des passions qui égarent quelquefois l'homme individuel. » Les administrateurs ne se bornèrent pas à de bonnes paroles. Ayant à désigner le membre qui remplacerait Chandellier dans l'Administration centrale, leurs suffrages se portèrent sur Lecouteulx, qui avait appartenu à la précédente administration et obtenu un grand nombre de voix dans l'assemblée électorale de germinal. Le président tint à affirmer que ce choix témoignait de la volonté des administrateurs d'écarter toute prévention et de leur respect religieux pour l'opinion publique.

L'accord parut d'abord complet avec le Gouvernement. L'Administration centrale, dans l'arrêté qu'elle prit à l'occasion de la fête de l'Agriculture, qui devait être célébrée le 22 prairial, eut soin de mettre en relief les raisons qu'avaient les agriculteurs de s'applaudir de la situation présente : « Le système révolutionnaire des réquisitions aboli, l'abondance dans les marchés, la libre circulation dans l'intérieur des grains et des denrées, la prohibition sévère de leur exportation, la paix rétablie entre le propriétaire et le fermier, le rappel de celui-ci à des gains justes et légitimes, l'agiotage et les spéculations coupables sur le pain du pauvre entièrement anéantis, une législation simple et bienfaisante succédant, sur cette intéressante matière, au despotisme d'une foule d'autorités dévastatrices, et deux lois, d'une exécution simple et facile, rendues à ce sujet dans la dernière session du Corps législatif, signalent et ordonnent aujourd'hui l'époque à laquelle se renouvelle la fête de l'Agriculture; elle présentera donc un but et des motifs de joie et de félicitations publiques. » En toute circonstance, l'Administration s'efforçait de ne pas avoir d'attitude incorrecte. Une des questions qui suscitaient les discussions les plus passionnées était encore celle de la sonnerie des cloches. Les habitants de Meulan avaient demandé la faculté de sonner les cloches le matin, à midi et le soir. Les administrateurs les autorisèrent à faire un règlement, mais à la condition que la sonnerie ne servirait jamais à annoncer les cérémonies du culte. Leur délibération, tout en étant analogue aux arrêtés pris dans le même sens par leurs prédécesseurs, ne contenait aucune de ces qualifications injurieuses pour le culte catholique dont ceux-ci se montraient si prodigues.

Cependant, la sécurité laissait toujours beaucoup à désirer dans le département. L'accusateur public près le Tribunal de Versailles avait signalé les crimes qui se produisaient fréquemment dans plusieurs cantons. Des bandes d'hommes armés de fusils arrachaient les plantations, volaient les récoltes, pillaient les voitures, commettaient même des assassinats. Le 13 prairial, une douzaine d'individus revêtus d'un uniforme et prétendant avoir un mandat des autorités avaient pénétré la nuit dans la maison de l'agent municipal de Chauffour, qui s'était rendu acquéreur de biens nationaux, et l'avaient dévastée. Six jours auparavant, la malle de Paris à Cherbourg avait été arrêtée entre Mantes et Rosny; déjà, en floréal, celle de Paris à Brest avait été attaquée deux fois sur la route de Montfort. L'accusateur public demandait le désarmement de diverses communes où les auteurs de ces crimes s'étaient, croyait-on, réfugiés. Les administrateurs se déclarèrent résolus à maintenir la tranquillité publique et à réprimer le brigandage; mais, ne voulant recourir à aucune mesure d'apparence révolutionnaire, ils refusèrent de prescrire le désarmoment et se bornèrent à ordonner le fréquent envoi de patrouilles à cheval. Les attaques contre les courriers des malles ne s'en renouvelèrent pas moins ; il fallut les faire escorter par des détachements de cavalerie dans toute la traversée du département.

L'Administration centrale profita de l'anniversaire du 14 Juillet pour prendre un arrêté dont les considérants semblaient de tout point conformes aux principes proclamés par le Gouvernement. « Il est utile, disait-elle, de rappeler et de célébrer les époques mémorables de notre Révolution, afin de s'attacher davantage aux bienfaits qu'elle a produits, d'éviter les maux qui l'ont accompagnée et d'y puiser pour l'avenir des leçons de sagesse et de vertu.... Si le 14 Juillet vit couler le sang des Français, si des jours de douleur et d'effroi furent, quelques années après, signalés par cet affligeant spectacle, nous devons expier ces malheurs par l'amour de la patrie, l'horreur de toute faction, l'humanité envers les malheureux, l'oubli des erreurs, l'estime pour les citoyens dont la conduite fut pure et honnête, et l'éloignement de toute vengeance envers ces hommes dont le vice révolutionnaire ne doit plus inspirer qu'un généreux mépris. Les huit années qui se sont écoulées depuis le 14 Juillet doivent bien nous faire sentir le besoin de terminer enfin la Révolution, que l'attachement à la Constitution, l'obéissance aux lois et le respect pour les autorités peuvent seuls nous assurer un avantage si précieux. » Cette profession de foi si modérée, si constitutionnelle, aurait sans aucun doute reçu, quelques mois auparavant, l'approbation du Gouvernement ; mais ce généreux mépris pour les hommes entachés du « vice révolutionnaire » dut singulièrement déplaire à ceux qui, pour soutenir la lutte engagée contre les Conseils législatifs, avaient lié partie avec les jacobins de toute nuance.

Les administrateurs encoururent encore plus leur malveillance par la publication de deux circulaires : la première du 17 thermidor, la seconde du 7 fructidor. A Paris et dans beaucoup de départements s'étaient ouverts de véritables clubs révolutionnaires. Il en était résulté une grande excitation et même parfois des désordres d'une certaine gravité. Les Conseils votèrent une loi interdisant provisoirement toute société particulière s'occupant de politique. L'Administration de Seine-et-Oise s'exprimait en ces termes, au sujet de cette loi qui était non en la forme, mais au fond, dirigée contre le Gouvernement : « Regardons-la comme un des bienfaits de nos législateurs, en jetant les yeux sur les départements où l'ouverture des clubs et des sociétés populaires vient d'être signalée de nouveau par l'effusion du sang de nos concitoyens ; félicitons-nous de ce que ces scènes d'horreur ont été épargnées à notre département ; félicitons-nous de ce qu'une loi salutaire oppose par la suite un obstacle invincible à l'audace de ceux qui pourraient y méditer de pareils attentats. » Le mois suivant, une autre circulaire déclarait que la loi sur la réorganisation des gardes nationales qui venait d'être promulguée était « un des grands bienfaits de la représentation nationale ».

L'Administration centrale n'avait pas fait acte d'opposition ; mais l'éloge qu'elle décernait aux Conseils législatifs, alors en lutte ouverte avec le Gouvernement, la rendait forcément suspecte ; elle était d'ailleurs dénoncée. Un ancien chef de bureau du département, Dubuisson, écrivait, le 26 thermidor, à Reubell, pour se plaindre d'avoir été révoqué, ainsi que quelques autres employés, par une administration « ennemie des républicains purs ». Il rappelait dans sa lettre la misère à laquelle ils avaient été réduits par l'avilissement du papier-monnaie, et terminait ainsi :

« L'Administration centrale de Seine-et-Oise, guidée, sans doute, par le génie malfaisant qui ne cesse de poursuivre les hommes courageux qui ont fondé et défendu la République, a replongé dans l'abîme profond de la misère les infortunés que la justice, l'humanité et l'intérêt des administrés lui ordonnaient de conserver à leur poste (1). »

N'était-il pas prudent, à la veille de la bataille qui allait se livrer, de faire disparaître une administration à laquelle les législateurs inspiraient tant de sympathie? La majorité du Directoire n'hésita pas à se saisir du premier prétexte pour la destituer et choisir de nouveaux membres dont le dévouement lui serait acquis. L'évêque constitutionnel de Versailles, Clément, avait sollicité pour les catholiques dissidents qui reconnaissaient son autorité la jouissance de l'église Saint-Louis; à sa réclamation était jointe une pétition d'habitants de la ville. Des catholiques romains, en plus grand nombre, protestèrent et adressèrent une demande analogue. L'Administration municipale, jugeant qu'il convenait de n'accorder ni aux uns, ni aux autres un usage exclusif, réglementa l'exercice des deux cultes; aux termes de l'arrêté qu'elle prit à ce sujet, les dissidents avaient la faculté d'occuper l'église depuis le point du jour jusqu'à 8 h. 1/2 du matin et de midi à 2 h. 1/2; les catholiques romains, de 9 heures à midi et de 3 heures jusqu'à la nuit. L'Administration centrale homologua cet arrêté; mais, sur l'injonction du ministre de l'Intérieur, elle rapporta sa délibération, croyant donner ainsi toute satisfaction au Gouvernement.

Le 18 fructidor, les administrateurs se réunissaient à midi pour leur séance habituelle, fort troublés sans doute par les nouvelles plus ou moins confuses du coup d'État opéré dans la nuit. Ils avaient déjà procédé à l'examen de

(1) Archives nationales. — F1b II, Seine-et-Oise, 2.

différentes affaires, lorsque le commissaire Chandellier déposa sur le bureau un arrêté du Directoire en date du 14 fructidor, portant destitution de tous les membres de l'Administration centrale de Seine-et-Oise ainsi que de ceux de l'Administration municipale de Versailles, sauf un. Les considérants en étaient solennels. L'Administration municipale avait méconnu « les principes sacrés de l'égalité sur lesquels repose la Constitution de l'an troisième; elle s'était rendue coupable d'une partialité révoltante en protégeant ouvertement les prêtres rebelles aux lois républicaines, qui ne manifestent que trop souvent leur haine pour le Gouvernement ». L'Administration centrale, en confirmant la délibération municipale, « avait consacré les violations sur lesquelles elle est basée ». Les administrateurs révoqués ne montrèrent aucune irritation; ils déclarèrent vouloir donner une nouvelle preuve de leur dévouement à la chose publique en continuant leurs fonctions jusqu'à ce que les membres nommés se présenteraient pour les remplacer. Chandellier ne devait pas tarder à partager leur sort; il fut révoqué le 2 vendémiaire. Il se montra également très digne, se bornant à écrire au ministre de l'Intérieur pour se plaindre d'avoir été révoqué sans être appelé à s'expliquer; il ajoutait toutefois : « Attaché depuis plus de six ans aux fonctions administratives, j'ai toujours conservé au milieu des tempêtes révolutionnaires une attitude ferme, et mon opinion, au milieu des opinions contraires, est toujours restée inébranlable, sans emprunter cette flexibilité caméléone qui sait se prêter aux crises du moment (1). » Les cinq nouveaux administrateurs étaient : Lépicier, Rivette, Venteclef, Pellé et Gauthier (2). Lépicier refusa, comme en pluviôse

(1) Chandellier rentra dans la vie publique après le 18 Brumaire. Il fut nommé, en l'an VIII, président du Conseil général du département de Seine-et-Oise.
(2) Venteclef et Pellé étaient d'anciens administrateurs du département. Le premier avait été cuisinier chez le marquis de Brunoy, qu'il accompa-

an IV, sans motiver son refus; Rivette déclara ne pouvoir accepter des fonctions qu'il était incapable de remplir, à raison de l'insuffisance de ses connaissances administratives. Ils furent remplacés par Lelaurain et Macé-Bagneux; ce dernier ayant refusé, le Directoire nomma Lussy.

IV

La véritable portée du coup d'État du 18 Fructidor put ne pas être saisie tout d'abord, car, si depuis le commencement de la Révolution les assemblées législatives avaient souvent subi la pression de l'émeute, c'était la première fois qu'on voyait le Gouvernement recourir à l'armée pour disperser la représentation nationale. La loi votée le lendemain par les Conseils mutilés ne laissait aucun doute : les vainqueurs entendaient user de tous les moyens pour conserver le pouvoir. Ce qui devait toucher le plus les habitants de Seine-et-Oise, c'était l'atteinte portée aux libertés municipales. En germinal, des administrateurs avaient été élus dans chaque canton, et voici que, cinq mois après, par application de la loi du 19 fructidor, tous ces administrateurs, sans qu'aucun grief fût articulé contre eux, étaient obligés de cesser leurs fonctions. Deux députés du département avaient d'ailleurs été déportés. Les hommes qui s'étaient le plus compromis pendant la Révolution relevaient la tête et briguaient les emplois; l'ère des délations se rouvrait; on appréhendait le retour de la Terreur.

gna pendant plus de trois ans dans un voyage en France et en Angleterre. Il s'établit ensuite à Brunoy, où il fut syndic et maire avant d'être appelé à l'administration départementale. Pellé, ayant refusé de suivre la carrière ecclésiastique à laquelle ses parents le destinaient, exerça la profession de chapelier, puis fut nommé juge de paix du canton d'Arpajon. Élu membre du Conseil des Anciens, en l'an VI et en l'an VII, pour le département de Seine-et-Oise, il fit partie, après le 18 Brumaire, du Corps législatif.

Certes, il s'en fallait de beaucoup que les nouveaux administrateurs départementaux fussent des terroristes ; mais ils suivirent docilement l'impulsion donnée par le Gouvernement. Ils eurent vite la preuve qu'aucune velléité d'indépendance ne serait tolérée et qu'on exigerait d'eux une aveugle obéissance. Un député au Conseil des Cinq-Cents, Gibert Desmolières, et un journaliste, Isidore Langlois, inscrits sur la liste de déportation, avaient été écroués à la maison d'arrêt de Versailles. Gibert Desmolières était l'objet de l'animadversion toute particulière des fructidoriens ; n'avait-il pas signalé les désordres de la comptabilité du Trésor et dénoncé divers marchés scandaleux! Les deux détenus étaient souffrants ; ils demandèrent une voiture autre que celle qui leur était réservée (probablement une de ces cages en fer dont, par un raffinement d'inhumanité, imputable surtout à Augereau, on se servit pour le transport de la plupart des déportés). Le mauvais état de santé des deux prisonniers ayant été régulièrement constaté, les administrateurs transmirent leur pétition, ainsi que le certificat médical, au ministre de la Police, qui intima l'ordre de faire partir immédiatement Gibert Desmolières et Langlois, sans tenir aucun compte de la réclamation. Les membres de l'Administration centrale, très contrits d'avoir ainsi excité le courroux du ministre, s'excusèrent dans les termes les plus humbles, protestant « de la pureté de leurs intentions », ne voulant pas, dirent-ils, être soupçonnés d'avoir témoigné quelque complaisance « envers les deux individus si justement condamnés par la loi du 19 fructidor », ou tenté de « suspendre en aucune manière à l'égard des deux déportés les ordres du Directoire et l'exécution d'une loi si solennelle ».

Le parti fructidorien attribuait l'échec qu'il avait subi,

en germinal an V, surtout à l'influence exercée par les prêtres catholiques. Pour consolider la victoire, il fallait donc les poursuivre sans pitié. La loi du 19 fructidor avait investi le Gouvernement du pouvoir tyrannique de déporter sans jugement ceux qui troubleraient la tranquillité publique; le Directoire ne se fit pas faute d'en user. Dans le département de Seine-et-Oise, par suite de la loi de fructidor, quatorze prêtres furent déportés en l'an VI, et douze en l'an VII (1). Les prêtres insermentés étaient également frappés de déportation; on en multiplia le nombre par une interprétation abusive du texte législatif. C'est ainsi que, le 8 nivôse an VI, l'Administration centrale, sur l'ordre du ministre, prononçait la déportation contre Mathieu Viret, ministre du culte catholique de Villeneuve-Saint-Martin, qui avait régulièrement prêté le serment imposé par la loi de fructidor et dont le seul crime était d'avoir antérieurement rétracté son serment à la Constitution civile du clergé, qui d'ailleurs était déjà abolie. Le malheureux prêtre fut conduit à la maison d'arrêt de Versailles, en attendant son transfèrement à Brest. La persécution atteignait même les prêtres constitutionnels. Le 27 nivôse, les administrateurs départementaux décidaient d'envoyer à l'accusateur public près le tribunal criminel de Versailles quatre lettres signées par l'évêque constitutionnel Clément.

Les actes de brigandage avaient continué dans le département de Seine-et-Oise. Les offices de la nuit de Noël ne pourraient-ils point favoriser les exploits des malfaiteurs? Ceux-ci ne seraient-ils pas tentés de profiter de ce que les habitants, pour s'y rendre, abandonneraient leurs maisons, qui resteraient ainsi exposées au pillage et à l'incendie? Saisissant cette occasion, les administrateurs prirent, le

(1) Sciout. — *Histoire de la Constitution civile du clergé*, t. IV, p. 626.

29 frimaire, un arrêté prohibant « tous rassemblements ou réunions nocturnes sous aucun prétexte, même sous celui de l'exercice de quelque culte que ce soit ou de cérémonie religieuse quelconque, et notamment dans la nuit du 4 au 5 nivôse ». Dans le même ordre d'idées, l'Administration centrale veillait à la stricte observation de la loi interdisant tous signes extérieurs du culte. Ayant appris qu'il y avait encore dans certains cantons des croix le long des routes, elle résolut de ne pas tolérer des infractions qui étaient de nature à « nourrir et fomenter l'esprit de fanatisme »; elle enjoignit donc, le 7 nivôse, aux autorités municipales de les faire toutes abattre. Elle ne se préoccupait pas moins de la question des cloches toujours si irritante; pour couper court aux plaintes, elle en défendit absolument l'usage, sauf en cas de danger public. Elle exerçait aussi sa surveillance sur les religieuses laïcisées : dès le mois de vendémiaire, elle avait ordonné à d'anciennes religieuses restées dans le monastère de Villarceaux de se séparer dans les dix jours.

Il ne suffisait pas de persécuter les prêtres, de susciter des ennuis aux anciennes religieuses, de gêner les cérémonies du culte, de détruire les croix et d'imposer silence aux cloches. « La politique gouvernementale du Directoire, dit M. Aulard (1), a un parti pris contre l'Église catholique romaine; elle vise à l'affaiblir, ou même, comme ses dogmes semblent incompatibles avec les principes de la République, à la détruire. » La constitution de l'an III garantissant le libre exercice des cultes, il était nécessaire de prendre une voie détournée. Le moyen le plus sûr parut être de renforcer le régime décadaire institué en l'an II et presque complètement hors d'usage. On espérait

(1) *Histoire politique de la Révolution française.* 1ʳᵉ édition, p. 642.

parvenir ainsi à substituer tôt ou tard à la religion catholique le régime qu'on qualifiait de religion civile.

Le 29 brumaire an VI, le ministre de l'Intérieur, Letourneux, adressait à toutes les administrations centrales et municipales de France une lettre dans laquelle il exposait les vœux du Gouvernement : « Citoyens, écrivait-il, la faction qui voulait ramener la France sous l'empire des préjugés, pour l'enchaîner plus facilement sous celui d'un roi, avait réussi à neutraliser tous les efforts que faisait le Gouvernement pour mettre en vigueur les institutions républicaines ; elles étaient, elles sont, dans plusieurs cantons de la France, oubliées ou négligées. Le Corps législatif s'occupe en ce moment d'un travail sur les institutions nouvelles ; il y fera sans doute les modifications, les améliorations que l'expérience a indiquées. Pour nous, songeons en attendant à préparer l'exécution du plan qu'il médite dans sa sagesse. » Un de ses prédécesseurs avait déjà insisté sur la nécessité de donner de l'éclat aux fêtes nationales, mais n'avait fait mention des fêtes décadaires que pour exprimer le regret de ne pas les voir observées. « Aujourd'hui, ajoute Letourneux, il n'y a plus de motifs pour différer. Les lois qui consacrent le dixième jour de chaque décade au repos existent depuis plusieurs années ; on les a laissées tomber, il est vrai, dans une espèce de désuétude ; mais elles existent ; il est temps qu'elles soient ponctuellement exécutées. Le calendrier républicain, après avoir été pendant quelques années le calendrier des Français, n'est plus que celui des fonctionnaires... C'est un spectacle scandaleux, dans les villes surtout, de voir, à certains jours, tels ateliers de travail déserts ou fermés, tandis que d'autres sont ouverts ; ne vaudrait-il pas mieux que les jours de travail et de repos fussent les mêmes pour les Français? Aucune loi ne vous attribue sans doute le pouvoir d'ordonner, quelque jour que ce soit, la clôture des ateliers, des magasins et des boutiques; mais, en attendant que le Corps législatif se soit expliqué sur cet objet, les magistrats peuvent du moins retirer ou suspendre les permissions qu'ils donnent. Vous ne permettrez pas que, le décadi, aucun marchand étale dans les rues ou empiète d'une façon quelconque sur la voie publique; vous ferez aussi fermer les lieux destinés aux changes et affaires commerciales, et suspendre, sauf cas d'urgence, tous les travaux qui se font aux frais du Gouvernement; enfin, vous veillerez à ce qu'aucun fonctionnaire n'exerce son emploi. Je n'ai pas besoin de vous dire que tout magistrat, tout fonctionnaire public, tout employé par le Gouvernement doit non seulement se conformer à cette règle, mais y assujettir sa famille. » La lettre se terminait par ces phrases triomphales : « Nul moment plus favorable pour exécuter les sublimes théories des sages de tous les siècles sur le perfectionnement des nations ! Le canon ne tonne plus sur nos frontières; notre Gouvernement est reconnu par toutes les puissances. Nous avons assez fait pour la gloire; tranquilles à l'ombre des lauriers, occupons-nous de l'amélioration morale du peuple, c'est-à-dire de son bonheur. Les Républiques s'affermissent par les mœurs, et les mœurs par les institutions. »

La lecture de cette circulaire enthousiasma les administrateurs. « Les motifs qui doivent porter tous les Français à aimer ces institutions républicaines, dirent-ils dans un arrêté du 26 frimaire, sont développés avec une telle clarté et une telle énergie qu'il suffit de lui donner la plus grande publicité pour dissiper l'erreur du fanatisme et de la malveillance. » Séance tenante, ils décidèrent de faire afficher dans toutes les communes la circulaire du ministre, qui serait tirée à 800 exemplaires.

Il était plus facile d'afficher sur les murs la prose ministérielle que de déterminer les habitants à se soumettre aux mesures prescrites, dont certaines constituaient un véritable excès de pouvoir. Le régime décadaire qu'on essayait de remettre en vigueur rappelait un temps néfaste, troublait les habitudes et froissait les sentiments d'un grand nombre d'entre eux. Le mois suivant, le commissaire du Directoire du canton de Poissy, qui était cependant, en principe, partisan des institutions décadaires, adressait au commissaire près l'Administration centrale ce rapport ironique : « On ne veut point reconnaître ces fêtes que la patrie a établies et qui sont un présent de la liberté reconquise ; on évite de se montrer ce jour-là en public ; on s'isole, on se renferme ; peu de citoyens se trouvent ensemble ; alors la minorité devient en quelque sorte un sujet de raillerie pour la majorité qui la montre au doigt. Quel intérêt présente le décadi et même les autres fêtes politiques ? C'est un dénuement absolu ; souvent, il n'y a que les magistrats, à peine cachés par une poignée de citoyens sans armes, sans représentation. D'ailleurs, le peuple, dans ses fêtes, veut être acteur ; il veut être compté pour quelque chose. Ici, nous n'avons rien de cela, surtout dans nos campagnes. Quel sentiment peut faire naître dans l'âme des spectateurs la vue de sept ou huit individus portant, d'un air indifférent, quelques mauvais fusils dégoûtants par la rouille qui les couvre, et qui, après avoir fait ensemble trois ou quatre cents pas, finissent par se séparer sans presque s'être vus ? Le peuple, qui en croit ses yeux et qui veut des spectacles, quels qu'ils soient, se rappelle les images, les décorations, les chants et les cérémonies de son église, court s'y blottir et va chercher au pied de ses autels chancelants un intérêt qu'il n'a point vu dans les nouvelles fêtes de la République, auxquelles il assisterait volontiers si elles lui offraient ou, du moins, si l'intérêt qu'elle pourrait leur donner éclipsait celui de ses chapelles. Mais le premier intérêt d'une fête publique, c'est le peuple ; une grande réunion de citoyens et de citoyennes, les parents avec leurs enfants, les époux et les épouses, les instituteurs avec leurs élèves, cela seul aurait déjà l'air d'une fête. Joignez-y quelques groupes de braves militaires de retour dans leurs foyers, portant sur leur corps respectable les preuves non douteuses de leur courage et de leur héroïsme ; on ferait à peu de frais un spectacle auquel céderait le spectacle monotone et froid d'une réunion religieuse dans un temple obscur, souvent resserré et d'une malpropreté dégoûtante ; mais il faudrait pour cela que le Gouvernement tînt sincèrement la main à ce que personne ne s'absente des fêtes républicaines. » S'agit-il d'un canton où les populations se laissent entraîner par les excitations d'agents royalistes ou de prêtres fanatiques ? « En général, dit le signataire du rapport, les citoyens préfèrent la liberté du régime à l'esclavage de la monarchie. » Il constate en même temps que les ministres du culte se conforment aux lois, célèbrent avec calme le culte à l'intérieur des édifices et ne tiennent pas d' « assemblées nocturnes (1) ». En réalité c'est dans presque tous les cantons de Seine-et-Oise que les fêtes décadaires étaient l'objet de la même défaveur.

Un arrêté, qui rappelait également une époque détestée et qui fut pris le 18 pluviôse, dut être accueilli avec aussi peu de satisfaction. L'administration municipale de Versailles, tenant à donner une preuve de sa vigilance patriotique, avait remis en vigueur « une ancienne consigne », d'après laquelle quiconque se présentait à la Maison commune sans porter la cocarde tricolore serait conduit au corps de garde pour y être interrogé sur ses nom et

(1) Archives départementales. — LI m.

demeure. L'Administration centrale, ne voulant pas être soupçonnée de tiédeur, étendit cette mesure à toutes les communes du département, afin « d'obliger les citoyens à être constamment revêtus de ce signe qui distingue et honore les vrais républicains ».

Le Directoire pensa que, pour préparer les élections qui devaient avoir lieu en germinal, la mesure la plus efficace serait l'épuration des administrations municipales. Les administrateurs nouveaux avaient été élus par les membres restants. Quel que fût le sentiment de crainte qui régnait alors, les choix n'avaient pas toujours été conformes aux désirs du Gouvernement. Ordre fut donc donné de suspendre tous les agents ou adjoints municipaux dont le dévouement semblerait insuffisant. L'hécatombe commença en nivôse an VI. Il était alors peu de séances de l'Administration centrale où elle ne se livrât à ce genre de travail. Les motifs de suspension invoqués étaient divers : tantôt la négligence, l'insouciance, l'incapacité ou l'ineptie; tantôt le fanatisme ou l'incivisme, parfois l'intempérance. Dans la seule séance du 19 pluviôse, l'Administration centrale suspendit de leurs fonctions plus de cinquante présidents, agents ou adjoints municipaux; dans la séance du surlendemain, plus de quatre-vingts.

En procédant à ces exécutions, les administrateurs se bornaient à appliquer les instructions ministérielles. Ils n'eussent pas été incités à se livrer à des excès de zèle par le fonctionnaire qui avait succédé à Chandellier (1). Le nou-

(1) Plusieurs candidatures s'étaient produites à la suite de la révocation de Chandellier. Richaud, consulté, avait donné un avis favorable à Germain. « C'est, écrivait-il, un citoyen énergique, qui a peut-être été outré dans certaines circonstances, mais un homme de probité et de mœurs. » On est étonné de trouver parmi les candidats l'ancien commissaire Brunet, dont l'élection au Conseil des Cinq-Cents avait été annulée par application de la loi du 19 fructidor. Il était chaudement recommandé par Treilhard, son « cher et vieux camarade ». Le Directoire avait, pour remplacer Chandellier,

veau commissaire du Directoire, Challan, était né à Meulan en 1754; il avait été attaché, avant la Révolution, au bailliage de Mantes. Nommé, en 1790, procureur-syndic du département de Seine-et-Oise, il avait dû donner sa démission en 1793, après le 10 Août, sous la pression des sections de Versailles. Élu bientôt maire de sa ville natale, il y était devenu très populaire. Aussi l'émotion fut-elle grande à Meulan, lorsqu'on apprit, au commencement d'octobre 1793, que Challan venait d'être arrêté nuitamment et transféré à la prison des Récollets, pour avoir signé, l'année précédente, une adresse en faveur du maintien de l'autorité royale. Il resta détenu pendant quatorze mois, et ne fut mis en liberté que grâce à une démarche des délégués de la ville de Meulan auprès du Comité de Sûreté générale. Il exerçait les fonctions de président du tribunal criminel de Versailles, lorsque le Directoire le choisit pour occuper celle de commissaire près l'Administration centrale. Il avait encore une longue carrière à parcourir. Membre du Conseil des Cinq-Cents, il adhéra au 18 Brumaire; tribun, puis député au Corps législatif, il se rallia au gouvernement de la Restauration comme il s'était rallié à celui de Bonaparte. Louis XVIII lui accorda des lettres de noblesse.

Challan était, on le voit, dans toute l'acception du mot, un opportuniste, mais un opportuniste très prudent. Le passé lui avait appris quelle est, en temps de révolution, l'instabilité des gouvernants; il suivait le cours des événements, se gardant avec soin de toute ardeur intempestive, et ne perdant jamais l'avenir de vue. Quelques rapports officiels envoyés par lui au ministre de l'Intérieur (1) four-

désigné d'abord Laporte, ancien procureur syndic du district de Gonesse, mais celui-ci ne prit pas possession de ses fonctions. A son défaut, Challan fut nommé par arrêté du 2 brumaire an VI.

(1) Archives nationales F¹ᶜ III, Seine-et-Oise, 8.

nissent des renseignements intéressants sur l'état politique du département à la veille des élections de l'an VI. En voici plusieurs extraits : « Dans les villes, écrivait-il en nivôse, les esprits se divisent en quatre classes : 1° celle qui a une soumission passive, et c'est la plus considérable ; après, viennent les individus aigris par les pertes et le malheur, qui font des vœux contre la chose publique, mais qui ne sont pas capables d'agir et qui, peut-être, finiraient par s'y attacher s'il trouvaient un moyen d'existence. A leur suite s'agitent les royalistes qui essayent de mettre à profit leur mécontentement pour vicier les élections prochaines, mais ils n'osent le faire publiquement ; c'est par des flagorneries, par des souplesses, de petites menées sourdes qui n'échappent pas à la surveillance, mais qui ne peuvent être atteintes par la loi. Auprès de cette classe et presque sur la même ligne marchent quelques individus dévorés d'ambition et mécontents de tout gouvernement dans lequel ils n'auront pas l'autorité, et, dès lors, tendant au même but que les royalistes par des moyens différents et quelquefois les mêmes. Heureusement que les uns et les autres trouvent une forte opposition dans la masse des patriotes sages qui ne veulent que la Constitution et le maintien du Gouvernement. Cette masse n'est peut-être pas aussi forte qu'elle pourrait l'être, par la ruse des royalistes et des anarchistes, qui essayent de les diviser par des inculpations souvent insignifiantes, mais qui produisent au moins le malheureux effet de jeter le soupçon sur les véritables amis de la chose publique. Cependant, si cette masse n'a pas l'astuce des uns et l'audace des autres, elle a plus de vrai courage, et le Gouvernement peut compter sur elle, à la vie et à la mort. Si, après avoir considéré les villes, on jette les yeux sur les campagnes, on les verra intéressés et même disposés à soutenir le Gouvernement; mais la plupart voudraient que le Gouvernement marchât seul, tant ils sont égoïstes et avares de leur argent. Ainsi, lorsqu'il s'agit de remplir une fonction publique, ils refusent; ainsi, lorsqu'il s'agit de payer l'impôt, ils se plaignent amèrement, ce qui ouvre un champ vaste à l'intrigant qui trouve à se placer dans un coin rural pour y entretenir, y formenter l'esprit de haine et de parti... »

Que discerne-t-on à travers ces réticences et ces circonlocutions? Le Gouvernement a cru, quatre mois auparavant, se rendre inexpugnable grâce à un coup de force; mais voici que déjà ses ennemis s'agitent plus ou moins ouvertement : royalistes, anarchistes, mécontents de toute sorte que la Révolution a atteints dans leurs sympathies, dans leurs opinions, dans leurs intérêts, ou dont l'ambition n'a pas été satisfaite. Il est vrai qu'il existe dans les villes un nombre important de « patriotes sages »; toutefois, ce nombre est moins grand qu'on ne le désirerait. Challan déclare qu'on peut compter sur eux « à la vie et à la mort ». Mais n'est-ce pas là une phraséologie de fonctionnaire? S'il eut momentanément cette illusion, elle fut de peu de durée; l'exemple qu'il donna lui-même n'était d'ailleurs pas de nature à entretenir dans les cœurs ces sentiments héroïques. L'état des campagnes ne semble guère plus rassurant; est-ce un appui bien solide que celui de gens qui ne l'accordent qu'à condition qu'on ne leur demandera rien : ni impôt, ni service public? On s'explique au surplus que beaucoup refusent les fonctions municipales; elles ne sont pas rémunérées, le Gouvernement veut tenir les agents à sa discrétion, il les destitue sur la moindre plainte; en outre, la loi du 19 fructidor punit de dix ans de fers tout administrateur qui ne fera pas exécuter ponctuellement les dispositions relatives aux émigrés et aux ministres des cultes. Cependant, l'opposition renaissante ne se manifeste pas sous une forme violente; la tranquillité publique n'est pas troublée en Seine-et-Oise. « Il n'en est pas de même de la sûreté particulière des citoyens: des vols, des assassinats multipliés se commettent; la gendarmerie toujours épuise ses forces et, malgré son activité, ne peut atteindre que quelques coupables. Ce département environnant Paris devient le repaire d'une multitude de brigands qui espèrent, en s'y réfugiant, éviter l'œil de la Justice. » Cette impuissance de la police criminelle ne devait pas peu contribuer à refroidir l'enthousiasme des paysans pour un gouvernement qui protégeait si mal leurs personnes et leurs biens.

La journée du 2 pluviôse an VI donne à Challan un vrai réconfort. Après avoir expié par une captivité de plus d'un an l'imprudence qu'il a commise en s'associant à une démonstration royaliste, il est heureux maintenant de voir avec quel empressement on célèbre à Versailles et dans divers cantons l'anniversaire de « la juste punition du dernier roi des Français. » Les commissaires cantonaux lui ont signalé le zèle que les citoyens ont mis à prêter le serment de haine à la royauté. « Plusieurs même, ajoute-t-il non sans étonnement, ne craignent pas d'affirmer que les élections prochaines seront bonnes. » Ne voulant pas néanmoins que le ministre s'abuse au point de croire que toutes les résistances sont vaincues, il lui fait connaître les sentiments intimes de beaucoup d'habitants des campagnes : « Il est certains cantons, ceux principalement où les prêtres et les ex-nobles ont de l'influence, où l'esprit public est complètement éteint, du moins affaibli jusqu'à l'insouciance, et où les habitants, sans regretter l'ancien régime, ne sont pas partisans du gouvernement nouveau. Dans ces endroits, le décadi est inconnu, les fêtes républicaines sont désertes, le service de la Garde nationale ne se fait point ou fort mal, et tout est subordonné à l'intérêt personnel. Ils ne sont point partisans de la royauté, le souvenir de la dîme et des champarts leur est odieux, ils conviennent que leur récolte est double depuis l'extinction du gibier; ils sentent et font très bien valoir l'égalité. Beaucoup ont acheté des biens nationaux; tous ont amélioré leur sort, et, quand ils font la comparaison de l'ancien régime avec le nouveau, ils donnent la préférence à ce dernier; mais les maux de l'ancien régime sont loin, et ils ne se souviennent que de ceux que leur a causés la tourmente révolutionnaire. Les victoires françaises flattent une partie, mais ne les touchent peut-être pas assez, parce que c'est au prix du sang de leurs fils qu'elles sont achetées et qu'ils ne sont pas assez fermes pour faire ce sacrifice. Ils négligent l'exercice de leurs droits, parce qu'on les en a fatigués. Ils se livrent encore aux prêtres, plutôt par opiniâtreté que par tout autre sentiment. Ce tableau exact prouve au moins qu'il ne faut que la paix, la tranquillité et quelque temps de calme pour leur faire sentir les avantages de la Révolution et la leur faire aimer...» Challan reconnaît que, grâce à quelques exemples de sévérité, les lois sur la police des cultes sont exactement observées; mais faut-il croire que les prêtres catholiques « ont éteint les torches du fanatisme et qu'elles ne seront pas rallumées par la première étincelle toujours prête à jaillir d'un cerveau fanatique »? Il est rassuré par les progrès de la théophilanthropie. « Les ministres du culte, dit-il, perdent cet ascendant qu'ils avaient sur les esprits du peuple. La philosophie s'étend dans toutes les classes de la société et dissipe les préjugés; il y a tout lieu d'espérer que les sociétés de théophilanthropes, qui s'établissent dans toutes les parties de ce département et contre lesquelles

les partisans de l'ancien culte se déchaînent en vain, achèveront d'éclairer les esprits. La morale pure, la vérité dégagée de toute obscurité que l'on y annonce, convaincront aisément le peuple de la supériorité d'un culte dicté par la raison à des inventions absurdes qui se ressentent de l'esprit des siècles où elles ont été adoptées. » Sans doute, Challan est séduit par la simplicité du nouveau culte ; mais il sait que le Gouvernement protège la théophilanthropie ; il sait aussi qu'elle est une puissance qu'un futur candidat ne doit pas négliger. Les théophilanthropes avaient en effet recruté un certain nombre de partisans dans diverses localités de Seine-et-Oise, notamment à Versailles. Ils s'occupaient activement de politique et cherchaient à exercer leur influence sur les électeurs (1). Ils y réussirent d'ailleurs ; leurs deux principaux chefs, Desclozeaux et Gillet, l'un commissaire, l'autre accusateur public près le tribunal criminel de Versailles, furent nommés députés au Conseil des Cinq-Cents : Desclozeaux, en même temps que Challan, en l'an VI ; Gillet en l'an VII.

Voici ventôse ; les élections législatives auront lieu le mois suivant, la lutte est déjà engagée. On s'agite dans chaque canton ; on cabale, on tient des clubs où les partis extrêmes semblent prendre de plus en plus d'influence. Les rapports du commissaire du Directoire laissent percer la perplexité du fonctionnaire et du candidat (car Challan cumule ce double titre). Il avait cru tout d'abord qu'il fallait exciter l'ardeur des populations, il commence maintenant à trouver que le but a été dépassé : « Je pensais, écrit-il, qu'un peu d'exaltation était nécessaire ; mais cette exaltation a des bornes si l'on ne veut pas que la malveillance ne l'égare (2). » Cependant il est loin d'avoir perdu tout

(1) Mathiez. — *La Théophilanthropie et le Culte décadaire*, p. 319 et suiv.
(2) Archives nationales. AF^{III}, 262.

espoir. « Depuis quelque temps, dit-il dans un autre rapport, les citoyens se reposent davantage sur le Gouvernement, mettant plus de confiance dans le soin qu'il prend de veiller à la chose publique. »

Que faut-il donc pour que cette confiance grandisse et se fortifie? Challan le déclare nettement: les populations, surtout celles des campagnes, demandent, comme il n'a cessé de le dire, la tranquillité, le calme, le repos; elles ont besoin d'être prudemment ménagées. A l'extérieur, elles veulent fermement la paix; elles comptent d'ailleurs en ce moment sur le général Bonaparte pour la leur procurer. Le jour même où le Directoire lui offrait une fête après la conclusion du traité de Campo-Formio, on en célébrait une en l'honneur de la paix, dans le canton de Limay, « aux cris multipliés de : Vive Bonaparte! vive le Directoire! ». Challan semble déjà fasciné par le prestige de celui dont il suivra plus tard la fortune, tant qu'elle lui sourira. Il se plaît à constater sa popularité croissante : « Le nom du vainqueur de l'Italie retentit dans toutes les bouches. » On espère que la paix générale ne tardera pas; il reste, il est vrai, à vaincre les Anglais; mais, avec un chef tel que Bonaparte, la victoire n'est pas douteuse. Aussi le projet de descente en Angleterre, dont l'exécution, croit-on alors, lui sera confiée, est-il, d'après le témoignage de Challan, accueilli avec une grande faveur; toutefois les vœux des habitants ne vont pas jusqu'à se traduire par une contribution en argent. « La pénurie des moyens fait qu'il n'y a guère que les fonctionnaires publics qui aient fait des mises à l'emprunt et quelques sociétés dramatiques (1). » La

(1) L'Administration centrale avait à cette occasion publié, le 17 ventôse, une circulaire qui dénote son goût pour le style pompeux : « Il faut que Carthage soit détruite ou que Rome périsse. Tel fut le cri unanime de tous les Romains lorsque cette superbe Carthage, enorgueillie de ses richesses et fière de ses forces navales, usurpait l'empire des mers. Rome voulut

situation financière, en effet, ne s'était pas améliorée, comme l'atteste le passage suivant d'une lettre envoyée, le 11 germinal, par l'Administration municipale du canton de Magny aux administrateurs départementaux : « Quand cesserons-nous de vous occuper de l'état pénible de l'Administration ? Elle est sans fonds, sans aucun moyen d'acquitter les dépenses les plus nécessaires; elle ne peut payer ses ports de lettres; les bandes des paquets qui lui sont adressés restent pour cette raison à la poste; ne payant pas, elle est sans crédit. Ce qui nous intéresse infiniment, c'est l'état des employés de l'administration; en l'an IV, leurs traitements ont été réduits; en l'an V, ils n'ont reçu que des acomptes; six mois de cette année leur sont dus. »

Le 21 germinal, les électeurs se réunissaient dans le salon d'Hercule. Les mesures d'intimidation appliquées par ordre du Gouvernement, la campagne menée par les politiciens avaient produit leur effet. La masse généralement inerte, de qui dépendait la majorité, s'était portée dans les assemblées primaires du côté de ceux qu'on dénommait encore les « patriotes », et qui comprenaient à la fois des amis du Gouvernement et d'ardents révolutionnaires. Enivrés par la victoire, ils en abusèrent; des discussions violentes s'élevèrent lors de la vérification des pouvoirs. On entendit certains membres déclarer cyniquement qu'il fallait admettre les « patriotes énergiques », n'eussent-ils

---

et bientôt l'on chercha en vain la place où Carthage fut bâtie... Vous devez regarder comme ennemi de la liberté, de la patrie et de la République tout citoyen qui affecte les modes et les productions de leur plus grand ennemi; c'est se parer de ses couleurs, c'est revêtir sa livrée; c'est dire hautement : A mon costume, à mes étoffes dont je suis couvert, reconnaissez un Anglais, un agent de Pitt. Oui, citoyens, partout où vous verrez, soit sur les théâtres, soit dans les assemblées publiques ou particulières, des hommes revêtus des productions anglaises et affectant leurs manières ou leurs habitudes, vous pouvez dire à coup sûr : Voilà de vils suppôts du cabinet de Saint-James... »

pas recueilli la majorité des suffrages. Un groupe d'électeurs fit scission. Le résultat du scrutin fut un triomphe pour Challan. Les électeurs du salon d'Hercule le désignèrent pour le Conseil des Cinq-Cents, les scissionnaires pour le Conseil des Anciens. Les votes de ces derniers ayant été écartés, ce fut au Conseil des Cinq-Cents qu'il représenta le département de Seine-et-Oise. Par suite de la coalition des partis, l'ancien commissaire du Directoire, Germain, avait été aussi élu au Conseil des Cinq-Cents. Le Gouvernement jugea dangereux d'y laisser siéger un patriote aussi « énergique ». Son élection fut annulée par la loi du 22 floréal, qui, contrairement à tous les principes, exclut arbitrairement un grand nombre de députés régulièrement nommés. L'assemblée électorale de Seine-et-Oise avait désigné comme administrateurs du département : Lussy pour 5 ans, Lelaurain pour 4 ans, Venteclef pour 3 ans. L'Administration centrale se compléta en s'adjoignant, le 29 floréal, Hyacinthe Richaud, l'ancien maire de Versailles, qui s'était montré si intrépide en septembre 1792, lors du massacre des prisonniers d'Orléans; puis, le 7 prairial, Étienne Vénard.

Depuis le 18 Fructidor, l'application du régime décadaire était la grande pensée du Gouvernement. La lettre ministérielle du 29 brumaire avait été un premier essai; mais comme elle ne contenait pas de sanction, il parut nécessaire de prendre un arrêté qui serait en quelque sorte le prélude des lois que le Corps législatif commençait à discuter. Cet arrêté, daté du 14 germinal an VI, était précédé d'un considérant qui montre tout l'intérêt politique que le Directoire y attachait : « Le calendrier républicain est une des institutions les plus propres à faire oublier jusqu'aux dernières traces du régime royal, nobiliaire et sacerdotal; on ne saurait par conséquent trop s'occuper des moyens de faire cesser les résistances qu'il éprouve encore de la part des ennemis de la liberté et de tous hommes liés par la force de l'habitude aux anciens préjugés. » L'arrêté ne se bornait pas à enjoindre de régler sur les décades les jours de séances des administrations municipales, les audiences des tribunaux, les jours de marchés (en s'attachant à ne pas faire coïncider ceux des marchés aux poissons avec les jours d'abstinence), à prohiber dans les actes, dans les affaires, dans les journaux, les désignations de l'ancien calendrier, etc.; la disposition principale était celle qui interdisait les représentations théâtrales, bals et autres rassemblements ouverts au public, les dimanches et jours de fêtes de l'ancien calendrier ne concordant pas avec un décadi ou un jour de fête nationale. Une prohibition aussi restrictive de la liberté des citoyens pouvait-elle être édictée dans un simple arrêté du Directoire? Cela fut contesté par ceux que le député Bonnaire qualifiait de « rigoureux formalistes ». Le ministre déclara que les lois en préparation feraient cesser toute équivoque à cet égard. L'arrêté ne fut pas mieux accueilli que ne l'avait été la circulaire ministérielle. Le 26 floréal, le Directoire exprimait dans une lettre au ministre de la Police générale son mécontentement d'en voir les prescriptions « en partie inexécutées ou éludées ». C'était surtout celle concernant les rassemblements ouverts au public qu'il signalait comme n'étant pas observée, et il ordonnait au ministre de prendre sans retard des mesures rigoureuses, en faisant fermer « exemplairement » les établissements qui l'enfreindraient.

L'Administration centrale de Seine-et-Oise, quel que fût son désir de seconder les vues du Gouvernement, était fort embarrassée pour assurer l'exécution de dispositions qui, outre qu'elles contrariaient les anciens usages, portaient souvent un grand préjudice aux commerçants. Malgré le texte formel de l'arrêté, on continuait à se livrer publiquement à la danse et aux jeux dans toute la région de Versailles, les dimanches et jours fériés de l'ancien calendrier. Les réclamations étaient incessantes. Le portier de la grille de Ville-d'Avray, qui tient commerce de vins, expose aux administrateurs du canton de Sèvres qu'il est père de sept enfants en bas âge, qu'il n'a que son état pour subsister, qu'il était tout disposé à se conformer au calendrier républicain, mais que, comme dans toutes les localités voisines et à Versailles même on ne l'applique pas, il sera ruiné, si on lui interdit de faire jouer aux quilles et de donner des bals champêtres, les dimanches et anciens jours fériés. Des marchands de vins de Chaville, du pont de Sèvres, de l'avenue de Meudon, etc., adressent des plaintes analogues. Le ministre de l'Intérieur, de son côté, reçoit des dénonciations ; on lui fait savoir notamment que, dans le jardin national de Saint-Cloud, on danse les jours prohibés et jamais les décadis. L'Administration centrale promet de tenir la main à l'exécution de l'arrêté, mais elle se justifie ainsi : « L'Administration ne peut vous dissimuler qu'il s'élève de toutes parts des réclamations sur ce que, à Paris et dans le département de la Seine, les danses ont lieu les dimanches et jours fériés de l'ancien calendrier ; on danse ces jours-là à Boulogne, à Clamart et dans toutes les guinguettes et maisons de bals des environs de Paris. Cet exemple, s'il est constant, est pour les autres un prétexte qu'on ne manque pas de faire valoir. »

Tout près de Saint-Cloud, à Viroflay, c'était, prétendait-on, l'agent national lui-même qui faisait danser publiquement. Cité devant l'Administration centrale, il soutient que c'est non pas lui qui fait danser, mais le citoyen Morin, dans la maison de qui il loge ; il avoue toutefois que, ne pouvant payer à Morin en argent le prix de sa pension, il l'aide dans son commerce et sert les rafraîchissements aux danseurs. Il lui eût été difficile dans de telles conditions de dresser un procès-verbal; il affirme cependant avoir notifié à son logeur l'arrêté du Directoire. Il s'efforce en même temps d'excuser Morin. Celui-ci, dit-il, avait voulu cesser d'ouvrir son bal les dimanches; on est alors venu danser sur l'herbe auprès de sa maison. D'ailleurs, voyant que dans les communes avoisinantes on faisait danser, les jours défendus, il a rouvert sa salle de bal sans tenir compte des prescriptions de l'arrêté. L'Administration centrale, jugeant que l'agent de Viroflay manque d'autorité pour faire observer dans sa commune les prescriptions décadaires, le suspend de ses fonctions. Elle ne tarde pas à le réintégrer sur la recommandation du ministre de l'Intérieur, qui garantit son républicanisme.

Dans cette zone qui avoisine Versailles et Paris, ce ne sont pas généralement des raisons politiques ou religieuses qui empêchent de se soumettre aux prohibitions édictées; les gens du peuple ont conservé leurs habitudes, et, sans se soucier des décades, persistent à se livrer à leurs divertissements habituels. Si l'arrêté est peu exécuté aux portes de Versailles, comment le serait-il dans les communes dont les habitants sont plus fidèles encore aux vieilles traditions! Dans tout le canton de Poissy, les joueurs de violon continuent à faire danser les jours prohibés. L'Administration municipale n'ose pas se montrer trop sévère; elle ne donne aucune suite aux procès-verbaux et se borne à menacer de faire fermer les salles et auberges. A la Roche-Guyon, on est obligé de faire appel à la gendarmerie. A Aubusson (canton de Maule), l'agent municipal dresse un procès-verbal constatant que, à l'exception de trois habitants (dont lui-même), tous les citoyens ont refusé de se conformer à l'arrêté du 14 germinal et « ont toujours suivi leurs anciens usages et préjugés ». A Ablis, le commissaire du Directoire fait condamner pour infractions à cet arrêté 58 habitants, dont plusieurs agents ou adjoints. A l'Étang, c'est une véritable émeute. Le récit sommaire de cette rébellion me dispensera de citer d'autres exemples de l'acharnement que mettaient certains agents du Directoire à imposer aux paysans des mesures qui les exaspéraient.

Les habitants du canton de Saint-Germain *extra muros*, dont dépendait L'Étang, et qui avait pour chef-lieu Le Pecq, montraient peu d'empressement à s'associer à la célébration des fêtes nationales. Le 1ᵉʳ vendémiaire an VI, le cortège officiel avait dû se passer d'escorte, aucun garde national ne s'étant rendu à la convocation du commandant; le 30, il en fut de même, mais cette fois à raison du refus du capitaine d'accepter les fonctions auxquelles il venait d'être appelé. Le gouvernement s'en prit aux membres de l'administration municipale, et les destitua. Les nouveaux administrateurs voulurent faire du zèle. Le 10 thermidor, désigné comme jour de la « réunion qui se tenait ordinairement à L'Étang pour la fête de la ci-devant sainte Anne », correspondait au samedi de l'ancien calendrier. Après avoir célébré leur ancienne fête patronale, les habitants ne purent résister au désir de la continuer le lendemain, dimanche. Voulurent-ils aussi saisir une occasion de « narguer les autorités constituées », comme le prétendit l'administration municipale? Quoi qu'il en soit, toutes les précautions avaient été prises. Le commissaire du Directoire vint s'installer dans la maison de Prieur, agent municipal de L'Étang, afin de pouvoir donner sur place les ordres nécessaires; un détachement de vétérans nationaux fut envoyé de Saint-Germain pour prêter main-forte en cas de besoin. Ces mesures n'étaient pas superflues. Le matin, les vétérans parvinrent sans peine à empêcher les marchands de faire leurs étalages sur la voie publique. Mais, à cinq heures du soir, il y eut une « réunion considérable de personnes des deux sexes », et les patrouilles qui parcouraient la commune, furent impuissantes à faire cesser les danses. Le commissaire du Directoire était décidé à employer tous les moyens de répression. Il invita Prieur à se transporter sur la place où les danses avaient lieu. Il semble qu'il ait eu peu d'ascendant sur la population, car il ne put, même avec l'aide de la troupe, disperser les danseurs. Trois habitants, les frères Desfosses, avaient pris la direction de la résistance; le commissaire ordonna de les arrêter. Loin d'effrayer la foule, cet ordre l'excita davantage. Plusieurs vétérans furent frappés et foulés aux pieds. Deux des frères Desfosses purent cependant être arrêtés et conduits devant le commissaire. Cette arrestation « ne fit qu'augmenter la fureur des séditieux, qui se portèrent vers le lieu où on avait amené les jeunes gens arrêtés et menaçaient de les arracher des mains des autorités ». Le commissaire du Directoire prit alors une résolution, qui n'était peut-être pas très opportune; il fit battre la générale pour réunir la garde nationale. Le capitaine Lemoine et quatre gardes nationaux seulement répondirent à cet appel. On ne put triompher de la rébellion qu'en faisant venir un renfort de troupes de Saint-Germain. Les frères Desfosses furent traduits devant le tribunal correctionnel qui les condamna à l'emprisonnement et à une amende. L'attitude de la garde nationale de L'Étang fut signalée à l'administration centrale, qui ordonna la transmission du dossier au tribunal criminel et au ministre de la Police (1).

L'ancien maire de Versailles, Richaud, qui avait été élu administrateur de Seine-et-Oise, en floréal, fut nommé, le 21 prairial suivant, commissaire du Directoire près

(1) Archives départementales, LI, m.

l'Administration centrale, à la place de Challan (1). Bien qu'adversaire déclaré des prêtres, auxquels il attribue « l'insouciance scandaleuse des habitants pour tout ce qui touche l'affranchissement de la République », il reconnaît, dans un rapport de messidor, que les lois sur la police des cultes sont respectées ; les commissaires municipaux lui assurent que l'esprit public est bon dans la plupart des cantons. « Dans un plus petit nombre, ajoute-il, les habitants, occupés exclusivement des travaux de l'agriculture, sont indifférents aux affaires publiques et sont passivement soumis aux lois, à moins qu'elles ne s'opposent à leurs pratiques religieuses ou ne contrarient leur routine. De là vient l'extrême difficulté de faire observer le calendrier républicain. Une loi qui ordonnerait, sous peine d'amende, de chômer les jours de décadis et de fêtes républicaines produirait, je crois, beaucoup plus d'effet que les exhortations presque toujours nulles pour les prêtres. Dans trois ou quatre cantons, tels que Saint-Germain, Luzarches, Houdan, etc., l'esprit public est mauvais. Le fanatisme et le royalisme dominent avec autant d'effronterie qu'avant le 18 Fructidor ; l'arrêté du Directoire de germinal n'a servi qu'à faire ressortir avec plus de force l'esprit de rébellion ; ceux qui osent déférer ostensiblement au calendrier républicain sont insultés et menacés. » A peine Richaud venait-il d'écrire ce rapport que son vœu était exaucé ; la première des lois décadaires fut votée le 17 messidor an VI.

(1) Lépicier le remplaça comme administrateur et fut élu président.

V

Les promoteurs de ces lois voulaient « jeter au moule le peuple français » (1). Il fallait, suivant La Révellière-Lépeaux, « modifier pour ainsi dire la substance de l'homme de manière à l'identifier avec la forme du gouvernement (2) ». Tel était le but; on l'atteindrait en instaurant un régime qui ne tarderait pas à remplacer les anciens cultes. Le projet dont le Conseil des Cinq-Cents fut primitivement saisi s'inspirait des principes de la théophilanthropie; il créait des cérémonies ayant « une teinte morale et religieuse ». Mais les théophilanthropes perdirent, à la suite des élections de germinal, la faveur gouvernementale; d'ailleurs, la majorité des législateurs était opposée à ce qu'on fît intervenir d'une façon quelconque la divinité dans la célébration des fêtes décadaires, qui devraient être purement civiles.

Toutes les propositions furent émises. On était d'accord pour consacrer le repos décadaire à l'aide de sanctions pénales ; cela suffisait-il ? Ne fallait-il pas interdire l'ouverture des églises, les jours autres que les décadis? C'eût été une violation par trop flagrante de la Constitution, qui garantissait le libre exercice du culte. Ne devait-on pas tout au moins prohiber la fermeture des boutiques et ateliers, les dimanches et les jours d'anciennes fêtes? Ce fut Lucien Bonaparte qui s'opposa à cette mesure avec le plus de véhémence. « Pouvons-nous, s'écria-t-il, demander à un homme libre de travailler tel jour? Pouvons-nous dire à un républicain : tel jour, quel que soit ton culte, tu travailleras? La tolérance est sœur de la liberté; la persécu-

---

(1) Séance du Conseil des Cinq-Cents du 29 frimaire an VI.
(2) Mémoire lu à l'Institut le 22 vendémiaire an VI.

tion est fille de la tyrannie. A Rome, même sous la domination papale, avez-vous entendu dire qu'on ait forcé une secte à travailler le samedi? Et nous, représentants d'un peuple libre, nous donnerions moins de latitude à l'exercice du culte que le pontife de Rome! » L'amendement, qui avait été d'abord ajourné, ne fut repoussé qu'après une nouvelle intervention de Lucien Bonaparte, qui le qualifia de « mesure inquisitoriale sans exemple (1) ». On crut opérer une importante réforme en substituant au terme de *calendrier* celui d'*annuaire*. Il avait même été proposé de compter les années antérieures à la Révolution en rétrogradant à partir de la fondation de la République; la Commission trouva cette conception « grande, lumineuse »; elle craignit toutefois que la réalisation n'en fût difficile. Un membre demanda que les cérémonies funèbres

(1) Pour montrer de quelle étrange manière certains législateurs d'alors comprenaient la liberté, je ne saurais mieux faire que de reproduire un passage du discours prononcé par le député Delbret à la séance du Conseil des Cinq-Cents du 25 thermidor an VI, quelques jours après le vote de la première loi décadaire. L'orateur, qui a été témoin d'un accident arrivé, trois jours auparavant, dans la rue Honoré, appelle l'attention sur les dangers que fait courir aux piétons la rapidité avec laquelle on laisse courir les voitures et cabriolets. « Quoi, dit-il, on a abattu et fait disparaître sans pitié de misérables échoppes asile et gagne-pain de pauvres pères de famille, et on respecte, jusque dans leurs moyens de nuire, ces chars brillants de nos parvenus, ces échoppes roulantes au milieu desquelles se pavanent des protituées et des efféminés. C'est peut-être une question de savoir si, dans un État où l'égalité règne, il doit être permis d'avoir des voitures autres que celles nécessaires au service du public ; cependant, si la société en permet l'usage, qu'elles ne deviennent pas du moins un danger public et journalier. C'est à l'homme en voiture, qui est l'individu, à se détourner devant l'homme à pied, qui est le public. De quel droit l'homme qui se sert des moyens physiques que la nature lui a donnés est-il détourné de son chemin par celui qui ne connaît pas l'usage de ses jambes, et se confie au pas rapide d'un coursier? Ordonnons donc que nulle voiture ne pourra passer dans les rues de Paris, si ce n'est au pas. » Il est vrai que Louis XV disait déjà : « Si j'étais lieutenant de police, je défendrais les cabriolets. » En 1792, Chamfort répétait souvent : « Je ne croirai pas à la Révolution tant que je verrai ces carrosses et ces cabriolets écraser les passants. »

n'eussent lieu, les décadis, qu'avant le lever ou après le coucher du soleil, « Jamais, affirmait-il, on n'a vu les gymnases des Grecs ni les cirques des Romains entourés de cyprès. » Ce n'est pas qu'il voulût porter la moindre atteinte au culte des morts, car il espérait bien que « des mères désolées, de nouvelles Canadiennes, iraient sur le tombeau de leur enfant épancher de leurs mamelles le lait que la nature avait destiné pour sa nourriture ».

Tous ne se faisaient pas illusion sur les conséquences des lois discutées. Il paraissait chimérique à quelques-uns de penser que les habitants des campagnes se soumettraient au repos décadaire. « Il convient, disait Félix-Faulcon, de ne pas heurter les vieilles habitudes des villageois, d'éviter avec soin toute espèce de violences et de moyens coercitifs qui, bien loin de les détruire, ne serviraient qu'à aigrir des cœurs qu'il faudrait persuader. » Le programme des réunions décadaires donna lieu également à plus d'une observation. Était-il raisonnable de forcer les futurs mariés à venir au chef-lieu du canton, quelle que soit la distance qui les en sépare, quelle que soit la température! « Pourquoi obliger les citoyens à attendre pendant toute une décade l'aurore du plus beau jour de la vie? » Le bulletin décadaire serait sans intérêt pour les assistants; il leur donnerait des nouvelles déjà connues de tous. Quant aux articles scientifiques, « ce serait semer sur la pierre, ils mourront sans germer ». Ne devrait-on pas aussi redouter le ridicule des cérémonies décadaires dans certaines communes? « Gardons-nous, disait un député, de faire du décadi une figure grotesque, un magot de la Chine. »

Ces critiques n'empêchèrent pas le vote des trois lois décadaires. Les dispositions essentielles de la première, datée du 17 thermidor, avaient pour objet de déterminer les jours où vaqueraient les écoles publiques et particulières, de prescrire la fermeture des boutiques, magasins et ateliers, les décadis et les jours de fêtes nationales, de prohiber, ces mêmes jours, « tous travaux dans les lieux ou voies publiques », sous peine d'une amende et, en cas de récidive, d'un emprisonnement qui pourrait être d'une décade. La seconde (du 13 fructidor) établissait le programme des réunions décadaires (lecture des lois et actes du Gouvernement, du bulletin décadaire, des actes de l'état civil, célébration des mariages, etc.). La troisième (du 23 fructidor) était relative à l'interdiction de faire usage, dans les actes publics ou privés, d'indications autres que celles de l'annuaire de République, etc. Le Gouvernement aggrava encore par la rigueur de son interprétation les prohibitions édictées. Une circulaire du ministre de la Police du 29 frimaire an VII contenait le passage suivant : «Ces mots, *en vue de la voie publique*, doivent s'entendre dans le sens le plus général, c'est-à-dire que toute contravention qui est perceptible d'une manière quelconque par l'officier de police parcourant la voie publique doit être constatée par lui et dénoncée aux tribunaux (forgerons qui ferment leurs ateliers, mais dont le bruit des marteaux annoncerait l'activité du travail). Il doit en être de même des menuisiers, tisserands, batteurs dans les granges, et autres artisans qui croient pouvoir impunément éluder les dispositions de la loi en fermant pendant leur travail la porte de leur atelier. »

A peine la première loi décadaire a-t-elle été votée, que le commissaire de police de l'arrondissement sud de Versailles se met en mouvement. Le dimanche 2 fructidor, il constate qu'on danse à Jouy, sur la place de l'Église; de là, il se rend à Guyancourt où il fait une constatation semblable. L'Administration centrale use d'indulgence. L'agent de Guyancourt allègue qu'il était malade; celui de Jouy déclare qu'il n'avait pas encore reçu le texte de la loi (ce qui, d'ailleurs, importait peu, puisqu'elle était muette en ce qui touchait les divertissements publics des dimanches). D'ailleurs, les danseurs, dit-il, étaient surtout les ouvriers de la manufacture d'Oberkampf, cet homme si bienfaisant, si digne de la protection du Gouvernement.

On voit que l'Administrastion centrale, se rendant compte de la difficulté de faire exécuter strictement les mesures décadaires, admettait volontiers les excuses présentées par les agents municipaux, qui hésitaient eux-mêmes à sévir. Elle aimait mieux rédiger des circulaires. A l'occasion de la fête du 18 Fructidor, qui venait d'être malencontreusement instituée pour célébrer l'anniversaire du coup d'État, elle en publia une tout à fait conforme au style officiel du temps : « Avant la journée à jamais mémorable du 18 Fructidor, les agents des rois, secondés par ceux du fanatisme, plus cruel encore que les rois, creusaient l'abîme où devait s'engloutir la République ; déjà ils ne dissimulaient plus leurs perfides projets ; déjà le sang des républicains avait coulé sous leurs poignards liberticides ; c'en était fait de la liberté. Mais son génie tutélaire veillait sur les destinées de la France ; il secondait les efforts des représentants et des Directeurs restés fidèles à la cause du peuple ; en vain la perfidie forge dans les ténèbres les fers qu'elle lui destine ; les traîtres sont démasqués, leurs trames déconcertées, et l'aurore du 18 Fructidor se lève sur la France encore libre et républicaine. » Les administrateurs comprennent cependant que d'autres fêtes doivent exciter plus d'enthousiasme, car, annonçant en même temps celle de la fondation de la République, qui doit avoir lieu quelques jours après, ils ajoutent : « Si tous les Français doivent s'empresser de célébrer les époques mémorables de la Révolution et celles qui ont contribué à l'affermissement de la République, avec quel transport ne doivent-ils pas solenniser ce jour où un grand peuple, fatigué du joug d'une monarchie qui pesait sur lui depuis douze siècles, et las des perfidies d'un monarque qu'il avait daigné associer à sa souveraineté, anéantit la royauté et proclame la République ! Le soleil qui éclaire cette journée entrait dans le signe de la Balance, symbole de la justice (1); c'est aussi sur elle que sont posés ses fondements; qu'ils soient cimentés par les vertus, et ils seront inébranlables ! »

Richaud est plus sceptique dans son rapport au ministre. Il constate bien que, le 1er vendémiaire, on a crié avec énergie : Vive la République ! toutefois, il y joint ce commentaire : « Si l'on pouvait avoir la certitude que ce n'est pas le seul sentiment de curiosité qui, dans chaque commune, a amené tant de spectateurs, je ne craindrais pas de répondre de l'excellence de l'esprit public. Mais, malheureusement, on sait que, dans certains cantons où les prêtres et les ex-nobles abondent principalement, la République est un vain nom, le décadi peu respecté, la garde nationale réduite à rien, et tout est subordonné à l'intérêt personnel. » Sa conclusion est celle que formulait déjà son prédécesseur Challan : « Je ne doute pas que le jour de la paix ne soit celui de la conversion de tous ceux qui n'attendent pour chérir le Gouvernement que la tranquillité dont ils désirent être environnés. En comparant ces diverses classes de sentiments, on peut dire que le thermomètre de l'esprit public est tempéré. » La loi sur la conscription, qui venait d'être promulguée, était loin de faire monter ce thermomètre, car

(1) En proposant l'adoption du calendrier républicain, Romme avait dit : « Le 22 septembre fut décrété le premier jour de la République, et, le même jour, le soleil arrivait à l'équinoxe vrai d'automne. Ainsi l'égalité des jours et des nuits était marquée dans le Ciel au moment même où l'égalité civile et morale était proclamée sur la Terre par les représentants du peuple français. »

elle apparaissait aux habitants de la campagne comme une menace de prolongation de la guerre.

L'exécution des lois décadaires continuait à donner lieu aux mêmes difficultés. Richaud s'en prend aux prêtres, dont l'hostilité, d'ailleurs, n'était pas douteuse. « L'esprit public, dit-il dans un rapport de brumaire, présenterait un aspect satisfaisant, si le fanatisme ne s'opposait à ses progrès. Dans quelques endroits, les ministres du culte ont consenti à transférer leurs cérémonies au décadi ; mais dans un bien plus grand nombre, ils s'y refusent. Ils célèbrent les décadis et les fêtes du calendrier, et alors ces dernières ont la préférence. Cette résistance est ce qui, jusqu'à présent, a nui au repos civil du décadi. » Le Gouvernement pensait, en effet, qu'on n'implanterait le régime décadaire qu'autant qu'on parviendrait à substituer le décadi au dimanche. Dans d'autres départements, certaines administrations municipales avaient, pour y réussir, pris une mesure radicale : elles interdisaient de célébrer les offices les jours autres que les décadis. Celles de Seine-et-Oise n'osèrent pas recourir à ce procédé absolument illégal ; elles réunirent les ministres du culte et insistèrent fortement auprès d'eux pour les décider à transporter aux décadis leurs offices solennels ; beaucoup y consentirent, mais à la condition qu'ils les célébreraient également les dimanches. Les fidèles résistèrent ; quoi qu'on fît, les églises restèrent vides les décadis.

En ce même mois de brumaire, un habitant de Saint-Germain-en-Laye, le maréchal ferrant Brézal, voulant, sans doute, faire ressortir ce que le repos décadaire, tel qu'il était prescrit, avait de ridicule, adressait au ministre de l'Intérieur une lettre très sérieuse en la forme ; il lui posait les questions suivantes : La loi du 17 thermidor me permet-elle de ferrer, un jour de décadi, le cheval d'un voyageur avec des fers préparés et forgés dans le cours de la décade, de déferrer le cheval lorsqu'il a été piqué, de le panser pour le mettre en état de continuer sa route, de réparer la roue prête à se briser d'un voiturier qui passe, de soigner et médicamenter un cheval malade? — Vous ne pouvez le faire, répond gravement le ministre, qu'après avoir obtenu l'autorisation de l'Administration municipale; encore ne devriez-vous vous livrer à ces travaux que dans une cour fermée sur le derrière d'une maison. « Il ne faut pas que les citoyens se promenant, le décadi, dans les rues pour se délasser de leurs travaux soient gênés ou exposés à être blessés par les chevaux arrêtés pour le ferrage. » On voit quelle protection toute particulière le ministre accordait aux promeneurs décadaires.

Il est facile de se rendre compte de l'irritation que produisaient ces petites tracasseries. Seule, la crainte de l'amende et de la prison pouvait momentanément assurer dans une faible mesure l'observation des prescriptions que contenait cette loi vexatoire. Chacun s'efforce de s'y soustraire dès qu'il ne se sent pas surveillé, et les agents municipaux surveillent le moins possible. L'Administration centrale fait comparaître devant elle quelques-uns d'entre eux; elle peut constater la répugnance qu'ils éprouvent à s'attirer la haine des habitants, en cherchant à imposer l'exécution des prohibitions décadaires. L'agent municipal de Villeneuve-en-Chevrie affirme que le président de l'Administration du canton fait lui-même danser les dimanches et fêtes, et que le commissaire du Directoire prend part à ces divertissements. Il aime mieux, dit-il, donner sa démission que de « risquer sa vie » en voulant faire exécuter des règlements que le président et le commissaire violent ouvertement. Le président prétend qu'on ne danse plus dans sa cour depuis plusieurs mois; le commissaire avoue avoir dansé une fois, mais c'était le 1ᵉʳ vendémiaire. Il reconnaît d'ailleurs que, dans le canton, la loi du 17 thermidor n'est pas observée; il a parcouru la plus grande partie des communes le dernier décadi; partout on travaillait, tandis qu'on se repose les anciens jour fériés. Le juge de paix a fait voiturer du bois, un décadi, et envoyé ses domestiques travailler dans les champs, le 1ᵉʳ vendémiaire. Le désordre est complet. Le président en rend responsable le secrétaire, qui méconnaît son autorité, intercepte ses dépêches et menace de le jeter par la fenêtre. Ce qui contribue également à l'anarchie municipale, c'est ce fait que l'instituteur tient, dans le local même de l'Administration, un cabaret où l'on se réunit et s'excite avant la séance.

En nivôse, le citoyen Hédiard, agent de la commune de Mours, est invité à s'expliquer sur la façon singulière dont il a publié la loi décadaire. J'y ai procédé, répond-il, comme d'habitude, « décoré de mon écharpe et accompagné de ma fille qui lisait la loi, parce que je ne lis pas assez couramment pour me faire entendre ». Il pouvait bien y avoir chez cet agent illettré un fond d'ironie, car, au dire de certains, il aurait fait suivre la publication légale de ce propos : « Tout cela, ce n'est que des petitesses. » En ventôse, l'Administration centrale a encore à s'occuper maintes fois de questions décadaires. L'agent et l'adjoint de Frépillon ont laissé tenir les registres de l'état civil par le curé. On leur demande s'il célèbre le culte les décadis et les jours de fêtes républicaines. Il dit bien, répondent-ils, la messe tous les jours, mais elle n'est chantée que les dimanches et anciens jours fériés, parce que, ces jours-là seulement, les chantres consentent à venir. L'agent et l'adjoint de Franconville disculpent aussi leur curé qui ne célèbre pas la grand'messe les décadis, parce que personne n'y assiste. Les agents et adjoints de cinq communes (Jouy-sur-Oise, Puiseux, Vauréal, Cergy, Osny) comparaissent également pour se justifier de la négligence qu'on leur impute en ce qui touche l'application des lois décadaires. L'agent de Conflans a été dénoncé comme partageant les opinions fanatiques du curé. Ancien maître d'école et chantre, il est dans les meilleurs termes avec son curé; il a un tel désir de le voir célébrer la grand' messe les décadis, que, pour le décider, il lui a promis de reprendre la chape le jour où il le ferait. En ventôse encore le président de l'Administation centrale écrit aux administrateurs du canton de Limours pour appeler leur attention sur la commune de Fontenay où l'on travaille les décadis et où l'on danse les anciens jours fériés.

L'agent municipal de Chevreuse, qui avait été dénoncé, se présente, en germinal, devant l'Administration centrale. Il prétend qu'il fait tout ce qui est en son pouvoir pour que ses administrés se conforment aux prescriptions des lois décadaires; mais il n'obtient rien d'eux, à raison de l'exemple donné par les communes voisines. Il ne dresse pas de procès-verbaux parce que la rigueur, en pareil cas, n'est point, suivant lui, le meilleur moyen à employer. Cet agent ne met pas d'ailleurs plus de zèle à faire rentrer les contributions. Le président l'engage à se décharger d'un fardeau au-dessus de ses forces. « Si je pouvais, répond-il, trouver des avantages pécuniaires à remplir les fonctions municipales, j'aurais autant d'intelligence qu'un autre pour les remplir; mais, ne gagnant rien, je ne peux pas courir les risques de me faire des ennemis. » Cet aveu si franc révélait la pensée de plus d'un de ses collègues. On pourrait croire que l'état des esprits était tout autre dans le canton *extra muros* d'Argenteuil, si l'on se bornait à lire les premières lignes d'une lettre que le président de l'Administration municipale adressait au ministre de l'Intérieur (1) : « L'observation des décades ne laisse rien à désirer depuis deux ou trois décades ; le peuple secoue peu à peu les préjugés religieux, il vient en foule aux séances décadaires. » Mais le signataire ajoute, non sans incohérence, que la plupart des assistants sont en habits de travail et qu'on ne peut se dissimuler que « cette manière d'assister aux séances décadaires ne soit un persiflage employé par les partisans du culte catholique ». La lettre a évidemment pour but principal de signaler au ministre l'activité avec laquelle il s'efforce de stimuler dans son canton le zèle décadaire. Il a prononcé, en pluviôse, à ce sujet un grand discours qu'il a fait tirer à trois cents exemplaires, dont il ne lui reste que deux ou trois, tant on a mis « d'avidité » à les rechercher. Il demande ce qu'il doit faire pour rendre décentes les réunions décadaires ; il entretient surtout le ministre d'un projet qu'il a conçu et qui aurait le double résultat d'enrichir le Trésor et d'éteindre « le fanatisme et son aliment ». Il suffirait de faire payer un loyer pour l'exercice du culte dans les temples et d'assujettir les prêtres à la patente ; on recueillerait ainsi annuellement une somme qui ne serait pas inférieure à 10 millions de francs. Le ministre ne fut pas séduit ; il répondit : « Toute mesure répressive aurait beaucoup d'inconvénients ; laisser faire le temps et le bon exemple, mais faire des observations sévères aux employés et fonctionnaires. »

C'est précisément la ligne de conduite des membres de l'Administration centrale de Seine-et-Oise. Ils se contentent le plus souvent d'admonestations et de conseils. La plupart des administrations municipales font comme eux. Le canton *extra muros* de Pontoise se montrait aussi réfractaire à la loi du 17 thermidor qu'à l'arrêté de

(1) Archives nationales, F¹ᶜ III, Seine-et-Oise, 12.

germinal. L'Administration municipale avait menacé en frimaire; cette fois, elle menace encore, mais elle enfle la voix : « Le 13 frimaire an VI, nous vous adressâmes sur le même sujet des paroles d'invitation; le succès n'a pas répondu à nos efforts; mais aujourd'hui nous vous parlons au nom de la loi, et nous ne craignons pas de n'être point entendus. La loi du 17 thermidor consacre au repos le jour du décadi; nous vous déclarons que, sans aucune considération particulière, sans aucune acception de personnes, nous ferons appliquer à tout réfractaire les dispositions pénales portées aux articles de cette loi. Lorsque la République a imposé silence aux nations qui l'environnent, elle ne pourrait pas vaincre quelques résistances que lui opposeraient au dedans les préjugés et la superstition! » Le 5 floréal, à la séance de l'Administration du canton de Rochefort, le commissaire du Directoire, ne pouvant contenir son indignation, s'exprime ainsi : « L'exemple ou le conseil des malveillants a tout à coup changé une conduite digne d'éloges en celle avilissante pour un homme qui ose encore porter le nom de citoyen français; partout, depuis quelques jours, les dimanches et fêtes de l'ancien calendrier sont consacrés au repos, et le décadi méconnu, en ne rougissant pas de l'employer aux travaux ordinaires auxquels ils ont honte de se livrer le dimanche. » Ce réquisitoire si flétrissant pour les délinquants va-t-il déterminer les administrateurs à sévir contre eux? Ils se bornent à menacer les fonctionnaires de les dénoncer et à enjoindre aux gardes champêtres et forestiers, de dresser des procès-verbaux. A la séance du 27 floréal, le président revient sur la question et indique la cause de cette insoumission : « C'est que les prêtres, pour replonger le peuple dans la crédulité et l'ignorance, usent de leur empire sur la conscience d'hommes fanatisés pour conserver en eux la croyance que c'est Dieu qui commande la célébration de ces jours de fêtes. » Quant au remède, l'Administration n'en trouve d'autre que d'adresser une proclamation aux ministres des cultes pour les inviter à transporter au décadi leurs cérémonies religieuses.

Il ne faut pas s'étonner que, témoin de ces efforts impuissants à faire respecter une loi aussi impopulaire, Richaud reconnaisse, dans ses rapports sur les mois de germinal et de floréal an VII, que l'esprit public et les institutions républicaines font peu de progrès. Les mesures décadaires n'étaient pas d'ailleurs le seul motif de mécontentement. L'exécution de la loi sur la conscription a attristé les campagnes. « Un certain nombre de conscrits ont montré du courage et même de la joie à leur départ, mais on ne saurait dissimuler que cette levée ne fasse aussi couler des larmes. » En outre, partout on s'entretient des malversations et des marchés scandaleux qui ont donné lieu à de retentissants débats au Conseil des Cinq-Cents. On veut espérer que le Gouvernement mettra fin à ces « dilapidations dont tout le monde parle, que personne n'excuse, et qui font le désespoir des patriotes ». Le malaise est général ; « le véritable commerce et l'industrie sont dans la stagnation ; l'infâme agiotage absorbe tous les capiteux qui pourraient les vivifier ». Le commissaire du Directoire ne voit que la paix qui puisse mettre fin à cette crise inquiétante : « Ce département, naguère l'asile de la richesse et le séjour du luxe, est peuplé de gens qui ont eu une longue habitude de l'esclavage et qui songent plutôt à leur richesse passée qu'au changement avantageux qui s'est opéré dans le Gouvernement. Il faut donc s'attendre qu'il n'y aura qu'une longue persévérance et tous nos efforts et le retour de la paix qui puissent faire d'une population formée de tels éléments des prosélytes du Gouvernement et des partisans du nouvel ordre de choses. »

La situation du Gouvernement s'était aggravée; aux élections législatives de germinal, l'opposition de gauche l'avait emporté; la plupart des nouveaux élus étaient des ennemis du Directoire. En Seine-et-Oise cependant, les électeurs avaient de préférence fixé leur choix sur les candidats modérés; la réélection du futur consul Lebrun en était une preuve significative. Les administrateurs Lépicier et Venard avaient été également réélus; le même esprit régnait dans l'Administration centrale. Comme par le passé, les membres ne cherchaient qu'à s'inspirer de la politique gouvernementale; ils ne pouvaient cependant se faire illusion; l'assassinat des plénipotentiaires de Rastadt et les revers subis par nos armées avaient semé l'inquiétude. Les administrateurs jugèrent utile de calmer les alarmes; le 26 floréal, ils rédigèrent une adresse où, par de grands mots, ils s'efforcèrent de rassurer l'opinion publique profondément troublée. « Ces avantages momentanés dus à la supériorité du nombre, disaient-ils, ne seront que passagers, et la chute des tyrans, pour être tardive, n'en est que plus assurée; nous en jurons par le génie de la liberté, par le courage de nos braves guerriers, par vous, brave jeunesse, qui allez grossir les phalanges qui n'attendent que votre présence pour fixer à jamais le char de la Victoire. Aux armes donc, citoyens, aux armes! Que le cri de vengeance retentisse dans vos cœurs et soit répété par toutes les bouches!.., Vous êtes Français et libres et jamais des hordes barbares ne souilleront le sol de la liberté. » On avait tant abusé de ces appels patriotiques, de ces serments solennels, qu'ils restaient sans écho; il était difficile aux populations de voir dans les succès militaires un présage favorable pour le retour de la paix qui ne cessait d'être l'objet de leurs vœux.

Le Gouvernement n'avait plus la force morale nécessaire dans des circonstances aussi périlleuses. La majorité voulut détourner d'elle la responsabilité en contraignant deux des Directeurs (Merlin et La Révellière-Lépeaux) à se retirer. La pression ainsi exercée par le Corps législatif sur le Directoire amoindrit encore son prestige. Lorsque ceux qui détiennent le pouvoir paraissent ainsi désemparés, on ne peut espérer que les agents locaux tiendront fermement la main à l'application des lois. Les procès-verbaux de l'Administration centrale de Seine-et-Oise contiennent à cet égard des renseignements instructifs. Le 6 messidor, l'agent municipal de Conflans, Lepage, comparaît. Les griefs articulés contre lui sont nombreux : il laisse exécuter des travaux apparents les décadis et les jours de fêtes nationales ; il tolère les danses et les divertissements publics les dimanches ; il souffre la présence dans sa commune de conscrits qui n'ont point rejoint leurs corps ; il favorise les instituteurs privés qui ne font pas usage de livres républicains ; aussi l'instituteur public a-t-il dû quitter Conflans, faute d'élèves. Lepage s'excuse plus ou moins : beaucoup de ses administrés tiennent à assister aux offices des dimanches, il ne peut les en empêcher ; il a donné l'exemple du repos décadaire, en s'opposant à ce que son gendre décharge un bateau le décadi précédent ; il a fait ce qu'il pouvait pour découvrir les conscrits, il n'y a pas réussi ; l'instituteur public avait déjà quitté la commune lorsqu'il a été nommé agent municipal, etc., etc. Les administrateurs ne tiennent pas à se livrer à une enquête plus approfondie ; ils recommandent seulement à l'agent de Conflans de veiller avec soin à l'exécution des lois décadaires, militaires et scolaires. Le 18, Lorphèvre, agent d'Herblay, est appelé à s'expliquer. Il ne fait pas respecter les lois décadaires, et donne lui-même « le dangereux exemple de les enfreindre ». Le garde champêtre a dressé en un seul jour quarante-deux procès-verbaux ; Lorphèvre l'a fait destituer.

L'agent municipal se disculpe; il avoue n'assister qu'une fois sur deux aux séances de l'Administration municipale où « le commissaire et deux ou trois agents font tout, le reste n'est compté pour rien ». Trois jours après, c'est l'agent de Neucourt qui vient répondre au réquisitoire du commissaire du Directoire qui lui reproche de tolérer que les habitants de la commune voisine de Magny dont l'église est fermée, viennent à Neucourt y entendre la messe, les dimanches, puis prennent part aux danses publiques et tiennent des propos outrageants contre les administrateurs du canton. L'agent proteste de sa bonne volonté; il dit que dans toutes les communes environnantes les décadis sont méconnus, et qu'il en serait probablement de même à Neucourt, si certains habitants, qui lui sont attachés, ne tenaient à lui être agréables. Le curé ne peut transférer les cérémonies du culte au décadi; l'église serait déserte. L'Administration centrale renvoie l'agent indemne, en lui recommandant la vigilance dans l'exécution des lois. Le 21 messidor, des faits plus graves s'étaient passés à Freneuse. Les gendarmes de Bonnières, en tournée dans cette commune, un ancien jour férié, aperçurent, à six heures du soir, un rassemblement de sept à huit cents personnes, qui se livraient aux jeux et à la danse. Le brigadier demande à l'agent municipal de s'y opposer; celui-ci refuse d'intervenir. Les gendarmes dissipent le rassemblement, qui se reforme deux heures après. Ils reviennent pour le disperser; ils sont hués par la foule qui crie : « Pendez-les, tuez-les, ces coquins-là! » Cette fois, les administrateurs frappent de suspension l'agent municipal.

Leur rôle devenait de plus en plus difficile. Dans la crainte d'exaspérer les populations, ils n'osaient se montrer trop sévères; d'autre part, les jacobins du département, encouragés par les tendances nouvelles qui se manifestaient dans les Conseils législatifs, recommençaient à s'agiter. La « régénération » du Directoire, l'attitude presque révolutionnaire du Corps législatif leur avaient rendu courage; ils jugèrent les circonstances propices pour réclamer une vaste épuration. Le 8 messidor, Félix Lepeletier, Germain, Dubuisson et quelques mécontents qu'ils avaient groupés autour d'eux écrivirent aux membres du Conseil des Cinq-Cents : « Un pouvoir monstrueux s'élevait depuis longtemps au-dessus de la Constitution et de la représentation nationale. Vous l'avez attaqué avec les principes, et le colosse de bronze est tombé sans résistance, tant il est vrai que le seul aspect de la vertu fait pâlir les tyrans. Des hommes pervers et lâches avaient trahi la plus belle des causes. Vous avez cru devoir seulement les paralyser. Est-ce assez? Ils s'éloignent, fuient, vont jouir du fruit de leurs dilapidations; et les amis de la République, dans l'infortune et le malheur, voient leurs persécuteurs tranquilles, alors même que la patrie leur attribue tous ses maux. La vengeance n'est point un besoin pour les hommes libres; mais la morale et la justice publique sont-elles de vains mots? » Ils demandaient aux députés de se concerter avec « le nouveau Directoire » pour obtenir de lui la destitution des administrateurs, des commissaires et des magistrats suspects. « Faites, disaient-ils, quelques exemples sur ces hommes dignes de servir aussi Louis XVIII. » Cette campagne de délation n'était pas concentrée à Versailles. Le 18 messidor, quatre habitants de Cergy écrivaient au Directoire « régénéré » pour lui dénoncer le commissaire, qui ne poursuit pas les déserteurs et « laisse mépriser les fêtes nationales et décadaires, au point que l'on travaille dans presque toutes les communes ». Ils dénoncent de même les administrateurs municipaux, qui donnent l'exemple de la désobéissance aux lois décadaires et scolaires ; ils terminent en réclamant la révocation du commissaire, des agents et des adjoints du canton (1).

Richaud, averti, adressa une lettre au ministre de l'Intérieur, Il y prenait la défense des administrateurs de Seine-et-Oise, dont le zèle républicain ne pouvait être mis en doute; sans nier la résistance de beaucoup de cantons à l'application des lois décadaires, il attribuait la cause de la recrudescence du « fanatisme » aux discours que certains députés avaient prononcés en faveur de la liberté des cultes ; il ne cachait au surplus ni son profond découragement, ni les craintes qu'il éprouvait pour l'avenir de la République : « Le 18 Fructidor a rappelé dans l'Administration centrale du département les vieux patriotes de 1789, qui ont presque toujours été en fonctions depuis la Révolution. Depuis cette époque, malgré la tiédeur et l'indifférence absolue du plus grand nombre des citoyens pour la chose publique, l'opposition de plusieurs autres, les contributions sont rentrées. Les institutions républicaines commençaient même à prendre de la consistance; plusieurs ministres du culte avaient ou renoncé à leurs fonctions, ou reporté leurs cérémonies aux jours de décadis et de fêtes républicaines. Mais depuis qu'à la tribune nationale on a parlé des prêtres et de la liberté des cultes, le fanatisme a levé plus que jamais sa tête hideuse, les prêtres reprennent leurs fonctions et leurs anciens usages; les fêtes décadaires sont négligées et vouées au mépris; dans plusieurs communes, on insulte à ceux qui les célèbrent; on a même, dans quelques endroits, menacé et dévasté les propriétés de fonctionnaires publics qui veulent faire exécuter les lois et les arrêtés rendus à ce sujet, et on pousse le délire jusqu'à prophétiser la chute de la République. Hé! citoyen ministre,

(1) Archives nationales, F¹ᶜ III, Seine-et-Oise, 12.

je vous le dis avec toute l'amertume de mon cœur, tout semble concourir à vouloir accréditer ce funeste présage. C'est au moment où les circonstances commandent de nouveaux sacrifices, où la patrie a besoin de nouveaux défenseurs, que l'on sème partout la défiance et le découragement; les journaux n'entretiennent le public que de dilapidations sans fin (en marge : Je crois bien que nous en sommes dévorés, mais je crois qu'il vaudrait mieux en parler moins et les réprimer davantage) et de nouveaux dangers dont nous sommes menacés; ils s'appesantissent sur nos revers et sur les détails des combats sanglants et des défaites que nous éprouvons; on dirait que l'on cherche à disculper nos ennemis de la guerre injuste qu'ils nous font et des moyens perfides qu'ils emploient en faisant circuler que c'est de notre côté qu'une paix équitable et sûre a été refusée; on voudrait même, s'il était possible, déverser sur les agents de la République toute l'horreur du crime atroce commis à Rastadt pour en soulager l'infâme maison d'Autriche (1). »

Cette lettre était un grave indice de la fragilité du Gouvernement; le ministère ne paraît pas en avoir su gré à l'auteur, et ce fut à l'Administration centrale qu'on imputa le défaut de sympathie des habitants de Seine-et-Oise pour les institutions républicaines telles que les comprenaient les hommes alors au pouvoir. C'est l'opinion qui est exprimée dans le rapport présenté au ministre. « Il est certain, y était-il dit, que le département de Seine-et-Oise, quoique plus rapproché du centre de l'autorité, est un de ceux de la République où l'esprit public est le plus mauvais; on pourrait presque dire qu'il y est anéanti. Les institutions républicaines y sont généralement méprisées, et le fanatisme y domine avec une audacieuse impunité. Le commis-

(1) Archives nationales, F¹ᶜ III, Seine-et-Oise, 12.

saire central, dans sa lettre du 24 de ce mois ci-jointe, loin de nier ces faits, convient que les propriétés des fonctionnaires publics y sont menacées et qu'on y prophétise ouvertement le retour de la royauté. On peut croire qu'il n'en serait pas ainsi si l'Administration centrale avait rempli ses devoirs ; il importe de demander des renseignements. » — Note du ministre : « Ecrire aux représentants Desclozeaux et Garat. » L'un était député aux Cinq-Cents, l'autre aux Anciens.

L'Administration centrale pensa qu'elle devait donner une preuve de son énergie. Elle commença par adresser, le 7 thermidor, aux administrateurs municipaux une circulaire pour leur faire connaître les justes plaintes du ministre; elle les exhortait en ces termes à la vigilance : « Il est du devoir de vous rappeler à l'exécution des lois relatives aux institutions républicaines. Elle vous invite à lui rendre compte sans délai de la conduite que tiennent les agents et adjoints des communes de votre canton pour les faire respecter, et elle espère que vous lui signalerez ceux d'entre eux qui auraient toléré les infractions dont se plaint le ministre ; vous sentirez d'ailleurs combien il est important de connaître les fonctionnaires insouciants ou coupables, dans un moment surtout où les ennemis de la République prennent tous les masques et se servent de tous les moyens pour tromper le peuple et le conduire au mépris de ses institutions. » En outre, comme les désastres militaires qui se succèdent jettent l'effroi et entravent l'exécution de la loi sur la conscription, les administrateurs publient, le même jour, une adresse ainsi conçue : « Une coalition monstrueuse menace les frontières de la République: ses progrès rapides, favorisés par l'imprévoyance, l'impéritie, les rapines et la trahison, ont déjà fait peser la loi du vainqueur sur une grande portion des peuples et des

Républiques, nos alliés et nos amis ; le bruit des chaînes dont elle nous a chargés retentit à nos oreilles., Tout rentre dans l'ordre ; les dilapidateurs et les traîtres sont démasqués ; bientôt ils seront punis, et la République reprendra l'attitude victorieuse qui lui appartient. La loi vous destine à y concourir ; vous allez former les bataillons auxiliaires qui, en contenant les ennemis de l'intérieur, formeront une barrière impénétrable à ceux du dehors, s'ils osaient franchir les limites qui les séparent du sol de la liberté. » Les phrases étaient sonores ; mais il semble qu'il eût été préférable, alors qu'on voulait provoquer l'élan des conscrits, de leur parler moins complaisamment de l'imprévoyance, de l'impéritie, des rapines et des trahisons qui ont contribué aux revers de nos armées.

Après avoir écrit, l'Administration centrale se décide à agir. Le 5 fructidor, elle suspend l'agent et l'adjoint de la commune de Bréval, le président de l'Administration municipale du canton d'Angerville. Trois jours après, elle suspend également les agents et adjoints de huit communes du canton de Taverny où on n'observe pas les décadis, tandis qu'on joue et danse publiquement les jours fériés. Le 15 fructidor, ce sont les membres de l'Administration d'Étampes qu'elle frappe aussi de suspension. Ils n'exercent pas de poursuites contre ceux qui contreviennent aux prescriptions décadaires ; ils contribuent à avilir les institutions républicaines, « qui sont devenues en quelque sorte l'objet de la dérision publique ». N'ont-ils pas, suivant leurs dénonciateurs, laissé ajouter à une pièce représentée au théâtre un couplet contenant des allusions « malignes », qui a été accueilli par des applaudissements prolongés et répétés ! N'ont-ils pas souffert qu'on substituât dans cette pièce le titre de Monsieur à celui de citoyen !

L'an VIII commençait sous les plus fâcheux auspices.

La situation des armées, quoique moins critique, était encore pleine de périls. En messidor, avait été promulguée une loi monstrueuse, dite des otages, d'un caractère absolument révolutionnaire. En thermidor, le Corps législatif, malgré les résultats désastreux des emprunts forcés précédents et la résistance opposée tout d'abord par le Conseil des Anciens, avait voté un emprunt forcé progressif de 100 milions, que Lecointre, ancien député de Seine-et-Oise à la Convention, emprisonné depuis, à cause de l'ardeur de ses opinions politiques, qualifiait de « ferment de discorde, de réaction et de vengeance ». Le seul effet produit cette fois encore était de paralyser les affaires, d'alarmer chacun et de retarder le recouvrement des autres contributions. Le club des Jacobins avait été reconstitué; le danger parut tel qu'il fallut le fermer. Le Directoire était divisé tout autant que le Corps législatif. En province comme à Paris, apparaissaient tous les symptômes de la désorganisation sociale (1).

En prenant, le 13 fructidor, un arrêté relatif aux passeports, l'Administration centrale de Seine-et-Oise le motivait ainsi : « Les mouvements contre-révolutionnaires, qui se sont manifestés dans plusieurs départements par le renversement ou la mutilation des arbres de la Liberté, par le brigandage commis sur les propriétés d'acquéreurs de biens nationaux, par les outrages commis envers plusieurs fonctionnaires publics et enfin par les infractions faites ouvertement aux lois relatives aux institutions républicaines, mouvements dont se sont ressentis quelques cantons de ce département, ne peuvent être considérés que comme l'effet des suggestions perfides et des menées criminelles des agents de la coalition ou des ennemis inté-

---

(1) Rapport de Fouché sur brumaire. — A. Vandal, *L'Avènement de Bonaparte*, t. I, p. 214.

rieurs de la République ; l'audace de ces derniers s'accroît en proportion de la négligence avec laquelle sont exécutées les lois tant sur la police de sûreté que sur les passeports ; il est temps enfin que les fonctionnaires publics sortent de cette apathie et de cette insouciance, qui, en conduisant la chose publique à sa perte, les rendraient eux-mêmes victimes de la funeste léthargie dans laquelle ils sont plongés. » Les désordres n'en avaient pas moins continué. A Argenteuil, l'arbre de la Liberté est, peu de temps après, coupé pour la troisième fois. A Sèvres, celui qui est planté devant la salle des séances de l'Administration municipale est mutilé dans la nuit du 1er au 2 vendémiaire. Le sixième jour complémentaire de l'an VII, le commissaire du Directoire annonce à l'Administration centrale que des brigands armés, au nombre de vingt-cinq ou trente, ont fait irruption dans le canton de Villeneuve-en-Chevrie. Bien que le rassemblement eût été dispersé, il fut décidé que le chef-lieu du canton serait transféré à Bonnières (1).

Richaud se rendait compte de cet état de choses lamentable. Avec sa franchise habituelle, il l'avait, dans son rapport sur fructidor, signalé au ministre, en cherchant à lui faire comprendre que, tant que la division régnerait parmi les gouvernants eux-mêmes, on ne pouvait guère espérer voir renaître la confiance des administrés. «... Le découragement, évrivait-il, et la crainte, voilà ce qu'on remarque généralement. Cependant, si nous pouvons rani-

---

(1) Au commencement de fructidor, Guyel, commissaire du Directoire dans le canton de Pierrefitte, écrivait au ministre de l'Intérieur : « Au nom du bien public, au nom des fonctionnaires assez courageux pour remplir dignement leurs fonctions difficiles, rappelez à l'exécution des lois républicaines les départements de Seine-et-Oise, de l'Oise et de Seine-et-Marne, dans lesquels il n'est nullement question de décadis, et où les dimanches et fêtes sont solennisés aussi pompeusement que sous l'ancien régime... La sûreté de la République est compromise. » (*Paris pendant la Révolution*, par Adolphe Schmidt, t. IV, p. 135.)

mer un peu le zèle des autorités constituées, si le calme
et l'union pouvaient enfin s'établir dans le sein et entre les
premières autorités de la République, je ne doute pas que
le peuple ne se relevât aussitôt de cette crainte et de ce
découragement où les événements de l'année qui vient de
s'écouler l'ont plongé. »

Alors que les circonstances sont à tous égards si alarmantes, la grande préoccupation de beaucoup de politiciens est encore l'inobservation des lois décadaires. A proximité même de Versailles, on ne parvient pas à les faire respecter. L'Administration centrale est saisie de plaintes concernant le canton *extra muros*, dont le siège est à Saint-Cyr. Les ouvriers y refusent de travailler les anciens jours fériés et et de chômer les décadis. Le président adresse une lettre sévère à l'Administration municipale; il s'en prend aux cultivateurs et prescrit de sévir sans relâche contre les délinquants, en les prévenant que la récidive entraîne l'emprisonnement. Les administrateurs municipaux disculpent les cultivateurs, qui font au contraire preuve de bonne volonté, mais se heurtent à l'obstination des ouvriers, qui ne veulent fêter que le dimanche. Vainement on publie le texte des lois; vainement ou poursuit les contrevenants. Les mesures de rigueur sont insuffisantes; « dans la majeure partie des communes, on travaille le décadi, et on se repose le dimanche », à l'exemple des cantons environnants de Chevreuse, de Neauphle, de Jouy. Les dénonciations ont parfois le caractère de persécutions ridicules atteignant même les familles des agents municipaux. Le 11 brumaire, l'agent et l'adjoint d'Andrésy sont obligés tout à la fois de se défendre et de justifier leurs filles, qui ne sont pas allées, le 1er vendémiaire, au bal de Triel, auquel elles étaient invitées, et ont en outre, prétend-on, empêché d'autres jeunes filles de s'y rendre. Il leur faut répondre que le temps était mauvais, et qu'elles n'avaient trouvé personne qui pût les accompagner pour revenir la nuit à Andrésy. Le surlendemain nouvelle comparution, celle de l'agent de Crespières. Il affirme se montrer plus vigilant que ceux des communes voisines. Il ajoute que les forts cultivateurs se conforment à la loi décadaire, que ce sont les petits, au contraire, qui se refusent à l'observer. S'il a cessé de faire dresser contre eux des procès-verbaux, c'est, assure-t-il ingénument, dans la crainte des vengeances « qui pourraient causer des dommage à ses récoltes ou nuire à ses bestiaux ». Il disait vrai ; dans plus d'une commune, l'exaspération était telle que les agents, redoutant les représailles, s'abstenaient de toute poursuite. Aussi les administrateurs ne suspendirent-ils pas l'agent qui leur tenait ce langage ; ils lui rappelèrent seulement qu'en acceptant ses fonctions, il avait promis de les remplir avec courage.

VI

L'Administration centrale allait, quelques jours après, être détournée momentanément de la tâche ingrate d'imposer l'observation de lois que beaucoup d'habitants abhorraient. Le 19 brumaire an VIII, le général Macdonald, qui commandait la force armée à Versailles, se présentait à la séance de cette Administration pour lui rendre compte des événements de la veille. Habitués à toujours obéir aux instructions du Gouvernement, les administrateurs n'hésitent pas à lui prêter leur concours, sans trop savoir quel but il poursuit. Ils décident que Lussy, l'un d'eux, ira immédiatement à Sèvres et se concertera avec l'Administration municipale pour faciliter l'établissement du Corps législatif dans le palais de Saint-Cloud. Ils s'empressent en même temps d'écrire au ministre de l'Intérieur : « Soyez persuadé, Citoyen ministre, que dans toutes les circonstances nous seconderons les efforts des représentants de la Nation, et par notre zèle à faire exécuter les lois et par notre attachement inviolable à la Constitution de l'an III. » On ne saurait voir dans cette dépêche une protestation courageuse en faveur de la Constitution et des Conseils qu'ils sentent menacés ; elle est simplement un témoignage du défaut de perspicacité politique des administrateurs de Seine-et-Oise, qui croyaient que les mesures prises tendaient réellement à protéger les Conseils et à assurer le respect de la Constitution. Ils étaient cependant quelque peu déconcertés, comme le prouvent les termes vagues de l'adresse, qu'ils envoyaient le même jour aux Administrations municipales du département, en leur transmettant la résolution du Conseil des Anciens et la proclamation de Bonaparte : « Citoyens, vous vous êtes pénétrés du décret du 18 brumaire ainsi que des proclamations qui l'ont suivi. Le Corps législatif va s'occuper en liberté de faire disparaître à jamais les maux qui désolent l'intérieur de la République et forcer par la raison ou par les armes les ennemis extérieurs à accepter la paix. Regardez cette époque comme l'aurore de jours glorieux qui sont réservés à la République. Citoyens, soyez calmes ; défiez-vous des perfides suggestions des ennemis qui vous environnent et qui prennent toutes les formes pour vous séduire, vous aveugler et vous perdre ; soyez unis, et vous serez forts. Que les passions et les haines se taisent, et ne soyez pas vous-mêmes les artisans de vos maux, en paralysant par faiblesse ou insouciance les travaux qui se préparent pour élever l'édifice de la paix générale et du bonheur de tous. Magistrats du peuple, et vous tous, fonctionnaires publics, pénétrez-vous vivement des devoirs que réclame le salut de la Patrie; il s'agit de concourir à assurer le bonheur des Français; prenez les mesures que la sagesse et votre zèle vous dicteront pour faire régner la tranquillité publique; écartez les malveillants et faites respecter, par l'exécution des lois, les personnes et les propriétés. »

Il était impossible de tenir un langage plus ambigu; quoi qu'il arrivât, les administrateurs avaient la certitude de ne s'être pas compromis. Une fois le fait accompli, leur résolution fut assez vite prise d'adhérer au nouveau régime. Ils durent, d'ailleurs, être plus disposés à l'apprécier favorablement lorsqu'ils surent que deux représentants de Seine-et-Oise, Le Brun et Garat, faisaient partie de la Commission provisoire nommée par le Conseil des Anciens, et que, par arrêté du 20 frimaire, Félix Lepeletier, leur dénonciateur, était banni du territoire de la République. La loi sur l'emprunt forcé de 100 millions, ayant été rapportée le 27 brumaire, ils crurent devoir profiter de cette circonstance pour célébrer le dernier coup d'État, en employant un qualificatif souvent accolé à celui de Fructidor. « Un des premiers bienfaits des mémorables journées des 18 et 19 brumaire, écrivirent-ils aux administrateurs municipaux et aux percepteurs, est le rapport d'une loi désastreuse justement proscrite par l'opinion publique. La loi du 27 du même mois vient de remplacer l'emprunt de 100 millions par une subvention de guerre; une cotisation égale et proportionnelle succède à une taxe arbitraire et progressive (1). »

Les administrateurs n'avaient pas été d'abord sans perplexité. Ils reconnaissaient qu'un changement était devenu indispensable; mais bien qu'ils eussent tous applaudi au 18 Fructidor, ils trouvaient quelque chose de « fâcheux »

(1) Archives nationales, F¹ᵃ 436.

à la seconde application du même procédé ; ils appréhendaient, d'ailleurs, qu'une réaction ne fût la conséquence des événements. Tel est l'état d'esprit que Richaud résume ainsi dans son rapport au ministre de l'Intérieur sur le mois de brumaire : « Malgré que la situation critique où l'esprit de faction et les divisions funestes avaient conduit la République nécessitât un changement prompt et une crise salutaire, les événements des journées des 18 et 19 de ce mois ont d'abord frappé tous les citoyens d'un grand étonnement. Cependant, quand on a vu la majorité du Corps législatif donner son assentiment et régulariser les mesures, et que les rênes du gouvernement se trouvaient entre les mains d'hommes qui donnaient pour gage de la pureté de leurs intentions beaucoup de gloire et une grande réputation à conserver, et pour sûreté de leurs promesses, des talents connus et les services signalés qu'ils avaient déjà rendus à la République, alors tous ont repris courage. Les républicains, même les plus sévères dans leurs principes, sans se dissimuler ce qu'il y avait eu de fâcheux dans les moyens que l'on avait été obligé d'employer, ont applaudi au résultat, et, à l'exception des hommes dont la chute a été définitivement marquée et qui ont vu leur espoir et leurs projets renversés, tous ont manifesté leur contentement. Mais au milieu de ces témoignages de la joie publique, le royalisme, tant de fois déchu et toujours prompt à se saisir du moindre fil qui peut soutenir ses espérances et fortifier son parti, tâche de faire envisager ce mouvement comme le précurseur du retour de l'autorité d'un seul ; déjà, par ses soins, un grand nombre de citoyens fanatisés et prévenus contre les institutions républicaines les regardent comme abolies, et la religion catholique dominante, le droit de passe bientôt supprimé, les conscrits fixés dans leurs foyers, les contributions considérablement réduites ; enfin, il n'est point de bruit qu'ils ne sèment pour entraver la marche du Gouvernement ou fomenter des troubles et des mécontentements. L'homme exaspéré qui aperçoit ces manœuvres, sans les voir réprimées sur-le-champ et rigoureusement punies, accrédite par passion ce que l'autre sème par méchanceté ; l'un crie à la contre-révolution, tandis que l'autre la prêche, et c'est ainsi que les deux contraires se touchent. Les républicains voient toutes ces manœuvres d'un œil inquiet et attendent avec impatience que la sagesse du Gouvernement y mette terme. Voilà les diverses nuances que présente la situation politique du département ; elles se confondent cependant dans un fonds assez général de satisfaction et d'espoir qui a fait naître la confiance. »

Si les sentiments complexes que Richaud analyse dans son rapport étaient bien ceux de certains groupes, il en était autrement de la plupart des habitants de Seine-et-Oise. Ils avaient éprouvé un contentement sans mélange en voyant disparaître ce gouvernement auquel ils imputaient la continuation de la guerre, les dilapidations, les désordres financiers, les lois oppressives. Un grand nombre d'entre eux cependant ne voulaient pas le retour de l'ancien régime avec les abus qu'ils avaient déplorés, avec des représailles contre les acquéreurs de biens nationaux et contre tous ceux qui s'étaient plus ou moins mêlés aux mouvements révolutionnaires. Ils n'avaient vu d'abord en Bonaparte que le grand capitaine à la renommée prestigieuse et l'auteur du traité de Campo-Formio naguère acclamé, qui seul pouvait, soit par des victoires décisives, soit par d'habiles négociations diplomatiques, assurer une paix durable (1).

(1) « Tout paysan que je rencontrais dans les champs, les vignes ou les bois, dit Fiévé, m'abordait pour me demander si on avait des nouvelles du général Bonaparte, et pourquoi il ne revenait pas en France ; jamais aucun ne s'informait du Directoire. »

Après le 19 brumaire, il leur apparut comme l'homme providentiel qui ferait tout rentrer dans l'ordre et qui donnerait enfin au pays ce gouvernement « d'aplomb » qu'ils attendaient vainement depuis quatre ans.

Dès les premiers jours, il y eut à Versailles un incident très significatif. En 1799, d'anciens membres du club des Jacobins avaient fondé un Cercle constitutionnel, dont les réunions se tenaient dans une des salles du collège d'Orléans. Les discours y étaient violents et suscitaient parfois des troubles. Le 22 brumaire, les ouvriers de la manufacture d'armes envahirent les abords de la salle ; il y eut des injures et des rixes. Le général Macdonald mit les troupes sur pied ; la salle fut évacuée et fermée aux cris de : Vive Bonaparte ! A bas les Jacobins (1) ! Le 23 brumaire, l'Administration municipale du canton de Dourdan tenait séance ; le procès-verbal, après avoir relaté la proclamation qui a été faite des actes officiels, ajoute : « La joie et l'allégresse étaient peintes sur tous les visages ; partout on distinguait cet enthousiasme que peuvent seuls commander l'amour et la confiance ; enfin, les événements des 18 et 19 de ce mois ont été vus à Dourdan comme les précurseurs de la félicité publique et célébrés comme une fête ; des danses publiques ont eu lieu dans la soirée. » Cette impression ne se manifesta pas dans toutes les communes aussi publiquement et avec un tel transport d'enthousiasme ; mais ce fut bien celle que ressentit la population presque entière de Seine-et-Oise. Non moins que dans les autres départements, le coup d'Etat fut « accueilli comme une délivrance (2) ».

Les membres de l'Administration centrale ne tardèrent pas à être rassurés au sujet des intentions du Gouvernement. Ce qui les préoccupait surtout, c'était de le voir

(1) Le Roi, *Histoire de Versailles*, t. I, 134 et suiv.
(2) *Un Préfet du Consulat*, par Etienne Dejean, p. 127.

manquer de vigueur pour la répression du fanatisme et du royalisme. Or, au commencement de frimaire, ils recevaient une circulaire envoyée par le ministre de l'Intérieur, Laplace, et contenant ces instructions : « Ne négligez aucune occasion de prouver à tous vos concitoyens que la superstition n'aura pas plus à s'applaudir que le royalisme des changements opérés après le 18 brumaire. C'est en continuant à faire observer avec la plus scrupuleuse exactitude les lois qui instituent les fêtes nationales et décadaires que vous justifierez la confiance du Gouvernement... » Quelques jours après, le ministre de la police, Fouché, écrivait aux autorités départementales : « Que ceux qui croient encore aux chimères du rétablissement de la royauté en France apprennent que la République est aujourd'hui affermie ; que les fanatiques n'espèrent plus faire dominer un culte intolérant. Le Gouvernement les protège tous également sans en favoriser aucun. » Le Gouvernement protecteur de tous les cultes, c'était là une formule qui devait étonner un peu des hommes tels que Lépicier et Richaud ! Quoi qu'il en soit, les administrateurs firent afficher en même temps que les deux circulaires ministérielles cette adresse aux habitants : « Les agents de la royauté, les partisans du fanatisme et les ennemis de tout ordre s'agitent en vain pour s'approprier le résultat des journées des 18 et 19 brumaire ; en vain, pour y parvenir, ils flattent les passions, caressent les préjugés et encouragent toutes les superstitions, en insinuant d'une manière perfide que les hommes qui ont fait ces deux journées veulent abolir les institutions républicaines. Ils vous trompent ; méfiez-vous de ces suggestions dangereuses, ne suivez que l'impulsion que doit vous donner la loi, n'écoutez que la voix de vos magistrats ; elle vous dira hautement et avec vérité les intentions du Gouvernement. Vous les trouverez consignées dans les deux lettres ci-après des ministres de l'Intérieur et de la Police générale (1). »

Le vote du plébiscite sur la Constitution eut le caractère d'une manifestation éclatante en faveur du nouveau régime. Elle fut presque unanimement acceptée dans le département de Seine-et-Oise ; à peine quelques rares citoyens osèrent-ils inscrire leur refus ; dans la plupart des cantons il n'y eut pas un seul opposant. Sur le registre d'acceptation ouvert à Versailles, au secrétariat de l'Administration centrale, les six noms qui figurent en tête sont ceux des cinq administrateurs et de Richaud. Certains présidents d'Administrations cantonales ne se contentent pas d'envoyer au ministre le résultat du scrutin ; ils tiennent à lui faire connaître les sentiments avec lesquels la Constitution a été accueillie. Voici divers extraits de leurs lettres : « Par le dépouillement, vous reconnaîtrez que tous les citoyens du canton aiment le gouvernement qui nous est offert. Fatigué des révolutions continuelles, le peuple voit dans la Constitution nouvelle le port où le vaisseau de l'Etat doit pour jamais être exempt de naufrages. « (Canton de Livry.) — « Nous ne croyons pas qu'il y ait un seul citoyen de cette commune qui ne reçoive avec reconnaissance et satisfaction le nouveau Pacte social. « (Canton de Mantes *intra muros*.) — « L'Administration municipale a vu avec satisfaction l'empressement avec lequel les citoyens de son canton se sont présentés pour accepter le Pacte social qui doit faire le bonheur des Français et les registres de non-acceptation n'être couverts d'aucune signature. » (Canton de Mennecy.) — « L'Administration dont je suis l'organe a vu avec plaisir que les registres de non-acceptation étaient restés vides dans toutes les communes de notre canton ; c'est le meilleur éloge que l'on puisse faire d'une Constitu-

(1) Archives nationales, F¹ᵇ 436.

tion qui nous présage un avenir heureux. » (Canton de l'Isle-Adam.) L'agent municipal de la commune d'Etréchy écrit qu'il n'y a aucune non-acceptation et que le registre d'acceptation « a été couvert avec allégresse des signatures de la grande majorité des habitants qui savent écrire ; ceux qui ne savent ni lire, ni écrire y ont applaudi avec transport et acclamation. Nous attendons tous la paix, la justice et le bonheur du Gouvernement régénéré ». A Saint-Germain-en-Laye, l'Administration, escortée des troupes, a donné lecture, sur les principales places, de la Constitution, des décrets, de la proclamation des Consuls. « Des cris réitérés de Vive la République ! Vive Bonaparte ! ont succédé au calme qui a duré pendant cette lecture. Chacun semblait y entendre l'oracle de l'heureuse destinée de la France. » A la Roche-Guyon, la Constitution a été lue « avec toute la pompe possible ». Le commissaire du Gouvernement a improvisé ce discours dont il adresse le texte au ministre : « Citoyens, vous allez, nous n'en doutons pas, accepter tous cette Constitution, avec d'autant plus de confiance que vous savez qu'elle est l'ouvrage d'hommes célèbres et de philosophes qui ont donné tant de gages à la liberté et de preuves éclatantes de leur amour constant pour le peuple ; elle est aussi l'ouvrage de ce jeune héros qui a rempli l'univers de sa gloire et qui aujourd'hui, placé à la tête du Gouvernement, va, par ses vertus et sa sagesse, consoler l'humanité gémissante, donner la paix au monde et faire fleurir l'agriculture, les arts et le commerce. Ce beau jour doit être un jour d'allégresse, parce qu'en terminant heureusement la Révolution il va réunir tous les cœurs réconciliés et satisfaits dans le saint amour de la Patrie. »

Certains votants consignent sur les registres des annotations. Deux habitants de Vauréal, naïfs ou sceptiques, ajoutent à leur signature : « J'accepte la Constitution de l'an VIII comme j'ai accepté les précédentes. » A Houdan, quelques-uns votent pour la Constitution, « persuadés qu'elle ramènera la paix et la justice en France ». Le ministre du culte catholique de Monnerville écrit : « *A Deo principium.* » L'ancien secrétaire de Villeneuve-en-Chevrie accompagne sa signature de la note suivante : « Ledit Roussel invite les membres du Gouvernement à révoquer les commissaires près les administrations municipales et notamment celui près ce canton, lequel, depuis qu'il est en fonctions, n'a fait que faire haïr le gouvernement républicain pour sa manière d'administrer avec la terreur, comme sous le règne de Robespierre pour ainsi dire, et par toutes vexations sans nombre. » Daffry de la Monnoye, homme de loi et propriétaire à Verrières, approuve fortement l'institution d'un Corps législatif qui ne discute pas ; il trouve que le nombre des sénateurs et des tribuns est trop élevé, et que le traitement du Corps législatif est insuffisant ; il voudrait le voir porter à 20 000 francs. Il n'en accepte pas moins la Constitution en exprimant le désir qu'elle « offre les moyens de préparer un sort plus heureux à tous, amène le terme de tous les sacrifices, de toutes les pertes, et conduise à réparer les fortunes privées et publiques ».

Parmi les très rares opposants, il en est deux qui ont pris part aux luttes politiques. L'un est l'ancien représentant de Seine-et-Oise à la Convention, Lecointre, qui proteste avec une ferme dignité contre le projet de Constitution, mais en déclarant que, si elle est acceptée par la majorité, « en citoyen qui aime sa patrie, il regardera comme un devoir de sacrifier ce que ses lumières, sa raison, ses anciens serments lui dictent pour obéir à un acte qu'il ne pourra jamais aimer, quoique devenu pacte social ». Au-dessous du nom de Lecointre, on peut être étonné de trouver celui de Félix Lepeletier, qui avait été banni par un arrêté du 20 brumaire ;

cet arrêté purement comminatoire ne fut pas mis à exécution. « Le peuple français, écrit Lepeletier, devait s'attendre à ce qu'on ne lui présenterait qu'une Constitution basée sur la liberté, l'égalité, le système représentatif, et qui offrirait une garantie suffisante pour la sûreté des personnes et des propriétés; ne reconnaissant pas tous ces caractères à la Constitution présente, comme citoyen français, je la rejette. » Ces protestations n'expriment l'opinion que d'une infime minorité; la note dominante dans toutes les communes du département, c'est la confiance et l'espoir. Tous ceux qui ont donné leur approbation sont loin cependant de partager les mêmes idées; ils continuent à être divisés sur plus d'un point essentiel, notamment sur la question décadaire.

Depuis le 30 prairial an VII, les lois décadaires étaient d'une application singulièrement difficile; l'exécution en devint presque illusoire après le coup d'État de Brumaire. On considérait généralement l'abrogation de ces lois comme la conséquence presque forcée de la chute du Gouvernement qui les avait établies. Un ancien conventionnel, le citoyen Lambert, qui habitait la Côte-d'Or, avait adressé à la Commission de législation des Cinq-Cents un projet de loi « pour donner plus de latitude à la liberté des cultes sans blesser les principes républicains ». Il y joignit cette note : « Quel inconvénient peut-il y avoir à permettre à 400 ou 500 paysans d'un village d'honorer Dieu à leur manière, qui est leur seule consolation dans ce monde? Ils ne peuvent scandaliser personne, puisqu'ils pensent tous de même; et quand il s'y trouverait quelques personnes nstruites non imbues des mêmes préjugés, ne devraient-elles pas savoir ou apprendre que le fanatisme le plus dangereux est celui de ces intolérants qui veulent asservir out le monde à leur opinion particulière, tout en criant contre les fanatiques? » Il était évident que le régime d'intolérance consacré par les lois de l'an VI ne pouvait être longtemps maintenu. Bonaparte voulait l'apaisement religieux; il le voulait même plus complet qu'on ne le supposait alors. Mais dans les commissions législatives, dans l'armée, à l'Institut, beaucoup y étaient opposés, ainsi que certains fonctionnaires et administrateurs qui avaient appliqué avec un zèle parfois outré les prescriptions décadaires. Bonaparte résolut de ne rien brusquer et de n'arriver au but que par des étapes successives.

Le 3 nivôse, le jour même de son installation en qualité de premier Consul, une loi supprima toutes les fêtes nationales autres que celles du 14 juillet et du 1ᵉʳ vendémiaire. Le 7 nivôse, furent publiés trois arrêtés qui parurent indiquer la nouvelle orientation du Gouvernement. L'un garantissait le libre usage des édifices affectés au culte avant l'an II; le second modifiait la formule du serment pour les prêtres comme pour les fonctionnaires; le troisième annulait les arrêtés pris par certaines Administrations municipales pour interdire l'ouverture des églises tout autre jour que le décadi. Aussitôt, les adversaires du régime décadaire, surtout dans les campagnes, croient qu'il est en fait aboli; les habitants cessent de s'y soumettre. Plusieurs Administrations municipales, voulant encore lutter contre le courant, rédigent des proclamations; mais les termes en sont plutôt persuasifs que menaçants. Si l'immense majorité se réjouit, quelques-uns sont affligés. Parmi ceux-ci, un notaire de Vernouillet, nommé Laroche; il adresse, le 21 nivôse, au ministre de l'Intérieur, une lettre dans laquelle il peint au vif ces agents municipaux dont les pouvoirs vont expirer et qui s'efforcent de racheter par leur inaction d'aujourd'hui l'intempérance de leur zèle d'antan. « La conséquence, dit-il, que les habitants des campagnes tirent de la loi du 3 nivôse, c'est qu'il n'y a plus de décades et que les dimanches sont les jours seuls rétablis pour le repos. Le fait qui prouve cette conséquence, c'est que, dans les communes qui m'avoisinent, j'y vois se livrer publiquement à tous les travaux possibles. Les agents, les adjoints voient et se taisent parce qu'ils ont la même opinion, les autres par crainte de se faire des ennemis, et d'autres enfin pour reconquérir une popularité qu'ils avaient perdue. Quelle contradiction depuis un mois dans les mêmes hommes ! Avant, ils surveillaient à outrance l'observation des décades, puisqu'ils se permettaient d'entrer avec la force armée jusque dans les groupes, et taxer et se faire payer sur-le-champ 2 francs, 3 francs et quelquefois davantage à des pauvres habitants qui chez eux vannaient du grain qu'ils devaient porter le lendemain pour leur subsistance. Et actuellement, ces mêmes hommes se taisent ! »

L'Administration centrale de Seine-et-Oise était dans un grand embarras. Ses membres, qui n'avaient cessé de proclamer leur dévouement aux institutions décadaires, ne pouvaient se dissimuler qu'une grave atteinte venait de leur être portée dans l'opinion publique par la loi et les arrêtés de nivôse. A peine Lucien Bonaparte avait-il été nommé ministre de l'Intérieur qu'il publiait une circulaire pour exposer la politique gouvernementale. Tout en déclarant que les lois décadaires subsistaient, il condamnait la politique sectaire. Les administrateurs s'empressèrent de lui écrire : « Les principes qui sont développés dans votre lettre sont ceux qui nous ont toujours animés; ils ont été dans tous les temps la règle de notre conduite tant civile qu'administrative. Nous vous prions de croire que nous mettrons tous nos soins et tout notre zèle à vous seconder. » Fouché envoyait, peu de jours après, une lettre d'un tout autre ton pour exhorter les Administrations centrales à combattre « la résurrection du fanatisme ». Celle de Seine-et-Oise reprit courage; le 23 nivôse, Richaud adressa des instructions aux commissaires cantonaux. « Citoyens, leur écrivait-il, je suis informé que l'esprit d'intolérance et de domination religieuse, si opposé à la liberté des cultes, paraît vouloir depuis quelque temps s'étayer de ce principe même pour égarer l'opinion des habitants des campagnes et les pousser à des excès. Qui donc a pu faire concevoir à la malveillance l'espoir insensé et criminel de troubler l'ordre public au nom des lois mêmes destinées à calmer toutes les inquiétudes et à réunir les esprits et les cœurs à un gouvernement fondé par la sagesse et qui a la ferme intention, comme le pouvoir, de faire respecter les droits des citoyens ainsi que les lois qui en sont la garantie? » Les Administrations centrale et municipales, qui n'ont plus que quelques semaines à vivre, ont déjà perdu toute autorité. Vainement tentent-elles encore de réprimer des infractions à des lois qu'on considère comme virtuellement condamnées. Le 26 nivôse Croville, président de l'Administration de Dammartin, vient se disculper devant l'Administration centrale d'avoir donné dans sa commune l'exemple de l'inobservation du décadi. Le commissaire cantonal prend sa défense; il affirme que Croville et lui ont tout fait pour assurer l'application des institutions républicaines; ils ont été l'un et l'autre insultés, les propriétés de l'agent municipal et de plusieurs défenseurs de ces institutions ont été endommagées par vengeance ; des arbres de la Liberté ont été coupés, etc.

Le 23 pluviôse, Lambert, qui, en dehors de toute idée confessionnelle, poursuivait avec obstination la suppression définitive du régime décadaire, rappelait en ces termes au ministre de l'Intérieur son projet sur la liberté des cultes : « Toutes les fautes de la Convention et du Directoire ne sont dues qu'à l'ignorance absolue des mœurs et des habitudes de la campagne, dont on leur a toujours déguisé les vraies dispositions, et encore aujourd'hui je vois tous les jours, dans des arrêtés d'Administrations centrales, combien elles sont induites en erreur en disant que ce sont les royalistes et les prêtres insoumis seuls qui opposent la résistance qu'on éprouve au sujet de la célébration des décadis, de l'introduction du système métrique, etc. Rien n'est plus vrai qu'ils y participent de tout leur pouvoir; mais rien n'est plus constant que tous les patriotes font avec eux cause commune à cet égard. » Puis en *post-scriptum* : « J'ai envoyé une copie de ce même projet de loi au citoyen Marmont, mon compatriote, et je voudrais bien que cette question fût soumise au jugement seul du vainqueur de l'Italie; personne n'a plus que lui appris à connaître l'empire de l'habitude et des opinions religieuses; cela vaut mieux que d'avoir étudié les hommes dans Anacharsis et de vouloir faire de nous des Grecs. »

Bonaparte n'avait pas besoin d'étudier la question; il savait quelle en serait la solution, mais il l'ajournait par prudence. Les populations durent encore attendre plusieurs mois pour être légalement délivrées de la servitude qu'elles avaient impatiemment subie pendant plusieurs années. Un arrêté du 7 thermidor an VIII reconnut aux citoyens « le droit de pourvoir à leurs besoins et de vaquer à leurs affaires tous les jours, en prenant du repos suivant leur volonté, la nature et l'objet de leur travail ». L'Administration centrale de Seine-et-Oise n'existait déjà plus; elle avait tenu sa dernière séance le 23 ventôse.

L'ADMINISTRATION MUNICIPALE

DU CANTON

DE MARLY-LA-MACHINE [1]

L'homme qui eut, surtout après le coup d'État de fructidor, le rôle le plus important dans l'administration du canton de Marly, pendant le Directoire, fut sans contredit le citoyen Henry, Gabriel La Perruque, ancien prêtre démissionnaire et marié. Né à Boulogne-sur-Seine le 31 août 1751, il avait été vicaire à Arpajon, puis chanoine de la Collégiale de Linas ; en 1791, il fut nommé curé de Meudon par l'assemblée électorale de Versailles. A l'occasion de son installation dans cette paroisse, il prononça une allocution qui fut couverte d'applaudissements ; le mois suivant, il célébra pour le repos de l'âme de Mirabeau un service solennel, après lequel il fit un petit discours « rempli de patriotisme et digne du plus respectable des pasteurs ». Les habitants de Meudon ne se contentèrent point de l'avoir pour curé ; ils l'élurent notable, officier de l'état civil. Il semble que dès lors La Perruque se soit consacré de préférence à ses fonctions municipales ; en toutes circonstances c'était à lui qu'on faisait appel, c'était à sa plume qu'on avait recours. Comme il arriva à beaucoup de ceux qui participèrent à cette époque aux affaires publiques, il ne tarda pas à perdre la popularité qu'il avait si rapidement

---

[1] C'est le 9 vendémiaire an III que cette dénomination se trouve pour la première fois dans les registres de l'état civil de Marly-le-Roi ; elle fut maintenue jusqu'au 17 avril 1814. (*Marly-le-Roi*, par M. Piton, p. 5).

conquise. En février 1792, une grande fermentation s'était manifestée à Meudon; la faction la plus avancée répandit le bruit que les chasseurs de Lorraine, qui y tenaient garnison et qui passaient pour être animés de sentiments contre-révolutionnaires, voulaient s'emparer de cartouches et de poudres déposées dans une dépendance du château; elle demanda qu'on les mît sous la garde de la commune. La municipalité s'y était d'abord refusée; ses partisans avaient fait apposer une affiche, dont La Perruque était, dit-on, le rédacteur, et qu'il lut en chaire (1). A partir de ce jour la discorde ne cessa de régner à Meudon; après le 10 août, l'ancienne municipalité fut remplacée par ses adversaires. Ceux-ci avaient voué à La Perruque une haine persistante; le 28 brumaire an II, trois membres du Comité révolutionnaire entraient chez lui par ordre du représentant Battelier, délégué à la manufacture de Sèvres, procédaient à une perquisition, et le faisaient conduire à la maison de détention des Récollets à Versailles. Il écrivit au conseil général du département pour annoncer qu'il avait renoncé à ses fonctions de curé et réclamer sa mise en liberté afin de pouvoir contracter un mariage dont les bans étaient déjà publiés. Il fut autorisé à quitter sa prison pour dix jours, sous la surveillance d'un sans-culotte. Vainement il sollicita un sursis. Réintégré aux Récollets, il n'en sortit définitivement qu'au bout de huit mois, le 14 vendémiaire an III; il vint alors à Vaucresson où il semble avoir exercé péniblement la profession de géomètre.

Lorsque les membres de l'Administration municipale du canton de Marly, qui avaient été élus par application de la Constitution de l'an III (2), prirent possession de leurs

(1) Actes de l'administration municipale de Meudon de 1755 à 1811. (Mairie de Meudon.)
(2) La Constitution de l'an III (art. 180 et 181) avait institué des mu-

fonctions, le 1er frimaire an IV, sous la présidence du citoyen Potdevin, maître de pension et directeur de la poste, leur premier soin fut de choisir un secrétaire en chef. La Perruque avait « offert ses services à la chose publique ». Les administrateurs le désignèrent à l'unanimité, heureux de mettre à profit l'expérience des affaires qu'il avait acquise dans des conditions si périlleuses. Ils le connaissaient bien d'ailleurs; il demeurait près de Marly, et il avait été choisi comme l'un des commissaires chargés de la réorganisation des municipalités du district de Versailles, après le neuf thermidor. Les relations de La Perruque avec certains hommes alors en place pouvaient leur être utiles, et la longue détention qu'il avait subie en l'an II attestait qu'il n'était pas un terroriste. La Perruque, de son côté, devait être, après tant d'infortunes, désireux de trouver un port à l'abri des orages; le poste auquel il fut appelé lui convenait à tous égards.

Aucun local spécial ne leur ayant été assigné, les administrateurs avaient tenu leur première réunion au lieu ordinaire des séances de l'ancienne municipalité. Obligés de chercher un autre gîte, ils allèrent, le jour même, visiter une maison appartenant à l'État située rue Madame et habitée par l'inspecteur des bâtiments nationaux. Elle leur parut grande, commode, tout à fait convenable; ils résolurent de demander au Département de la leur affecter et de fournir le mobilier nécessaire; mais La Perruque leur ayant laissé entrevoir qu'il faudrait de longues formalités pour obtenir l'immeuble de la rue Madame, ils jetèrent leur dévolu sur le ci-devant presbytère alors occupé par une compagnie de volontaires. Dès le 4 nivôse, ils s'y

---

nicipalités de canton, qui étaient formées par la réunion des agents municipaux de chaque canton et dont le président était désigné par les électeurs de tout le canton.

installèrent. La Perruque avait été trop timoré; quelques jours après, le Département consentait à mettre la maison nationale à leur disposition. Reculant devant un nouveau déplacement, les administrateurs s'en tinrent à l'ancien presbytère, quelque exigu qu'il leur semblât, voulant pratiquer ainsi « l'économie et la modestie recommandées par l'autorité supérieure ». Ce fut dans ce même esprit d'économie qu'en confiant au sieur Lucas la place de concierge, ils le chargèrent aussi de porter les paquets dans les différentes communes du canton, ce qui n'était guère compatible avec un service sédentaire.

Il était toutefois un point sur lequel ils trouvèrent que la parcimonie prescrite avait été poussée trop loin. L'institution des municipalités cantonales présentait entre autres inconvénients celui de forcer les agents municipaux, qui n'habitaient pas le chef-lieu du canton, à s'y transporter, chaque jour de séance; ce déplacement leur occasionnait une perte de temps plus ou moins onéreuse. Dès le 4 pluviôse, les administrateurs avaient adressé à ce sujet une réclamation ainsi motivée : « Ils sont tous pères de famille et chargés d'un état qu'il ne peuvent, malgré tout leur zèle pour la chose publique, abandonner dans des circonstances aussi difficiles, à raison du renchérissement progressif et effrayant des denrées. » L'Administration centrale rejeta cette réclamation, en se fondant sur le texte formel de l'article 26 du décret du 21 fructidor an III portant que, jusqu'à ce que la situation du trésor national permette de salarier les fonctions administratives autres que celles expressément indiquées, elles seraient considérées comme un devoir civique et resteraient gratuitement exercées.

La meilleure preuve de l'état de pénurie des finances publiques à cette époque était l'emprunt forcé de 600 millions, qui venait d'être décidé par la loi du 19 frimaire an

IV. J'ai dit précédemment quelle excitation avait été causée dans certaines communes de Seine-et-Oise par l'exécution de cette loi. Aucune agitation ne se produisit dans le canton de Marly ; mais les mécontents furent nombreux : s'inspirant des instructions envoyées par l'Administration centrale et les accentuant, les administrateurs municipaux avaient recommandé d'inscrire les riches, les commerçants, les spéculateurs, les propriétaires ou fermiers, qui, pendant la Révolution, s'étaient « engraissés de la substance de la terre ou du peuple ou du gouvernement ». Beaucoup de citoyens imposés réclamèrent. Avant d'arrêter les tableaux, l'Administration municipale modifia sa première formule. Elle reconnut que, d'après l'esprit de la loi, « l'emprunt devait atteindre ceux qui par des spéculations ou des combinaisons de commerce ont amassé des fortunes subites, ceux qui ont quitté leur premier état pour se livrer au commerce des denrées de première nécessité et ont contribué à leur enchérissement progressif et les ont fait monter à des valeurs exorbitantes », en ajoutant : « Ce ne sont pas ces hommes-là seuls qui doivent contribuer à l'emprunt, mais encore ceux que leur fortune, leur industrie et leur commerce, quoique indépendants de la Révolution, mettent à même de participer à un devoir que tout bon citoyen s'empressera de remplir pour venir au secours de la patrie. » Après avoir ainsi déterminé la portée de la loi, elle commença son travail de revision. Une séance ininterrompue de douze heures ne lui suffit pas ; malgré toute son activité, elle ne put l'adresser à l'Administration centrale dans les quatre jours qui avaient été impartis. C'était d'ailleurs bien inutilement qu'elle avait déployé tant de zèle. Lorsque au bout de quelques mois elle reçut les tableaux définitivement arrêtés, elle constata avec une désagréable surprise qu'il n'avait été tenu compte d'aucun de ses avis. Le sentiment qu'elle éprouva fut si pénible qu'elle l'exprima officiellement à l'Administration centrale.

A Marly, comme dans tout le département de Seine-et-Oise, la situation des employés était lamentable. La lettre suivante que La Perruque envoyait, le 26 pluviôse an IV, à Germain, commissaire du Directoire près l'Administration départementale, fournit à cet égard les renseignements les plus précis : « ... Depuis trois mois que je suis employé à l'administration de Marly, je n'ai rien reçu de mon traitement. Je partage le désagrément de ce retard avec les autres employés aux administrations municipales, mais le mal de l'un ne guérit pas celui de l'autre, et si vous pouviez, à l'aide du crédit dont vous jouissez auprès du ministre, faire accélérer le paiement de tous, au lieu d'un reconnaissant vous en trouverez un grand nombre... Vous voyez par vous-même le dépérissement de papier-monnaie. Je ne veux que citer un fait. Il y a plus de deux mois que ma femme ni moi n'avons goûté à la viande ; elle s'est trouvée indisposée, j'ai mis pour elle hier un petit pot-au-feu. J'ai bien choisi mon temps : j'ai payé la viande cent francs la livre; j'ai voulu lui avoir une bouteille de vin, je l'ai payée trente-cinq francs, et le pain à quarante-cinq francs la livre. Que deviendrons-nous par la suite ? Mais je compte sur l'énergie et la justice du gouvernement et sur votre bonne volonté envers ceux qui se rendent utiles à la chose publique. Un autre embarras : nous ne savons où donner de la tête ou des pieds pour avoir du bois. Je travaille sans feu et douze heures de bureau par jour sont bien longues dans cette saison quand on ne se chauffe pas. J'en ai parlé au citoyen Fauvel. L'administration en a même écrit, il y a dix jours, au département. Venez à notre secours et promptement. — Salut et fraternité (1). »

(1) Archives départementales. — Personnel.

Cette lettre privée ne produisit pas plus d'effet que la réclamation officielle. La Perruque reçut, il est vrai, quelque temps après, de la commune de Marly deux paquets de chandelles et un muid de vin à l'occasion de la confection des rôles des contributions de l'an III ; mais il ne touchait toujours pas son traitement de secrétaire. Le 28 prairial, un membre de l'Administration insistait auprès de ses collègues sur la nécessité de remédier à cet état de choses : « Les employés, dit-il, périssent de faim et de besoin, faute de paiement. » On décida de demander l'autorisation de retirer de la caisse des percepteurs des fonds pour des à-comptes. Les mandats furent bien remis; aucun marchand ne consentit à les recevoir en paiement. La patience de La Perruque était épuisée ainsi que ses ressources. A la séance du 10 messidor, il exposa la situation qui ne cessait de s'aggraver : « Il ne lui est plus possible de travailler ni de vivre : de travailler, puisqu'il n'a plus ni papiers, ni plumes, ni encre, ni pains à cacheter, et que d'ailleurs il est seul au bureau depuis un mois, attendu que les deux employés qui travaillaient avec lui l'ont quitté par l'impossibilité de subsister avec leurs salaires ; de vivre, puisque avec 500 francs de mandats que l'Administration lui a fait donner en à-compte sur la caisse du percepteur de Marly il n'a pu se procurer avec du papier la plus légère subsistance et que par une fatalité inconcevable le mandat a été frappé d'un discrédit qui le fait tomber de jour en jour. » Quel moyen l'Administration pouvait-elle employer pour sortir d'une position si critique ? « Frappée de la triste vérité qu'il n'est pas possible chez aucun marchand de se procurer une main de papier avec des assignats ni même des mandats, réduite à un embarras extrême par le défaut de fonds, et ne sachant quel parti prendre pour tirer son secrétaire et son bureau de la pénurie dans laquelle ils se trouvent, elle invite le commissaire du Directoire exécutif à se rendre à Paris pour signaler au ministre de l'Intérieur lui-même cette situation désespérée. » Le ministre dut être moins touché que ne l'espéraient les administrateurs des doléances qui lui furent transmises par le commissaire, car la plupart des cantons de France étaient en proie à la même misère. Il ne refusa pas les conseils, mais il ne donna pas d'argent. Il fallut se résoudre à réitérer auprès du département des instances restées jusque-là inutiles.

Si les employés étaient fort à plaindre, les rentiers ne méritaient pas moins de compassion. Dans les instructions relatives à l'emprunt forcé, l'administration départementale s'exprimait ainsi : « Les simples rentiers, qui voient depuis longtemps leurs revenus diminuer et leurs besoins augmenter, ne doivent pas être compris dans la perception de l'emprunt ; ils étaient autrefois comptés parmi les riches, ils sont maintenant à classer parmi les pauvres. » Cette appréciation n'était que trop justifiée; il suffit pour s'en convaincre de lire le procès-verbal de la séance de l'Administration de Marly en date du 14 germinal an V.

L'agent municipal de Port-Marly était Decan, ancien substitut du procureur général au parlement de Paris ; il venait quelques jours auparavant d'être nommé l'un des électeurs du canton. Le receveur général du département l'avait invité à verser une somme de 1 161 francs à titre de contribution à l'emprunt forcé de 1793, bien qu'il eût depuis longtemps déjà adressé au district de Versailles une demande de dégrèvement qu'il devait supposer avoir été accueillie. Il pria ses collègues de lui prêter leur appui. Il était, leur dit-il, rentier de l'État ; il avait « en cette qualité éprouvé depuis plusieurs années tout le poids de la misère qui accable les malheureux rentiers ». Propriétaire d'un office au parlement, il n'avait pu en obtenir la liquidation; créancier d'une somme de 200 000 francs, il avait été remboursé en assignats alors qu'ils perdaient 19 p. 100 de leur valeur. Sa détresse, ajoutait-il, est telle « qu'il craint de ne pouvoir donner à son fils les premiers principes d'éducation et qu'exiger de lui en numéraire une somme de 1 161 francs, ce serait le forcer à vendre le peu de biens fonds qui lui restent et à réduire à la mendicité, lui, sa femme et ses enfants, extrémité à laquelle il n'est pas dans les vues d'un gouvernement juste et sage de réduire aucun citoyen ».

La perturbation causée par la dépréciation du cours des assignats avait contraint le gouvernement à demander le vote de diverses lois. On avait dû notamment déterminer la portion des contributions et du prix de location des biens nationaux qui serait payée en nature. Chacun cherchait à faire réduire le plus possible cette portion. L'administration municipale était fréquemment saisie de réclamations qu'elle accueillait presque toujours avec faveur. C'est ainsi qu'en frimaire an IV, Auger, cultivateur à la ferme de Volusseau, demandait à payer en assignats le loyer de sa ferme pour les six derniers mois de 1794; l'année précédente, il avait dû fournir sur réquisitions les blés et les avoines de sa récolte, à ce point qu'il fut dans l'obligation d'acheter du blé pour sa consommation, de l'avoine pour la nourriture de ses chevaux. En ventôse, Denis, cultivateur à Rueil, s'adresse également à l'administration municipale afin d'obtenir la réduction de la quantité de grains qu'on lui réclame pour la partie de sa contribution mobilière payable en nature, ceux qu'il récolte étant presque entièrement absorbés par la consommation de sa famille et par ses semences. Les mois suivants, des réclamations analogues sont soumises par Le Couteux de Rueil, Michaux de Bailly, etc. A défaut du droit, c'était à l'équité des administrateurs qu'on faisait appel. Un serrurier de Port-Marly avait exécuté des travaux à l'église et au presbytère de la commune. On lui en fit attendre le paiement pendant deux ans, puis on lui remit des assignats dont la valeur était à peu près nulle. Pour tout dédommagement il se bornait d'ailleurs à demander qu'on lui abandonnât 50 livres de fer provenant de la démolition de l'église. Ces exemples montrent les difficultés de toute sorte auxquelles donnait naissance la crise financière qui faisait tant de victimes.

L'Administration municipale se voyait dans la nécessité de pratiquer des économies même sur les frais des fêtes nationales. La première, celle de la Jeunesse, avait été célébrée, le 10 germinal an IV, avec un certain éclat (1). On avait inauguré un arbre de la Liberté planté devant le local de l'administration. En face du temple s'étaient réunis les administrateurs, les fonctionnaires, un détachement de troupes cantonnées à Marly, un groupe de jeunes gens, un autre de vieillards et « plusieurs défenseurs de la patrie blessés honorablement aux armées ». Le cortège ainsi composé avait fait, musique en tête, le tour de la commune et était revenu se ranger devant l'arbre de la Liberté.

Le président Potdevin avait alors prononcé un discours débordant d'enthousiasme pour l'œuvre accomplie par la Révolution : « Remontons depuis nos jours jusqu'à l'antiquité la plus reculée, feuilletons les annales de toutes les nations, nous ne trouverons aucune société d'hommes, aucun Empire, qui, pendant même un long cours de siècles, ait produit des choses aussi grandes, aussi difficiles que

(1) Archives départementales LIM. — Fêtes et cérémonies publiques.

celles par lesquelles la nation française s'est illustrée pendant les sept années qui viennent de s'écouler. Trône renversé, liberté conquise, ennemis puissants et redoutables vaincus et humiliés, factions sanguinaires et ambitieuses comprimées et anéanties, l'anarchie dévorante obligée de faire place à l'empire bienfaisant et régénérateur d'une Constitution bien ordonnée... Un dur esclavage pesait sur nos têtes : soumis à la volonté d'un seul homme, il nous regardait comme un vil troupeau. Le fruit de nos travaux et de nos sueurs alimentait son luxe ; notre sang coulait pour ses querelles particulières. Las de souffrir, nous avons renversé de son trône le monstre de la royauté, et nous y avons fait monter la souveraine naturelle des peuples, la volonté générale. Une caste privilégiée s'était formée au milieu de nous; on y naissait supérieur aux autres hommes. Les individus qui la composaient s'appelaient nobles, et ils s'étaient approprié exclusivement les honneurs, les dignités, la jouissance de tous les biens. Malheureux plébéiens, nous n'avions en partage que l'obéissance, le travail et le mépris. Indignés d'une telle dégradation, nous avons rétabli l'humanité outragée dans ses droits, nous avons forcé ces hommes superbes à courber leur tête altière sous le niveau de l'égalité ; nous ne distinguons parmi nous que les vertus et les talents. » Ne croirait-on pas entendre un vainqueur de la Bastille ou un combattant du 10 août plutôt que cet homme pusillanime, qui, disait-on, tremblait devant sa femme et avait failli mourir de peur pendant la Terreur ? Mais le chef d'institution apparaît, à la fin du discours, dont le ton devient celui d'un professeur donnant, le jour d'une distribution de prix, des conseils à ses élèves : « Sentez-vous l'amour de la gloire embraser vos cœurs, venez dans nos camps, montez sur nos vaisseaux, et, quand la patrie aura reconnu en vous les talents d'un bon officier, elle vous confiera ses enfants pour les conduire à la victoire. La nature vous a-t-elle donné un esprit vif et pénétrant, étudiez les lois, apprenez la science de gouverner les hommes par les principes de la législation et de la morale, et vous les conduirez au bonheur. Ayez des mœurs, soyez des hommes intègres, incorruptibles, et vos citoyens vous choisiront pour leurs administrateurs, leurs juges et leurs législateurs... Persuadez-vous que le travail et l'industrie sont la seule route du bonheur et que la misère et l'ignominie sont réservées à l'inutilité et à la fainéantise. » Aux parents, il recommande de s'attendrir « à la vue de cette jeunesse intéressante, l'espoir de la patrie ». La guerre leur impose encore des sacrifices, mais la paix ne se fera pas longtemps attendre. « La félicité et l'abondance marcheront à sa suite ; les arts, les sciences et le commerce fleuriront de nouveau ». Il encourage les soldats en leur disant : « Si vous périssez aux champs de bataille, votre gloire ne sera pas perdue. Elle reposera sur la tête de ces enfants ; ils seront vos successeurs, vos vengeurs, et de la terre arrosée par votre sang jaillira l'olivier de la paix qui couronnera vos efforts communs. » La fête s'était terminée par un repas civique et des danses.

Le mois suivant était celui de la fête des Époux. L'Administration, jugeant impossible de voter cette fois aucun crédit, se borna à lever la séance pour aller jusqu'à l'arbre de la Liberté, et à décider qu'elle ferait part au département « de sa détresse actuelle et de l'espoir qu'elle avait du retour d'un temps plus heureux qui lui permettrait de mettre dans les fêtes civiques le mobile du concours et de la gaieté ».

Une loi du 18 floréal an IV avait créé une nouvelle fête, celle de la Victoire, et le Directoire avait prescrit de

« mettre dans la célébration de cette solennité toute la pompe et la dignité qu'un objet aussi touchant et aussi remarquable doit suggérer au vrai patriotisme ». Le 10 prairial, les deux bataillons de la garde nationale sédentaire du canton de Marly se réunissaient en face du Temple sous le commandement d'Auger, chef de brigade. Le notaire Gourdel, qui avait succédé au premier commissaire du Directoire, Soula (1), rappela les exploits des armées républicaines en Belgique, sur le Rhin, en Espagne, et énuméra les récentes victoires remportées en Italie, « théâtre et témoin immortel de leur bravoure ». Ce fut également la situation extérieure de la France que Potdevin choisit pour sujet de son discours : « Il s'écroule de toutes parts, dit-il, le colosse des puissances conjurées pour asservir et exterminer le peuple français. Les rayons de la plus glorieuse espérance commencent à luire sur le sol de la liberté. » En homme versé dans la connaissance de la politique étrangère, il « présente d'un côté l'hypocrite, l'ambitieux Anglais voulant enlever à la France ses places maritimes et à la Hollande son commerce, d'un autre côté le Prussien redoutable débordant dans nos provinces comme un torrent impétueux ; le premier culbuté sur les dunes de Dunkerque, chassé ignominieusement de Toulon, adoptant bientôt une politique plus saine, en contractant paix et

(1) Le poste avait été convoité par Potdevin, dont la pension ne devait guère prospérer, si l'on s'en rapporte aux motifs invoqués dans la demande qu'avec l'appui du représentant Musset il adressait au Directoire, le 11 frimaire an IV : « Pierre Potdevin, chargé d'une nombreuse famille, ayant fait à la Révolution tous les sacrifices qui sont en son pouvoir et se trouvant hors d'état de subvenir aux besoins de sa femme et de ses enfants encore en bas âge, désirerait obtenir la place de commissaire du Directoire exécutif auprès de l'administration municipale de Marly-la-Machine. » Il venait d'être nommé président de l'administration municipale du canton ; mais il était prêt à donner sa démission, « son peu de fortune ne lui permettant pas d'accepter cette place seulement honorifique, qui ne lui fournirait aucun moyen de subsistance. » (Archives nationales, A F III, 303).

amitié avec la nation française et trompant ainsi l'espoir de la jalouse et orgueilleuse Autriche, de cette rivale éternelle de la prospérité de la France et dont la politique a toujours été de ne se faire des alliés que pour les dépouiller et les détruire ». Le triomphe de la France à l'étranger ainsi mis en relief par l'orateur, qui se piquait de littérature, pouvait bien exciter la fierté patriotique de ses auditeurs; mais, s'ils jetaient leurs regards autour d'eux, ils n'en voyaient pas moins les signes trop manifestes de la misère publique. Aussi le président ajoutait-il : « Gardons-nous de succomber aux mouvements de notre impatience ; ne jugeons point du gouvernement par les maux que nous endurons. Les révolutions sont aux empires ce que les maladies sont au corps humain ; on ne parvient à sa guérison qu'à travers les souffrances les plus aiguës et avec le secours des remèdes les plus amers ; ayons confiance en ceux qui ont pris sur eux l'honorable emploi de rendre la santé au corps politique. » Il terminait en faisant espérer que la France « jouirait bientôt, dans le sein de la paix et de l'abondance, des fruits désirés et précieux de la liberté et de l'égalité ».

Ces paroles d'espoir n'étaient pas superflues. Quelques semaines auparavant un arrêté du Directoire avait prescrit la formation de colonnes mobiles composées du sixième des gardes nationales. Vainement avait-on affirmé que cette mesure était prise pour mettre fin au brigandage qui exerçait ses ravages dans nombre de départements. Les habitants du canton de Marly, qui n'avaient pas eu à en souffrir, étaient convaincus que les gardes nationaux enrôlés dans ces colonnes ne tarderaient pas à être envoyés aux armées. Lorsque l'Administration municipale délibéra, le 2 thermidor, sur l'établissement de la colonne mobile du canton, un membre signala l'inquiétude qui régnait dans toutes les communes. On fut unanime à décider qu'il était indispensable de rédiger une adresse dans laquelle il serait rappelé « que la formation de la colonne mobile a pour but d'assurer la paix à l'intérieur, de maintenir la sûreté et la tranquillité publiques, qu'elle doit être partout l'effroi et le fléau des brigands, des malveillants et des assassins, et que le gouvernement triomphant au dehors peut assurer la paix au dedans ». Les habitants étaient anxieux. On chargea le commissaire du Directoire d'aller faire connaître cet état des esprits à l'Administration centrale. Lorsque enfin la colonne mobile eut été formée, on réclama des fusils.. Le chef de la 3me division du ministère de la guerre répondit, le 30 frimaire an V, que « le besoin des armées et l'extrême pénurie des magasins » ne permettaient pas de donner satisfaction à cette demande.

Malgré la détresse des temps, le canton de Marly jouissait d'un calme parfait; le bon ordre n'était troublé nulle part (1). L'Administration municipale, d'ailleurs, loin d'exciter les populations, s'efforçait de les calmer. Nous avons vu dans quels termes le Président recommandait la patience. Si quelques administrateurs étaient moins enthousiastes que lui dans leurs appréciations politiques, aucun ne manifestait d'hostilité contre le gouvernement. Decan lui-même, à qui les événements avaient été si dommageables, ne voulait pas qu'on le considérât comme un ennemi. En butte à de violentes attaques, il demandait, à

(1) Les délits de quelque gravité paraissent avoir été rares à cette époque dans le canton. On ne trouve guère dans les Registres municipaux que la mention du passage à Marly d'un individu qui, accompagné de deux femmes, avait écoulé plusieurs pièces de 15 sols fausses. Un habitant, avec lequel ils avaient bu et mangé, était venu, à la séance du 30 ventôse an V, donner des renseignement qui furent transmis au ministre de la police. Entre autres indices de la fausseté des pièces l'Administration signale cette particularité qu'elles représentent « la figure du ci-devant roi plus triste qu'elle ne l'est dans les bonnes pièces ».

la séance du 10 vendémiaire an V, la légalisation de signatures apposées au bas de certificats attestant ses sentiments et sa conduite. A cette occasion il rappelait que, le 23 thermidor précédent, il avait demandé qu'on fît effacer les restes d'une inscription qui, par la disposition de certains jambages, aurait pu paraître une critique des membres du gouvernement.

Les administrateurs s'efforçaient d'assurer la stricte observation de toutes les lois. Le ministre de la police avait envoyé une circulaire concernant les ecclésiastiques qui n'auraient pas prêté le serment prescrit. L'administration municipale apprit qu'un prêtre, nommé Bourdonneau, qui n'avait pas prêté ce serment, exerçait à Rueil le culte catholique. Bien qu'il résultât de l'enquête « qu'il se comportait sagement et à la satisfaction des citoyens de l'endroit », elle délivra contre lui un mandat d'arrêt et le fit conduire à Versailles par la gendarmerie. Au mois de messidor an IV, l'agent municipal de Rueil ayant demandé s'il devait laisser, suivant un ancien usage, allumer un feu sur la place publique le jour de la fête communale, les administrateurs furent d'avis qu'on ne pouvait tolérer le cérémonial d'un feu qui devait être considéré comme « le vestige d'un culte que les lois défendent d'exercer publiquement ». Leur attitude était la même en ce qui touchait la question des cloches. En réponse à une lettre du commissaire du Directoire près le tribunal correctionnel de Versailles, ils firent connaître l'ordre envoyé par eux aux agents municipaux de rappeler à l'exécution de la loi « les particuliers qui s'étaient permis d'appeler au son de la cloche les habitants à la célébration du culte catholique ».

S'ils tenaient à faire respecter même les lois dont certaines dispositions pouvaient leur sembler excessives, ils étaient nettement opposés aux idées révolutionnaires. A la séance du 30 ventôse an V, l'un d'eux demanda qu'on fît disparaître, à la veille des élections, tout ce qui pouvait rappeler au peuple « le souvenir amer du gouvernement révolutionnaire »; il proposa en conséquence qu'on peignît « des trois couleurs nationales le bonnet de liberté encore teint de la couleur rouge » qui était placé au-dessus de la grande porte de l'église de Marly. Un autre réclama l'application de cette mesure dans toutes les communes du canton où se trouvaient des bonnets de liberté teints en rouge. La proposition fut votée à l'unanimité.

Le notaire Gourdel avait pu d'abord être fier de représenter à Marly le gouvernement en qualité de commissaire du Directoire; il ne tarda pas à éprouver de profonds regrets. L'exercice de ces fonctions l'avait obligé à négliger son étude de notaire et avait été pour lui l'occasion de nombreux déboires. Le 29 frimaire an V, il écrivait au président de l'Administration centrale : « Lorsque j'ai accepté la place de commissaire du Directoire exécutif, il y a un an, je n'imaginais pas que les affaires se multiplieraient de manière à nuire à celles de mon état, qui en souffrent depuis quelque temps. D'ailleurs, je ne vous le dissimule pas, il faut dans la première place un homme libre et qui fasse exécuter la loi sans exception. C'est ce que j'ai fait jusqu'ici; aussi me suis-je fait une belle quantité d'ennemis parmi les paysans qui ne veulent pas voir que je ne suis que l'instrument passif de la loi. J'ai besoin de mon état pour vivre; en conséquence je persiste dans la démission que j'ai donnée... Il paraît d'ailleurs, et je l'avais déjà écrit au ministre de la Justice, qu'il y a incompatibilité entre un officier public tel qu'un notaire et la place de commissaire du Directoire ». L'Administration, fort embarrassée pour lui donner un successeur, n'ayant pas encore accepté sa démission, Gourdel déclara, le 26 nivôse, que, s'il n'était pas remplacé dans les huit jours, il remettrait ses archives aux administrateurs municipaux.

Le Directoire finit par nommer commissaire le citoyen Crosnier, ancien maire de Marly. Ce choix était des plus malencontreux. Crosnier avait été à Marly, pendant la Terreur, l'un des soutiens du parti le plus avancé de la commune (1). Lorsque celui-ci présenta, le 10 floréal an V, l'arrêté contenant sa nomination, Decan exprima énergiquement le regret de voir à un pareil poste un homme qui avait pris une part active aux mouvements révolutionnaires. Crosnier protesta, affirmant qu'il était victime d'une calomnie et menaçant de poursuivre devant les tribunaux « ceux qui lui imputeraient de s'être livré à des actes arbitraires ou dans le sens de la Terreur ». A la séance suivante la discussion fut encore plus vive. Decan répond que puisque Crosnier « a eu la témérité de tout nier, il était devenu nécessaire de ne rien dissimuler ». Il raconte alors que, pendant le règne de la Terreur, Crosnier, qui était membre d'une société épuratoire, avait menacé de faire tomber sur l'échafaud la tête de Potdevin, le président actuel de l'Administration municipale. Il serait trop long de reproduire les débats passionnés que fit naître cette évocation de lugubres souvenirs d'une époque encore si proche. Potdevin, mis en demeure de parler, reconnut bien avoir fait à Decan « confidence d'un désagrément révolutionnaire »; mais cette confidence, disait-il, n'avait nullement le caractère d'une dénonciation contre Crosnier qu'il invitait à abjurer ce qu'il avait pu y avoir de coupable dans sa conduite passée et à revenir « aux sentiments de la justice

(1) Le 20 frimaire an II, la Société révolutionnaire de Marly adressait aux Sans-Culottes de Versailles une lettre signée de Crosnier, vice-président, pour les inviter à assister à l'inauguration des bustes de Marat et de Le Peletier. (Bibliothèque de Versailles. Documents relatifs à l'histoire de Versailles pendant la révolution.)

trop longtemps méconnue et de la fraternité trop longtemps outragée », promettant de son côté de ne garder aucun ressentiment. Decan n'en persista pas moins à proposer d'écrire au Directoire pour lui demander de retirer à Crosnier ses pouvoirs. Ce dernier finit par dire que, si des propos avaient été tenus, c'était uniquement pour intimider Potdevin. Sans méconnaître qu'il avait pu, pendant cette période si troublée, subir quelque entraînement, il se disculpa en ajoutant « qu'il n'avait fait que suivre l'impulsion de presque toute la France ». Potdevin, d'ailleurs, prétendait-il, s'était lui-même fait admettre dans la société populaire et fréquentait alors beaucoup un habitant de Marly, nommé Greive, qui était dans cette commune le principal auteur des dénonciations (1). La séance se prolongea, consacrée tout entière à un échange de reproches et de récriminations. Finalement il fut décidé qu'on n'adresserait pas de protestation officielle au Directoire : mais quelques administrateurs signèrent hors séance une lettre par laquelle ils demandaient la révocation de Crosnier. Le Directoire le maintint dans ses fonctions, en faisant appel aux sentiments de concorde des administrateurs municipaux.

La lutte qui s'engagea entre le gouvernement et les Conseils législatifs à la suite des élections de germinal, n'était point de nature à calmer les passions politiques. Un soldat d'infanterie, Thénot, qui habitait Louveciennes, avait envoyé une demande de congé au ministre de la Guerre et sollicité l'appui des administrateurs. Il se plaignit d'avoir été traité de jacobin par Decan et adressa la lettre suivante dont lecture fut donnée, le 19 thermidor : « Ayant appris qu'un de vos membres m'avait qualifié, en pleine séance, de jacobin, je suis fort surpris que vous, qui êtes les organes de la loi, vous laissiez ainsi violer les arrêtés

(1) Greive avait été, en 1791, l'un des dénonciateurs de Mme Du Barry.

du Directoire exécutif qui défend, sous quelque prétexte que ce soit, les mots de terroriste et jacobin, vu que c'est un mot usé et qu'il n'y a que les scélérats de royalistes qui se servent de ce mot. Je vous prie de dire à l'agent national de Port-Marly que je méprise trop les royalistes pour me venger d'une autre manière, mais cependant que je l'engage à ne pas recommencer, car je serais obligé d'avoir une explication avec lui, car les républicains ont toujours terrassé les royalistes, et le Dieu vengeur de la liberté veut qu'ils disparaissent de dessus le sol de la République. » Malheureusement ce champion de la liberté n'était guère digne de la cause dont il se proclamait le défenseur. Decan rappela qu'il s'était borné à émettre l'avis que l'administration ne devait pas s'intéresser à un homme qui avait pris une part active aux désordres révolutionnaires à Louveciennes et aux environs pendant la Terreur. Un autre membre dit que Thénot s'était rendu coupable de faux alors qu'il était percepteur des contributions à Louveciennes. L'administration municipale, « considérant que le citoyen Thénot est convaincu par la notoriété publique d'avoir non seulement pris une part très active dans le régime révolutionnaire, mais encore falsifié des quittances du receveur-général dans le temps qu'il était percepteur à Louveciennes, et qu'il est également répréhensible sous le double rapport de politique et de moralité; considérant que si les dénominations de jacobin et de terroriste sont défendues par la sagesse de quelques arrêtés du gouvernement, la dénomination de royaliste l'est également... » décida que la lettre de Thénot serait envoyée au commissaire du Directoire près l'administration centrale avec tous les renseignements propres à l'éclairer sur la moralité du signataire.

Quelques jours après, c'est un habitant de Noisy que l'on accuse d'avoir employé les épithètes de royaliste et de jacobite. A la même séance, le président Potdevin porte à la connaissance de ses collègues un fait presque tragique, puisqu'il sagit d'une provocation à l'assassinat. A l'appui de son récit, il produit un procès-verbal qu'il avait solennellement dressé. Le 26 thermidor an V, plusieurs élèves de son institution étaient allés en promenade à la plaine du Trou-d'Enfer sous la conduite de Julien Guillon, son neveu. Celui-ci lisait, assis au bord de la forêt de Marly, lorsqu'il vit les élèves en conversation avec deux individus qui ne tardèrent pas à rentrer dans la forêt. Quelle avait été cette conversation ? Les renseignements donnés par les enfants lui prouvèrent « jusqu'à l'évidence qu'il existait encore de ces monstres altérés de sang qui provoquent au mépris des lois, au meurtre et à l'assassinat ». Les deux individus étaient bien habillés, l'un, gros, marqué de la petite vérole, avait un pistolet dans sa poche; l'autre, grand, mince, était vêtu d'une redingote rouge et tenait à la main un bâton. Ils avaient demandé aux élèves de jouer avec eux au cheval fondu ; ceux-ci avaient refusé en leur disant qu'ils étaient trop lourds. Alors s'était engagé ce colloque que Potdevin reproduit minutieusement : « Êtes-vous dévots ? — Oui. — Aimez-vous les rois et les prêtres ? — Nous aimons les prêtres. — Apprenez-vous le latin ? — Oui. — Votre maître aime-t-il les rois et les prêtres ? — Non. » Les deux individus crièrent bravo, ajoutant que, si leur maître leur parlait de rois et de prêtres il fallait lui crever les yeux à coups de couteau (1). Bien que trois élèves aient affirmé l'exactitude de ce récit, il semble que Potdevin se soit un peu exagéré le danger qu'il courait. Le texte même du procès-verbal porterait à penser que le président de l'administration municipale n'était pas complètement remis des violentes émotions qu'il avait éprouvées pendant la Terreur. La

(1) Archives départementales. — Personnel, L I M.

menace de mort qui lui fut adressée à cette époque l'avait effrayé à ce point qu'ayant, prétendait Crosnier, « une tête et un caractère faibles », il avait alors songé à se suicider. Les administrateurs ne paraissent pas d'ailleurs avoir été profondément troublés par cette communication; ils décidèrent que le procès-verbal rédigé par Potdevin serait envoyé au commissaire du Directoire près l'Administration centrale et aux inspecteurs des conseils.

Ces divers incidents, tout en étant de peu d'importance, sont un indice de la surexcitation qui se manifestait alors même dans les campagnes les plus tranquilles. L'animosité des partis politiques avait atteint un tel degré d'acuité que chacun pressentait un événement décisif. On était en effet à la veille du 18 fructidor.

Les élections du département de Seine-et-Oise ayant été annulées par application de la loi qui fut votée le lendemain du coup d'État, les administrateurs nommés antérieurement au mois de germinal durent pourvoir au remplacement de ceux de leurs collègues qui tombaient sous le coup de cette loi.

Le 27 fructidor, un membre demanda si l'on pouvait élire les agents ou adjoints dont l'élection avait été annulée en vertu de la loi. Crosnier répondit qu'il résultait de l'opinion exprimée par le commissaire central et par un administrateur du Département qu'un semblable choix était prohibé. Plusieurs membres combattirent cette interprétation difficile à justifier. L'Administration prit la délibération suivante : « Considérant que la loi du 19 fructidor est une mesure générale qui ne peut frapper indistinctement les bons et les mauvais citoyens...; considérant que les opérations des assemblées communales étant déclarées nulles, ceux qui ont été appelés par elles à la fonction d'agent ou d'adjoint rentrent dans la classe des citoyens qui peuvent être appelés en vertu de l'art. 188 de la Constitution, en tant que leur moralité, leur attachement à la Constitution n'est pas douteux, estime qu'elle peut s'adjoindre des membres sortis en vertu de la loi du 19 fructidor. » Comme conséquence de cette délibération les administrateurs renommèrent les agents et adjoints élus en germinal.

Le coup d'État de fructidor avait excité bien des convoitises. Les adversaires des administrateurs firent tout pour s'emparer des places que ceux-ci détenaient. Crosnier avait pris la direction de la campagne. Comme partout, la délation fut l'arme dont on se servit. Le ministre de l'Intérieur avait reçu une note qu'il renvoya à son collègue de la police générale. Potdevin y était dénoncé comme royaliste : « Il n'a jamais osé, disait-on, mettre l'écharpe chez lui à cause de sa femme et n'a jamais voulu faire de discours public dans la crainte du retour de la royauté. » L'auteur de la note oubliait les allocutions de l'an IV. La mention concernant Decan était : « royaliste grangrené; les exemples sont inépuisables sur son compte. » Lavoisier, agent de Bougival, également royaliste, prétendait-on, marchait de concert avec eux! On dénonçait en même temps deux prêtres de Rueil : Cousin, fanatique, et Bourdonneau, ivrogne (1).

Decan, qui avait eu vent des manœuvres de ses ennemis, adressa, le 10 vendémiaire, une lettre à Chandellier, commissaire près l'Administration centrale. Il y exprimait la confiance que le gouvernement « se mettrait sûrement en garde contre les dénonciations qui vont pleuvoir dans tous les coins de la République, dénonciations dont la plupart prendra sa source dans l'esprit de parti, d'animosité, de vengeance ». Decan avait eu tant à souffrir de

(1) F1b, Seine-et-Oise, 17.

la Révolution qu'il ne pouvait être un zélé partisan du gouvernement fructidorien; mais, s'il s'était souvent montré véhément dans ses discours, jamais il n'avait pris part à une agitation illégale, et son attitude lui avait valu l'estime des habitants de Port-Marly qui l'avaient choisi pour agent. Aussi pouvait-il produire un certificat de 110 chefs de famille de cette commune qui attestaient sa justice, son humanité, sa vigilance, son impartialité et déclaraient que sa destitution serait une calamité. Il sait que le véritable inspirateur des dénonciations est Crosnier, qui ne lui a pas pardonné de l'avoir attaqué et qui poursuit une œuvre de vengeance. Or voici ce qu'est devenue, d'après lui, l'administration municipale de Marly : « S'agit-il d'impôts, on marchande comme dans un marché; si par hasard un citoyen énergique relève ses collègues de ces petites pusillanimités, les rappelle à la dignité de vrais magistrats du peuple qui doivent suivre la loi sans être accessibles à aucune crainte, à aucune préférence, bientôt on le prend en inimitié, ensuite on le dénonce comme royaliste, surtout quand il a donné quelque prise sur lui par des poursuites contre l'anarchie. Voilà l'argument bien aisé à concevoir, bien aisé à faire retenir à ceux à qui on le répète, en buvant chopine au cabaret. Il faut une bonne dose de courage et un patriotisme sincère et désintéressé pour être agent municipal d'une commune de campagne. » Puis Decan réfute sucessivement chacune des accusations dont il suppose être l'objet. On prétend qu'il est protecteur des émigrés, et cela parce qu'ayant trouvé dans les papiers de la municipalité la preuve que le citoyen Trémoulin, dont les biens allaient être vendus, n'était pas émigré, il en fit part à l'Administration et que par suite Trémoulin fut rayé de la liste des émigrés. On allègue qu'il est protecteur des prêtres : « Je crois en

Dieu, dit-il, mais non avec cagotisme, ayant fait ma théologie dans un régiment de dragons. Je suis encore convaincu que, sans idée de religion, point de mœurs, point de gouvernement. » Il reconnaît s'être occupé du culte; mais il l'a fait en se conformant à la légalité et en respectant scrupuleusement la liberté de chacun. Ses adversaires politiques eux-mêmes le reconnaissent. Si on allègue qu'il protège les royalistes, c'est parce qu'il a cherché à empêcher l'envoi d'une plainte de l'adjoint de Rueil, protégé de Crosnier, contre un habitant de cette commune. Or il a fallu expulser de l'audience cet adjoint qui était ivre, et les juges reconnurent la fausseté de la plainte. Enfin, pour se disculper d'être royaliste, il rappelle sa demande de suppression d'une inscription qui pouvait sembler séditieuse.

Chandellier donna, le 13 vendémiaire, des renseignements au ministre. Il ne se fit pas le défenseur de Decan et de Lavoisier; il estimait que l'un et l'autre, en mettant trop d'acharnement à réveiller les vieilles discordes et en se montrant souvent trop disposés à trouver des torts aux amis du gouvernement, avaient plus d'une fois entravé la marche de l'administration. « Mais, ajoutait-il, si leur conduite n'est pas à l'abri de reproche, celle du citoyen Crosnier n'est pas non plus dictée par des vues seules d'intérêt public. D'anciennes querelles et d'anciennes dénonciations, d'anciens propos tenus par lui dans un temps d'effervescence et relevés dans un temps calme donnent lieu de croire qu'il n'est déterminé aujourd'hui que par un motif de récrimination ou de vengeance. Des deux côtés la passion parle et agit (1). » Il concluait à la nécessité de modifier l'administration du canton de Marly, et annonçait le prochain envoi d'une liste de candidats. Le

(1) Archives nationales, F1b II, Seine-et-Oise, 17.

jour où Chandellier écrivit cette lettre, l'arrêté du Directeur qui le révoquait, était déjà signé.

Cependant le désaccord ne faisait que s'aggraver entre l'Administration municipale et Crosnier. Il avait adressé à Potdevin une lettre dans laquelle il relevait avec vivacité des erreurs que celui-ci avait, disait-il, commises dans la perception des impôts à Marly. Potdevin soumit cette lettre aux administrateurs, en leur demandant de donner leur opinion « sur un écrit qui jette du louche sur sa manière de percevoir ». Les termes de la délibération qu'ils prirent à ce sujet ne laissent aucun doute sur leurs sentiments à l'égard du commissaire du Directoire : « Considérant que la lettre du citoyen Crosnier est celle d'un individu qui ignore de quelle manière les contributions de l'an IV ont dû être perçues, mais que cette erreur n'excuse pas un citoyen revêtu de la fonction de commissaire du Directoire, qui peut et doit à tout moment s'instruire des lois,... déclare qu'elle improuve la conduite et la lettre du citoyen Crosnier adressée au citoyen Potdevin relativement à la manière dont il a fait la perception de l'an IV. »

Ce vote de blâme dirigé contre un fonctionnaire public était assurément dénué d'urbanité. La revanche de Crosnier ne se fit pas attendre. Au cours de la séance du 10 pluviôse, après avoir pris connaissance de la correspondance administrative qui venait de lui être remise, il demanda la parole pour donner lecture d'un arrêté du Directoire, en date du 27 nivôse an VI, auquel il n'était certainement pas étranger. Cet arrêté portait destitution pour faiblesse, incivisme ou incapacité, du président Potdevin, de Decan, agent municipal de Port-Marly, de Lavoisier, agent de Bougival, et de six adjoints du canton. Les membres présents n'étant plus en nombre suffisant pour pouvoir délibérer, on procéda, cinq jours après, au remplacement des administrateurs destitués et du président. Ce dernier poste fut très disputé. Au troisième tour de scrutin la majorité porta son choix sur Prissette, notaire public à Villepreux et chef de bataillon de la garde nationale.

II

Après le 18 fructidor, La Perruque avait acquis dans le canton de Marly une situation prépondérante Le 1er germinal an VI, il fut élu président de la première section de l'assemblée primaire où se manifesta d'une façon non équivoque le revirement qui s'était produit sous l'influence des événements.

L'année précédente, Decan avait été nommé électeur; cette fois il ne fut pas même admis à participer au vote. Au début de la séance, un membre protesta contre sa présence, disant que Decan, ayant été revêtu d'une charge dans une cour souveraine, devait être considéré comme noble et tombait sous le coup de la loi du 9 frimaire an VI, qui frappait d'incapacité les ci-devant nobles et annoblis. Decan soutint qu'il n'était pas devenu noble, puisqu'on n'acquérait la noblesse que par vingt ans d'exercice de la charge et qu'il ne l'avait eue que pendant quelques années. Un autre assistant, Gravelle Fontaine, déclara qu'il avait été, lui aussi, membre d'une cour souveraine, mais que, n'en ayant fait partie que pendant douze ans, il n'avait, pas plus que Decan, acquis la noblesse. On lui répondit que les membres des cours souveraines étaient *dans le chemin de la noblesse*, qu'ils avaient joui, tant qu'ils avaient eu leurs charges, de tous les privilèges attachés à la noblesse, qu'ils rentraient donc dans la catégorie des nobles auxquels la loi du 9 frimaire enlevait le droit de faire partie des assemblées primaires. Quelque contestable que fût cette argumentation, elle prévalut. Lorsque le président invita ceux qui étaient d'avis d'exclure Decan et Gravelle Fontaine à se ranger à droite, la grande majorité se dirigea de ce côté (1).

Les élections municipales du canton de Marly n'eurent pas d'ailleurs, à proprement parler, de signification politique. On nomma président de l'administration, en remplacement de Prissette, Lavoisier, qui avait été dénoncé en même temps que Potdevin puis destitué comme lui au mois de nivôse précédent. Ils ne gardèrent d'ailleurs, ni l'un ni l'autre, aucune rancune de cette mesure et se conformèrent en toutes circonstances aux vues du gouvernement directorial.

Ce n'est pas toutefois que l'administration municipale ainsi reconstituée n'ait éprouvé plus d'un mécontentement. Peu de temps après les élections, elle reçut du département une lettre qui la froissa beaucoup. Le projet d'une expédition en Angleterre avait, l'année précédente, donné lieu à une explosion de patriotisme; des souscriptions furent ouvertes partout. L'Administration centrale de Seine-et-Oise adressa aux populations une proclamation vibrante qui se terminait par cette phrase : « C'est la robe de Déjanire qui vous dévorera si vous osez vous en revêtir. » Cette allusion à la robe de Déjanire n'avait peut-être pas été très bien comprise par certains administrateurs du canton de Marly; mais tous furent blessés dans leur amour-propre par une lettre de l'Adminis-

(1) Archives départementales, L I M. — La première section n'avait pas seulement choisi La Perruque pour président ; elle l'avait nommé le premier électeur. En adressant au Directoire le procès-verbal des opérations électorales, il y joignit la lettre suivante: « Nous vous annonçons avec une véritable satisfaction que le calme et la sagesse ont présidé à ses séances et que l'esprit qui l'a dirigée dans ses choix est celui de vrais républicains. Quant à nous qui avons obtenu sa confiance, nous avons fait le serment d'y répondre, et nous le remplirons. »

tration centrale leur annonçant qu'un rôle était dressé en vue du recouvrement des souscriptions en retard. C'étaient les agents et adjoints municipaux qui avaient surtout souscrit. Les administrateurs furent unanimement d'avis de témoigner leur surprise « d'un pareil mode de recouvrement pour une offrande bénévole qui a été faite en grande partie par des fonctionnaires qui n'ont d'autres salaires de leurs places que la peine et l'embarras ».

Le mois suivant, les habitants de Marly eurent un autre sujet de plainte. Le Directoire avait pris un arrêté portant que le bureau de poste de la commune serait supprimé à partir du 1er pluviôse an V, à raison de la proximité de celui de Saint-Germain-en-Laye. Des réclamations furent envoyées par l'administration municipale au Directoire, au ministre des Finances, etc. On avait encore quelque espoir de voir rapporter cette décision, lorsqu'en messidor an VI l'Administration des postes fit savoir que la suppression était définitive. Cette mesure n'avait été évidemment motivée que par la nécessité impérieuse de faire des économies. Etat et départements étaient en effet toujours dénués de ressources. Au mois de frimaire précédent, l'Administration centrale de Seine-et-Oise avait publié une circulaire pour activer l'organisation des gardes nationales. L'agent municipal de Port-Marly fit observer que la bonne volonté des citoyens ne laissait rien à désirer, mais que l'obstacle venait de l'absence des objets nécessaires au service. « Il n'y a, disait-il, point de bois, point de lumières, point d'armes. » On avait demandé des armes au ministre de la Guerre, qui ne put en expédier. On renouvela la demande, espérant qu'elle serait mieux accueillie « aujourd'hui que l'airain ne sonne plus sur les frontières ». En attendant, pour se procurer les premiers fonds, il fut décidé qu'on solliciterait l'autorisation de vendre les tuyaux du château de Marly, qui étaient tombés dans l'eau et n'en avaient pas été retirés.

Quelle que fût la pénurie du Trésor, la restauration des finances ne tenait peut-être pas le premier rang dans les préoccupations gouvernementales. Il n'avait pas suffi de vaincre au 18 fructidor; il fallait consolider la victoire. On crut la rendre définitive, par la restauration du régime décadaire. Dans le canton de Marly, comme dans la plupart de ceux de Seine-et-Oise, les populations s'y montrèrent résistantes. A la séance du 25 floréal an VI, le commissaire du Directoire fit part des difficultés que rencontrait l'application de l'arrêté du 14 germinal. Une proclamation que La Perruque fut chargé de rédiger resta sans effet. Les administrés employaient tous les moyens pour continuer à se livrer à des divertissements les dimanches et les anciens jours fériés. Le Cointe et La Brousse avaient été autorisés à ouvrir un bal qui se tiendrait à la porte de Bailly cinq jours par décade. Grâce à cette autorisation, des bals furent donnés les dimanches et les jours d'anciennes fêtes, les seuls où les habitants s'y rendirent. On dut rapporter l'autorisation.

L'Administration était fort perplexe. Si elle se montrait rigoureuse, elle risquait d'exaspérer les populations; il fallait donc user d'une certaine tolérance. Les lois décadaires permettaient d'autoriser exceptionnellement les travaux urgents. Profitant de cette faculté, les administrateurs prirent une délibération permettant de rentrer les fruits jusqu'au 20 vendémiaire, les jours de décadis et de fêtes nationales. L'Administration centrale se plaignait du manque de vigueur des autorités municipales. D'après les informations qu'elle avait reçues, écrivait-elle, le repos du décadi n'était pas observé dans la plupart des communes du canton de Marly; elle désignait notamment celle du Rueil comme l'une des plus réfractaires. L'agent de

Rueil se justifia; il avait traduit plusieurs habitants devant le juge de paix, et obtenu leur condamnation. Que pouvait-il de plus? On se borna à enjoindre à chaque agent municipal de rendre exactement compte de la façon dont les prescriptions relatives au repos du décadi étaient observées. En même temps on s'efforça de contraindre les ministres du culte à célébrer leurs offices les jours de décadis. Ils furent convoqués à une séance de l'Administration. Cousin, ministre du culte catholique à Rueil, objecta que la Constitution n'avait pu transporter au décadi l'exercice du culte qui doit être célébré le dimanche. On lui répondit qu'il ne lui était pas interdit de faire l'office les dimanches, qu'on lui demandait seulement de le faire aussi les décadis. Le ministre de Marly exprima la même opinion que Cousin. Celui de Bailly consentait bien à officier les jours de décadi; mais, comme il était très âgé et qu'il demeurait à Saint-Germain, il déclara ne pouvoir le faire que lorsque le décadi se trouverait la veille ou le lendemain d'un jour de fête catholique. On voit que l'invitation de l'Administration était froidement accueillie. Cependant les autres prêtres parurent disposés à célébrer les offices tous les décadis.

Le 25 vendémiaire an VII, le commissaire du Directoire se plaignait encore de l'inobservation du décadi dans plusieurs communes. Certains membres firent observer que, lorsqu'ils voulaient appliquer la loi, on leur opposait que dans d'autres communes, à Villepreux par exemple, on tolérait le travail les jours de décadi. L'agent de Villepreux prétendit qu'on n'avait fait dans sa commune que des travaux urgents. Mais comment déterminer ce qu'il faut entendre par travaux urgents? Tous les travaux de labour ne sont-ils pas urgents? Les membres de l'Administration ne pouvant se mettre d'accord sur ce point jugèrent nécessaire de demander des explications soit au ministre, soit au Corps législatif. Cependant l'exécution de la loi sur le repos décadaire se heurtait toujours à la même opposition. Le mois suivant, l'Administration centrale adressait une nouvelle plainte : A Villepreux, disait-elle, on a travaillé extérieurement un jour de décadi ; à Bailly, le ministre du culte a affecté de ne pas avoir d'office le jour du décadi, et il l'a célébré le lendemain, jour férié de l'ancien calendrier. La réponse fut qu'à Villepreux un habitant avait bien fait labourer un champ, mais ce champ était un enclos ; qu'à Bailly le ministre du culte n'avait pas officié le jour du décadi parce que personne n'était venu.

Les difficultés que les administrateurs éprouvaient à faire appliquer les lois décadaires les déterminèrent à hâter le vote d'un règlement général pour l'exécution de ces lois. Déjà, en vendémiaire an VII, on avait pris un arrêté relatif aux réunions décadaires ; mais cela parut insuffisant. On chargea La Perruque de la rédaction d'un projet de règlement comprenant toutes les prescriptions décadaires. Le 5 floréal an VII, ce projet fut adopté avec le titre de *Code décadaire* (1). Il comprenait les huit chapitres suivants qui témoignent du soin consciencieux avec lequel il avait été élaboré : *Tenue des séances administratives. — Travaux des campagnes. — Époque des loyers et baux des maisons et biens ruraux. — Fêtes communales. — Fêtes nationales. — Réunions décadaires. — Célébration des mariages. — Divertissements, danses et autres jeux.* On y trouve les détails les plus minutieux : « Les tambours, la musique, le bruit du canon, autant que faire se pourra, la danse, les jeux concourront à la célébration des fêtes célébrées au chef-lieu de canton. » Les réunions décadaires devaient se tenir au Temple à dix heures du matin. L'ordre

(1) Archives départementales.

en était ainsi réglé, conformément aux instructions ministérielles : « Des sièges seront préparés en face pour les fonctionnaires publics. Derrière ceux-ci, leurs parents et amis. Seront disposés des sièges à droite pour les vieillards, les pères et mères de famille, les défenseurs de la patrie, et à gauche pour les instituteurs, institutrices et leurs élèves. Au fond du Temple seront élevées les tables des droits et des devoirs de l'homme et du citoyen. Le pourtour présentera des emblèmes civiques, des maximes morales. La réunion commencera par la lecture du Bulletin des lois et des actes de naissance et de décès, etc. Après toutes ces lectures, on entendra les enfants réciter ce qu'ils auront appris pendant la décade, les différents articles de l'Acte constitutionnel ou des traits d'histoire ou des maximes de morale. Ensuite il sera procédé à la célébration des mariages. » C'était cette partie du programme qui en général intéressait le plus les assistants. Mais le cérémonial prescrit était peu pratique pour les futurs époux qui n'habitaient pas Marly. Ils devaient se rendre de leur commune, quelque éloignée qu'elle fût, au local de l'Administration cantonale, accompagnés par l'agent municipal ou son adjoint, escortés par un détachement de gardes nationaux et précédés par le tambour et les musiciens. Le code décadaire interdisait bien entendu tous divertissements les jours fériés de l'ancien calendrier. Un article spécial prohibait, par application d'une circulaire du ministre, le jeu de l'oie, « comme contraire à tout principe de moralité et de sensibilité, comme propre à faire contracter à la jeunesse la férocité, source de tous les maux, et encore comme dangereux par les moyens dont se servent les joueurs qui peuvent se blesser ou blesser les autres ». Ce passage quelque peu prud-hommesque eût suffi à révéler le rédacteur du Code décadaire. Son amour de la nature s'affirme dans cette phrase du préambule : « Les rigueurs de l'hiver n'ont pas permis à l'Administration de mettre en usage tout ce qui peut concourir à la solennité desdits jours ; elle doit saisir dans le retour du printemps et l'approche des fêtes nationales que chaque mois de la belle saison ramène l'occasion de déployer son zèle. »

Les administrateurs n'avaient pas attendu jusqu'au printemps pour se conformer au vœu du gouvernement et donner plus d'attrait aux fêtes célébrées à Marly. En vue de celle de la Souveraineté du peuple, qui devait avoir lieu en ventôse an VIII, ils avaient autorisé les percepteurs à prélever sur les centimes additionnels affectés aux dépenses municipales une somme de 400 francs pour frais de danses et de rafraîchissements, qui serait distribuée aux agents proportionnellement à la population de chaque commune. Grâce à la somme revenant à la commune de Marly, on put, à l'occasion de cette fête, y organiser des jeux et des danses, et offrir des rafraîchissements aux gardes nationaux et aux vétérans. La Perruque fut très satisfait de l'impression produite sur la population ; il y vit un augure favorable pour l'avenir de la République : « La gaîté et la tranquillité, écrivit-il dans son procès-verbal, ont présidé à cette fête qui a paru avoir un caractère plus marqué d'attachement à la République et aux nouvelles institutions et fait espérer que l'esprit public fera de jour en jour des progrès sensibles. »

Ce succès était encourageant. Quelques jours après, le 10 germinal, on célébra la fête de la Jeunesse. Après la lecture du Bulletin des lois et de « la lettre attendrissante » du ministre de l'Intérieur, les cris de Vive la République ! Vive la jeunesse ! se firent entendre. Puis des enfants des écoles récitèrent des traits d'histoire ; le jeune Germiaux, « déjà bien avancé dans la connaissance de la Constitution », récita une Invocation à l'Être suprême ; enfin deux élèves de l'Institution Potdevin traduisirent des fables de Phèdre. On envoya aux parents des élèves présents une lettre de félicitation et on remit à chacun de ceux-ci une expédition du procès-verbal de la cérémonie « comme encouragement à l'étude, au travail et à l'amour de l'instruction républicaine ». L'Administration avait abandonné son local primitif pour louer au même prix de 300 francs la maison de Gourdel qui venait d'être nommé notaire à Rueil. On termina la fête par la plantation d'un arbre de la Liberté devant la porte du nouveau local. Des jeunes gens robustes portèrent sur leurs épaules cet arbre dans les branches duquel étaient entrelacés des rubans tricolores que tenaient des enfants. Au bruit du canon et aux acclamations du peuple, les fonctionnaires, les gardes nationaux, les vétérans jetèrent « à l'envi de la terre sur les racines qui avaient été arrosées de plusieurs libations comme pour hâter en elles l'entrée des sucs nourriciers qui doivent lui donner la vie et l'accroissement ». Le soir, un banquet civique fut servi à la maison commune.

A peine la fête du 10 germinal avait-elle été célébrée que les administrateurs reçurent une information dont ils furent vivement émus. L'arbre de la Liberté de Rueil avait été mutilé « pendant les ténèbres de la nuit » ; l'agent de cette commune annonçait qu'il avait l'intention d'en replanter un : « L'administration, écrit La Perruque, crut qu'il était de son devoir et de son honneur d'aller elle-même réparer l'outrage fait à l'emblème de la liberté. » Elle décida donc de se rendre le plus tôt possible à Rueil pour assister à l'inauguration du nouvel arbre. Le 15 germinal, après leur séance, les administrateurs accompagnés de fonctionnaires, de gardes nationaux, de vétérans se mettent en marche au bruit de plusieurs coups de pièces d'artillerie. « Le ciel est serein; tout concourt à la fête et favorise ce voyage patriotique. » A l'entrée de Rueil, le cortège est reçu officiellement. L'autorité municipale avait déjà fait planter « un peuplier baumier en place de l'arbre qui avait été outragé » et l'avait prudemment entouré d'une palissade en fer « pour le mettre à l'abri de toute atteinte sacrilège ». On forme un grand cercle autour du nouvel arbre; « le silence est commandé par un ban, annoncé par l'artillerie ». Le président Lavoisier prononce alors un discours. Il semble qu'il s'agisse d'une catastrophe qui met en péril la société. L'orateur fait entendre le cri de l'indignation et de la douleur de tous les bons citoyens; il les engage à exercer la surveillance la plus active sur les méchants qui méditent dans les ténèbres la perte de la patrie, le renversement de la Constitution. Ce discours est suivi de cris redoublés de Vive la République! « L'artillerie les répète. » Le commissaire du Directoire prend également la parole pour menacer les malveillants de la justice et de la rigueur des lois. Puis le président déclare qu'au deuil doit succéder la joie; il invite tous les assistants à se livrer à la danse et aux divertissements. Pour mieux bannir toute pensée douloureuse, on convie les citoyens à un repas civique. « La gaieté préside à la réunion. » Enfin de nouvelles salves d'artillerie annoncent le départ du cortège.

Les fêtes succédaient aux fêtes. Le 10 floréal, c'était celle des époux; elle eut un caractère bien analogue à son objet. A la suite des administrateurs marchaient « huit jeunes époux qui semblaient avoir choisi cette fête pour s'unir au pied de l'autel de la patrie », puis les époux mariés pendant les derniers mois. Le secrétaire était décidément un grand admirateur des dissertations littéraires et morales auxquelles se complaisait François de Neufchâteau. Après avoir constaté qu'on avait lu la lettre du ministre de l'Intérieur, il ajoute : « Cette lettre vraiment sentimentale éveille toute l'attention de l'assemblée et rappelle à tous les assistants les émotions douces, les affections vives et sensibles que l'union sainte et légitime du mariage fait naître dans toute âme honnête et vertueuse. » La Perruque ignorait à coup sûr la manière dont ce ministre mettait en pratique les vertus qu'il célébrait si pompeusement. Les enfants récitèrent des traits de l'histoire ancienne ; il fut donné lecture du Bulletin décadaire dans lequel était reproduite une lettre du général Bonaparte contenant des détails intéressants sur plusieurs découvertes faites par les généraux et les savants qui l'accompagnaient. Pour la dernière fois on traversa le parc de Marly qui venait d'être aliéné. Comme toujours il y eut des divertissements ; mais les jeunes gens furent très désappointés. « Ils préparaient le jeu sanguinaire et barbare appelé le jeu d'oie » ; l'agent municipal jugea que le sang ne devait pas couler en un pareil jour ; appliquant l'article du Code décadaire qui proscrivait ce jeu, il fit cesser tous préparatifs.

La fête de la Reconnaissance du 20 prairial n'offrit aucune particularité. La Perruque constate, comme d'ordinaire, que la lettre du ministre de l'Intérieur fut écoutée « avec intérêt, avec sentiment ». Il indique les récitations des enfants et écrit à ce sujet : « Le lion d'Androclès, exemple mémorable de reconnaissance, amène l'historique d'un fait presque incroyable et assuré par toute l'antiquité. L'assemblée l'écoute avec surprise et semble applaudir à la générosité du plus terrible des animaux de la Libye. »

Les percepteurs des contributions étaient alors désignés par adjudication ; ils tenaient souvent très mal leurs registres, et, malgré l'abus qu'on faisait parfois des garnisaires, les contributions rentraient péniblement. Le 14 prairial an VII, l'Administration municipale avait été informée de l'arrivée, pour le lendemain, du citoyen Condom, inspecteur des contributions du département de Seine-et-Oise. Elle avait immédiatement convoqué les percepteurs du canton, qui se présentèrent tous à la réunion. Après leur avoir rappelé en quelques mots les obligations auxquelles ils étaient tenus par leurs fonctions, l'inspecteur fit approcher le percepteur de Louveciennes. Constatant que celui-ci avait consigné des notes « sur une multitude de petits papiers », il l'invita à supprimer toutes ces « babioles », et à les remplacer par un journal tenu conformément aux prescriptions de la loi. Ce fut ensuite le tour du percepteur de Villepreux à qui on reprochait de retirer les garnisaires placés chez les riches pour les mettre chez les contribuables pauvres. Le percepteur voulut justifier sa conduite et laissa échapper « quelques termes indiscrets et peu décents envers l'administration. » Le président le rappela à l'ordre ; Condom l'invita à apporter moins de chaleur dans ses paroles et plus de réflexion dans ses actes, il lui fit représenter ses rôles et y découvrit plusieurs erreurs.

L'inspecteur aborda ensuite le véritable objet de sa mission. Il fit connaître aux administrateurs le montant de l'arriéré du canton, qui, à leur grand étonnement, dépassait le chiffre de 100 000 francs. A la suite de l'assassinat des plénipotentiaires de Rastadt, la France allait avoir à lutter contre une redoutable coalition ; il fallait trouver des ressources pour subvenir aux dépenses considérables que la guerre entrainerait : « Deux cent mille jeunes conscrits, dit Condom, se disposent à aller défendre la mère patrie et venger avec éclat l'assassinat de nos ministres au congrès de Rastadt. Mais que deviendraient leurs efforts et leur bravoure, si elles n'étaient soutenues par les fonds nécessaires à leur subsistance et aux frais de la guerre! L'argent seul est le nerf de la guerre ; nos braves défenseurs n'en sont que les bras; il faut redoubler de zèle pour concourir par un dernier effort au maintien de notre indépendance. Les plus fortes cotes doivent donner l'exemple de leur dévouement à la chose publique. » Aussitôt la Perruque est invité à rédiger une proclamation qui sera publiée dans chaque commune par l'agent municipal « décoré de son écharpe ». Cette proclamation, qui n'était que la paraphrase de l'allocution de l'inspecteur, finissait ainsi : « Le ministre des Finances vient de prescrire au receveur général de notre département le versement de 50 000 francs en numéraire effectif par jour pendant l'espace de deux décades. Chaque commune a son contingent à fournir. Les circonstances impérieuses dans lesquelles nous nous trouvons justifient la demande du ministre et nous forcent de vous imposer l'obligation d'acquitter tout ce que vous devez dans le terme prescrit. Il n'y a aucune raison qui puisse vous dispenser de cette mesure, et nous vous enjoignons au nom de la loi de satisfaire sans interruption à la demande qui vous est faite. »

La proclamation débutait par cette phrase : « L'assassinat de nos ministres à Rastadt exige de notre indignation une vengeance éclatante; déjà vos enfants vont par leur courage venger dans le sang de nos féroces ennemis l'atrocité de leur crime. » Les habitants ne paraissent pas s'être suffisamment pénétrés de la gravité de la situation que La Perruque faisait si énergiquement ressortir. Telle est du moins l'impression qu'on éprouve en lisant le procès-verbal de la cérémonie célébrée, le 30 prairial, en l'honneur de Bonnier et de Roberjot. L'administration avait fait tout ce qui dépendait d'elle pour que cette cérémonie eût un caractère de profonde tristesse. Les écharpes, le drapeau, les tambours étaient couverts de crêpes; le cortège se dirigea lentement vers le Temple décadaire au bruit sourd et lugubre des tambours. Vainement un premier ban est battu pour commander le silence ; il en fallut un second pour l'obtenir. Après l'entrée dans le Temple, le président fut encore obligé de recommander le calme et d'insister sur l'attitude que la population devait conserver pendant cette journée. Il prononça « une imprécation terrible contre l'Autriche », qui fut accueillie par des cris de vengeance. Puis il proclama les noms des conscrits et ajouta : « Ce jour est un jour de deuil pour la France, pour l'humanité tout entière. Des divertissements ne conviennent pas à la fête que nous célébrons. L'administration vous invite à vous en abstenir; le caractère de citoyens français dont vous êtes revêtus vous en fait un devoir. » Le soir, des jeunes gens n'en commencèrent pas moins à danser, ils ne se retirèrent que sur l'ordre de l'agent municipal.

La fête de l'Agriculture, qui eut lieu le 10 messidor, fut au contraire très attrayante. Le fermier de la plaine du Trou-d'Enfer descendit à Marly, conduisant une charrue ornée de feuillages et attelée de deux vigoureux chevaux. Les cultivateurs accompagnèrent le cortège, portant chacun les instruments de leur travail. On se rendit à l'ancien Champ de Mars où le président enfonça dans la terre le soc d'une charrue et traça un long sillon autour des assistants. Cette fois les habitants purent se livrer librement aux danses et aux divertissements. Tout se passa « avec gaîté, tranquillité et bon ordre ».

Sauf quelques détails différents, les fêtes de messidor et de fructidor furent célébrées à Marly avec un cérémonial semblable. C'est toujours à peu près le même cortège qui s'avance au bruit de la musique et du canon, c'est toujours la promenade autour de la commune, précédant les danses et les divertissements. La Perruque ne se contente pas de consigner dans le *Registre des procès-verbaux des réunions décadaires* (1), tenu à partir de vendémiaire an VII, un compte rendu plus ou moins étendu de chaque cérémonie, il en indique la portée politique et nous fait connaître ainsi son jugement sur les principaux événements de la Révolution. La fête du 14 juillet rappelle « le renversement du boulevard du patriotisme »; celle du 10 août, « la chute d'un trône qui a écrasé la France pendant des siècles »; celle du 10 thermidor, « le renversement de la tyrannie la plus sanglante qui ait pesé sur un peuple ». La fête du 18 fructidor a pour objet de célébrer l'anniversaire de la journée « où la République par l'énergie de ses premiers fonctionnaires a triomphé des efforts du royalisme et de cette faction impie qui espérait, par la force de l'opinion qu'elle avait pervertie, renverser la Constitution et donner des maîtres à la France ».

III

La surveillance des écoles était le complément des mesures décadaires. Cette surveillance avait été organisée par un arrêté du Directoire exécutif en date du 17 pluviôse an VI qui imposait aux administrations municipales l'obligation de faire, chaque mois et à des époques imprévues, la visite des écoles particulières, maisons d'éducation et pensionnats, à l'effet de constater : 1º si les maîtres particuliers ont soin de mettre entre les mains de leurs élèves, comme base de leur première instruction, les Droits de l'homme, la Constitution et les livres élémentaires qui ont été adoptés par la Convention; 2º si l'on observe les décadis, si l'on y célèbre les fêtes républicaines, et si l'on s'y honore du nom de citoyen; 3º si l'on donne à la santé des enfants tous les soins qu'exige la faiblesse de leur

(1) Archives départementales.

âge; si la nourriture y est propre et saine; si les moyens de discipline intérieure ne présentent rien qui tende à avilir et à dégrader le caractère; si les exercices enfin y sont combinés de manière à développer le plus heureusement possible les facultés physiques et morales. C'était, on le voit, principalement dans un intérêt politique que cette inspection avait été instituée. Elle devait être faite par une commission composée d'administrateurs municipaux assistés d'un membre au moins du jury d'instruction publique. Toutefois le ministre de l'Intérieur autorisa, en ce qui concernait les petites communes, à substituer au membre du jury d'instruction un citoyen désigné par l'administration municipale.

A la séance du 15 floréal an VI, les administrateurs du canton de Marly avaient choisi trois d'entre eux pour procéder à la visite des écoles : Deschamps, agent municipal de Marly; Debourges, agent de Rueil, et Cochard, agent de Villepreux; ils désignèrent La Perruque comme remplaçant du membre du jury d'instruction. Dès le 6 prairial, la commission, accompagnée du commissaire du Directoire, se transportait à Rueil, la ville la plus importante du canton, celle où se trouvait le plus d'écoles.

Si l'organisation de l'instruction primaire laissait fort à désirer sous l'ancien régime, elle était plus défectueuse encore depuis la Révolution. Il y avait eu beaucoup de déclarations de principes, beaucoup de projets, beaucoup de rapports; de nombreux comités d'instruction publique avaient été nommés; aucun résultat pratique n'avait été obtenu. Un décret du 27 brumaire an III accordait aux instituteurs un salaire de 1 200 livres et aux institutrices un salaire de 1000 livres. Moins d'un an après, un autre décret du 3 brumaire an IV supprimait tout salaire et mettait la rétribution scolaire à la charge des élèves. La note suivante que le citoyen Parent adressait, le 18 germinal an IV, aux administrateurs du canton de Marly est un témoignage de l'état misérable auquel les instituteurs étaient alors réduits : « Le citoyen Parent vous représente qu'ayant été reçu instituteur par le jury d'instruction, le 10 prairial an III, pour l'arrondissement du canton de Marly, il a continué ses fonctions jusqu'au mois de frimaire an IV et qu'à cette époque, ayant été au district pour être payé, on lui a dit qu'on ne payerait plus les instituteurs, qu'il ne leur serait payé que le mois de vendémiaire, et qu'alors, ayant parlé à plusieurs pères et mères de ses écoliers les plus aisés pour les inviter à contribuer en ce qu'ils pourraient pour aider à son existence, ils s'y sont refusés. En conséquence ledit citoyen Parent, ne pouvant vivre sans travailler, a demandé à être employé au bureau de l'administration en attendant une décision sur l'organisation de l'instruction publique. » Parent ignorait-il qu'à cette même époque, si les employés de l'administration municipale avaient droit à un traitement, ils ne le touchaient guère ! Non seulement le salaire des instituteurs et institutrices était supprimé, mais, faute de ressources, on ne pouvait leur payer ce qui leur était dû pour le passé. Gervais, instituteur à Rueil, réclamait 8 mois d'arriéré, sa fille 7 mois, l'instituteur de Villepreux 5 mois, etc.

L'instruction devait d'ailleurs être très négligée dans certaines écoles. Au bas d'un état de ses élèves fourni, le 20 nivôse an IV, par la citoyenne Chapatte, qui avait été autorisée à ouvrir une maison d'éducation à Marly, elle ajoutait de sa main cette mention : « Je vous prie d'oservé que tout ses enfans manque plus d'un tierre de la née ». Il est vrai que la signataire n'apprenait guère que la lecture à de tout jeunes enfants. Le commissaire du Directoire pour l'administration centrale, Challan, résumait en ces termes son jugement sur l'état de l'instruction primaire dans le département de Seine-et-Oise : « Les écoles primaires ne sont organisées nulle part ou elles le sont mal; les livres élémentaires manquent partout. » En même temps il appelait l'attention sur ce fait que dans beaucoup de communes il existait des écoles dirigées par d'anciennes religieuses.

C'est à deux écoles de cette nature existant à Rueil que la commission cantonale de Marly consacra sa première visite, le 6 prairial an VI (1). L'une d'elles, qui occupait un immeuble situé rue de la Fourré, était dirigée par trois anciennes sœurs : Madeleine Damour, Claude Marin et Germaine Duthuillé. Ces religieuses, qui enseignaient déjà à Rueil avant 1789, avaient dû se réfugier à Versailles pendant la Terreur; elles étaient revenues, en l'an IV, ouvrir un externat de filles à Rueil. Le procès-verbal d'inspection contient les constatations suivantes : « Il n'existe qu'un seul livre républicain; un enfant nous a récité la Déclaration des droits et des devoirs de l'homme et du citoyen. » Le même procès-verbal ajoute qu'on y observe les décadis et les fêtes républicaines depuis l'arrêté du Directoire relatif à la stricte exécution du calendrier républicain, mais que les enfants donnent à leurs maîtresses les noms de sœurs et de mères. Quant à la discipline, les commissaires reconnaissent que les moyens employés sont légers et doux. Ils se bornèrent à recommander aux directrices « de suivre la marche et les vues du gouvernement en basant l'éducation sur les principes républicains », ce qu'elles promirent de faire.

De la rue de la Fourré la commission se rendit à celle du Château, où était une autre école de jeunes filles externes et internes tenue par quatre anciennes religieuses nom-

(1) **Archives départementales**, L III T.

mées Cornette, Plessier, Lefebvre et Pauly. Les constatations furent également favorables. La commission s'assura qu'on y observait le décadi depuis trois mois et qu'il y avait, mais en nombre insuffisant, des exemplaires de la Déclaration des droits. L'hygiène lui parut bien appliquée; elle approuva les moyens de discipline; elle critiqua seulement la décoration de l'Étoile donnée aux élèves qui avaient obtenu les meilleures notes; il lui sembla qu'un ruban tricolore serait préférable, ce à quoi les directrices ne firent aucune opposition.

Ce fut également à Rueil que les commissaires revinrent, le 16 prairial, pour continuer leur tournée d'inspection. Une petite école particulière, où se trouvaient une douzaine d'enfants et qui était tenue par le citoyen Dunand, leur parut exiger quelques réformes. Il y avait peu de livres constitutionnels, par la faute des parents, disait l'instituteur. Ils se contentèrent d'inviter Dunand à s'en servir et à observer plus régulièrement les décadis. L'école publique de Rueil était dirigée par le citoyen Gervais. La liste des élèves contenait 70 noms, mais beaucoup d'enfants manquaient à raison des travaux des champs. L'inspection à Rueil se termina par la visite d'une école particulière de douze élèves. Cette école fut jugée par la commission conforme aux principes républicains; mais la commission eut le regret de trouver parmi les livres *La Nouvelle Héloïse*, qu'elle ne pensa pas être à sa place dans une école primaire.

De Rueil les commissaires allèrent à La Celle, où Perrot tenait une école de 40 élèves, dont la moitié seulement étaient présents. Cette école leur sembla irréprochable à tous égards; toutefois ils « crurent devoir soustraire deux ou trois rapports faits sur des conjurations prétendues du gouvernement révolutionnaire ». Les mêmes éloges sont décernés à Victor Lavigne, instituteur à Bougival; il avait douze élèves seulement, et les « accoutumait au mot de citoyen ». Ils constatèrent également que l'école de Jarre à Louveciennes était dirigée conformément aux vrais principes. Les livres y étaient républicains, bien que les parents, alléguait l'instituteur, eussent « peu de goût pour ces sortes de livres ». Cependant Jarre ne suivait que tardivement les événements politiques. Il mettait encore entre les mains de ses élèves des Constitutions de 1793 que les inspecteurs emportèrent après qu'il se fut engagé à les remplacer par des Constitutions de l'an III.

L'externat de jeunes filles de la citoyenne Maquet à Marly était suffisamment garni de ces Constitutions, malgré la mauvaise volonté des parents qui toutefois commençait à diminuer. Pour montrer la correction des principes politiques qu'elle inculquait à ses élèves, l'institutrice fit réciter par trois d'entre elles plusieurs articles de la Déclaration des droits de l'homme. C'était une véritable institution de jeunes gens que dirigeait à Marly l'ancien président Potdevin. Il y donnait à 20 pensionnaires et à une douzaine d'externes un enseignement irréprochable. Les pensionnaires apprenaient même le latin, mais le calcul décimal ne figurait pas encore dans le programme des études. Les élèves observaient les décadis, assistaient aux fêtes républicaines et étaient accoutumés au nom de citoyen.

L'inspection de l'école particulière tenue par la citoyenne Barreau à Port-Marly donna lieu à une grave constatation. Il ne s'agissait pas de politique. Les commissaires découvrirent sur plusieurs pages d'un cahier d'élève des chansons obscènes à côté de « choses de dévotion ». Ils témoignèrent leur indignation à la directrice, qui leur affirma ne les avoir point vues. Cette excuse leur parut inadmissible; ils arrachèrent les pages du cahier et enjoignirent à la citoyenne

Barreau de se montrer à l'avenir « surveillante ». La veuve Chapatte, dont nous connaissons l'orthographe, avait encore son école où elle apprenait à lire à une trentaine de petits enfants dans des livres constitutionnels. L'école primaire de Le Masson à Noisy, où se trouvaient environ 50 élèves des deux sexes, était tenue suivant les prescriptions de l'arrêté du Directoire. L'instituteur Hersant à Villepreux s'y conformait également; toutefois la commission dut supprimer quelques livres intitulés Catéchismes et rédigés d'après la Constitution de 1793. Le citoyen Gouge appliquait aussi les vrais principes, mais l'instruction qu'il donnait dans son école était très médiocre. L'école de la citoyenne Beaucour méritait à peine ce nom; les inspecteurs n'y trouvèrent que 7 ou 8 petits enfants qui apprenaient l'alphabet. Ils terminèrent leurs visites par celle de l'école du citoyen Cochard, qui inculquait à 17 ou 18 élèves des principes « avoués par la Constitution ».

Les procès-verbaux que je viens de résumer permettent de se rendre compte du véritable état des écoles primaires, en l'an VI, dans un canton rural de Seine-et-Oise; ils montrent aussi comment à cette même époque on procédait à des tournées d'inspection. La Perruque fut, bien entendu, chargé de rédiger le rapport de la commission cantonale. Les administrateurs en entendirent la lecture dans leur séance du 10 thermidor; mais le compte rendu ne donne pas le texte de ce rapport, qui, à raison de sa longueur, put seulement être déposé aux archives. Ils en adoptèrent les conclusions tendant à ce qu'une surveillance « particulière et rigoureuse » soit exercée sur les deux écoles de filles tenues à Rueil par d'anciennes religieuses et à ce que l'école dirigée à Port-Marly par la citoyenne Barreau soit fermée. En ce qui concernait les écoles de Rueil, la délibération était ainsi conçue : « Ces écoles sont tenues par des personnes qui sont regardées par l'opinion publique comme tenant à leurs principes et peu faites pour donner une éducation républicaine, et néanmoins comme ayant pris l'engagement de baser dorénavant leur éducation sur les principes constitutionnels et connues d'ailleurs pour donner une éducation morale non équivoque. »

Dès que la citoyenne Barreau eut connaissance de l'avis la concernant, elle demanda grâce à l'Administration centrale qui devait statuer définitivement. Le 30 thermidor, elle lui adressait une lettre émouvante : « ... La faute est grande, le délit impardonnable parce qu'il est de la sagesse et du devoir d'une institutrice de veiller plus encore sur les mœurs que sur l'éducation de ses élèves ; sans mœurs point de vertus, sans vertus point de bons citoyens... La vérité est que ces chansons ont été écrites à son insu pendant une maladie grave que la pétitionnaire a éprouvée plus de trois mois. La vérité est que ces chansons ont été écrites dans une chambre éloignée de son appartement ; la vérité surtout est que la citoyenne Barreau n'eût pas souffert de semblables horreurs, que son indignation et sa douleur sont à leur comble. Dans cet état il ne lui reste qu'à réclamer votre indulgence, qu'à demander que votre justice s'éclipse devant votre miséricorde... La citoyenne Barreau a en sa faveur l'existence qu'elle a procurée pendant plus de deux ans à un père infirme, caduc et plus que septuagénaire; tous ses frères, au nombre de trois, tués au service et pour la défense de la patrie ; sa pauvre mère, veuve, languissante, âgée, n'est subsistante que par ses sueurs, en un mot; elle est sujette elle-même à de grandes infirmités et n'a aucune ressource pour vivre. Elle vient d'expulser cette élève de son école ; il n'y a jamais eu dans le pays aucun reproche de sa conduite ; et, si vous avez le plus léger

doute, la citoyenne met sous vos yeux une attestation des parents de ses écoliers bien capable de vous rassurer (1)... »
Elle joignait en effet à sa pétition un certificat d'habitants de Rueil concernant sa conduite, son civisme, ses mœurs irréprochables et ses soins pour les enfants.

L'Administration centrale trouva que le rapport de la commission d'inspection était rédigé dans un excellent esprit, mais que les administrateurs municipaux avaient manqué de fermeté. Que proposaient-ils en effet ? Uniquement de sévir contre une pauvre institutrice qui n'était pas coupable et qui, en tout cas, méritait beaucoup d'indulgence. En ce qui touchait les écoles de Rueil, ils avaient au contraire donné une preuve de faiblesse en n'en ordonnant pas la fermeture immédiate. Il ne suffisait pas, écrivait le président Lépicier, de gémir sur l'esprit de fanatisme qui dirigeait les écoles. L'expérience a montré que la persuasion était impuissante à opérer dans l'enseignement des changements nécessaires et à vaincre la résistance de parents ou d'instituteurs qui ne peuvent pas ou ne veulent pas se départir de leurs vieilles habitudes ou de leur ancienne routine. « Il devient indispensable que vous employiez contre les instituteurs qui ne se sont pas conformés au vœu du gouvernement les moyens coercitifs que l'arrêté du Directoire met entre vos mains et qui consistent dans la clôture des écoles... Je vous invite donc à ordonner une seconde visite et à prononcer vous-mêmes, ainsi que vous en avez le droit et, s'il y a lieu, la clôture dont il s'agit. »

La commission cantonale ne se pressant pas de faire une nouvelle inspection, l'Administration centrale finit par perdre patience. Le 22 ventôse an VII, le président écrivait aux administrateurs de Marly : « L'administration voit avec peine que, depuis le mois de prairial dernier,

(1) Archives départementales. — L III, Marly.

vous ne lui adressez aucun procès-verbal de visite des écoles et pensionnats de votre canton, ce qui donne à croire que votre visite n'a pas été faite. Cette négligence est d'autant plus inexcusable que les mauvais effets qui en résultent nécessairement pour l'instruction dans votre arrondissement peuvent se propager dans les cantons circonvoisins et rendre nuls les efforts des administrations de ces cantons pour assurer l'exécution de l'arrêté du Directoire, sans laquelle l'instruction publique demeurera toujours sous l'influence des préjugés et de l'ignorance. Au nom du bien public, veuillez donc vous conformer sans délai au vœu du gouvernement. »

En présence de cette mise en demeure, on ne pouvait plus ajourner. Des inspections eurent lieu. Le 10 germinal an VII, à l'occasion de la fête de la Jeunesse, La Perruque annonça qu'il allait soumettre à l'administration un second rapport sur la situation de l'instruction publique dans le canton. Cette nouvelle, dit-il non sans quelque ingénuité, fut accueillie « avec transport » par tous les assistants. Le rapport fut lu en effet à la séance du 15 floréal. On ne pouvait reprocher cette fois à la commission sa longanimité. S'inspirant des idées de l'administration centrale, elle proposait la fermeture de cinq écoles. En prairial an VI, les commissaires n'avaient dirigé aucune critique contre l'école primaire tenue par Hersant à Villepreux; dans leur nouveau rapport, ils en demandent la fermeture parce que Hersant n'a pas conduit ses élèves à une fête nationale, n'a pas assisté aux réunions décadaires et enfin n'a pas prêté, le 2 pluviôse, le serment de haine à la royauté et à l'anarchie. Le premier rapport avait été également favorable à Perrot, instituteur à La Celle; le second signale l'insuffisance de sa moralité et le peu de confiance qu'il inspire aux habitants de la commune; il conclut en conséquence à la fermeture de son école; la même conclusion est formulée en ce qui concerne l'école de Victor Lavigne, de Bougival, à raison des infirmités habituelles de cet instituteur. C'était surtout les deux écoles de Rueil, dirigées par d'anciennes religieuses, que Lépicier avait visées dans sa lettre du 9 fructidor an VI. Pour répondre au désir du président de l'administration centrale, on avait cherché contre elles d'autres griefs : la citoyenne Cornette n'avait point prêté serment, le 2 pluviôse; elle n'avait assisté ni aux réunions décadaires, ni à la fête de souveraineté nationale à Rueil, ni à celle du 19 germinal à Marly. Quant à la citoyenne Damour, elle avait pris soin d'être présente aux réunions décadaires et aux fêtes nationales; mais on lui reprochait de ne pas avoir assez d'exemplaires de la Constitution et de laisser à la disposition de ses élèves des livres de l'ancien régime; son école, ajoutait-on, était mal tenue, ce qu'on n'avait pas constaté lors de la première visite. On termine par le vrai grief, qui était commun à l'une et à l'autre : « Elles ne sont pas présumées capables de donner aux enfants une éducation républicaine, et à raison de ce, n'obtiennent pas un degré suffisant de confiance. » Le rapport proposait en conséquence la fermeture des deux écoles.

L'Administration municipale, qui avait adopté, séance tenante, les conclusions de la commission, devait penser qu'elle ne serait plus désormais exposée au reproche de manquer de vigilance. Cependant, trois semaines après, elle recevait une nouvelle lettre de Lépicier. Les citoyennes Duquenot et Ménage, institutrices privées à Bailly, avaient été dénoncées à l'Administration centrale. On prétendait qu'elles se servaient pour leur enseignement de livres « qui ne tendent qu'à perpétuer les préjugés et les superstitions », qu'après avoir préparé leurs élèves à la communion, elles les avaient conduites à l'église de Noisy où les enfants l'avaient reçue, que non seulement les deux directrices avaient assisté à la cérémonie, mais que même la citoyenne Ménage y avait fait la quête : « Vous savez, écrivait le président de l'Administration centrale, ce qu'une pareille conduite a de répréhensible et combien elle tend à perpétuer les anciens préjugés et les vieilles habitudes et à écarter les citoyens, qui en sont imbus, des écoles républicaines... C'est à votre surveillance que l'instruction est confiée, et vous deviendrez responsables envers la génération qui s'élève, si vous ne prenez toutes les mesures qui sont à votre disposition pour arrêter des abus qui peuvent devenir funestes à la République... » Nous ne voyons pas dans les registres municipaux quelle suite fut donnée à cette lettre; mais on peut être sûr que l'Administration de Marly prit toutes les mesures nécessaires pour préserver la République des périls que Lépicier signalait avec tant de solennité.

Lorsque Victoire Cornette eut connaissance de la délibération du 15 floréal, elle comprit que la décision concernant son école était irrévocable. Madeleine Damour, au contraire, qui avait prêté serment et assisté aux réunions décadaires ainsi qu'aux fêtes nationales, était loin d'avoir perdu tout espoir. Pendant que Bonaparte était encore en Égypte, Joséphine avait acheté, le 2 floréal an VII, le domaine de la Malmaison situé sur le territoire de Rueil, et s'y était installée. L'institutrice pensa que, si elle pouvait obtenir sa protection, le salut de son école était assuré. Joséphine se laissa toucher, promit son appui et remit une lettre de recommandation pour les administrateurs du département auxquels la délibération municipale avait été transmise (1). Madeleine Damour joignit à sa récla-

(1) Voyez sur cet incident l'article aussi complet qu'intéressant publié

mation cette lettre ainsi qu'un certificat signé par vingt habitants de Rueil. Le 15 prairial, le dossier fut retourné par le département à l'Administration de Marly. Qu'allait faire celle-ci en présence d'une recommandation de la femme du général illustre vers qui déjà tant de regards se tournaient?

Ne tiendrait-elle aucun compte du désir exprimé par la nouvelle habitante de Rueil, qu'on avait dû voir avec tant de satisfaction fixer sa résidence d'été dans le canton de Marly? Sans retard les administrateurs prirent une délibération pour maintenir leur première décision; en ce qui concerne la lettre de Joséphine, ils l'écartaient par un considérant très maladroitement formulé : « La médiation de la citoyenne épouse du général en chef Bonaparte ne peut être d'un poids suffisant en faveur des réclamants, attendu qu'étant arrivée récemment à Rueil, ne connaissant ni les pétitionnaires ni les motifs qui ont déterminé la clôture de leur école, sa démarche ne peut avoir d'autre motif que d'obliger et rendre service. » Joséphine, qui savait que les administrateurs de Marly avaient été appelés à délibérer une seconde fois, ignorait que leur nouvelle délibération était déjà prise et envoyée; elle leur adressa, le 5 messidor, la lettre suivante, non pas écrite, mais signée seulement de sa main : « J'invoque avec confiance, citoyens administrateurs, votre bienveillance en faveur des citoyennes Damour qui s'efforceront de la mériter, en donnant l'exemple et la leçon du civisme en même temps que de l'entière soumission aux lois de la République. Recevez les assurances de ma sincère considération. — Lapagerie Bonaparte. » Le 22 messidor an VII, l'Administration centrale rejetait la réclamation de la

en 1902 par M. Charles Bonnet (Revue de l'histoire de Versailles et de Seine-et-Oise) *Madame Bonaparte à la Malmaison*.

citoyenne Damour. La délibération était précédée d'un considérant très élogieux pour l'Administration municipale de Marly, qui venait « de donner une preuve de son attachement à la République et du désir qu'elle a d'en voir prospérer les institutions, en secondant de tout son pouvoir les vues salutaires du gouvernement, relativement à l'instruction publique et particulière de son canton ».

IV

A la fin de l'an VII, la tranquillité dont jouissait jusque-là le canton de Marly commença à être troublée. Des vols et même des actes de brigandage commis la nuit dans plusieurs communes furent signalés aux autorités. Le président, fort alarmé, réunit, le 2 messidor, les administrateurs municipaux : « On ne peut se dissimuler, leur dit-il, qu'il existe des individus ennemis du bon ordre qui dorment le jour et veillent la nuit, qui sont connus pour n'avoir ni propriété ni travail et trouvent des moyens d'existence dans le brigandage... Il devient urgent d'arrêter le mal dans son principe, et, pour y parvenir, il faut d'abord connaître et signaler les malveillants, ensuite prendre des mesures énergiques pour les réprimer. » Il demande que, sans perdre de temps, des mesures énergiques soient prises et appuie un réquisitoire du commissaire du Directoire tendant à ce qu'on organise le service de la garde nationale et qu'on fasse des patrouilles de nuit dans l'intérieur des communes et sur les routes. Les administrateurs, qui partagent l'inquiétude de leur président, s'empressent de donner leur assentiment à sa proposition. Il se font immédiatement présenter les états de population de chaque commune, afin d'y relever les noms des habitants dont les moyens d'existence sont douteux. Comme ils n'ont pas encore perdu le souvenir du temps des suspects, et qu'une réaction terroriste paraît alors menaçante, ils décident que, pour qu'on ne puisse pas établir plus tard « des listes de proscription », l'état des noms ne sera pas inséré au procès-verbal; la précaution est un peu illusoire, puisqu'en même temps ils prescrivent que cet état sera déposé aux archives et envoyé à l'administration centrale, aux juges de paix, aux officiers de gendarmerie. En outre ils arrêtent un règlement général de police contenant de nombreuses dispositions. Ce règlement soumet à une surveillance sévère les auberges, les cabarets qui devront être fermés à 9 heures, les marchands, les médecins, les chirurgiens ambulants, fixe à 8 heures en hiver et à 10 heures en été la cessation des danses publiques; il interdit la mendicité, les jeux de hasard en public; il contient diverses mesures relatives aux animaux errants, au balayage des rues qui sera fait une fois au moins par décade; il prohibe le port des armes à feu sur les grandes routes et enjoint aux gardes champêtres de ne pas se munir de fusils, mais d'avoir seulement une hallebarde ou un sabre; enfin il ordonne que la maison d'arrêt sera transférée de Rueil à Marly.

Nous avons vu avec quelle rigueur l'administration municipale avait sévi contre les instituteurs et les institutrices qui n'assistaient pas avec une régularité suffisante aux réunions décadaires et aux fêtes civiques. Peu de temps après, plusieurs des administrateurs qui s'étaient montrés si peu indulgents se trouvèrent eux-mêmes dans la nécessité de se justifier. Au commencement de fructidor, un arrêté de l'Administration centrale invita les agents et adjoints de 7 communes du canton (Villepreux, Noisy, Rennemoulin, Port-Marly, La Celle, Bougival, Rueil) à se rendre à Versailles. Leur inquiétude était grande, car on n'avait fait connaître à personne le motif de cette convocation. Le 15 fructidor, lorsque la séance publique de l'Administration centrale est levée, le président, s'adressant aux agents et adjoints, qui se sont présentés, leur demande de déclarer s'ils assistent régulièrement aux fêtes nationales et de faire connaître notamment les raisons de leur absence à celle du 10 Thermidor. L'adjoint de Villepreux répond le premier; il dit que des affaires particulières l'ont empêché d'assister à cette dernière fête, mais qu'il se rend fréquemment aux fêtes décadaires; puis, prenant l'offensive contre celui qui est évidemment le dénonciateur, il ajoute « qu'il s'y rendrait encore plus exactement, s'il pouvait vaincre la répugnance que lui inspire le commissaire du Directoire exécutif, dont la conduite scandaleuse afflige tous les membres de l'Administration ». On voit que, malgré les élections successives qui avaient modifié la composition de l'Administration municipale du canton de Marly, Crosnier ne jouissait pas auprès d'elle de plus de considération qu'à l'époque de sa nomination. Il ne semble pas avoir été non plus vu avec beaucoup de faveur par les administrateurs départementaux, car, après avoir entendu la violente injure proférée contre le commissaire du Directoire, le président se contente de faire observer que, si les administrateurs de Marly avaient à se plaindre, c'était à l'Administration centrale qu'ils devaient s'adresser. Chacun des fonctionnaires incriminés invoqua une excuse. L'agent de Rueil, qui fut interrogé le dernier, allégua comme les autres qu'une affaire particulière l'avait empêché de se rendre à la fête du 10 thermidor. Le juge de paix attesta que les fêtes nationales étaient célébrées à Rueil avec beaucoup de pompe. Le président répondit que, d'après d'autres renseignements reçus, on dansait à Rueil, les jours fériés de l'ancien calendrier. « Il y a environ un an, réplique l'agent de Rueil indigné, on avait commencé à danser, un dimanche; mais à peine l'ai-je appris que je suis accouru avec deux fusiliers, j'ai saisi les instruments de musique, dressé procès-verbal et fait condamner les musiciens à une amende. Grâce à cet acte d'énergie, on n'a plus dansé dans la commune que les décadis et les jours de fêtes républicaines. » L'affaire ne fut pas prise au tragique. Le président déclara que l'Administration centrale était satisfaite des explications données et invita agents et adjoints à assister exactement aux fêtes décadaires, « afin d'entraîner par leur exemple ceux de leurs concitoyens qui ont besoin d'être stimulés ».

Les habitants du canton de Marly avaient en effet grand besoin d'être stimulés ; ils ne voyaient guère dans les prescriptions décadaires que des mesures qui les empêchaient de travailler et de se divertir à leur guise. Bien qu'ils ne suivissent pas avec beaucoup d'attention les événements politiques, ils devaient d'ailleurs avoir moins de confiance dans le gouvernement représenté au milieu d'eux par un personnage peu estimé. Ils n'étaient pas sans savoir aussi que nos armées avaient subi presque partout des échecs et que le Directoire, en proie à une dernière crise, faisait voter des lois qui semblaient annoncer le retour prochain d'un régime de Terreur. S'ils avaient ignoré cet état de choses leur inquiétude eût été éveillée par la proclamation qui fut adressée par le Directoire au peuple français pour exciter son patriotisme et qui fut publiée, les troisième et sixième jours complémentaires, dans chaque commune par les administrateurs accompagnés des juges de paix et d'un détachement de gardes nationaux. En dépit des circonstances, La Perruque gardait tout son optimisme ; cette publication lui parut avoir produit une excellente impression : « Partout, note-t-il dans son registre décadaire, l'intérêt qu'elle a inspiré donne lieu d'espérer qu'il en résultera les heureux effets que l'administration s'en est promis, savoir la régénération de l'esprit public, la vue et la crainte des dangers de la patrie, la réunion de tous les amis de la Constitution, le désespoir de ses ennemis, un redoublement de courage pour faire les derniers efforts pour supporter les nouveaux sacrifices que la patrie exige. »

Optimiste, il l'est encore le lendemain 1er vendémiaire, jour anniversaire de la fondation de la République, lorsqu'il voit, à son réveil, le ciel limpide. Il s'empresse d'écrire : « Le soleil éclaire la huitième année républicaine. Puisse-t-il dissiper les nuages qui grondent depuis dix ans et ramener la sérénité sur l'horizon politique, comme il fait naître dans l'âme de tout ami de la République la satisfaction d'avoir terrassé le despotisme et l'orgueil d'avoir brisé les fers de l'esclavage. » N'est-ce pas là un heureux présage! Comment craindre pour l'avenir de la République quand la nature apparaît si riante, le matin d'une pareille fête! « L'aurore, continue-t-il, annonce une belle journée; deux coups de canon se font entendre; le tambour appelle tous les citoyens. » Il se complaît à donner dans son compte rendu tous les détails de la fête nationale. Il dépeint le cortège se mettant en marche au bruit de l'artillerie, un bataillon de la garde nationale prenant la tête avec les artilleurs en première ligne, le drapeau flottant ainsi que les bannières couvertes d'inscriptions patriotiques. L'affluence est grande : administrateurs, notaires, huissiers, greffiers, employés de la machine, gardes forestiers, portiers de la forêt précèdent le second bataillon. Le canon et la musique se font entendre lorsqu'on franchit le seuil du temple décadaire et qu'on se range ensuite autour de l'autel de la patrie « érigé ce jour en autel de la concorde ». Un ban commande le silence. La Perruque donne lecture de la

lettre du ministre de l'Intérieur entendue, comme toujours
« avec attention, avec intérêt ». Puis le président Lavoisier
prend la parole. Un peu moins rassuré que La Perruque,
il ne dissimule pas les dangers intérieurs et extérieurs :
« Le peuple français doit se rappeler avec enthousiasme
l'époque mémorable du 20 septembre 1792 où la République
française fut proclamée. A ce moment la victoire vint se
fixer sous ses drapeaux. Efforts, sacrifices, malheurs, courage, triomphes, tels ont été les éléments de la Révolution.
Nos ennemis nous ont empêchés et nous empêchent encore
de jouir des bienfaits de la Constitution de l'an III. Réunissons-nous contre eux, abjurons de funestes divisions, ne
songeons qu'à la patrie en péril; elle est notre mère
commune. » Le serment de fidélité à la République et à la
Constitution est prêté par le président ainsi que par les
fonctionnaires et employés. Ensuite Potdevin « promet
solennellement au nom de la patrie, de veiller à la conservation des lumières, aux progrès de la morale et de la philosophie et de n'inspirer à ses élèves que des principes
républicains ». Alors se produit un incident, que le président porte à la connaissance de l'assemblée. Deux institutrices, les citoyennes Marquet et Barreau, dont nous
avons déjà rencontré les noms, invitées à prêter le serment,
s'y refusent. Cependant la cérémonie continue; c'est un
élève de l'institution Potdevin qui, au nom de tous ceux
du canton, prête ce serment héroïque : « Nous jurons, au
nom de la patrie, de consacrer les principes de morale et de
philosophie qui nous seront donnés au maintien de la
liberté et de l'égalité, et, quand nos bras seront fortifiés
par l'âge, de les tenir prêts à combattre les ennemis de la
République et de la Constitution de l'an III. » Comme à
l'ordinaire, après avoir fait le tour de la commune, on
revient à la maison municipale, les fonctionnaires assistent

à un repas civique, et la population se livre à des divertissements. Quelque attristé que dut être La Perruque par l'attitude imprévue de deux institutrices, comment eût-il pu supposer que le mois suivant verrait disparaître cette Constitution de l'an III à laquelle, par un beau soleil, tant de serments de fidélité avaient été prêtés et que les enfants eux-mêmes avaient juré de défendre !

Les habitants du canton de Marly ne doutaient pas que l'une des premières conséquences du régime issu du coup d'État de brumaire serait la suppression des prescriptions décadaires. Les populations rurales n'attendirent point pour s'en affranchir presque complètement. A la séance du 25 nivôse an VIII, un membre de l'Administration le constatait en le déplorant : « La célébration des décadis, dit-il, ne tient plus qu'à un fil. » Il attribuait cette insubordination au mauvais exemple donné par quelques cantons voisins et se demandait s'il ne fallait pas désespérer de parvenir à faire observer la loi. On eut recours au moyen déjà employé dans des circonstances difficiles : on décida de publier une proclamation que le secrétaire avait pris le soin de préparer.

La Perruque y faisait l'éloge de la nouvelle Constitution qui devait « établir et affermir un meilleur ordre de choses ». Il approuvait l'atténuation apportée par le gouvernement à l'application des lois décadaires : « Le gouvernement a fait un acte de justice en rendant la liberté à plusieurs prêtres que l'arbitraire avait déportés sous une Constitution trop faible pour garantir la liberté et la sûreté individuelle. Le gouvernement a fait un acte de sagesse en annulant les arrêtés de quelques autorités administratives qu'un amour mal entendu pour les institutions républicaines avait portées à fermer les temples dans les jours consacrés au culte et les faire ouvrir seulement pour la célébration des décadis. »

Ne sont-ce pas là précisément les principes dont les administrateurs du canton de Marly n'ont jamais dévié ! « Ils vous ont laissé la liberté entière ; la loi vous la laissait. Mais ils vous ont dit : si vous devez à votre religion les jours qu'elle vous prescrit de célébrer, vous devez aussi à la République les jours dont elle vous ordonne la célébration. L'exercice de votre culte pour honorer la Divinité doit être privé et dans l'intérieur de votre temple comme de vos consciences ; la célébration des décadis et des fêtes nationales pour vous animer à la pratique des vertus sociales républicaines doit être publique ; elle se manifeste au dehors par la cessation des travaux, par les réunions civiques, les chants, les jeux, les courses, les danses, en un mot tous les divertissements moraux et honnêtes. Le catholique, le calviniste, le disciple de Moïse ou de Mahomet n'ont ni les mêmes jours ni les mêmes rites ; le citoyen a les mêmes jours et les mêmes cérémonies. Aux yeux de votre religion soyez tout ce que votre conscience et votre croyance vous dictent ; mais aux yeux de la patrie soyez citoyens, la patrie ne connaît que des citoyens. »

Jamais La Perruque n'avait affirmé dans de tels termes le respect de l'administration pour la liberté des cultes ; dans sa crainte de voir tomber le régime décadaire déjà si chancelant, il jugeait nécessaire d'accentuer les idées de tolérance. Ce qui rassurait un peu le rédacteur du Code décadaire c'était la circulaire de Laplace du 30 brumaire rappelant que les lois décadaires avaient conservé toute leur vigueur et que ceux qui les enfreignaient encouraient les peines édictées. Toujours optimiste, il terminait par cette péroraison : « Pourquoi vous présenter des peines quand vous êtes au terme prochain de vos peines, quand la paix est sur le point de couronner les efforts du nouveau gouvernement. Il suffit de vous présenter la nécessité de finir toute lutte, toute opposition, le besoin d'une seule et même pensée, la réunion des mêmes vœux et des mêmes forces, en un mot la raison et la philosophie. »

Les administrateurs espéraient beaucoup de cette proclamation « fondée sur les principes républicains constitutifs du gouvernement français ». Ils prescrivirent de la publier et de l'afficher dans toutes les communes et d'en faire remettre des exemplaires aux principaux cultivateurs pour qu'ils en donnent lecture à leurs ouvriers et journaliers. Ils invitaient en outre les agents municipaux à veiller fermement à l'observation de la loi du 17 thermidor an VI, en dressant des procès-verbaux contre ceux qui travailleraient les jours de décadi.

Pendant la nuit même qui suivit la séance du 25 nivôse où la publication de cette proclamation avait été votée, l'arbre de la Liberté de Louveciennes était coupé par « des malveillants ». L'Administration municipale apprit avec tristesse cette nouvelle qui était un démenti donné aux vœux d'union qu'exprimait La Perruque. Elle résolut aussitôt d'aller inaugurer, le 5 pluviôse, l'arbre de la Liberté qui serait replanté dans cette commune. Mais, avant cette date, un autre fait s'était produit. Des particuliers avaient, le 2 pluviôse, en proférant des propos injurieux contre l'agent de la commune et toute l'Administration, planté un autre arbre, qui fut aussitôt arraché par ordre de l'autorité. Le 5 pluviôse, suivant sa décision primitive, l'Administration municipale se transporta à Louveciennes et procéda officiellement à la plantation d'un nouvel arbre de la Liberté. L'agent municipal prononça à cette occasion un grand discours finissant par un éloge de la Constitution de l'an VIII : « Une nouvelle Constitution plus robuste, plus vigoureuse vous prépare la paix, vous ramène tout ce que vous pouvez désirer, et voilà que quelques misérables méditent de vous arracher cette tranquillité dont vous jouissez. S'ils paraissaient à vos yeux, quels reproches ne leur feriez-vous pas? Mais rassurez-vous, si le crime aiguise ses poignards dans l'ombre, l'œil investigateur de la justice suit ses traces... Rattachons-nous à la Constitution, obéissons aux lois; que l'amour de la patrie anime nos courages; que la justice règle nos sentiments; que la sagesse dirige nos actions; que ce soit là les principes de tous les Français, et bientôt nous verrons triompher et prospérer la République : Vive la République ! Vive la Constitution de l'an VIII! — Périssent les traîtres! »

Moins de trois mois après cette solennité, l'Administration municipale du canton de Marly avait cessé d'exister; elle avait siégé pour la dernière fois le 14 germinal an VIII.

UN
POLITICIEN DE VILLAGE

I

Au nombre des biens dépendant de l'ancienne abbaye de Clairefontaine figurait la ferme de l'Étang de Guillemet. Située dans le département de Seine-et-Oise, sur le territoire de la commune d'Orcemont, cette ferme, qui était devenue propriété nationale par application du décret du 2 novembre 1789, comprenait un logement, des bâtiments d'exploitation, un jardin et des terres, le tout d'une contenance d'environ cinquante arpents. Les religieux l'avaient louée à Pierre Gobillon qui, depuis 1790, en conservait la jouissance par tacite reconduction. Le 16 mars 1791, Delaine D'Envers, bourgeois de Paris, demeurant rue de Grenelle n° 209, demanda qu'elle fût mise en vente et offrit le prix de 7 348 livres. Les administrateurs du district de Dourdan procédèrent à une première adjudication; aucun enchérisseur ne se présenta. Le 14 avril 1791, Delaine D'Envers était, après deux enchères, déclaré adjudicataire moyennant la somme de 8 000 livres.

Comme il n'était connu de personne ni à Orcemont ni dans la région, les commentaires ne se firent pas attendre. Quel pouvait bien être ce bourgeois parisien qui avait eu la fantaisie de devenir cultivateur dans un petit village? C'est un noble, insinuaient certains habitants; son nom suffit à le prouver. L'allégation était grave à une époque où tout ce qui semblait entaché d'aristocratie donnait si facilement naissance à la suspicion. Vous vous méprenez, répondaient d'autres plus enclins à la bienveillance ; il s'appelle Delaine ; D'envers est un simple surnom ; il n'a d'ailleurs pas dissimulé son nom de famille, qui est inscrit ainsi que ce surnom dans les actes signés par lui à l'occasion de l'adjudication. En tout cas, ce prétendu noble n'avait, de l'aveu de tous, « pas reçu d'éducation » ; mais il passait pour avoir beaucoup voyagé.

La vérité est que Delaine D'Envers garda toujours une extrême réserve en ce qui concernait la première partie de son existence. Dans un état qu'il remit, en octobre 1793, lorsqu'il fut nommé membre de l'administration départementale de Seine-et-Oise (1), il se borna à mentionner que, né à Besançon en mil sept cent cinquante (2), il était marié depuis dix-huit ans et avait eu quatorze enfants, dont quatre seulement avaient survécu. Il ajouta toutefois avec un certain orgueil démocratique qu'il était fils d'un maréchal ferrant « qui exerçait le même état de père en fils depuis plus de cent cinquante ans ».

Où avait-il vécu ? Qu'avait-il fait jusqu'au jour où il se fixa dans le département de Seine-et-Oise ? Ni amis ni

---

(1) Archives départementales de Seine-et-Oise. L 1 m.

(2) Voici le texte de son acte de baptême : « Jean-François, fils de Robert Delaine et de Barbe Bergère son épouse, est venu au monde et a esté baptisé le dix-huit octobre mil sept cent cinquante. Les parrain et marraine sont François-Mathieu Bergère et Jeanne-Huguette Robert, femme de Claude Joseph Lebeau, lad. marraine illettrée. — François-Mathieu Bergère. R. Dellaine. Joly, prêtre. (Extrait des registres de la paroisse Saint-Jean-Baptiste de Besançon).

Il est difficile de connaître la véritable orthographe de son nom, puisque celle de la signature du père n'est pas la même que celle du corps de l'acte. Quant à lui, il signait soit Delaine d'Envers, soit plus souvent encore d'Envers ou D'Envers ; c'est sous ce dernier nom que je le désignerai.

ennemis ne parvinrent à élucider ces questions. La seule indication que j'aie pu découvrir se trouve dans cette note donnée, en l'an V, sur D'Envers par le commissaire du Directoire près l'Administration centrale : « J'ai ouï dire qu'avant la Révolution il était cuisinier ; le fait paraît constant. » L'acquéreur de la ferme de l'Étang de Guillemet craignait-il que la révélation de sa profession antérieure nuisît à son ascendant sur la population rurale au milieu de laquelle il était venu demeurer? Avait-il eu dans le passé quelque fâcheuse aventure qu'il tenait à dissimuler? Il parlait de ses voyages, mais sans entrer dans aucun détail. On sait seulement qu'il habitait la Belgique à l'époque de la Révolution (1). Est-ce là qu'il avait eu, peut-être pour se donner, avant 1789, une sorte d'apparence nobiliaire, l'idée d'ajouter à son nom patronymique cet autre nom au sujet duquel il refusa de donner la moindre explication même dans des circonstances critiques ? Toutes les suppositions sont permises.

Quoi qu'il en soit, il s'installa sans retard dans sa ferme,

(1) Cela résulte d'une lettre qu'il adressait, le 8 brumaire an III, à Bizard, agent national du district de Versailles. Celui-ci lui ayant demandé des renseignements sur Paul Panckoucke, son substitut, D'Envers répondit : « Je n'ai jamais été lié avec Paul *Pankou*. Je l'ai connu à Bruxelles en 89, avant le 14 Juillet et jusqu'au mois d'octobre suivant que j'ai quitté le pays pour me disposer à repasser en France. Ses opinions politiques à cette époque m'ont paru celles d'un patriote, qui voulait et aimait la liberté ; nous étions quelques Français dans le pays, enthousiastes de la Révolution qui se passait en France, et qui, voulant en propager les principes, faisions réimprimer les journaux qui nous parvenaient. Paul Pankou était du nombre. Le gouvernement nous a fait défendre d'exécuter une fête civique que nous voulions donner en mémoire de l'événement du 14 juillet. Il était un des principaux orateurs de cette fête. » (Archives départementales L II). Il ne semble pas d'ailleurs avoir tenu beaucoup à renouer des relations avec Panckoucke, car il ajoutait : « Depuis le premier jour d'octobre que j'ai quitté Bruxelles, je n'ai point entendu parler de lui, et ce n'est qu'au mois d'octobre 1793 que j'ai reconnu Paul Pankou, qui présidait la 3me section de Versailles. Depuis ce temps, nous ne nous sommes vus que lorsque le hasard nous faisait rencontrer. »

qu'il fit valoir lui-même. Il y vécut, ainsi que sa famille, « avec la plus grande frugalité, avec une austérité spartiate », disaient ses partisans. Bien qu'il affectât de ne vouloir d'aucunes fonctions publiques à raison de la nécessité où il était de se consacrer à la culture de ses terres, qui constituaient toute sa fortune, à peine fut-il inscrit sur les registres de la garde nationale, qu'il accepta successivement les grades de lieutenant et de capitaine en 1791, puis celui de commandant en second en 1792.

Au mois d'août 1792, les assemblées primaires furent convoquées pour choisir les électeurs qui nommeraient les députés à la Convention nationale. Les modérés étaient nombreux dans le canton de Rambouillet; leurs ennemis s'unirent étroitement et se livrèrent à une ardente propagande. D'Envers fit campagne avec eux. Il était devenu populaire; n'ayant jamais fréquenté « ni des ci-devant ni aucun homme flétri par l'opinion publique, il était de ceux dont on disait : Oh! celui-là est un bon patriote ». Son passé mystérieux lui donnait même une sorte de prestige; on vantait l'expérience qu'il avait acquise dans ses nombreux voyages, son jugement sûr, « qui lui avait fait prédire bien des choses qui étaient arrivées depuis » (1). D'autres au contraire voyaient en lui un intrigant, qui s'était associé à des gens de son espèce pour fonder un club à Rambouillet, dominer les assemblées primaires, se livrer à des délations, et amener ainsi la discorde qui ne pouvait que servir leur ambition (2).

Le succès couronna ses efforts. D'Envers fut un des neuf électeurs « patriotes » que le canton de Rambouillet envoya

(1) *Rapport fait à la Société des Amis de la Liberté et de l'Égalité et à la Société de la Vertu Sociale des Sans-Culottes.* (Archives départementales).
(2) Déclaration de l'Agent national de Rambouillet, du 19 prairial an III. (Archives départementales).

à l'assemblée qui se réunit, le 2 septembre 1792, à l'église des ci-devant Récollets de Saint-Germain-en-Laye.

II

A la veille des élections qui allaient décider du sort de la France, l'anarchie était complète. Le territoire venait d'être envahi; le roi était prisonnier au Temple; la commune insurrectionnelle de Paris imposait ses volontés au Conseil exécutif et à l'Assemblée Législative; en province, un grand nombre d'administrations locales étaient réduites à l'impuissance. Tous les regards se tournaient vers les assemblées électorales dont le pays attendait les votes avec une impatience fébrile. Bien qu'elles n'eussent d'autre mission que celle de nommer les membres de la Convention nationale et les hauts-jurés, elles semblaient momentanément investies de pouvoirs illimités.

Les procès-verbaux de l'assemblée de Seine-et-Oise, qui furent alors imprimés, nous ont transmis les détails des séances mouvementées que les électeurs tinrent à Saint-Germain-en-Laye du 2 au 18 septembre 1792 (1). Ce serait par trop sortir du sujet de cette étude que d'en donner une analyse complète; je me bornerai à dégager les principaux traits qui permettent de reconstituer la physionomie de l'assemblée électorale dans laquelle D'Envers fit ses débuts politiques.

Dès les premiers jours, on put voir quelles étaient les tendances de la majorité à laquelle il appartenait. On avait déposé sur le bureau trois paquets envoyés par le pouvoir

(1) *Procès-verbal de l'assemblée électorale du département de Seine-et-Oise tenue à Saint-Germain-en-Laye le 2 septembre, l'an 4me de la Liberté et le premier de l'Égalité* (1792 v. s.) *et jours suivants*. — Versailles, imprimerie de Le Bas, place de la Loi, n° 6. — Voy. également l'intéressante étude publiée par M. Georges Moussoir sous ce titre : *Une élection en 1792*.

exécutif, qui contenaient les copies de pièces trouvées aux Tuileries dans le cabinet de Louis XVI. Il fallut constater ce dépôt; dans quels termes convenait-il de désigner le roi? A la séance du matin, ne parvenant pas à résoudre la difficulté, on laissa un blanc dans le procès-verbal. L'après-midi, il fut décidé de remplir ce blanc en mettant : *Louis le Traître*.

Le lendemain, se posa une question dont la solution était de nature à exercer la plus grande influence sur la liberté des délibérations de l'assemblée. Voterait-on à voix haute ou par scrutin? La majorité paraissant douteuse, on eut recours à l'appel nominal. Le vote à voix haute fut adopté par 290 voix contre 228. La société des amis de la Liberté et de l'Égalité de Saint-Germain s'empressa de féliciter les électeurs; mais cette mesure lui semblait insuffisante; elle en réclama une autre qui devait la compléter : « Nous profitons de cette circonstance, écrivit-elle, pour vous demander de faire établir des tribunes dans votre assemblée, car on trouve et l'on est fondé à trouver extraordinaire que le souverain soit isolé de ses représentants. Environnez-vous de la Majesté du peuple. Ceux-là qu'il a choisis pour défendre ses intérêts ne peuvent pas craindre ses regards ! » C'était parler en maîtres dont on ne discute pas les ordres. Il fut immédiatement arrêté que, dès la nuit suivante, on construirait une tribune « sûre et commode » d'où le Souverain pourrait à son aise surveiller ses mandataires. La salle présentait un peu l'aspect d'un théâtre; le spectacle était d'ailleurs d'un intérêt aussi puissant que varié.

A peine la première séance est-elle ouverte que l'assemblée reçoit une lettre de Bassal, député de Seine-et-Oise, annonçant le siège de Verdun. Aussitôt on décide que l'adresse suivante sera envoyée à toutes les communes du département : « Citoyens, partez ; l'ennemi assiège Verdun, le danger est imminent. Dans quinze jours vous serez libres ou esclaves. Nous sommes ici au poste où vous nous avez placés ; nous mourrons plutôt que de l'abandonner. Nous allons nous hâter, en bannissant toute discussion, de remplir notre auguste mission. Nous vous suivrons ensuite au camp, et nous irons vaincre ou périr avec vous. » Le lendemain, un autre député de Seine-et-Oise, Haussmann, écrivait : « Verdun est assiégé ; les braves volontaires, qui se sont retirés dans la citadelle, sont décidés à mourir plutôt que de se rendre... Paris se lève ; le tocsin et le canon d'alarme annoncent aux citoyens qu'il faut marcher. Vos concitoyens suivront l'exemple des braves parisiens. Que tous ceux qui sont en état de combattre se portent vers l'ennemi, et la patrie sera sauvée...»

La nouvelle du siège de Verdun s'était vite répandue ; des manifestations patriotiques se produisaient de toutes parts. Ls 4 septembre, les volontaires nationaux de Saint-Germain demandent à être introduits dans la salle des séances. L'un d'eux montant à la tribune voue à la haine le pouvoir exécutif, qui « veillait pour faire tuer le père par le fils, le frère par la sœur, les citoyens les uns par les autres ». Il déclare que « les lois sur un peuple libre, où les citoyens sont égaux, doivent être d'un despotisme de fer ». L'assemblée vote l'impression aux cris de Vive la Nation, la Liberté, l'Egalité ! Le 5 septembre, les volontaires de Meulan, après avoir renouvelé leur serment, demandent la liberté d'un citoyen incarcéré pour participation à une insurrection relative à la police des grains, qui déclare vouloir aller aux frontières. Des commissaires vont le chercher à sa prison et l'amènent dans la salle où une quête est faite en sa faveur. Le 6 septembre, ce sont les volontaires de l'Isle-Adam qui se présentent, puis ceux de Cormeilleen-Parisis ; on échange des discours patriotiques ; l'assemblée est transportée d'enthousiasme ; le président embrasse le maire de Cormeille. Il n'est pas de jour où volontaires et gardes nationaux du département ne viennent défiler, prononcer des harangues enflammées (1) et jurer de défendre la patrie jusqu'à la mort.

Les officiers du 6me régiment de cavalerie tiennent également à protester de leurs sentiments : « Hommes libres, s'écrie celui qui parle en leur nom, c'est ici le plus beau moment de ma vie ; je vais mourir pour la liberté ou revenir couvert de lauriers. Je renouvelle le serment de maintenir la liberté et l'égalité ou de mourir pour les défendre. Si nous sommes malheureux nous nous replierons sur Saint-Germain, et nous mourrons tous ensemble ; si je manque à mon serment, brûlez-moi la cervelle. Je monte à cheval. Adieu. »

Les femmes ne restent pas en dehors du mouvement. Le 8 septembre, de jeunes citoyennes accompagnent un groupe de volontaires. Sophie Chauvet, âgée de dix-neuf ans, prend la parole pour demander qu'une députation d'électeurs assiste à la messe qui sera suivie de la bénédiction au Champ de Mars d'un étendard et d'une oriflamme offerts

---

(1) M. Albert Sorel (*L'Europe et la Révolution française*, livre IV, chapitre III), compare l'élan des âmes en 1792 à celui qui entraînait les peuples lors de la seconde croisade. Tel est bien le sentiment qu'exprime, le 13 septembre, dans une forme humoristique, un volontaire de Triel : « Nouveaux apôtres de la liberté et de l'égalité, leur doctrine et leur costume sont analogues à l'esprit de notre croisade. Ils s'avancent au-devant des nations, tenant à la main le catéchisme des droits de l'homme ; leur chapelet est formé d'une enfilade de billes de plomb ; leur sabre leur tiendra lieu de discipline ; une giberne sera leur reliquaire, et, pour convertir les plus endurcis, leur éloquence intelligible dans toutes les langues sera celle de la mousqueterie. » Interrogé sur son nom, il répond : « Je suis l'homme de bronze ; quant à mon nom, j'en change comme d'habits ; mais si l'on veut me désigner sous celui que je porte, je m'appelle : la garde nationale de Triel. »

par les citoyens de Saint-Germain aux vétérans du 6me régiment de cavalerie et aux canonniers. On décide que dix-huit commissaires représenteront l'assemblée et que le président « portera le baiser de la fraternité aux citoyennes présentes dont la modestie embellit les attraits ».

Certes il y a beaucoup de déclamation dans ces discours, un peu de mise en scène dans ces défilés; le patriotisme qu'affirment les orateurs n'est pas pur de tout alliage. Cependant on ne saurait contester la grandeur du spectacle. Plus d'un de ces volontaires donnera bientôt l'exemple de l'indiscipline (1); mais le serment qu'ils prêtent avec tant d'exaltation, presque tous ne l'ont pas seulement sur les lèvres. En lisant ces procès-verbaux si vivants, on se rappelle cette phrase de Michelet : « Toute la terre de France devint lumineuse et ce fut sur chaque point comme un jet brûlant d'héroïsme qui perça et jaillit au ciel (2). »

Malheureusement l'héroïsme n'était pas seul à jaillir. Le jour même où les électeurs tenaient à Saint-Germain leur première séance, commençaient à Paris les horribles massacres des prisons. Les bruits les plus divers circulaient. Le 4 septembre, l'assemblée résolut de requérir l'envoi de deux cavaliers qui iraient, l'un le matin, l'autre dans l'après-

---

(1) « Quand, le 22 septembre, Goujon se présenta chez le ministre de la Guerre pour annoncer le départ du 10me bataillon, Servan le reçut très mal. Il traita de brigands des volontaires de Seine-et-Oise qui avaient refusé de suivre les routes qu'on leur donnait vers la frontière et pillé partout sur leur passage, notamment à Provins. Pour les rappeler au devoir, le département leur envoya des adresses longues et patriotiques qui n'eurent pas grand effet. » — (*Le Conventionnel Goujon*, par Thénard et Guyot, p. 55). Dans un rapport présenté le 23 septembre au Conseil général du département, Cadet de Vaux relatait en ces termes un entretien qu'il avait eu avec le ministre de la Guerre : « Le ministre s'est exhalé en plaintes amères sur l'insubordination, l'indiscipline des bataillons récemment partis. Ils semblent avoir parcouru les provinces comme des ouragans portant avec eux la dévastation et la désolation. »

(2) *Histoire de la Révolution française*, livre VII, chap. III.

midi, « savoir des nouvelles des événements de la guerre et des mouvements intérieurs qui pourraient avoir lieu dans la capitale ». Le premier cavalier ne devait pas encore être de retour, lorsque, le 5 septembre, Millier et Adrien Gobaux, du Conseil général de la commune de Paris, furent introduits dans la salle. L'un d'eux exposa comment le peuple s'était trouvé dans la nécessité de « déplacer » le corps municipal dont la majorité était suspecte. Après avoir fait l'apologie de la victoire du 10 août et des événements qui l'avaient suivie, il dit que « pendant les jours derniers les citoyens de Paris avaient développé dans toute son énergie le plus courageux patriotisme », et conjura les auditeurs de se mettre en garde contre ceux qui « sous le masque du patriotisme cachaient des vues destructives de l'ordre social ». Le compte rendu constate que ce discours fut vivement applaudi. Les électeurs ne connaissaient pas à ce moment toute la vérité qu'on cherchait d'ailleurs à leur dissimuler par des phrases ambiguës; il ne faut donc pas considérer leurs applaudissements comme l'approbation d'un des crimes les plus atroces qui aient souillé la Révolution.

A cette même séance du 5 septembre, l'assemblée avait constitué son bureau et choisi pour président Alquier, président du tribunal criminel de Versailles, qui joignait à beaucoup de modération une sagacité dont il devait donner dans la suite plus d'une preuve comme diplomate. Il était nommé depuis trois jours seulement lorsqu'il annonça que, venant d'apprendre que les prisonniers d'Orléans allaient être amenés à Versailles, il se rendait à Paris pour se concerter avec le comité de législation au sujet des mesures à prendre. Tissot raconte que dès son arrivée Alquier alla trouver Danton pour lui signaler le péril et le supplier d'intervenir : « Ces gens-là sont bien coupables », dit le ministre en parlant des prisonniers. « Soit, répondit Alquier, mais la loi seule doit en faire justice. » Danton mit fin à l'entretien par ces mots : « Ne voyez-vous pas que je vous aurais répondu d'une autre manière, si je le pouvais ! Retournez à vos fonctions et ne vous mêlez pas de cette affaire. » Tissot ajoute : « Je reçus M. Alquier au moment de son retour à Versailles, et je suis le premier auquel il ait fait cette confidence dont il était tout terrassé (1). »

Le lendemain, il y eut à Versailles un massacre non moins abominable que celui qui avait, quelques jours auparavant, ensanglanté les prisons de Paris. Le procès-verbal de la séance tenue le 9 septembre dans l'après-midi se borne à mentionner que « il a été par un des électeurs fait récit de l'événement désastreux qui vient d'arriver à Versailles ».

L'assemblée était encore sous le coup de cette nouvelle, lorsque, le 10 septembre, se présenta une délégation des Conseils généraux du district et de la commune de Saint-Germain ; elle venait l'informer de l'agitation qui régnait dans la ville et de la crainte que les autorités avaient de voir la foule forcer les portes de la maison d'arrêt. Les électeurs comprirent qu'il fallait à tout prix maintenir l'ordre dans la ville où ils siégeaient. Ils se déclarèrent aussitôt en permanence et nommèrent des commissaires qui agiraient de concert avec les corps administratifs et engageraient la population « à éviter tout procédé tendant à faire périr des citoyens même coupables autrement que sous le glaive de la loi ». L'inquiétude était grande ;

(1) Dans ses *Études et Leçons sur la Révolution française*, M. Aulard (*Danton et les massacres de septembre*) cite à ce sujet un passage de l'*Histoire de la Terreur* de Mortimer-Ternaux et ajoute : « Le propos est douteux. » On voit que le témoignage de Tissot est formel, et que c'est d'Alquier lui-même qu'il tenait le récit de l'entretien.

on apprenait que des prisonniers avaient encore été égorgés à Versailles dans cette même journée; on redoutait les suites de la « pétulance » des volontaires qui se trouvaient à Saint-Germain. Les électeurs ordonnent l'élargissement immédiat de quatre détenus dont la peine doit expirer le lendemain; ceux-ci viennent remercier l'assemblée, qui les admet aux honneurs de la séance. Enfin des nouvelles plus rassurantes sont apportées; le calme paraît renaître à Saint-Germain; un citoyen arrivant de Versailles assure que l'ordre y est rétabli. La séance est levée à deux heures du matin.

L'appréhension qu'on avait eue pour la ville de Saint-Germain fut vite dissipée; elle ne s'explique que trop par la surexcitation des esprits pendant ces premiers jours de septembre. L'assemblée avait été assaillie de dénonciations de toute nature. Des habitants avaient d'abord réclamé la suppression de la municipalité accusée d'être hostile aux patriotes; la pétition n'étant revêtue que de six signatures, on passa à l'ordre du jour. Les ennemis de la municipalité signalèrent alors son inertie et réclamèrent l'arrestation des personnes et des voitures suspectes. Les électeurs prescrivirent l'envoi de courriers sur tous les chemins et même sur la Seine. Comme toujours en pareilles circonstances l'imagination jouait un grand rôle et donnait au fait le plus insignifiant une importance démesurée. Dans la seule journée du 7 septembre, l'assemblée avait eu à s'occuper de trois arrestations. Le matin, c'était une voiture dans laquelle on avait trouvé une caisse renfermant des sabres à secret; dans l'après-midi, on avait arrêté une autre voiture pleine de sabres, de pistolets, de baïonnettes et de poignards. Le voiturier qui comparut devant l'assemblée était de Port-Marly. Le cas semblait des plus graves, car on découvrit qu'il avait jadis fait partie de la garde du roi, et un témoin prétendait l'avoir vu s'entretenir « avec un vieillard qui paraissait chagrin ». Enfin deux commissaires amenèrent un individu dont la voiture contenait des effets de femme et de l'argenterie marquée aux armes d'un maréchal de France. Fort heureusement pour cet homme, un des électeurs déclara le connaître ainsi que le propriétaire pour le compte duquel il avait fait le chargement. Le voiturier fut mis en liberté ; mais l'argenterie fut envoyée au district. Le nombre des dénonciations parvenant de tous les points du département était tel qu'un membre proposa d'instituer un comité qui serait chargé de les recevoir, sauf à en faire rapport. Il parut toutefois que la nomination d'un semblable comité n'était point de la compétence d'un corps électoral.

Ce n'est pas que l'assemblée ait hésité beaucoup à sortir de ses attributions. Elle en avait donné la preuve, dès le second jour, à l'occasion de la validation des pouvoirs. Le Brun, le futur consul, avait été choisi comme l'un des électeurs du canton de Dourdan. Une partie de l'assemblée demanda son exclusion, en se fondant sur ce que, quelques jours avant le 10 août, il avait envoyé sa démission des fonctions de président de l'administration de Seine-et-Oise. « Un tel procédé était, disait-on, une lâcheté dont le coupable ne méritait pas de représenter le Souverain. » Vainement Le Brun se défend et fait observer que la seule question à examiner est celle de la régularité de son élection. Les attaques redoublent ; c'est un complice de la royauté, un suspect dont l'arrestation doit être ordonnée sans retard. A l'unanimité on décide que ses pouvoirs seront invalidés et que le juge de paix s'assurera de sa personne ; la sortie de la salle est interdite afin que Le Brun ne puisse « se soustraire à l'œil de la justice ». Le juge de paix arrive ; il déclare que l'accusation est trop vague pour motiver un mandat d'arrêt. Les électeurs finissent par se ressaisir et passent à l'ordre du jour en ce qui touche l'arrestation.

Non seulement l'assemblée électorale s'était à plusieurs reprises arrogé des droits de police, de justice ou d'administration; elle avait été sur le point de prendre une décision qui constituait une véritable usurpation du pouvoir législatif. Sollicitée de voter des mesures propres à assurer une « régénération totale », elle avait chargé une députation de remettre à l'Assemblée législative une pétition demandant la rénovation des administrateurs, des tribunaux, etc. Cette députation fut admise aux honneurs de la séance avec applaudissements, mais l'Assemblée écarta la pétition par l'ordre du jour. Les électeurs avaient alors décidé qu'avant de se séparer ils nommeraient eux-mêmes de nouveaux administrateurs du département. Cependant un certain nombre de membres furent pris de scrupule et obtinrent l'ajournement au mois de novembre.

Le temps d'ailleurs pressait. Malgré l'engagement solennel qu'ils avaient pris de bannir toute discussion afin de pouvoir aller plus tôt vaincre ou mourir avec les volontaires, les électeurs consacraient une grande partie de leurs séances à des questions étrangères aux opérations électorales, qui ne furent terminées que le 17 septembre (1). Ils se séparèrent le lendemain, après avoir chargé les députés de mandats impératifs concernant la ratification des lois par les assemblées primaires, la déchéance et le procès de Louis le Traître, la révocation de tout membre de la Convention qui par ses discours ou par ses actes

(1) L'assemblée avait élu députés : Lecointre, Haussmann, Bassal, Alquier, Gorsas, Audoin, Treilhard, Denis Roi, Tallien, Hérault de Séchelles, Sébastien Mercier, Kersaint, Marie-Joseph Chénier, Dupuy, de l'Académie des sciences. Jean de Bry, Corra, Grangeneuve, Camus, Goupilleau avaient été également nommés, mais ils optèrent pour d'autres **départements**.

aurait trahi la souveraineté nationale. Un électeur avait même, dans une des premières séances, demandé à ses collègues de prêter le serment « de poursuivre jusqu'à la mort quiconque des représentants à élire aurait un cœur assez perfide pour trahir les intérêts du peuple ou attenter à la souveraineté ». L'assemblée avait habilement éludé le vote en décidant que ce serment étant dans tous les cœurs pouvait être regardé comme superflu.

Les procès-verbaux ne font pas connaître les électeurs qui prirent la parole pendant ces dix-sept jours de séances. D'Envers vota certainement avec les plus violents; mais il eut un rôle très effacé, car on ne trouve pas son nom parmi ceux des nombreux commissaires désignés en diverses occasions. Nul doute que les discours qu'il entendit l'intéressèrent vivement; ceux qu'il prononça lui-même sous le Directoire permettent d'affirmer que plus les orateurs étaient emphatiques, plus était grande son admiration. Les mesures de police prises par l'assemblée, les usurpations de pouvoirs auxquelles elle se laissa entraîner, la doctrine du despotisme de fer qu'elle approuva par ses applaudissements ne pouvaient déplaire à ce politicien d'un tempérament essentiellement autoritaire. Les dénonciations que recevaient les électeurs n'étaient pas de nature à indigner cet homme qui avait l'instinct de la délation. Les nouvelles des massacres de Paris et de Versailles n'affectèrent assurément pas outre mesure sa « sensibilité », puisque au même moment il s'associait à un acte odieux qui aurait pu avoir des conséquences sanglantes.

III

Le 3 septembre, tandis que l'assemblée électorale de Seine-et-Oise envoyait aux communes du département l'adresse patriotique dont j'ai reproduit le texte, sept des électeurs du canton de Rambouillet, parmi lesquels d'Envers, jugèrent l'occasion opportune pour écrire la lettre suivante à un habitant de Rambouillet, nommé Horeau, marchand épicier, fils de l'un des signataires et frère d'un autre :

« Saint-Germain, le 3 septembre 1792,
l'an IV de la Liberté et le 1ᵉʳ de l'Égalité.

« Mon compatriote.

« Je m'empresse de vous témoigner un avis que je vous invite à témoigner à nos concitoyens et en faire faire l'exécution aussitôt la présente. Vous le savez, l'Empire est menacé d'un péril imminent par l'armée combinée et par les ennemis du dedans ; ce sont ces derniers qu'il faut veiller. En conséquence la loi vous autorise à désarmer les gens suspects ; la municipalité vous dira qu'elle n'a pas reçu la loi officielle ; passez outre et désarmez ces traîtres qui sont dans notre pays, qui devaient nous égorger dans la nuit du 10 au 11 août ; qui ? Ce sont tous les gardes : Brou, Corteuil, Antoine, à qui la municipalité a remis un fusil, un pistolet, une épée, Bazire, le curé, l'abbé Huard, Hocmelle, Humbert. Ces infâmes étant désarmés et surveillés, notre pays sera tranquille de ces êtres qui demandent à s'abreuver du sang de leurs concitoyens. Amis, soyez fermes, faites assembler toute la commune, et faites lecture de ma lettre, et je suis persuadé qu'il n'y a pas un de mes concitoyens qui ne vole à l'exécution de la loi qui l'ordonne. Persuadé de votre civisme et de votre zèle, je vous adresse, au nom de mes collègues, cette exécution qui nous servira tous. Je suis avec fraternité, mes concitoyens, fidèle au poste qu'ils m'ont confié. J'espère que notre choix sauvera l'Empire.

Signé : Besson fils, adjudant général de la légion, Horeau père, Horeau fils aîné, Croiseau, Besnard, Courtois, Denvers. »

L'auteur de cette lettre était probablement Besson ; mais les six autres électeurs, qui l'avaient signée, ne pouvaient s'en dissimuler ni le but ni la portée. Ils dénonçaient comme des traîtres, qui avaient voulu égorger leurs concitoyens, un certain nombre d'habitants de Rambouillet. Ils exhortaient la foule à envahir leurs domiciles, en vertu de la loi, prétendaient-ils, sans tenir aucun compte de l'autorité municipale.

Les instructions contenues dans la lettre des sept électeurs furent exactement suivies. Horeau en fit donner lecture dans les rues de la ville. Le péril était grand ; la municipalité pensa que le seul moyen de sauver la vie aux personnes signalées comme suspectes était de les désarmer elle-même. Grâce à cette mesure et au concours empressé de Penthelouin, qui venait d'être nommé, quelques jours auparavant, régisseur du domaine de Rambouillet, il n'y eut pas de victimes.

Le rapport que la municipalité envoya, le jour même, à Clavière, ministre des Contributions publiques, montre combien vives avaient été les alarmes : « Il s'est passé aujourd'hui dans la ville un événement dont les suites ont pensé être terribles. La lettre, dont nous vous adressons copie, en a été la cause. La fermentation naissait ; des victimes pouvaient être immolées ; pour apaiser l'irritation des esprits, nous avons déféré à la pétition qui nous a été faite ; toutes les personnes désignées ont été désarmées. Grâce aux bons soins de M. Penthelouin, qui nous a invités à convoquer la commune et qui lui a parlé avec la langue d'un homme probe..., les têtes paraissent disposées à la tranquillité. Mais ce qu'annoncent les souscripteurs de la lettre est vrai, ou il est faux ; s'il est vrai, les auteurs de la lettre ont des renseignements positifs, et ils doivent au salut de leur pays de fournir tous ceux qui sont à leur connaissance; ou il est faux, et Dieu sait combien cette calomnie est méchante et à quelles extrémités elle pouvait porter. » Penthelouin écrivait de son côté au ministre : « ... Les mesures que j'ai prises et dont la municipalité vous informera ont tout apaisé... Je puis dire dans cette journée avoir sauvé la vie à tous les individus de l'ancienne administration... »

Dans la soirée, plusieurs des habitants dénoncés se présentèrent à la municipalité; ils demandèrent que Croiseau, l'un des signataires, qui était à Rambouillet, fût mis en demeure de prouver les faits allégués contre eux. On l'envoya chercher; il refusa de venir sous le prétexte que ses affaires le retenaient chez lui. Il essaya toutefois de se justifier dans une lettre où il déclarait n'avoir vu dans les mesures de désarmement conseillées par les électeurs qu'une précaution nécessaire pour garantir la sûreté publique.

Si Croiseau, pris de peur, avait presque désavoué ses collègues, ceux-ci conservaient une attitude menaçante. Trois commissaires avaient été envoyés par le pouvoir exécutif pour surveiller dans le département de Seine-et-Oise la levée de 300 000 hommes. L'un deux, Nicolas Vincent, fut chargé de faire une enquête. Il réunit, le 12 septembre, les habitants de Rambouillet, qui presque unanimement se prononcèrent en faveur de leurs concitoyens calomnieusement accusés (1). Horeau fils avait été vive-

(1) Enhardi par les dispositions de la réunion, un habitant de Rambouillet, nommé Richer, se fit à son tour l'accusateur des électeurs. Il rappela

ment pris à partie; on l'obligea à se rendre à Saint-Germain pour demander aux électeurs de retirer leur dénonciation. Il les trouva inébranlables. Le 13 septembre, dans une nouvelle réunion, Horeau fait part de son échec. Besson, le principal instigateur, qui se tenait derrière les assistants, « crie » que lui et ses collègues persistent à soutenir ce qu'ils ont avancé. Vincent le somme de rédiger par écrit une dénonciation. Besson répond qu'il lui dénie tout pouvoir, qu'il n'a de comptes à rendre qu'à ses commettants. La réunion se termine par une scène tumultueuse. Enfin, le lendemain, il est décidé que Vincent ira à Saint-Germain avec le maire et le procureur de la commune.

Ils partent le 14 septembre au soir, et, dès leur arrivée, a lieu une entrevue à laquelle assiste D'Envers. Les tout-puissants électeurs finissent par se montrer cléments; ils disent que, désirant maintenir l'union, « ils cèdent *humainement* à la démarche faite ce jourd'huy par le citoyen Vincent, commissaire du pouvoir exécutif, et *font grâce* à ceux de leurs concitoyens qui ont causé du trouble par leur incivisme; ils s'en tiendront à une surveillance rigoureuse des personnes indiquées comme suspectes ». On dresse un procès-verbal de cette arrogante déclaration qui travestit si étrangement les rôles. Puis les électeurs donnent une preuve plus touchante encore de leur magnanimité : dans l'effusion de leur cœur, ils embrassent Vincent, le maire, le procureur de la commune, ils leur offrent des rafraîchissements et boivent à la santé des habitants de la commune et du canton de Rambouillet. Le 15 sep-

que le frère aîné de Horeau avait tenu, lors de l'assemblée primaire du mois d'août, un propos qui caractérise bien l'esprit de domination et la folle infatuation de ces hommes sur le point de devenir les maîtres : « C'est moi qui veux représenter désormais le ci-devant roi ; c'est à moi qu'il faudra s'adresser pour avoir des places ; il ne tiendra qu'à moi de faire couper têtes, bras et jambes. »

tembre, Vincent, revenu triomphant, rend compte de son voyage. Il lit la déclaration des électeurs, raconte avec émotion la scène qui l'a suivie, et demande aux habitants présents de se réunir « dans un banquet civique et fraternel ». On applaudit, on se donne l'accolade, on promet de se trouver, vers trois heures, à l'église où chacun apportera son plat et des rafraîchissements pour sceller la réconciliation générale.

Malgré le rétablissement apparent de la concorde, et quoique le drame eût à la fin tourné en comédie, les ressentiments persistèrent. On verra qu'après le neuf thermidor, D'Envers et plusieurs autres complices de la tentative criminelle de 1792 devinrent l'objet de l'animadversion générale et furent dénoncés à leur tour à la vindicte publique (1).

IV

D'Envers n'attendit pas longtemps la récompense de son zèle démagogique. Au mois de novembre suivant, il fut appelé à faire partie du directoire du district de Dourdan. Installé à la séance du 28 novembre 1792, il en devint bientôt l'un des membres les plus actifs.

Ses collègues le désignèrent pour surveiller, en qualité de commissaire, dans le canton de Dourdan, les opérations relatives à la levée du contingent de 300 000 hommes prescrite par le décret du 24 février 1793. Le dimanche 17 mars, il arriva à dix heures du matin dans la commune de Sermaise. Le maire et une partie des habitants étaient déjà

---

(1) M. Lorin a publié dans le tome XIII des *Mémoires de la Société archéologique de Rambouillet* les documents concernant cet épisode de l'histoire de Rambouillet.

réunis à l'église. Une fois le rappel battu, il monta dans la chaire. Il se produisit alors un incident qui devait avoir les suites les plus graves.

Un cultivateur, nommé Rabourdin, exploitait une petite ferme située au hameau de Blancheface dépendant de la commune de Sermaise. Il y vivait avec plusieurs enfants, entre autres Liphard, qui l'aidait dans ses travaux, et Charles, qui était prêtre. Celui-ci avait été poursuivi, au mois de juin 1792, pour avoir célébré la messe dans la ferme où il s'était aménagé une sorte d'oratoire; le tribunal de Dourdan l'avait acquitté. Arrêté de nouveau au mois de septembre suivant, il avait prêté le serment de fidélité à la Constitution et obtenu ainsi sa mise en liberté. Bien que son nom eût été porté sur la liste des hommes parmi lesquels devait être pris le contingent assigné à la commune de Sermaise, il ne se présenta pas à l'assemblée du 17 mars; mais Liphard y assista, ainsi que trois de ses frères inscrits comme lui sur cette liste. Si l'on en croit le rapport que D'Envers envoya au département, les faits suivants se seraient passés : A peine a-t-il commencé à lire l'adresse de la Convention au peuple français, que Liphard l'apostrophe, disant qu'il n'a pas besoin de faire un sermon et cherchant à exciter du tumulte dans l'assistance. La majorité impose silence à Liphard. Le commissaire reprend la lecture; il est interrompu à plusieurs reprises par Liphard. La forme dans laquelle seront désignés les enrôlés est mise aux voix; la presque unanimité des assistants se prononce pour le tirage au sort. Liphard s'oppose à ce qu'on tire pour son frère Charles, qui ne doit pas, dit-il, être enrôlé parce qu'il est réfractaire et préfère subir la déportation plutôt que d'obéir à la loi. Pendant un quart d'heure, l'assemblée est en rumeur; enfin les officiers municipaux et le commandant de la garde nationale rétablissent le calme.

Invité à déclarer si c'est au nom de son frère qu'il a parlé, Liphard répond que Charles est, il est vrai, réfractaire à la loi civile du clergé, mais « qu'il a prêté le serment de liberté et d'égalité conformément à la loi d'août dernier ». L'assemblée décide que Charles Rabourdin sera maintenu sur la liste; un de ses frères tire au sort pour lui. D'Envers quitte l'église pour rédiger immédiatement le rapport que je viens de résumer.

Il avait été blessé dans son amour-propre. Pour mieux assurer sa vengeance, il adressa, dix jours après, au département un rapport complémentaire contenant de nouveaux renseignements sur la famille Rabourdin. Liphard, disait-il, ne cesse de tenir des propos séditieux le samedi au marché de Dourdan; en outre la famille Rabourdin ne doit pas être étrangère à l'envoi de lettres circulaires dans lesquelles on annonce « le retour de l'ancien ordre déchiré et le rétablissement des curés réfractaires ». Il croit que les habitants de Blancheface et de différentes communes entretiennent une correspondance « antipatriotique ». Enfin Rabourdin le père aurait écrit, la veille, au greffier de la commune de Sermaise que son fils, qui avait été désigné par le sort, était parti ne voulant pas se soumettre à l'ordre du district, ce qui « rend le père complice de l'évasion du fils ».

D'Envers ne s'était pas contenté de se livrer à cette enquête malveillante. Il avait prouvé que son courage était à la hauteur de son civisme, en offrant de procéder lui-même au désarmement de la famille Rabourdin. Vainement ses collègues lui avaient fait observer que la mission était dangereuse et qu'il pouvait être « victime »; il persista dans sa proposition. Le directoire ne voulut pas toutefois exposer ainsi la vie d'un de ses membres. Il décida de demander au département une force suffisante de gendarmerie pour pénétrer dans la ferme de Blancheface, que l'on supposait être garnie d'armes. Ce fut D'Envers qui se chargea de rédiger et d'adresser cette demande ; elle se terminait ainsi : « Je persiste dans la déclaration que je fais qu'à défaut de preuve suffisante pour l'arrestation, ils doivent être regardés comme suspects et soumis à la loi du désarmement et que perquisition doit être faite chez eux. » Quelques jours après, Charles et Liphard Rabourdin étaient arrêtés.

Le 3 mai, Liphard comparaissait à Versailles devant François Melon Saurat, l'un des administrateurs du département. Je reproduirai presque complètement l'interrogatoire, qui fait connaître la version de Liphard et fournit un exemple des procédés inquisitoriaux dont on se servait alors à l'égard des accusés politiques :

« D. — Pourquoi avez-vous tenu des propos tendant à soulever les esprits et à semer le trouble ?

R. — Je défie qu'on me prouve que j'ai tenu des propos de cette espèce ; j'ai pu dire quelque chose, mais je n'avais pas l'intention d'élever des troubles.

D. — Qu'est-ce qui vous a porté à tenir ces propos ?

R. — Je voyais avec peine qu'on avait dispensé de tirer au sort le vicaire de notre paroisse, qui n'a que 29 ou 30 ans, tandis que dans les paroisses voisines on a fait tirer les curés même de 40 ans et au-dessus, et j'ai dit que, si on exemptait le vicaire, on devait également exempter mon frère, le prêtre, âgé de 31 ans.

D. — Pourquoi avez-vous interrompu par plusieurs fois la lecture de l'adresse de la Convention aux Français et des lois sur le recrutement ?

R. — Je défie qu'on me prouve ces faits-là, et je m'en rapporte à ce que j'ai répondu la première fois devant vous.

D. — Est-ce que vous n'approuviez pas cette adresse ?

R. — Je l'approuvais ainsi que les lois auxquelles j'ai l'intention de me conformer.

D. — Est-ce que vous aimez le désordre?

R. — J'aime au contraire beaucoup l'ordre.

D. — Êtes-vous patriote?

R. — Je le suis comme un bon citoyen doit l'être.

D. — Qu'entendez-vous par être patriote?

R. — J'entends un homme qui aime sa patrie et qui cherche le moyen de faire du bien aux malheureux.

D. — En faisant du bien aux malheureux ne cherchez-vous pas à leur insinuer vos sentiments?

R. — C'est l'humanité et la charité pour mon prochain qui me le font faire.

D. — N'avez-vous jamais dit à ces malheureux qu'il fallait penser et agir de telle ou telle autre manière?

R. — Non, je sais faire le bien contre le mal, sans même le dire, et ne cherche à captiver les actions ni les pensées de personne.

D. — Avez-vous du civisme?

R. — Oui.

D. — Qu'entendez-vous par civisme?

R. — Je n'entends pas trop ce mot-là, mais je crois qu'il veut dire avoir du courage et du zèle pour défendre la patrie.

D. — Avez-vous du zèle et du courage pour défendre la patrie?

R. — Je n'ai jamais fait usage des armes, mais, si j'étais requis, je ferais comme un autre pour défendre ma patrie.

D. — Votre famille n'a-t-elle pas manifesté des sentiments contraires à la Révolution?

R. — Le public l'a cru parce que nous avons voulu conserver la liberté des opinions religieuses.

D. — Pourquoi avez-vous manifesté ouvertement que vous vouliez conserver la liberté des opinions religieuses?

R. — Je ne faisais que suivre en cela les dispositions de la loi.

D. — Est-ce qu'on vous contestait ce droit-là?

R. — Personne ne nous le contestait.

D. — Puisque personne ne vous contestait ce droit-là, pourquoi l'avez-vous manifesté ouvertement?

Le répondant fort embarrassé, après avoir longtemps divagué, a répondu : Je croyais que c'était permis.

D. — Vous rappelez-vous devant qui vous avez manifesté vos opinions religieuses et en quel lieu?

R. — Je ne me le rappelle pas.

D. — Pourquoi avez-vous dit au commissaire, lorsqu'il était dans la chaire pour y faire lecture de la loi, que vous n'aviez pas besoin de sermon?

R. — J'ai remarqué qu'il commençait par faire un discours, j'ai dit que nous n'avions pas besoin de sermon et que la lecture de la loi suffisait.

D. — Pourquoi avez-vous dit cela avec vivacité et emportement, comme pour exciter du tumulte?

R. — Je ne l'ai pas dit avec plus d'émotion que j'en ai à présent.

Avons représenté au répondant que dans ce moment-ci même il nous paraît un peu ému.

R. — C'est que j'ai froid.

D. — Est-il vrai que vous êtes opposé à ce que votre frère contribuât au recrutement?

R. — Non, cela est faux. C'est la moitié même de l'assemblée au moins qui a élevé cette difficulté en disant que si on exemptait le vicaire de la paroisse, il paraissait juste de dispenser aussi l'abbé Rabourdin, mon frère.

D. — Pourquoi avez-vous dit que votre frère, le prêtre,

plutôt que de tirer son sort, préférait subir la peine de la déportation et passer pour rebelle à la loi?

R. — Je n'ai pas dit cela. Nous étions cinq frères à tirer. Mon frère, le prêtre, étant l'aîné, a été appelé le premier; nous avons fait seulement observer, un de nos jeunes frères et moi, que, puisqu'on exemptait le vicaire de Sermaise, on devait aussi l'exempter.

D. — Pourquoi avez-vous dit que votre frère était hors la loi?

R. — Je n'ai jamais dit cela.

D. — Qu'entendez-vous par être hors la loi?

R. — J'entends que c'est quand on ne voudrait pas s'y soumettre.

D. — Pourquoi paraissez-vous approuver votre frère de n'avoir pas prêté le serment décrété par la constitution civile du clergé, puisque vous avez dit qu'il préférerait subir la peine de la déportation et passer pour rebelle à la loi?

R. — Je répète que je n'ai jamais dit cela et que je ne l'approuve pas de n'avoir pas prêté ce serment.

. . . .

Charles et Liphard Rabourdin furent guillotinés l'un et l'autre le 1ᵉʳ juin 1794.

Le 31 mars 1793, le directoire du district de Dourdan avait nommé deux commissaires qui seraient chargés de veiller à l'exécution des lois de sûreté intérieure et extérieure. D'Envers, qui venait de se montrer si acharné à poursuivre la famille Rabourdin, était tout indiqué pour remplir cette mission. On était sûr qu'il ne se laisserait pas entraîner à une indulgence excessive; dans le doute, il se prononçait toujours pour l'arrestation. Il en avait déjà donné la preuve à une séance du directoire du 28 janvier précédent. Un habitant de Dourdan, nommé Guillobé, absent depuis le mois d'août 1789, était revenu dans cette commune, à la fin de 1798, et avait envoyé un don patriotique de 30 livres. Bien qu'il produisît un certificat du ministre de France en Angleterre constatant qu'il avait passé ce temps à Edimbourg avec un élève qui y suivait les cours de l'Université, les membres du directoire se demandèrent s'ils pouvaient accepter un don fait dans de telles circonstances; on proposa de consulter le département. D'Envers appuya cette motion, mais en ajoutant que, pour se mettre à l'abri de tout reproche, il était nécessaire de s'assurer provisoirement de la personne de Guillobé. Le directoire s'y refusa. Il est vrai que, le lendemain, Guillobé fut arrêté par ordre du département (1).

On ne doit pas s'étonner de voir D'Envers, une fois nommé commissaire, saisir avec empressement toutes les occasions de procéder à des arrestations. Le 2 mai 1793, il dressait un procès-verbal contre Guitel fils, garde forestier aux Vaux, qui avait été l'objet d'une dénonciation; on l'accusait d'avoir dit, en juillet 1792, à un habitant de Cernay que « les Prussiens feraient manger leurs chevaux dans la Chambre nationale avant le 25 août suivant. » D'Envers, qui n'était pas précisément l'ami des gardes forestiers, fit conduire ce jeune homme à la maison d'arrêt de Rambouillet. Quelques jours après, il était établi que la dénonciation avait été inspirée par une vengeance particulière; le commissaire dut le reconnaître lui-même dans un second rapport.

Le domaine le plus important de la commune d'Orsonville, qui dépendait du district de Dourdan, appartenait à une veuve Olivier, née Collardin, domiciliée à Paris,

(1) Guillobé avait réellement voyagé, comme il l'affirmait, en Angleterre, en Écosse et en Irlande, pour accompagner son élève qui était le fils de M. de Boulogne, fermier général. Il devint ensuite précepteur du duc Victor de Broglie. Voy. *Souvenirs* du duc de Broglie, t. I, p. 21.

rue de la Ville l'Evêque. Atteinte depuis plusieurs années d'un cancer, elle était partie, en avril 1792, pour l'Angleterre afin d'y consulter des médecins qu'on lui avait recommandés; le 6 novembre suivant, elle revenait en France. Quoique son absence fût pleinement justifiée et qu'elle eût déclaré son départ à la municipalité de Lille, qui lui délivra un passeport, elle avait été portée sur la liste des émigrés. Le 19 juillet 1793, le directoire du département de Paris décida que c'était à tort qu'elle avait été inscrite comme émigrée; elle avait donc cru pouvoir en toute sécurité venir passer quelques jours dans sa propriété d'Orsonville. Mais D'Envers veillait; il se fit donner par les administrateurs du district de Dourdan mission de se transporter chez la dame Olivier. Il s'y rendit, le 6 août, accompagné d'un lieutenant de gendarmerie et de deux gendarmes. Vainement elle invoqua l'arrêté du directoire de Paris. Celui du département de Seine-et-Oise avait été également saisi de la question; mais il avait sursis à statuer jusqu'à ce que la Convention eût prononcé sa radiation définitive de la liste des émigrés. Sans tenir aucun compte ni de la maladie de la malheureuse veuve ni de son âge (elle avait alors 71 ans), D'Envers la mit sous la garde du lieutenant de gendarmerie et la fit conduire le jour même à Dourdan; en outre il procéda au récolement de l'inventaire fait antérieurement et apposa les scellés sur toutes les issues. Poursuivant son œuvre de haine, il obtint, le 9 août, du directoire de Dourdan que la dame Olivier serait transférée à Versailles pour y être soit jugée par le tribunal criminel, soit traduite devant le tribunal révolutionnaire. Le conseil général de Seine-et-Oise, trouvant ces mesures excessives, la fit mettre en liberté provisoire à la charge par elle de fournir une caution et de s'engager à ne pas sortir du département.

Le 19 août, D'Envers mettait en état d'arrestation Roussel, procureur de la commune, et Villedieu, maire de Rochefort, qui étaient accusés d'avoir tenu des propos contre-révolutionnaires. Le 30 août, ce fut un nouvel exploit. On faisait tout pour trouver des complices aux frères Rabourdin. Un pauvre ouvrier, nommé Louis Michelet, qui travaillait chez leur père, avait été dénoncé comme un homme dangereux; il avait dit, prétendait-on, qu'il préférait les assignats à face royale aux assignats républicains. D'Envers se transporta, avec le procureur de la commune de Sermaise, un officier municipal et quatre gendarmes, au hameau de Blancheface. Michelet parvint à se sauver par une brèche du mur. D'Envers et son escorte se mirent à sa poursuite; ils finirent par le trouver au Menis, procédèrent à son arrestation et le firent conduire à Versailles par la gendarmerie.

Le mois précédent, il avait trouvé l'occasion de se livrer à de nouvelles dénonciations. Le dimanche 7 juillet, l'assemblée primaire du canton de Rambouillet s'était réunie pour voter sur l'acceptation de la Constitution de 1793. Il y assista, et ne tarda pas, suivant sa coutume, à prendre la parole; il proposa « d'accepter les Droits de l'homme et la Constitution en masse et sans restriction par un seul vote individuel des citoyens présents ». Cette motion rencontra des contradicteurs. Dans un récit qu'il adressa au département (1), D'Envers raconte en ces termes l'incident : « Deux citoyens de Rambouillet, bien frisés et à culottes étroites ou, pour mieux dire, du parti royaliste qui est nombreux dans cette petite ville, et appuyés des modérés qui jusqu'à présent n'avaient fait qu'un groupe distinct des autres citoyens de l'assemblée, se sont écriés pour deman-

(1) *Récit exact de ce qui s'est passé dans l'assemblée primaire du canton de Rambouillet* (Archives départementales LI m).

der la parole et ont proposé qu'avant d'accepter la Constitution il soit nommé des commissaires pour l'examiner. Cette proposition, qui ne pouvait tendre qu'à faire naître une discussion, à traîner en longueur l'assemblée, dégoûter les habitants des campagnes dont le temps est précieux dans ce moment plus encore que dans tout autre, et par là laisser le champ libre aux aristocrates, a été combattue avec succès par le citoyen Denvers, et on allait consulter l'assemblée lorsqu'un autre citoyen, ci-devant attaché à Louis Capet, dernier tyran des Français, en qualité de contrôleur des bâtiments, s'est écrié que le citoyen Denvers, qui était administrateur et membre du directoire du district de Dourdan, n'avait pas le droit de voter dans cette assemblée parce que ses fonctions fixaient sa résidence à Dourdan. Cette proposition, accueillie avec enthousiasme par le parti de la ville, rejetée avec bruit par les autres citoyens de la campagne, a fait naître une discussion très bruyante dans laquelle le citoyen Denvers a déclaré que n'ayant d'autres désirs que le bonheur général qu'il reconnaissait que la Constitution devait procurer, que l'union et la fraternité devaient être cimentées par l'acceptation présente, que ne voulant point mettre d'obstacles à cette union, il demandait à se retirer ; mais une partie de l'assemblée s'y étant opposée, la discussion s'est continuée ; il a cru alors de sa prudence, pour rétablir le calme, devoir profiter du tumulte pour sortir de l'assemblée. »

On voit clairement ce qui s'était passé. Les adversaires de D'Envers étaient en majorité. Pressentant qu'il allait être expulsé, il avait jugé prudent de « profiter du tumulte pour sortir ». Finalement sa proposition fut repoussée ; on décida que chaque commune nommerait quatre commissaires pour examiner la Constitution.

Profondément irrité de cet échec, il rédigea le compte

rendu dont j'ai extrait le passage ci-dessus. Sous le prétexte de se justifier de n'avoir pas voté l'acceptation de la Constitution, il envoya ce compte rendu aux administrateurs du département, en y joignant une lettre dans laquelle on trouve l'expression de sa haine persistante contre la majorité des habitants de Rambouillet : « Le récit de ce qui s'est passé dans l'assemblée primaire du canton de Rambouillet, écrivait-il, vous fera connaître la raison qui m'a empêché de voter pour l'acceptation de la Constitution ; cette acceptation gravée dans mon cœur en caractère ineffaçable a éprouvé des retards dans mon canton par l'astuce des royalistes dont le nombre est encore assez grand pour influencer les habitants des campagnes, qui savent mieux sentir que s'exprimer et ne sont point en garde contre les faux raisonnements de gens qui ont employé la plus grande partie de leur vie à l'étude de paraître ce qu'ils ne sont pas ; veuillez donc bien, citoyens, recevoir mon vote. » Ce vote, il le formule dans ces termes ridiculement solennels : « Je déclare en présence de l'Être suprême et de l'Univers entier que j'accepte librement et sans restriction la Déclaration des droits de l'homme et du citoyen ainsi que l'Acte constitutionnel présentés au peuple français par la Convention nationale. »

Non content d'avoir signalé, dans son *Récit exact*, les deux royalistes bien frisés et à culottes étroites ainsi que l'ancien contrôleur des bâtiments, il dénonce également tous les anciens fonctionnaires royaux et particulièrement les gardes forestiers : « Je crois, dit-il, qu'il est essentiel, si l'on veut déjouer le parti royaliste qui existe à Rambouillet et rendre à leur vrai sentiment nombre d'habitants de cette ville, de supprimer ou changer toutes les personnes attachées ci-devant au dernier tyran des Français ; l'influence qu'ils exercent en raison des relations que leur donnent leurs fonctions est dangereuse; 49 gardes-chasse ou bois entièrement dévoués aux sentiments aristocratiques des inspecteurs feraient une dangereuse compagnie en cas d'événements. » Pour comprendre la gravité de ces dénonciations, il suffit de lire la date : juillet 1793.

D'Envers s'était fait une sorte de spécialité en matière d'arrestations politiques. Le comité de sûreté générale et de surveillance de la Convention ayant demandé au Conseil général de Seine-et-Oise de faire arrêter « les nommés » d'Absat et de Limeyrat, qui se trouvaient à Dourdan chez Verteillac, ci-devant grand-sénéchal du Périgord, l'exécution de cette mesure fut confiée à D'Envers, le 17 août. En vertu d'une mission semblable, donnée par le Conseil général, il procéda, le 8 septembre suivant, à l'arrestation du « citoyen Carville, ci-devant prieur de l'abbaye des Vaux-de-Cernay », et le fit conduire à la maison de détention de Versailles. C'étaient là des titres qu'on ne devait pas oublier.

V

Le 23 septembre 1793, les représentants du peuple Charles Delacroix et Musset, envoyés en mission dans le département de Seine-et-Oise, destituèrent les membres de l'administration départementale. Le lendemain, ils justifiaient ainsi cette mesure dans une lettre adressée au Comité de Salut public de la Convention : « L'administration du département nous avait été dénoncée; l'opinion publique la condamnait; celle du district elle-même avait besoin d'être purgée de quelques membres faibles ou environnés de soupçons déshonorants. Nous avons cru devoir les renouveler. Dans les choix que nous avons faits, nous avons vu par l'œil du peuple. Nous espérons qu'ils seront heureux et utiles à la République, car rarement le peuple se trompe (1). » D'Envers était un de ceux que les représentants avaient vus par l'œil du peuple; ils l'avaient nommé membre du directoire du département.

Il prend séance le 26 septembre. Dès les premiers jours il se distingue par l'ardeur de son zèle ; aussi le désigne-t-on pour faire partie de la plupart des commissions. Sans se demander s'il a bien la compétence nécessaire, il accepte toutes les missions ; c'est ainsi qu'il est appelé à faire un rapport juridique sur les pouvoirs du comité de salut public et à exercer un contrôle sur les opérations de la commission des arts, double tâche à laquelle sa carrière antérieure n'eût pas dû cependant paraître l'avoir suffisamment préparé. Il ne se contente pas de faire preuve d'une activité incessante ; trouvant que les autres ne travaillent pas assez, il propose de tenir des séances chaque matin. Cette motion ayant été rejetée, il « requiert l'insertion de son opinion au procès-verbal ».

Ses collègues n'ont pas oublié son aptitude particulière en ce qui touche la recherche des culpabilités; à deux reprises ils l'investissent de fonctions quasi judiciaires. Un des membres les plus influents de la précédente administration départementale, Lavallery, avait été d'abord signalé comme ayant eu pour Mme Du Barry des complaisances suspectes, puis dénoncé pour abus d'autorité à la Convention, qui le décréta d'accusation, le 15 septembre 1793. Le 3 octobre suivant, des pêcheurs trouvaient dans la Seine le cadavre de Lavallery. Y avait-il eu crime ou suicide? Le beau-frère de Lavallery étant alors en détention à Versailles, D'Envers fut chargé de l'interroger; mais il ne parvint pas à percer le mystère de ce drame (2).

---

(1) *Recueil des Actes du Comité du Salut public*, t. VII, p. 39.
(2) Voy. *Madame du Barry de 1791 à 1793*, par M. P. Fromageot (Revue de l'histoire de Versailles de février 1909).

Une délégation analogue lui fut confiée dans des circonstances beaucoup moins tragiques. Le maire d'Athis, Danse, avait apporté au Conseil général un paquet à lui remis par le substitut du procureur syndic du district de Corbeil. Les administrateurs furent très émus en constatant que ce paquet était déchiré et que Danse avait pu prendre connaissance des papiers qu'il contenait. Comme à cette époque on voyait partout des criminels, le Conseil désigna D'Envers pour procéder à l'interrogatoire du maire suspect. Aussitôt D'Envers s'érige en juge, se retire dans une salle voisine, désigne comme greffier un commis du secrétariat, lui fait solennellement prêter serment. Danse affirme que, si le paquet a été déchiré, c'est parce qu'il l'a placé entre sa chemise et sa veste, et que la transpiration est la seule cause du mal. D'Envers rentre en séance, rend compte de son interrogatoire; le procureur général formule des conclusions sévères. Danse est fort heureux d'en être quitte pour un blâme.

C'était surtout aux missions concernant les subsistances que se consacrait D'Envers. Il faut reconnaître qu'avec son tempérament autoritaire et sa tendance à trouver chacun en défaut, il pouvait rendre des services dans les conjonctures difficiles que fait connaître le procès-verbal de la séance du conseil général du 20 vendémiaire. Le district de Versailles venait de recevoir cette lettre menaçante du ministre de l'Intérieur : « Je vous envoie un courrier extraordinaire pour vous annoncer que la lenteur et l'insouciance des administrateurs sur l'approvisionnement de Paris a enfin mis la Liberté à la veille d'être anéantie. Paris n'a plus de quoi se nourrir. Demain sera le jour des plus grands malheurs, et c'est parce que vous ne voulez ni faire battre, ni faire moudre, ni faire partir des farines pour son approvisionnement. Vous vous contentez de faire des réquisitions, sans en suivre l'effet et sans vous assurer si elles sont exécutées. Il n'y a pas un instant à perdre; faites partir sur-le-champ ce que vous avez de prêt, faites moudre sans relâche. Je vais vous envoyer l'armée révolutionnaire avec ordre de ne pas ménager les malveillants, car il y a de la malveillance partout, depuis le cultivateur jusqu'à celui qui doit le faire mouvoir. » L'accusation n'était pas fondée. L'assemblée fut « pénétrée de joie », en apprenant de D'Envers qu'il existait dans les magasins 1100 sacs de farine, dont la moitié serait expédiée immédiatement à Paris. L'Administration départementale put donc répondre qu'elle attendrait l'armée révolutionnaire dont on la menaçait « avec la tranquillité que donne une conscience pure ».

D'Envers était certainement un de ceux qui se multipliaient le plus pour assurer le service des approvisionnements. C'est non seulement dans le district de Versailles qu'il exerçait sa surveillance, mais encore dans ceux de Pontoise, d'Étampes, de Dourdan. Son énergie avait même besoin d'être contenue; les procédés dont on usait lui semblaient trop anodins. A plusieurs reprises il proposa au Conseil général de prendre un arrêté qui rendrait les administrateurs des districts responsables du défaut d'approvisionnement tant pour la consommation des communes que pour l'ensemencement des terres avec cette sanction qu'ils seraient réputés « suspects et ennemis du bien public, en conséquence traités comme tels, mis en arrestation, sauf plus grande peine si le cas y échoit ». Quoique la plupart des administrateurs choisis par les représentants du peuple fussent loin d'être partisans d'une politique de modération, ils ajournèrent d'abord, puis finirent par repousser, en passant à l'ordre du jour, cette proposition essentiellement révolutionnaire. On peut juger par là des excès auxquels D'Envers se serait vraisemblablement laissé entraîner si les événements ne l'eussent, comme on va le voir, condamné à l'inaction pendant la période la plus violente du régime de la Terreur.

Une de ses premières préoccupations lorsqu'il fut installé dans les fonctions d'administrateur du département avait été d'en profiter pour reprendre sa campagne de persécution contre la veuve Olivier. Il avait été froissé de voir le Conseil général décider qu'elle serait mise en liberté provisoire. Pensant que les nouveaux membres de l'administration seraient plus rigoureux que les précédents, il demanda que la décision antérieure fût rapportée. Le 13 frimaire an II, le directoire du département, induit en erreur par de faux renseignements, ordonnait l'arrestation de la veuve Olivier; toutefois, « prenant en considération son grand âge et l'accident cruel qui la déchire », il consentait à ce qu'elle restât chez elle sous la surveillance d'un gendarme.

D'Envers avait été privé de la satisfaction de participer à cette décision qui lui eût d'ailleurs paru sans doute trop humaine. Le procès-verbal de la séance porte cette mention : « D'Envers en état d'arrestation. » En effet, quelques jours auparavant, le 5 frimaire, à peine les administrateurs étaient-ils réunis, qu'il leur avait fait une communication confidentielle. Avec quel étonnement ne l'entendirent-ils pas leur annoncer que des délégués du Comité de sûreté générale de la Convention étaient arrivés à Versailles pour le mettre en état d'arrestation ainsi que leur collègue Vial ! Il supposait que cette mesure était la conséquence d'une mission qu'ils avaient eu l'un et l'autre à remplir à l'occasion d'une affaire concernant le nommé Nouton, chirurgien à Bonnelles : « Sûr de son innocence, dit-il, il obéira sans crainte. » On se sépara pour se réunir de nouveau à six heures.

Dans l'intervalle, D'Envers et Vial ont été arrêtés. Les administrateurs, aussi émus que déconcertés, se demandent comment ils pourront venir en aide à leurs collègues. Ils commencent par décider que deux d'entre eux se rendront immédiatement auprès de la citoyenne D'Envers pour lui témoigner leur intérêt et lui donner l'assurance que toutes les démarches seront faites afin de mettre son mari à même de se justifier le plus promptement possible; une lettre dans le même sens est adressée à la citoyenne Vial. Puis, « après une longue et mûre discussion », on vote à l'unanimité la délibération suivante : « L'administration du département, sensiblement affectée de l'arrestation des citoyens D'Envers et Vial, deux de ses membres dont le patriotisme et les principes fortement prononcés ont inspiré la plus grande confiance et déterminé le choix des représentants du peuple qui les ont appelés révolutionnairement à l'administration du département; Considérant que si le salut public exige impérieusement que les malveillants et les traîtres soient livrés sans miséricorde au glaive de la loi, il est en même temps du plus grand intérêt pour la chose publique que des magistrats du peuple, qui ne peuvent opérer son bonheur sans la plus grande confiance, ne restent pas sous le coup de l'intrigue ou de la malveillance ; Considérant que les ennemis de la patrie, habiles en intrigues, ont plus d'une fois surpris, sous le masque du patriotisme, la bonne foi des législateurs pour se venger des plus chauds amis de la Révolution : Arrête que les citoyens Le Charbonnier et Le Gry se transporteront à l'instant auprès du Comité de Surveillance et de Sûreté générale de la Convention pour l'inviter à faire connaître à l'Administration les motifs de l'arrestation des citoyens D'Envers et Vial, l'instruire de la mission dont lesdits citoyens ont été chargés par le district de Dourdan dans la commune de Bonnelles, pour y réchauffer l'esprit public et ramener l'ordre qui y avait été troublé par le nommé Nouton, chirurgien; — que le citoyen D'Envers a déclaré, à l'instant de son arrestation, qu'il ne pouvait l'attribuer qu'au ressentiment du nommé Nouton, contre la conduite ferme et courageuse que lui et son collègue avaient tenue en cette circonstance, et enfin représenter au Comité que l'intérêt général exige que la conduite et les principes de ces deux administrateurs soient promptement examinés, afin de rendre à leurs fonctions deux citoyens qui n'ont montré dans leur exercice que l'amour le plus ardent pour la chose publique. »

L'affaire prenait des proportions de plus en plus inquiétantes. Par ordre également du Comité de Sûreté générale, treize habitants de Bonnelles avaient été arrêtés, entre autres : Bonnardot, ministre du culte catholique; Simon, maire; Morin et Camus, membres du Comité de surveillance; Léger, chef de la première légion du district; Robert, procureur de la commune; Leroux, officier municipal; la femme Dupassage, âgée de soixante-dix-sept ans, etc. Les habitants de Bonnelles n'avaient pas été moins troublés que les administrateurs du département. Dès le 6 frimaire, à défaut de la municipalité, mise hors d'état de fonctionner, ils s'étaient assemblés à la maison commune et avaient désigné deux commissaires qui iraient à Versailles porter aux autorités constituées leurs réclamations en faveur de concitoyens dont l'absence laisse tout le village en souffrance. « S'ils sont coupables, concluaient-ils, la preuve doit être exhibée; s'ils sont innocents, qu'ils reviennent au sein de leurs frères, et que si l'auteur n'est qu'un vil calomniateur, qu'il subisse la peine qu'il voulait leur faire supporter. »

Le Charbonnier et Le Gry n'avaient pu obtenir du Comité

de la Convention que la promesse vague qu'on s'occuperait de la question. Cette sorte de fin de non-recevoir paraissant de mauvais augure, les membres de l'administration départementale déclarent que l'intérêt public exige que l'on soit fixé au plus vite sur les motifs des arrestations, et chargent Caillot et Couturier d'aller à Paris solliciter l'énergique intervention des députés de Seine-et-Oise. « Une décision, disent-ils, est d'autant plus instante que les ennemis de la chose publique, fertiles en expédients nuisibles, semblent avoir depuis quelque temps formé le projet détestable de noircir les administrateurs et leur faire perdre la confiance publique, sans laquelle il ne peuvent opérer le bien. »

L'obscurité dont cette affaire était entourée donnait naissance à tous les propos et à toutes les suppositions. Une nouvelle réunion des administrateurs a lieu, le 12 frimaire. Un membre tient d'une personne sûre que D'Envers a eu des entretiens avec l'ex-princesse de Rohan, détenue comme lui à la prison des Récollets. Un autre a appris que D'Envers n'est pas le véritable nom de leur collègue, que, pressé de s'expliquer sur les motifs qui l'avaient décidé à changer son nom, il a répondu que c'était parce que cela lui plaisait. Un revirement se produit. Les administrateurs jugent prudent de demander aux membres du comité de surveillance de Versailles, qui doivent aussi faire des démarches, de les suspendre jusqu'à ce qu'on soit mieux éclairé. Dans le cours de cette même séance, Couturier rend compte de la mission qu'ils ont remplie, Caillot et lui. Ils ont eu avec le comité de sûreté générale une explication franche et fraternelle. Le grief articulé contre Vial serait d'avoir été le boucher du nommé d'Uzès, avant son émigration, et d'avoir influencé les dernières élections municipales de Bonnelles. Quant à D'Envers, on lui reprocherait d'avoir négligé, étant administrateur du district de Dourdan, la dénonciation qu'il avait reçue contre Vial. Il a été convenu que l'administration de Seine-et-Oise prescrirait une enquête dont le résultat devrait être transmis au Comité de sûreté générale. Un administrateur fait alors part de la surprise qu'il a éprouvée, le jour de la dernière décade, en entendant le président de la troisième section dire, en désignant D'Envers : « Voilà un patriote ; nous nous sommes rencontrés, l'année dernière, dans la Belgique, prêchant la Révolution. » Il pense qu'il importe d'avoir également des renseignements sur ce voyage.

Les administrateurs se rendent compte de la futilité des accusations et sont persuadés que les arrestations ont d'autres causes. Il leur paraît indispensable à eux aussi de faire la lumière complète. Une enquête s'impose ; mais on ne peut en charger que des citoyens dont le civisme et l'impartialité sont au-dessus de tout soupçon. Il existait alors à Versailles deux Sociétés populaires : celle des *Amis de la Liberté et de l'Égalité*, et celle de la *Vertu sociale des Sans-Culottes*. Quelque étrange que puisse sembler une telle résolution, c'est à ces deux Sociétés que l'administration départementale remet le soin de procéder à une enquête approfondie sur D'Envers et sur Vial. Elles s'étaient d'ailleurs déjà préoccupées de ces multiples arrestations. Ayant appris l'insuccès des démarches officielles, elles se disposaient à prêter « l'assistance que des patriotes doivent à des patriotes opprimés » ; d'autre part, elles avaient reçu une députation de la commune de Bonnelles venant « les sommer, au nom de la fraternité, d'employer leurs bons offices pour faire rendre justice à quinze pères de famille investis de l'estime des administrateurs ».

Les Sociétés populaires, ainsi saisies de deux côtés, désignèrent des commissaires qui furent chargés de procéder sur place à l'enquête. Dans un rapport, qui est daté du 25 nivôse an II, et qui fut imprimé (1), ces commissaires rendirent compte de la mission qu'ils avaient consciencieusement remplie. Ils s'étaient mis en route sans perdre de temps; leur voyage dura quatre jours. Ils s'arrêtèrent successivement à Rambouillet, où ils s'adjoignirent trois membres de la Société populaire de cette ville, à Orcemont, qu'habitait D'Envers, à Dourdan, chef-lieu du district, où ils s'adjoignirent aussi deux membres de la Société populaire, à Saint-Arnoult, lieu de naissance de Vial, à Rochefort, commune voisine de Bonnelles, et enfin à Bonnelles même. Dès qu'ils furent de retour, ils rédigèrent le rapport dont je viens de parler.

En ce qui touche D'Envers, j'ai déjà relaté la plupart des renseignements qui leur furent donnés sur les circonstances dans lesquelles il s'était installé à Orcemont en 1791 et avait été nommé électeur en 1792. Quant à Vial, qui habitait Bonnelles depuis dix-huit ans, voici dans quels termes sympathiques les commissaires s'exprimaient sur son compte : « Vial est cultivateur et boucher; il est marié et a huit enfants. Nous sommes entrés chez lui; il s'en faut que sa maison annonce l'opulence; il est né et élevé dans la médiocrité; l'existence de sa famille est fondée sur le produit de son travail; aussi souffre-t-elle beaucoup de son absence; avec les mœurs pures et agrestes de la campagne, il a une certaine fierté de caractère qui lui a fait embrasser avec chaleur les principes de la Révolution; il n'a jamais pu supporter l'orgueil des grands et s'est toujours révolté contre leurs privilèges; il serait peut-être plus riche, s'il avait été plus souple avec les ci-devant de son canton, car il aurait conservé leur pratique.

(1) A Versailles. — De l'Imprimerie des Beaux-Arts, ancien hôtel de la Guerre, rue de la Fédération, n° 18.

Personne, dans ce canton, ne peut revenir de ce qu'il est arrêté comme suspect, lui, la terreur des gens suspects; il a toutes les habitudes du sans-culottisme. Qu'allons-nous donc devenir, nous disait-on partout, si on renferme des patriotes comme Vial? »

Les témoignages reçus furent tout aussi favorables aux treize autres habitants de Bonnelles. C'est en un style conforme au ton déclamatoire du temps que les commissaires font connaître leur impression : « Citoyens, nous avons trouvé la commune de Bonnelles plongée dans le deuil. Le maire, le procureur de la commune, un officier municipal, le greffier, deux membres du Comité de surveillance ont été enlevés à leurs fonctions. Des familles nombreuses, la plupart pauvres, gémissent dans l'inquiétude et la douleur, quelques-unes dans la privation du nécessaire; la vieillesse, la caducité même a été arrachée aux habitudes et aux soins qui lui rendent supportable un reste de vie. »

Il semble que cette enquête sur les lieux et l'audition de tant de témoins auraient dû mettre les commissaires en état de connaître le véritable motif des arrestations et la nature des inculpations; et cependant, ils n'ont pu réunir que des présomptions : « Qui a donc fait tout ce mal? Quelles peuvent donc être les causes de l'arrestation d'un si grand nombre de personnes que toutes les apparences font regarder comme irréprochables et dont on ne peut deviner le délit? Voilà sans doute, citoyens, ce que, dans votre impatience, vous avez déjà été tentés plusieurs fois de vous demander. Voilà ce que nous demandions à tout le monde; voici ce que nous avons appris. »

On a vu qu'au moment de son arrestation, D'Envers l'avait attribuée à une vengeance exercée contre lui par le nommé Nouton. C'est cet homme, en effet, qui est signalé par les commissaires comme le principal instigateur de toutes ces incarcérations. Ils font de lui un portrait qui ne manque pas de relief : « Dans la commune de Bonnelles, disent-ils, réside un homme appelé Nouton, chirurgien de son métier. Il a toujours montré un grand goût pour la vengeance. Son caractère est violent; sa vie a été marquée par quelques traits d'originalité qui feraient soupçonner que parfois sa tête se détraque. Il a eu querelle avec la plupart des habitants; il cherche à faire ce qu'on appelle un parti, en divisant la commune. Il a une grande antipathie pour ceux qui ne le choisissent pas pour leur chirurgien. Si on l'en croit, il est bon patriote. C'est un de ces hommes sans principes qui, quand le ton est donné, crient plus haut que les autres. Pour les actions, c'est autre chose. Nouton parlera patriotisme tant qu'on voudra, mais il refusera le service militaire; il gardera son habit uniforme, son fusil de calibre, quoique la patrie ait exigé le sacrifice de ces objets. » De même que D'Envers, Nouton était un politicien, mais d'une autre nature. Si, comme lui, il faisait parade de son patriotisme, c'était moins pour arriver aux honneurs que pour se soustraire aux obligations civiques auxquelles les autres étaient astreints, c'était aussi pour intimider ceux qui se montraient rebelles à devenir ses clients.

Nouton, qui s'était fait beaucoup d'ennemis, avait été, peu de temps auparavant, dénoncé comme suspect. Les représentants en mission avaient chargé Vial de l'exécution de mandats délivrés contre lui et trois autres personnes. Vial avait été secondé par les membres du Comité de surveillance de Dourdan et par D'Envers. Nouton ne s'était pas laissé arrêter sans opposer une vive résistance. Il avait fallu pénétrer chez lui par une fenêtre; il s'était couché dans une boîte à charbon (1). Quoiqu'il eût déclaré qu'il

(1) « Sur l'interpellation qui lui a été faite de déclarer pourquoi il s'était

n'avait pas d'armes, on trouva au chevet de son lit un fusil de calibre chargé et armé; on découvrit également deux pistolets chargés. Lorsqu'on parvint à s'emparer de lui, il proféra des injures et des menaces, disant « qu'il se vengerait et que bien d'autres le suivraient ». Nouton fut conduit à la prison des Récollets de Versailles; il y resta moins d'un mois; le registre des écrous porte qu'il y entra le 29 octobre et qu'il en sortit le 21 novembre. Il retourna à Bonnelles, bien décidé à se venger, tenant ce propos : « Vial m'a donné un soufflet: je viens de lui en rendre un dont il se souviendra longtemps; quand je le voudrai, je ferai enlever tout le village. »

Le 25 novembre (1), D'Envers et Vial avaient été écroués dans cette même maison de détention des Récollets que Nouton venait de quitter; le surlendemain, y étaient amenés les treize habitants de Bonnelles qui avaient été arrêtés. Tout semblait désigner Nouton comme l'auteur de ces diverses arrestations; mais il était impossible de savoir sous quel prétexte et par quel moyen il avait pu les provoquer et les faire maintenir. Les commissaires sont obligés d'avouer leur stupéfaction : « Comment un homme seul, un homme qui avait été incarcéré par les autorités de son district, a-t-il eu assez d'adresse pour tromper le Comité de Sûreté générale, dont tous les membres sont justes et éclairés ? C'est à quoi nous ne pouvons répondre. Il nous a été impossible de lever le voile qui couvre la trame ourdie pour surprendre l'autorité. Nous avons invité

ainsi caché, il a répondu qu'il était sur son charbon à faire pénitence pour son plaisir. » (Extrait des registres des délibérations du comité révolutionnaire de Dourdan. — Archives départementales).

(1) « Du 25 novembre (vieux style) 1793. — Les citoïens Capelain et Rivaux ont amené à la maison de détention le nomé Vial, Jean-François Danvers, arrêté tous deux en vertu d'un réquisitoire du Comité de surveillance de la Convention Nationale. » (Registre des écrous de la maison de détention de Versailles. — Archives départementales).

les habitants de Bonnelles à bien examiner si aucun des détenus n'avait pas au moins fourni un prétexte à dénonciation, quelque léger qu'il fût. Il n'ont pu nous en indiquer. Il est possible que cet homme ait mis en avant quelques malveillants cachés dans le pays sous le masque du patriotisme, il est possible encore qu'il ait mis en mouvement quelqu'un qui, à Paris, a une certaine influence; mais nous n'avons sur cela rien de positif. Au surplus, un méchant, avec un peu d'audace, a tant de ressources pour, dans ces moments de crises, porter à un acte de sûreté ceux qui doivent pour ainsi dire répondre de la sûreté de l'Etat. »

Les commissaires proposent de faire de nouvelles démarches, soit auprès des Jacobins, soit auprès de la Convention, pour tâcher de pénétrer ce mystère; ils célèbrent en un langage dithyrambique les vertus des Sociétés populaires rurales : « Il est impossible de rendre dans un rapport ce que l'œil voit, ce que l'âme sent au milieu des assemblées populaires des campagnes. Là, les hommes n'ont pas encore appris à tourner leurs regards autour d'eux pour savoir si ce qu'ils ont à dire ne va pas blesser l'opinion de quelques-uns. Ils s'expriment avec cet accent, cet abandon qui persuade et qui émeut vivement l'âme. Plusieurs fois, vos commissaires ont senti leurs yeux se mouiller des larmes de l'attendrissement. »

C'était par application du décret du 17 septembre 1793 que D'Envers, Vial et les habitants de Bonnelles avaient été arrêtés. Il n'était pas besoin d'être accusé d'un délit déterminé pour tomber sous le coup de ce décret qui ordonnait l'arrestation de tous les gens suspects se trouvant sur le territoire de la République, et qui réputait suspects ceux qui s'étaient « montrés partisans de la tyrannie ou du fédéralisme et ennemis de la liberté ». Le démagogue D'Envers fut-il dénoncé comme un partisan de la tyrannie ?

On a peine à le croire ; cependant, on peut remarquer que les commissaires s'attachèrent à établir que D'Envers était un simple surnom dépourvu de tout caractère nobiliaire, et à détruire « les propos que les malveillants se permettaient à cet égard ». Au nombre des habitants de Bonnelles, ne voit-on pas figurer un ministre du culte catholique! N'avait-on pas relevé contre Vial le fait qu'il était le boucher du duc d'Uzès avant qu'il eût émigré! Le comité de sûreté générale, en ordonnant la mise en liberté de Nouton, constate qu'il a été « incarcéré par les *contre-révolutionnaires* du canton de Rochefort (1) ». Enfin, un incident, qui se produisit peu de temps après la détention de D'Envers et dont, nous l'avons vu, l'administration départementale s'était un peu émue, fait également supposer que ses ennemis s'étaient livrés à des insinuations de cette nature. Au mois d'octobre 1793, avait été incarcérée aux Récollets la princesse de Rohan-Rochefort, belle-sœur du cardinal de Rohan. C'était une femme à demi folle ; lorsqu'une première fois elle avait été arrêtée à Dourdan, en 1792, et conduite à la Conciergerie, Tallien s'opposa au décret d'accusation en disant qu'il fallait l'envoyer aux Petites-Maisons. Un ancien administrateur du département, le citoyen Pégaux, étant allé un soir aux Récollets porter un ordre de sortie, voulut voir D'Envers et Vial ; il monta dans leur chambre, mais ne trouva que ce dernier. On lui dit que D'Envers était chez « la citoïenne Rouan ». La présence de celui-ci chez l'ex-princesse avait sans doute fait naître quelques soupçons dans l'esprit de Pégaux. Il revint aux Récollets, et interrogea à ce sujet D'Envers, qui reconnut avoir vu quelquefois « la femme Rouan », mais uniquement pour lui donner des conseils relativement à des répétitions qu'elle se proposait d'exercer sur les biens

(1) Archives nationales F 4573.

de son mari émigré. Afin de montrer à quel point il était incorruptible, il ajouta qu'il avait renvoyé à cette femme une bouteille de vin de Malaga qu'elle lui avait offerte. Satisfait de ces explications, Pégaux, voulant justifier complètement D'Envers, tint à constater ces faits dans une déclaration écrite, qui est datée du 1er nivôse an II (1).

D'Envers et Vial étaient tenus plus ou moins exactement au courant des délibérations prises à leur sujet par l'administration départementale. Le 14 frimaire, à la suite de la séance dans laquelle plusieurs membres avaient manifesté quelque suspicion à leur égard, ils adressaient à leurs collègues la lettre suivante : « Citoyens administrateurs, je suis loin de croire que vous ayez oublié un moment que deux de vos collègues sont détenus injustement; cependant, ils le sont depuis dix jours, et, depuis plusieurs, ils n'ont reçu aucunes nouvelles. La malveillance aurait-elle fait entrer le soupçon jusque dans votre administration? Ce serait une raison de plus pour demander un prompt jugement, si toutefois l'on peut appeler ainsi la justice rendue à des patriotes opprimés par la malveillance. Nous vous le répétons encore, il est de votre honneur et de votre devoir de faire prononcer sur notre sort dans le plus court délai. — D'Envers. — Vial (2). » Leur détention se prolongeant, ils écrivirent, le 8 nivôse : « Républicains, nous souffrons notre injuste situation avec patience et courage ; mais, comme de vrais patriotes, nous regrettons un temps qui pourrait être employé avec utilité pour la chose publique. »

Hodanger, qui venait d'être nommé procureur général syndic, avait aussi fait sans succès des démarches auprès du Comité de la Convention. A sa suggestion les adminis-

---

(1) Archives départementales, LIM.
(2) Archives départementales, LI. — Annexes du Conseil général.

trateurs écrivirent, le 22 nivôse, à Merlin de Thionville pour lui demander de s'employer en faveur des détenus. Celui-ci s'empressa de leur répondre, le 25, que le Comité allait s'occuper de l'affaire dès le lendemain. De leur côté D'Envers et Vial, lorsqu'ils eurent reçu le rapport des Sociétés populaires, en adressèrent le texte au Comité de Sûreté générale, en y joignant une lettre datée du 28 nivôse, par laquelle tous les détenus réclamaient une rapide décision : « Il est cruel, écrivaient-ils, pour l'homme libre, le vrai républicain, de solliciter comme une grâce la justice qui lui est due ; mais le patriote ne connaît que la prospérité de la République et le regret de ne pouvoir y contribuer autant qu'il le désire. Détenus depuis quarante-neuf jours par ordre du Comité de Sûreté générale, qui a été trompé par un malveillant, suspect sous tous les rapports, le rapport ci-joint vous fera connaître une partie des démarches qui ont été faites ; un méchant peut occasionner des maux, car le préjudice que cette détention porte à plusieurs d'entre nous pourvus et chargés d'une nombreuse famille est incalculable pour eux. La justice et l'humanité, nous dirons plus, l'intérêt public demandent une prompte décision du Comité (1) ». Leur espoir fut encore déçu ; le Comité de Sûreté générale ne tint compte d'aucune des réclamations.

Cependant, le 6 ventôse an II, se produisit un incident qui pouvait avoir pour les détenus les conséquences les plus favorables. A la séance tenue par la Société populaire et républicaine de Limours, un des membres de cette société, Jacques Houdin, faisait une déclaration qui dut singulièrement troubler ses collègues (2). En 1791, il habitait le

---

(1) Archives nationales F. 4775⁴⁴.
(2) Documents relatifs à l'histoire de Versailles pendant la Révolution. T. 1, f° 105 (Bibliothèque de Versailles).

hameau du Chardonnet, commune de Farges. Vers l'époque du Carnaval, Nouton était venu chez lui et lui avait demandé comment il pouvait en ces temps de misère venir à bout de vivre avec sa nombreuse famille. La femme de Houdin qui assistait à l'entretien dit qu'ils vivaient à la grâce de Dieu; à quoi Nouton répliqua que, lorsqu'on n'avait pas de pain, Dieu n'en donnait pas. Nouton étant allé ensuite dans le jardin avec Houdin lui parla de sa propre situation et lui avoua que, huit jours auparavant, sa gêne était telle qu'il n'avait pas 12 sols dans sa poche. Il ajouta qu'il connaissait « un beau coup à faire », dont il garantissait la réussite si on l'exécutait promptement et si Houdin voulait être avec lui « de perte et de gain ». Il s'agissait de dépouiller un homme qui devait avoir de l'argent chez lui puisqu'il faisait bâtir. Il ne lui indiqua pas le nom de cet homme, mais lui fixa un rendez-vous pour le jeudi suivant chez Grillé, aubergiste au lieu dit Les Fontaines. Houdin accepta le rendez-vous; toutefois, par prudence, il mit au courant de cette étrange proposition deux habitants de Chardonnet, qui lui conseillèrent de tâcher de connaître le secret de Nouton, sauf à le faire arrêter lorsque le moment serait venu. Le jeudi, à quatre heures du soir, il se rendit en effet chez l'aubergiste; il y trouva Nouton qui lui révéla que la victime par lui choisie était un autre chirurgien de Bonnelles, nommé Cernay. Le crime devait être exécuté le lendemain. Les deux complices se rencontreraient à la jonction du pavé d'Augervilliers avec celui de Bonnelles. Au pied du poteau qui s'y trouvait, le premier arrivé mettrait trois pierres les unes sur les autres et irait attendre au bois des morts situé à peu de distance. Houdin entrerait à minuit chez Cernay et lui demanderait de l'accompagner chez une femme de Baillon qui était sur le point d'accoucher; une fois qu'ils seraient arrivés au bois de Guette qu'il fallait traverser pour aller à Baillon, Houdin donnerait à Cernay un coup de hache et crierait : Pierre. A ce signal, Nouton caché dans le bois accourrait et à l'aide d'un sabre achèverait de tuer Cernay à qui ils prendraient ce qu'il aurait sur lui. Puis Houdin, accompagné de Nouton qui se cacherait le visage avec un mouchoir percé de deux trous à l'endroit des yeux, irait demander à la femme de Cernay une bouteille de liqueur que son mari serait censé avoir oubliée. Ils voleraient tout l'argent et toute l'argenterie qu'ils trouveraient dans la maison, et, si la femme voulait crier, ils la tueraient ainsi que ses enfants. Houdin ayant fait prévenir Cernay, l'exécution ne put avoir lieu.

La précision des détails fournis par Houdin frappa certainement les membres de la Société populaire de Limours, car une mention indique qu'on décida de transmettre l'extrait du procès-verbal de la séance du 6 ventôse au Comité de Sûreté générale et à l'accusateur public. Mais Nouton avait conservé toute sa puissance. Ce qui le prouve bien, c'est que, malgré la gravité de la dénonciation dirigée contre lui, non seulement il ne fut l'objet d'aucune poursuite, mais encore les personnes arrêtées à son instigation furent maintenues en prison.

Le printemps succéda à l'hiver, l'été au printemps. D'Envers et Vial étaient encore aux Récollets et continuaient à gémir de ne pouvoir se consacrer aux affaires publiques. Le 7 thermidor, Vial et neuf habitants de Bonnelles restés prisonniers furent mis en liberté par ordre du Comité de surveillance de Dourdan. Le 9 thermidor survint ; D'Envers devait désespérer de voir arriver la fin de sa captivité, lorsque le Comité de Sûreté générale de la Convention ordonna enfin de le libérer. Le 20 thermidor, il quitta la maison de détention où il était enfermé depuis plus de huit mois (1).

L'épisode de l'an II que je viens de retracer, pour n'avoir pas eu de conséquences aussi tragiques que tant d'autres du même temps, n'en est pas moins caractéristique de la sombre époque à laquelle il remonte. Voici deux hommes qui viennent d'être appelés par la volonté des représentants du Gouvernement à remplacer les administrateurs que les électeurs avaient choisis ; ils n'ont cessé de se signaler, selonle vocabulaire alors en usage, par leur sans-culottisme ; l'un a pris part, l'année précédente, à une tentative démagogique ; l'autre est considéré comme l'effroi des gens suspects. Ils sont tout à coup dénoncés ; il a suffi qu'un de leurs ennemis, qui professait des opinions non moins violentes et qui devait, quelques années plus tard, périr sur l'échafaud comme criminel de droit commun, connût un membre influent de la Convention pour qu'ils soient eux-mêmes arrêtés, ainsi que treize habitants inoffensifs d'une petite commune. Vainement les administrateurs du département, les membres des Sociétés populaires intercèdent pour eux ; le Comité de la Convention refuse obstinément tout renseignement précis. Les détenus passent de longs

(1) Le 25 ventôse an XII, une scène affreuse jetait l'épouvante dans la commune de Bonnelles. A trois heures de l'après-midi, un homme armé d'un large couteau pénétrait chez la veuve Gruau, sa belle-sœur, se jetait sur elle, la frappait de dix coups, blessant grièvement un enfant qu'elle tenait ; puis il traînait sa victime dans la rue et continuait à la poignarder jusqu'à ce qu'elle fût morte. Il entrait ensuite chez le sieur Massard, son beau-frère, et mettait le feu au lit. Il sellait alors son cheval et s'enfuyait, menaçant de ses pistolets la foule qui restait saisie d'effroi. L'auteur de ce double forfait n'était autre que le chirurgien Nouton. Bien qu'il fût muni d'un passeport falsifié, il ne tarda pas à être arrêté dans le département de la Nièvre. Le 12 thermidor an XII (31 juillet 1804), Nouton, alors âgé de cinquante ans, était exécuté sur la place publique de Montreuil, en vertu d'un arrêt de la Cour de justice criminelle du 25 prairial. L'avocat chargé de la défense avait plaidé l'irresponsabilité de son client, épileptique et sujet à des fureurs maniaques.

mois en prison sans être l'objet d'aucune mesure d'instruction ; le jour où ils recouvrent la liberté, ils ne savent même pas quel délit on leur a imputé. Il n'y avait plus nulle part en France de sécurité pour qui que ce fût. Dans les campagnes comme dans les villes, la liberté de chacun était sans cesse menacée par la violence des passions déchaînées. L'attitude la plus révolutionnaire ne suffisait pas à vous protéger ; le persécuteur d'aujourd'hui devenait souvent le persécuté de demain. Celui qui se croyait à l'abri des haines politiques pouvait tout redouter des vengeances privées. C'était bien, suivant la dénomination que l'histoire a consacrée, le Régime de la Terreur.

Le 29 thermidor an II, D'Envers venait reprendre sa place à la séance de l'administration départementale ; il ne devait l'occuper que pendant un temps très court. Un décret du 1er ventôse an III réduisit provisoirement à cinq le nombre des administrateurs du département. L'un des huit membres de l'administration de Seine-et-Oise était malade et dans l'impossibilité de siéger. Les sept autres avaient-ils le droit de procéder en son absence à la réduction prescrite par le décret ? La question ne pouvait guère paraître douteuse ; D'Envers fut chargé cependant par ses collègues de la soumettre au Comité de législation de la Convention, qui décida que l'absence d'un des administrateurs ne faisait pas obstacle à l'exécution de la loi. Le 16 ventôse an III, on procéda à la désignation des cinq membres qui resteraient en fonctions. D'Envers ne fut pas choisi ; il cessa en conséquence de faire partie de l'administration départementale.

VI

La situation de D'Envers était misérable. Sa participation aux affaires publiques, sa longue détention l'avaient empêché de continuer à exploiter la ferme de l'étang de Guillemet ; il l'avait vendue et devait se trouver presque dénué de ressources. N'ayant plus de domicile, il avait loué une chambre à Rambouillet dans la maison du citoyen Dufour, l'un des électeurs nommés en même temps que lui, en 1792, pour le canton de Rambouillet. Cette résolution n'était pas sans danger. Dufour avait exercé les fonctions de maire à Rambouillet pendant la Terreur ; il s'était signalé par ses délations et par la violence de son administration révolutionnaire. Après le neuf thermidor, l'opinion publique longtemps comprimée s'était ouvertement révoltée contre lui. Le 20 pluviôse an III, la société populaire avait tenu une séance tumultueuse dans laquelle on avait dénoncé sa conduite et réclamé son châtiment. D'Envers était donc mal inspiré en venant demeurer chez un homme sous le coup de pareilles menaces et se fixer dans une ville où il avait laissé lui-même de mauvais souvenirs. Il pensait sans doute que la détention, qu'il venait de subir, le mettait à l'abri de tout péril ; il se trompait ; par suite des étranges vicissitudes du temps, après avoir été emprisonné au début de la Terreur, il allait être persécuté comme terroriste.

L'insurrection de germinal avait précipité le mouvement de réaction. Un décret de la Convention ordonna « le désarmement de ceux qui ont participé aux horreurs commises sous la tyrannie qui a précédé le 9 thermidor ». L'exécution ne s'en fit pas attendre à Rambouillet. Le 29 germinal, l'autorité municipale recevait la circulaire du représentant en mission, André Dumont, prescrivant les mesures à prendre. Le jour même, des commissaires étaient désignés ; dès le lendemain, Nicolas Sanson l'aîné, agent national, précédé des commissaires et accompagné de détachements de la garde nationale et de la gendarmerie, procédait au désarmement des habitants « notoirement connus pour avoir participé à la tyrannie qui a précédé le 9 thermidor et pesé sur les citoyens de la commune soit par des dénonciations vagues dans les clubs et sociétés populaires avant et pendant le régime de la Terreur, soit par leur conduite dans leurs fonctions publiques, soit par leurs propos dans la société, soit par le despotisme qu'ils exerçaient sur la liberté des opinions et l'amour bien prononcé de la domination sous les motifs de patriotisme exclusif ». On voit par cette très compréhensive énumération que D'Envers devait nécessairement être atteint. L'agent national fit une perquisition dans la chambre qu'il occupait chez Dufour; mais il n'y trouva pas d'armes.

D'Envers avait protesté contre cette perquisition; les habitants lui en voulaient trop de la part qu'il avait prise aux événements de 1792, pour lui témoigner quelque indulgence. La déclaration des motifs qui avaient déterminé le désarmement rappelle, en ce qui le touche, les moyens qu'il avait employés de concert avec quelques « intrigants » pour exercer une pression sur les assemblées primaires et se faire nommer électeur, la lettre du 3 septembre qu'il avait signée et qui avait « failli occasionner le massacre d'un assez grand nombre de personnes y dénommées et désignées »; elle relate en outre un propos qu'il aurait tenu. A un représentant du peuple, qui annonçait l'arrivée d'une armée révolutionnaire précédée de la guillotine, il avait, disait-on, répondu, en se frottant les mains : « Ah! tant mieux, cela est bon; si nous ne pouvons pas nous faire aimer, au moins nous nous ferons craindre. »

Loin de chercher à faire oublier par son silence les faits qui lui étaient reprochés, D'Envers, qui ne négligea jamais d'user de tous les moyens de procédure à sa disposition, dénonça pour excès de pouvoir au représentant André Dumont la mesure prise contre lui et demanda en même temps au directoire du district de Dourdan de l'annuler comme illégale.

La nouvelle instruction prescrite n'eut d'autre résultat que de mettre encore plus en relief la part qu'il avait prise à la tentative de 1792. Le conseil général de Rambouillet donna un avis défavorable sur tous les points. Le 7 vendémiaire an IV, le directoire du district de Dourdan rejeta la demande d'annulation par une délibération dans laquelle il récapitulait les griefs articulés. Cette délibération constatait notamment que D'Envers, tout en contestant plus ou moins le « propos atroce » qu'on lui imputait au sujet de la guillotine, avait dit que, s'il l'avait tenu, il n'aurait fait qu'user de la liberté des opinions. Elle relevait en outre cette circonstance qu'alors qu'un grand nombre de personnes de cette ville signaient une pétition pour réclamer la mise en liberté de Corteuil, commandant de la garde nationale, qui avait été arrêté en 1793, il avait menacé le porteur de cette pétition de le faire incarcérer. Vainement alléguait-il qu'il avait été lui-même victime de la tyrannie dans ces temps désastreux. Le directoire répondait « qu'on ne peut en conclure qu'il se soit montré l'ennemi de la terreur et des terroristes, parce qu'on sait que le tyran sacrifiait ses secrétaires les plus affiliés à des vengeances particulières, quand il croyait rencontrer des serviteurs plus intelligents qui étaient à leur tour sacrifiés à de nouvelles intrigues ». Mais c'était avant tout sur les événements de 1792 qu'insistait la délibération, en faisant ressortir la perfidie des électeurs, « qui, revêtus de la confiance de leurs concitoyens, l'emploient pour les tromper sur le compte de quelques hommes que désigne leur fureur sanguinaire, qui, sans donner aucune preuve, aucun indice même des projets atroces dont ils les accusent publiquement, cèdent ensuite *humainement* à la démarche que font auprès d'eux les commissaires d'une commune alarmée, veulent bien *faire grâce* à ceux de leurs concitoyens qui ont causé du trouble par leur incivisme et leur turbulence, sans qu'il y ait aucun fait d'incivisme et de turbulence de précisé et même rendu probable, et comme, si ces faits étaient réels, il leur était libre de pardonner ». Enfin le directoire du district déclarait que la perquisition était régulière, puisque D'Envers avait déjà apporté des meubles dans la maison de Dufour et que d'ailleurs la loi du 20 germinal « doit atteindre les terroristes partout où ils se trouvent » (1).

VII

La commune d'Ablis était pendant la Révolution le chef-lieu d'un canton comprenant onze communes qui furent, à la fin de l'an VIII, rattachées à celui de Dourdan sud. L'Administration municipale avait pour président un ancien curé constitutionnel de Craches nommé Querelles; le notaire Coquelin remplissait provisoirement les fonctions de commissaire du Directoire exécutif. Les administrateurs municipaux n'avaient pas vu sans quelque regret cette désignation provisoire. Ils auraient voulu avoir auprès d'eux un homme qui les aidât de son expérience des affaires. « Ils n'ignoraient pas en entrant en exercice qu'ils avaient à parcourir un chemin neuf et par conséquent raboteux; tous donc désiraient un guide qui avec des lumières eût un cœur droit, un caractère liant, avec lequel ils pussent répondre aux vœux de leurs commettants. »

(1) Les documents concernant le désarmement opéré à Rambouillet en germinal an III ont été publiés par M. Lorin dans le tome XIII des *Mémoires de la Société archéologique de Rambouillet*.

Ce provisoire dura peu. Le 29 nivôse an IV, D'Envers fut nommé commissaire définitif. L'importance du canton dut lui sembler insuffisante pour un homme de sa valeur ; le traitement de quatre cents myriagrammes de froment put lui paraître trop modique ; mais cette nomination n'était-elle pas la revanche de la mesure de désarmement prise contre lui quelque temps auparavant ! N'allait-il pas, suivant les termes de la circulaire du ministre de l'Intérieur, être « l'œil du gouvernement », et lui rendre compte de tout ce dont il jugerait à propos de l'informer. Étant donné ce que nous savons de lui, pareille mission était faite pour le séduire. Les administrateurs d'Ablis, d'opinions très modérées, furent plus effrayés que satisfaits. Ils avaient entendu souvent parler de D'Envers ; ils habitaient à proximité d'Orcemont, de Rambouillet, de Dourdan ; ils étaient donc voisins du théâtre de ses exploits antérieurs. Aussi éprouvèrent-ils une appréhension facile à comprendre en apprenant la nomination de ce fonctionnaire qu'ils savaient être « imbu des principes révolutionnaires », et que, malgré l'emprisonnement qu'il avait subi, on persistait à considérer dans toute la région comme « l'un des suppôts du triumvirat » (1). Il leur était impossible de voir en lui le commissaire idéal, « l'ange tutélaire » qu'il avaient rêvé. Cependant, quand il se présenta à la séance du 12 pluviôse pour être installé, ils le reçurent bien, et, lorsque le 24 ventôse il dit avoir vu « dans les journaux » que les fonctionnaires devaient prêter serment de haine à la royauté et demanda qu'il fût fait mention de son serment au procès-verbal, ils accédèrent à cette demande, quelque insolite qu'en pût paraître la forme ; ils tinrent même à

---

(1) C'est avec les mêmes sentiments que fut accueillie dans le canton de Rambouillet la nomination, en qualité de commissaire du Directoire, de Dufour, l'ami de D'Envers. Les plaintes des habitants au sujet de sa conduite privée furent telles qu'il fallut le révoquer en l'an V.

constater qu'ils étaient « empressés à seconder ses vues républicaines ».

Coquelin, à raison de la durée temporaire de ses pouvoirs, avait dû apporter une certaine mollesse dans l'exercice des fonctions intérimaires dont il avait été investi. Semblable reproche ne pouvait être adressé au commissaire définitif. Dès les premiers jours il se signale par son activité infatigable et son ardeur exubérante. Police générale, police municipale, finances, voirie, etc., rien n'échappe à ses investigations. Multiples sont les séances tenues pour entendre formuler ses demandes. Il parcourt les communes, recherchant toutes les irrégularités, sans tenir compte des usages établis, sans ménagements pour les personnes. Les administrateurs font droit à ses réquisitions, même à celles qu'ils doivent juger excessives. C'est ainsi que, le 11 prairial an IV, il décident, sur sa proposition, que « il est défendu à tout citoyen de jouer au jeu de paume dans les rues et places publiques du canton sans une permission du commissaire ». On ne rompt pas en visière avec toutes les habitudes des populations sans exciter beaucoup de mécontentements. D'Envers ne tarda pas à s'aliéner non seulement la majorité des administrateurs, mais encore la plupart des habitants.

Toujours animé des mêmes sentiments de basse envie, il persécute à nouveau la veuve Olivier, dont le domaine d'Orsonville était situé dans le canton d'Ablis. Le comité de législation de la Convention avait, le 17 germinal an III, ordonné sa radiation de toutes les listes d'émigrés et levé le séquestre apposé sur ses biens. D'Envers ne pouvait donc plus obtenir l'arrestation de son ancienne victime; mais, se fondant sur ce qu'elle n'était qu'usufruitière de ses terres, dont l'État avait la nue propriété, il prétendit que l'administration devait exercer contre elle une revendication à raison de la vente d'arbres qu'elle avait

fait abattre. Les administrateurs s'étant refusés à admettre sans examen ses conclusions, il se fâcha, les prit à partie et écrivit, le 12 prairial, au commissaire départemental :
« Le parti favorable à cette veuve a cru devoir se fortifier ou m'en imposer par sa présence, ce dont je n'ai pu douter hier, lorsque, commençant la lecture des lois, un bruit confus et l'empressement du président et des administrateurs à se lever et mettre le chapeau dont ils sont toujours couverts à la main avec des marques de respect m'a fait connaitre qu'il entrait quelqu'un d'extraordinaire et que l'on attendait (je tourne le dos à la porte). Ayant tourné la tête, j'ai aperçu la veuve Olivier accompagnée de quelques amis et valets et d'une autre femme. Lorsque tout le *brouaa* a été fini et tout le monde assis après la veuve Olivier, j'ai continué ma lecture. Ensuite de quoi le président a proposé un avis très peu motivé et que l'on aurait adopté, si le développement et l'étendue de mes conclusions tirées des clauses du testament sur lequel on s'appuyait pour établir les droits de cette veuve n'avaient engagé une nouvelle discussion où chacun des membres de l'administration s'empressèrent à l'envie de se prononcer le défenseur de la veuve Olivier ou d'appuyer ce qu'elle a cru devoir dire pour sa défense, et des *rit* insultants ont été employés. Vous ne serez peut-être point étonnés de ces discussions toujours scandaleuses pour l'homme intègre, lorsque vous saurez que plusieurs agents municipaux sont les fermiers de cette veuve, que le président, qui montre assez souvent sa déférence pour les ci-devant seigneurs et qui est l'ami de la veuve Olivier, est un ancien curé qui a renoncé à l'exercice du culte, que deux autres agents ou adjoints sont aussi d'anciens curés du canton exerçant encore, qu'un autre me paraît être le *maitre-jacque* d'une famille dont les biens sont sous le séquestre, et tous les autres

des cultivateurs que la crainte de se faire des ennemis rend très circonspects ou favorables à toute demande. Cette lettre n'est point pour vous faire une plainte, je serais même fâché qu'elle donne occasion à la plus petite démarche de votre part. Je me connais assez de fermeté pour soutenir les intérêts de la République sans aucun égard que ceux que demande la justice. Mais la tournure que la première affaire de la veuve Olivier a prise prouve qu'elle a des amis, l'influence qu'elle exerce ici, l'intérêt direct ou indirect que pourrait prendre dans l'affaire présente l'un des membres du conseil des Cinq-Cents, Doulcet de Pontécoulant, qui serait, je crois, héritier dans le cas où ce ne serait pas la femme Chabanet, émigrée, m'engage de vous donner connaissance de ce qui se passe à cette occasion... »

Plus d'une fois D'Envers revint sur cette affaire, ne cessant de se faire gloire de son ardeur à défendre les intérêts de l'État. C'était beaucoup de bruit pour rien. D'après son estimation les arbres abattus valaient 40 000 livres. Or l'avis final donné par la Régie le 24 primaire an V est ainsi conçu : « Il n'y a aucune action à intenter contre elle (la veuve Olivier) à raison des arbres qu'elle a abattus, car il s'agit d'arbres morts ou mourants et de souches; cet abattage permettra d'utiliser une partie de terrain inculte. » On voit quelle était la bonne foi du commissaire cantonal d'Ablis.

Les circonstances dans lesquelles eut lieu l'adjudication du domaine du Bréau, situé dans la commune de Boinville-le-Gaillard, entraînèrent une véritable déclaration de guerre entre lui et l'Administration municipale. Le prince de Rohan-Rochefort et le cardinal de Rohan étaient propriétaires de ce domaine de 72 arpents composé d'un château, de divers bâtiments, d'une terrasse, d'un parc. Par acte notarié du 11 août 1775, ils en avaient cédé l'usufruit au marquis et à la marquise d'Arbouville. Les princes de Rohan ayant émigré et la marquise d'Arbouville ayant quitté la France, le ministre de l'Intérieur ordonna d'apposer les scellés sur les meubles et effets se trouvant dans la propriété. D'Envers, alors administrateur du district de Dourdan, fut chargé de cette mission; le marquis d'Arbouville fit valoir ses droits et obtint la levée des scellés. La mort de celui-ci étant survenue, le commissaire d'Ablis, qui n'avait pas perdu de vue le domaine du Bréau, exposa cette situation à l'Administration municipale. Le 26 vendémiaire an V, elle procéda à l'adjudication du domaine. Deux enchérisseurs seulement se présentèrent : Bridard, jardinier à Chatignonville, et D'Envers. Ce dernier fut déclaré adjudicataire au prix de 2825 livres.

Les administrateurs furent indignés; ils prétendirent que Bridard était d'accord avec le commissaire, qui avait abusé de son autorité pour faire inscrire dans le cahier des charges des clauses de nature à écarter tout autre enchérisseur. Cette accusation était-elle fondée? Ce qui est certain, c'est que D'Envers commit à cette occasion une sorte de faux. L'adjudicataire était tenu de fournir une caution avant d'entrer en possession; il avait fait mentionner dans l'acte en cette qualité sa femme E. Ferrand. Celle-ci n'ayant pas été agréée, il avait retiré son nom et ajouté au-dessous de la signature de Querelles, qui était intervenu comme président de l'administration, le mot « caution ». Querelles n'avait pas été prévenu; après avoir hésité d'abord à ratifier l'addition faite à son insu, il finit par s'y refuser, car un tel procédé « ne peut se digérer aisément ».

Les administrateurs ne crurent pas devoir garder le silence; ils firent appel à l'opinion publique du canton qui, disaient-ils, est tellement hostile au commissaire du Directoire qu'il a lui-même « avoué avec franchise ne s'y connaître que des ennemis ». Ils résumèrent leurs griefs dans un mémoire adressé à l'Administration départementale. L'adjudication fut déclarée nulle ; l'Administration municipale décida qu'une nouvelle adjudication aurait lieu et que D'Envers serait tenu d'évacuer les lieux avant le 16 pluviôse. Il avait en effet, sans attendre, pris possession du château ; il s'y était installé avec sa famille dans les pièces restées libres ; il avait en outre coupé un taillis, ensemencé une partie du jardin et labouré les allées du parc.

Suivant son habitude, D'Envers se posa en victime. Il lut, à la séance du 6 nivôse, une déclaration dans laquelle il exprimait sa douleur de se voir obligé de poursuivre ses persécuteurs. Je crois devoir reproduire ce document, qui est un modèle d'impudente hypocrisie : « Citoyens administrateurs, la véracité et la franchise de mon caractère m'engagent à vous exposer la position délicate et fâcheuse où je suis. Vous connaissez mon zèle pour la chose publique et ma fermeté pour l'exécution des lois ; mais vous ne connaissez pas la sensibilité de mon cœur et la peine qu'il éprouve lorsqu'un impérieux devoir le force à occasionner des peines à quelqu'un. Telle est cependant la cruelle alternative où je me trouve : m'exposer aux plus grandes peines par l'oubli de mes devoirs, ou provoquer la rigueur des lois contre plusieurs d'entre vous. Accusé de prévarication dans mes fonctions par l'un de vos membres, menacé par lui de rompre ou de ployer, je n'ai même pas le choix, et tous les moyens de tolérance me sont interdits. L'expérience m'a trop appris à connaître les hommes pour ne pas être persuadé que, de telle manière que je me conduise dans cette circonstance, j'augmenterai le nombre de mes ennemis ; mais cette même expérience m'a appris aussi que l'homme juste, qui a rempli ses devoirs, en trouve la récompense dans son cœur et ne doit point l'attendre des autres. J'ai donné plus d'une fois des preuves que la crainte a peu d'empire sur moi ; mais, jaloux de ne jamais m'écarter des principes de justice qui ont désigné ma conduite jusqu'à ce jour, je ne dissimulerai point que j'ai craint que la conduite tenue par quelques membres de l'administration dans plusieurs affaires, les vaines tracasseries ou, j'ose dire, les vexations que l'on m'a fait éprouver ne me fassent *voir les choses avec une oreille trop sévère*, m'a engagé à consulter sur la première un homme dont la prudence, la justice et les lumières sont reconnues et je l'invite à m'ouvrir quelque voie qui concilie mon devoir et les vœux de mon cœur. Quant au second, je dois à la confiance dont m'honore le Directoire exécutif, comme l'un de ses agents ; je dois aux citoyens qui m'ont accordé la leur d'après l'examen de ma conduite, je dois aux administrés, à moi-même et à ma famille la poursuite d'un calomniateur d'autant plus dangereux qu'il est revêtu d'une fonction honorable, et c'est à quoi je me dispose. Pour quoi je demande qu'il soit fait mention au procès-verbal de ce que je viens de dire, et que la copie que je dépose sur le bureau soit déposée aux archives de l'administration. »

Il remit en outre une réponse à la « diatribe » des administrateurs, à « cet écrit si jésuitiquement rédigé » qu'on avait inséré au Registre des délibérations pour « transmettre à la postérité l'odieux que l'on s'efforce d'appeler sur sa personne ». Il y réfutait les accusations dirigées contre lui quant à la politique ; mais il était très bref en ce qui concernait l'adjudication du Bréau ; il se bornait à cette phrase : « La prudence, qui jusqu'à présent l'a empêché d'agir ou répondre à tout ce qu'il a plu de dire ou faire à cette occasion, arrêtera encore sa plume; il dira seulement qu'il est reconnu que, y compris les charges, il payait le loyer de cette maison 1200 francs par année de plus qu'elle ne valait, et qu'il avait commencé à la soustraire aux dévastations qui se commettaient journellement dans son enclos. » Il terminait en déclarant que, tant qu'il exercerait des fonctions publiques, il n'aurait d'autre ambition que « celle d'être le fléau et l'ennemi des brigands, des fripons et de tous ceux qui par eux-mêmes ou par leurs inclinations et discours troublent l'ordre social ».

Les administrateurs ayant refusé l'insertion des deux écrits du commissaire, celui-ci, à la séance suivante, se présenta à la barre et prononça un long discours pour protester contre ce refus : « Toujours flatté, dit-il, de rentrer dans le rang honorable de simple citoyen, je dépose un instant le caractère dont je suis revêtu. » Il résumait en ces termes son argumentation : « Vous est-il permis de transmettre à la postérité l'odieux que cet écrit jette sur un citoyen, en l'insérant au Registre de vos délibérations? Je consulte la raison, je consulte l'article 2 des Droits de l'homme, et je réponds *affirmativement* non. »

Tout en payant d'audace, Delaine D'Envers n'était pas sans appréhension. Le 2 nivôse, il écrivait au ministre de l'Intérieur (1) : «... Si des hommes, qui ne m'aiment pas parce qu'ils redoutent l'œil clairvoyant de l'agent du gouvernement qui ne connaît que la plus impartiale justice et la stricte exécution des lois, parvenaient à forger quelque plainte, je n'occuperai pas vos moments, par des détails qui seraient trop longs, et je me bornerai à vous assurer que je continuerai, par l'autorité et la vigilance qui ont dirigé ma conduite jusqu'à ce jour, à surmonter les difficultés et les entraves que la faiblesse du plus grand nombre

(1) Archives nationales FBII, Seine-et-Oise, 6.

des agents et adjoints composant l'administration municipale et l'astuce et la mauvaise volonté des autres pourraient mettre à la marche des affaires. » Le 6 pluviôse c'était à l'Administration départementale qu'il s'adressait pour lui faire connaître « les vaines difficultés » qu'on avait soulevées contre lui, « les vexations » qu'il avait essuyées. Ne pouvant discuter les faits, il les dénaturait ; il prétendait que la nullité de l'adjudication du domaine du Bréau avait été prononcée par application de la loi de 1793 sur les bois domaniaux ; il demandait à rester dans le château jusqu'au 21 brumaire et à être remboursé de 54 livres dépensées par lui pour enregistrement, etc. Faisant ressortir la bienveillance de l'administration pour les héritiers d'Arbouville et la dureté qu'elle avait montrée envers lui, il ajoutait : « C'est un chaos de vexations d'un côté et de considération de l'autre que ma délicatesse ne me permet pas de débrouiller. »

Le directeur de la Régie, appelé à donner son avis, n'eut pas de peine à débrouiller ce chaos. Il rétablit la vérité ; sa conclusion fut des plus nettes. Si l'adjudication a été annulée, c'est uniquement parce que D'Envers n'a pu fournir la caution exigée. Loin d'avoir quoi que ce soit à réclamer, il doit quitter le Bréau dans le plus bref délai et payer à la République une indemnité tant à raison de son indue jouissance qu'à raison des dégradations qu'il a commises dans le domaine.

D'Envers, dans chacun de ses rapports au commissaire départemental, mettait en opposition l'égoïsme des administrateurs avec les qualités exceptionnelles qui distinguaient le commissaire du canton d'Ablis : « La tranquillité, avait-il écrit le 20 frimaire an V, règne généralement dans ce canton. Les opinions politiques y sont subordonnées à l'intérest particulier. L'exécution des lois n'éprouve aucune difficulté marqué ; mais la surveillance la plus active jointe à une fermeté sans rigueur et aux instances les plus pressante ne peuvent surmonter les lenteurs et les entraves qu'éprouve toute celles qui touche à l'intérest particulier ou qui contrarie l'égoïsme... Le zèle, l'activité et la vigilance dont jay donné plus d'une fois la preuve depuis la révolution et notamment lorsque j'était membre du département vous réponde de celui que je mettré toujours à vous secondé pour que les lois, les ordres du gouvernement et la Constitution soit exécuté avec célérité et exactitude (1). » Il écrivait encore, le 8 pluviôse : « L'esprit public est toujours le même, l'intérêt personnel, le patriotisme après pour la majorité ; quelques administrateurs mécontents de moi

---

(1) Dans les nombreuses citations des écrits ou des discours de D'Envers, j'ai jugé inutile de reproduire son orthographe fantaisiste. Ce spécimen paraîtra suffisant.
Il ne se contentait pas d'attaquer les administrateurs dans ses rapports officiels. Le 12 pluviôse, il écrivait à Lagarde, secrétaire général du Directoire au sujet de Le Page, agent de la commune de Chatignonville, qui disait avoir des relations avec lui : « Il cherche ainsi à se donner un relief qui seconde les efforts qu'il fait pour capter l'opinion, en discutant sur tout, même sur la justice et l'injustice des lois ou arrêtés du Directoire, ce qui m'oblige quelquefois de le faire rappeler à l'ordre. » D'Envers ne devait pas avoir de sympathie pour un administrateur, qui, comme lui, se plaisait à discuter sur tout. Aussi ne le ménage-t-il guère : « Ce citoyen, ajoute-t-il est du département du Loiret ; on croit qu'il a servi quelque officier, en qualité de domestique ou de palefrenier, jusqu'au jour où il est entré en service chez Mme Duvy en place au service de cocher, et où il me paraît encore remplir les devoirs de maître Jacques de second ordre. » Combien ce qualificatif, dont il usait volontiers, n'était-il pas méprisant sous sa plume ! Il termine suivant sa coutume, en faisant valoir les services qu'il ne cesse de rendre ; « Ce n'est pas à Paris seulement que les agents du gouvernement ont besoin de cette fermeté et de ce zèle si nécessaire à surmonter les difficultés et les entraves que l'habitude du désordre oppose à l'exécution des lois et les dégoûts que l'on cherche à leur donner en voulant les avilir. » Comme preuve à l'appui il envoie à Lagarde deux exemplaires imprimés des écrits dont l'administration municipale venait de refuser l'insertion dans ses procès-verbaux, espérant sans doute que le Directoire en aurait connaissance par l'intermédiaire de son secrétaire (Archives nationales, AFIII, 803).

pour les raisons qui vous sont connues ; d'autres que l'on ne peut compter que pour la signature. » Puis l'insinuation finale : « Toujours même difficulté de se procurer des renseignements sur les grandes propriétés nationales par les agents dont une partie sont au service des soumissionnaires. » Les éloges qu'il ne cessait de se décerner ne touchaient guère Brunet, alors commissaire du Directoire près l'Administration centrale. Quelle n'eût pas été la stupeur de D'Envers s'il avait lu cette note confidentielle donnée par son supérieur hiérarchique : « Les faits imputés au citoyen Deleine sont très graves et tiennent du faux. Il est au surplus absolument incapable. Il est inculpé d'avoir été autrefois persécuteur, et il en existe quelques traces au bureau des émigrés, affaire Olivier. »

Les séances municipales étaient de plus en plus orageuses. A celle du 23 ventôse an V, le secrétaire avait rendu compte de ce qui s'était passé le matin même. Le commissaire l'avait sommé de lui remettre la correspondance adressée aux administrateurs afin de pouvoir en prendre connaissance avant eux ; sur son refus, il avait déclaré dresser procès-verbal contre lui. Une discussion des plus violentes s'engage. Le commissaire dit « qu'étant placé pour surveiller, il a le droit de tout voir ». On lui répond que les administrateurs ne demandent pas à prendre connaissance de sa propre correspondance, qu'ils ne refusent même pas de lui communiquer la leur, mais veulent que ce soit seulement après qu'ils l'auront lue : « Ce sont des paroles jésuitiques », réplique le commissaire. Les administrateurs décident que la correspondance sera ouverte par le président, puis cachetée et transmise à ses collègues. Le 12 floréal, D'Envers élève une autre prétention, celle d'empêcher le président de prendre part aux discussions ; il lit un réquisitoire ainsi motivé : « Considérant que toute assemblée délibérante doit discuter et délibérer avec ordre, que le président ne doit jamais prendre la parole pour discuter, que toute discussion de sa part est inconstitutionnelle et subversive de l'ordre et propre à mettre de la confusion dans les délibérations puisque alors l'assemblée n'est plus présidée. » Il est presque superflu d'ajouter que l'assemblée passa à l'ordre du jour.

L'Administration centrale de Seine-et-Oise, saisie des plaintes adressées des deux côtés, comprit la nécessité de mettre un terme à une lutte aussi acerbe; elle décida d'entendre le commissaire d'Ablis ainsi que plusieurs administrateurs. Les griefs articulés de part et d'autre donnèrent lieu à des récriminations qui ne firent qu'envenimer encore les dissentiments, comme le constate ce passage du procès-verbal : « Ces débats affligeants terminés, l'Administration centrale par l'organe de son président a invité les administrateurs municipaux et le commissaire du Directoire exécutif à vivre plus fraternellement et en meilleure intelligence; mais elle a eu la douleur de voir que les esprits étaient tellement aigris qu'il n'était pas possible de l'espérer et que ces citoyens n'ont pu se déterminer à lui promettre de sacrifier leurs ressentiments à l'intérêt public qui exige l'union d'esprit et de sentiments entre des magistrats appelés à travailler en commun. »

Le 14 fructidor an V, l'Administration centrale rend sa décision. Elle déclare que « les torts étant réciproques, les reproches doivent frapper également et les officiers municipaux et le commissaire du Directoire exécutif ». Toutefois les termes mêmes de l'arrêté montrent clairement que c'est ce dernier surtout qu'elle entend incriminer. Elle invite, il est vrai, les administrateurs municipaux à transcrire sur leurs Registres les mémoires de D'Envers et à ne plus s'écarter à l'avenir de cet esprit de modération et d'impartialité qui doit caractériser les magistrats du peuple; mais les termes sont autrement sévères en ce qui touche le commissaire : « Déjà vieilli comme il l'annonce dans les fonctions administratives, il aurait dû n'employer ses talents et ses lumières qu'à diriger vers le bien public des fonctionnaires peu versés dans cette partie. Loin d'avoir fait usage de ces moyens, il est constant que son caractère plutôt raide que ferme a provoqué seul les refus dont il se plaint. » Ne pouvant prononcer sa révocation, les administrateurs départementaux se bornent à inviter le commissaire central « à transmettre au Directoire exécutif son opinion particulière sur la conduite et la moralité du commissaire d'Ablis ». Or elle devait savoir quel était à cet égard le sentiment du commissaire central, Chandellier, qui, le 30 prairial précédent, qualifiait ainsi son subordonné : « Homme immoral, sans vertus et sans moyen pour faire le bien; détesté de son canton et des membres de la municipalité qu'il persécute; bon à remplacer; c'est l'avis de mon prédécesseur, et c'est aussi le mien. »

VIII

Le coup d'État du 18 fructidor sauva D'Envers. Par application de la loi du 19 fructidor, qui annulait toutes les opérations électorales de Seine-et-Oise du mois de germinal précédent, les pouvoirs de la plupart des administrateurs du canton d'Ablis prenaient fin; cinq seulement restaient en fonctions. Ils tinrent séance le 1er jour complémentaire de l'an V. Se conformant à la décision de l'Administration centrale, ils ordonnèrent la transcription sur le Registre municipal des deux écrits du commissaire, moyennant quoi « tout ce qui a été dit et fait jusqu'à ce jour est regardé comme non avenu ». Cette première victoire ne suffit pas au commissaire du Directoire. Voulant assurer sa domination absolue et aussi se venger des employés qu'il n'avait pas trouvés assez dociles, principalement du secrétaire, il fit prendre cette étrange délibération dont le texte trahit le rédacteur : « Considérant que sur les plaintes plusieurs fois et depuis longtemps du peu d'ordre, d'activité et d'économie qui existaient dans une partie de l'administration, elle avait déjà décidé qu'elle s'en occuperait. Considérant que l'invitation susvisée est fondée sur différents écarts que s'est permis son secrétaire, dont il a eu connaissance. Considérant enfin qu'il est de la plus grande urgence de rétablir l'ordre, l'activité si désirée par toute administration sage... Le citoyen Labbé, secrétaire de l'administration, à partir de ce jour, le citoyen Bélime, employé de bureau, et le citoyen Renault, garçon de bureau, cesseront aussi leurs fonctions à partir du 1er vendémiaire prochain. L'administration, désirant donner à ses bureaux le degré d'activité, de régularité et d'économie qu'exige le devoir de ses fonctions, reconnaissant *qu'elle ne peut trouver dans le canton un citoyen qui atteigne ce but et jouisse d'une confiance aussi méritée que le citoyen* Delaine D'Envers, accepte la soumission faite par ce citoyen de se charger généralement de tout le travail des bureaux, de tel genre et de telle qualité qu'il puisse être, lequel se fera en minute et expédition par ses mains ou des employés qui seront agréés par l'administration et spécialement celui qui signera comme secrétaire, ledit citoyen D'Envers ne pouvant le faire à raison de ses fonctions, de pourvoir à ses frais à l'entretien et fourniture de tous les objets et ustensiles à l'usage des bureaux et salle des séances, ainsi qu'aux bois de chauffage, lumière, monture du poële, propreté et garde des bureaux, papier, encre, plumes, envoi et réception de la correspondance à la poste et dans les communes... Au moyen de quoi il lui sera payé la somme de 1800 livres par an, par douzième de chaque mois et en numéraire... »

Le 3 vendémiaire an VI, a lieu une nouvelle séance. Certains administrateurs, après réflexion, avaient trouvé cette délibération tellement exorbitante que trois d'entre eux (sur cinq) protestèrent. Le commissaire affirma la pureté de ses intentions. Ne venait-il pas d'ailleurs de donner une nouvelle preuve de son dévouement en se fixant avec sa famille à Ablis, ce qui lui permettrait d'employer mieux encore « ses faibles talents et son expérience pour l'utilité des habitants du canton »! On ajourna la solution à la séance suivante, et, en attendant, on procéda au remplacement des membres exclus par application de la loi du 19 fructidor. Sous l'influence des événements politiques on élut de nouveaux membres favorables au commissaire. Aussi, le 10 vendémiaire, l'Administration municipale reconstituée confirma par dix voix contre trois la délibération relative aux bureaux.

Le triomphe de D'Envers était complet. Il devenait le maître de la place à laquelle il avait livré tant d'assauts. Aucune résistance n'était plus à redouter; le personnel des bureaux lui appartenait; c'était lui qui désormais rédigeait les procès-verbaux, disposait de la correspondance des administrateurs. Avec quelle virulence n'eût-il pas dénoncé un pareil abus, s'il eût été commis par un autre que lui! Dans quels termes indignés n'eût-il pas stigmatisé ce traité par lequel un commissaire du Directoire, méconnaissant tous ses devoirs, se chargeait à forfait du personnel, du matériel, du chauffage, du nettoyage, du montage du poêle!

Il ne se contentait pas d'ailleurs d'absorber en lui toute l'administration municipale; il voulait encore empiéter sur le domaine de la justice. Le coup d'État de fructidor avait momentanément fait régner le silence dans le canton ; au bout de quelque temps on osa élever un peu la voix. Certains habitants avaient adressé une plainte et essayé d'obtenir la nomination d'un juge de paix indépendant. Le 29 frimaire an VI, D'Envers envoya à ce sujet un long mémoire au commissaire central. Ces plaintes, disait-il, lui faisaient voir que « le petit nombre de machine à party » qui existaient dans le canton d'Ablis commençaient « à revenir de l'étourdissement occasionné par le coup de fructidor ». Il demandait qu'on lui indiquât les noms des signataires de la plainte, et ajoutait : « L'on dit qu'au tribunal de police je suis commissaire et défenseur dans les mêmes affaires, qu'après avoir dénoncé, exposé les faits et pris des conclusions, j'ôte ma bricole (pour me servir du même terme), qu'alors je défends celui que je viens de mettre en cause, et qu'ensuite, reprenant le caractère d'officier du ministère public, je prends de nouvelles conclusions. Cette absurdité ne mériterait sans doute aucune réponse, car, pour qu'il y ait une idée de vraisemblance, il faudrait que l'on ait ajouté que moi qui exécuterais et le tribunal qui souffrirait une pareille contravention, aient perdu l'esprit et la raison, ainsi que tous les auditeurs, qui sont toujours nombreux. » Bien entendu il exagérait les termes de la plainte pour rendre sa réponse plus facile. C'était seulement dans les affaires civiles, prétendait-il, qu'il lui arrivait de prendre la parole pour les plaideurs, leur rendant en cela un service gratuit ; il reconnaissait également qu'il acceptait parfois le rôle d'arbitre dans les différends de famille, cueillant ainsi « des roses qui le dédommageaient des épines qui entourent les fonctions publiques ». Il trouvait tout naturel qu'un fonctionnaire public intervînt ainsi dans les contestations privées ; il s'étonnait qu'on le représentât comme étant « tout dans le canton, commissaire, juge de paix, municipalité, secrétaire ». Ce reproche avait été déjà formulé quelques mois auparavant. « A cette époque, écrivait-il, j'y avais répondu par le persiflage ; aujourd'hui où les hommes ont changé de place ils n'en méritent aucune. » Comme toujours, il finissait par son apologie : « J'ai déjà donné bien des preuves de fermeté et constance à soutenir toutes les vexations, privations et dégoûts qui ont été employés pour se débarrasser de mon active surveillance ; mais je n'aurai jamais à me faire le reproche de quitter des fonctions, où j'ai lieu de croire que je suis utile, que par un ordre exprès ou l'impossibilité de la remplir, et je ne me lasserai jamais de faire des sacrifices à la patrie que lorsqu'il ne m'en restera plus à faire. »

D'Envers trouva-t-il que l'administration municipale ne lui était pas encore assez soumise ? Toujours est-il qu'à la séance du 14 ventôse an VI lecture fut donnée d'un arrêté du Directoire prononçant la destitution de dix agents ou adjoints du canton d'Ablis. Il est permis de supposer que le commissaire avait provoqué cette exécution. L'abdication de l'administration municipale, la faveur que le gouvernement accordait au commissaire du Directoire, en tolérant toutes ses intrusions, en destituant les administrateurs qui faisaient preuve de quelque indépendance, avaient produit leur effet : D'Envers était l'homme le plus redouté du canton. En germinal an IV, il fut désigné par l'assemblée primaire pour faire partie de l'assemblée convoquée à Versailles afin d'élire les membres des Conseils législatifs.

A la séance municipale du 1er floréal, avait été présenté un *Compte moral rendu par les administrateurs sortants aux administrateurs entrants ;* c'était une véritable apothéose. L'auteur, incontestablement D'Envers, commence par déclarer qu'il s'abstiendra de rappeler le passé, ce qui ne l'empêche pas de donner immédiatement ce résumé des faits antérieurs au 14 fructidor : « Le lieu des séances changé en arène où les passions de quelques hommes sur les opinions desquels nous ne prononcerons point s'exaspéraient et où des magistrats du peuple ne craignaient point de rendre le public témoin de leur emportement, les bureaux un foyer d'intrigues où l'on s'occupait plus de la rédaction de quelques libelles que de celle des affaires générales d'administration; nous n'aurions point rappelé à votre souvenir les scènes scandaleuses si la suite de cette mésintelligence entre le commissaire du Directoire exécutif et quelques administrateurs, qui s'étaient rendus les dominateurs, n'avait amené le désordre dans les affaires de l'administration, le découragement des bons citoyens qui aiment la paix, les plaintes des administrés et les reproches des autorités supérieures. » Au tableau si sombre de la situation ancienne le compte rendu oppose celui de l'état présent. A peine le commissaire d'Ablis avait-il délivré le canton de la tyrannie des administrateurs et pris tout en main que les abus disparurent : « Les administrateurs ne sont plus exposés à des pertes de temps ; les bureaux sont ouverts de huit heures du matin à six heures du soir; à toute heure, à tout moment on trouve quelqu'un pour répondre; les petites exactions que commettait l'ancien secrétaire ont cessé. » Il n'est pas jusqu'au style administratif qui n'ait été heureusement modifié; « la clarté et la précision dans les projets présentés par le bureau à la discussion des administrateurs ont succédé à un style dénué de principes et des formes administratives souvent arbitraires et entortillées ». On voit quelles étaient la correction et la netteté du nouveau style inauguré à Ablis par D'Envers.

IX

Un des privilèges dont jouissaient les commissaires du Directoire et que D'Envers appréciait le plus était celui de prendre la parole à l'occasion des fêtes nationales instituées « pour entretenir la fraternité entre les citoyens et les attacher à la Constitution, à la patrie et aux lois (1) ». Il se figurait être un orateur aussi bien qu'un écrivain; il ne doutait pas que par l'influence de sa parole il parviendrait à inculquer aux habitants du canton d'Ablis les vertus civiques dont il les jugeait dépourvus.

Dès le 19 floréal an IV, il prononçait un discours à la fête des époux, la première fête nationale célébrée depuis son entrée en fonctions; il fit de même à celles qui suivirent. La municipalité ne se mettait pas en frais pour ces solennités; on dressait autour de l'arbre de la Liberté orné de couronnes, de rubans tricolores, un autel de la Patrie des plus simples. C'est là que se rendait le cortège escorté par des gardes nationaux et des gendarmes. Parfois on avait omis de célébrer certaines fêtes. D'Envers s'en plaignit. Le 12 floréal an V, à l'époque où le conflit qui avait éclaté entre lui et l'Administration municipale était le plus aigu, il présenta un réquisitoire pour rappeler les administrateurs à l'observation des lois concernant les fêtes nationales. Ceux-ci, qui attachaient plus d'importance au bon état des finances qu'à l'éclat des fêtes, prirent la délibération suivante : « Considérant que, s'il est de son devoir d'exécuter et faire exécuter les lois, son devoir est aussi d'économiser les deniers du peuple et de ne les employer qu'à des objets d'utilité indispensable, — Arrête que les lois relatives aux fêtes nationales auront leur pleine et entière

(1) Constitution de l'an III. — Art. 301.

exécution et qu'il sera fait à cet égard le moins de dépense possible. » Par application de ce principe, ils votèrent pour la fête de la Reconnaissance, fixée au 10 prairial, une somme de 6 francs, qui ne permettait certes aucune prodigalité.

Cependant les fêtes nationales ne tardaient pas à être de plus en plus délaissées. Le commissaire d'Ablis écrivait, le 16 fructidor : « Les fêtes nationales pendant longtemps négligées avaient repris une espèce de consistance ; les discours et la simplicité du programme sans dépense qui ont eu lieu à la fête de la Reconnaissance et de l'Agriculture avaient paru généralement adoptés et faisaient espérer que ces fêtes ne tarderaient pas à répondre aux vœux du législateur ; depuis elles se font, mais avec une insouciance marquée ; celle des Vieillards hier était une espèce de dérision, malgré le beau temps et un jour de repos. Le président, un agent et moi, accompagnés de 6 gendarmes, ont fait le tour de l'arbre de la Liberté sans dire un mot, et sommes rentrés. Voilà la fête. »

A partir de l'an VI, D'Envers était devenu le véritable directeur de l'administration municipale, il inspirait et décidait tout. Il pouvait enfin régler à sa guise le cérémonial des fêtes et faire insérer dans les procès-verbaux le compte rendu détaillé de ces solennités, en donnant souvent intégralement le texte des discours qu'il y prononçait. C'était d'ailleurs une faveur qu'il se réservait. Si un autre assistant prenait la parole, il se contentait de mentionner le fait ou de résumer en quelques mots l'allocution.

Aucun sujet n'effrayait le commissaire du Directoire. C'était avec la même assurance qu'il parlait de politique, d'histoire, de morale ou de religion. On se rend compte sans peine de la méthode qu'il appliquait pour la préparation de ses élucubrations oratoires. Lorsqu'on les lit, on est frappé de certaines phrases étranges qui font contraste avec celles qui les précèdent ou qui les suivent : les unes, quand elles ne sont pas son œuvre propre, ont été grossièrement défigurées ; les autres sont certainement copiées. Il était fasciné par l'éloquence déclamatoire d'alors ; il aimait ces discours « retentissants mais vides où la parole marche sans la pensée, où l'on ne saisit qu'un bruit, une sonorité qui étonne l'oreille et la séduit aux dépens du jugement(1) ». Il se plaît à émailler ses allocutions des grands mots à effet dont les orateurs du temps étaient si coutumiers ; il cherche à éblouir son auditoire par des images, des prosopopées parfois si maladroitement reproduites qu'elles semblent la caricature du style révolutionnaire. Quant aux modèles, le choix était facile. A Paris, en province, à l'occasion de chaque cérémonie civique, les représentants du gouvernement faisaient étalage de leur talent oratoire, et les discours emphatiques des personnages les plus importants étaient répandus par les journaux. François de Neufchâteau ne se bornait pas à tracer dans ses nombreuses circulaires les programmes des fêtes ; il fournissait aux orateurs des canevas de discours. Au commencement de l'an VII, Dubroca, « le Bossuet des Théophilanthropes », avait publié un Recueil « infiniment commode, disait l'éditeur, pour les citoyens qui sont chargés de prononcer des discours pour les fêtes nationales (2) ».

D'Envers pratiquait de larges emprunts partout où il pouvait. La cérémonie funèbre célébrée le 1er brumaire an VI en l'honneur du général Hoche en offre un exemple typique. Après avoir dit combien il était intéressant pour les vrais républicains d'entendre prononcer l'éloge d'un héros victime de la liberté au pied des autels « où tant de

---

(1) Rocquain. *Notes et fragments d'histoire*, p. 136.
(2) Voy. A. Mathiez, *op. cit.*, p. 171.

fois la superstition à béni les chaînes des peuples, où tant de fois cette chaire a retenti de l'éloge des tyrans », il continue ainsi : « Il n'est plus. Ce cri lugubre a volé d'une extrémité de la France à l'autre. Il n'est plus. — L'un des plus fermes appuis de la République, le vainqueur de Wissembourg, Quiberon et du Rhin, l'immortel pacificateur de la Vendée, Hoche n'est plus. — Il n'est plus. — Mais sa dépouille mortelle seule a péri... » L'élan oratoire se soutient; dans chaque alinéa reviennent ces mots : Il n'est plus. Or, le 10 vendémiaire précédent, une cérémonie funèbre avait eu lieu à Paris au Champ de Mars. Les membres du Directoire, des deux Conseils, les plus hautes autorités y assistaient. La Réveillère-Lépeaux avait prononcé un éloge de Hoche qui fut reproduit par la presse et dans lequel on lit les phrases suivantes: « L'un des plus fermes appuis de la République, le vainqueur de Wissembourg, de Quiberon et du Rhin, l'immortel pacificateur de la Vendée, Hoche n'est plus. Ce cri lugubre a volé d'une extrémité de la France à l'autre, etc. »

Le 3 vendémiaire précédent, D'Envers avait déjà pris la parole à l'occasion de l'anniversaire de la fondation de la République. Cette fois l'œuvre était plus personnelle. Les idées qu'il exprime sont celles qu'on retrouve dans tous les discours officiels de l'époque ; la forme est la même, mais il a voulu la rendre plus éloquente et lui donner plus d'éclat en accumulant à plaisir les mots, les tours de phrases qui l'ont séduit par leur exagération déclamatoire et qui sont restés dans sa mémoire d'illettré. Je n'en citerai que quelques passages : «... Comparons l'état où nous étions, il y a deux ans, avec celui où nous sommes, avec la position où nous serions, si des hommes perfides et artificieux, foulant aux pieds les droits de la nature, de la patrie et de la liberté, aiguisant les poignards du royalisme, par tous les moyens que les esclaves des rois et la perfidie de Machiavello savent mettre en usage, cherchant et préparant le moment où ils pourraient le plonger dans le sein de tous ceux qui pourraient résister de porter les chaînes affreuses dont ils voudraient nous affaisser, cherchant tous les moyens de nous faire l'égorger, en soufflant le feu de la discorde et de la vengeance, et en paralysant toutes les mesures qui tendent à finir la Révolution, rétablir la paix, l'union, le commerce, l'industrie, les arts, l'instruction publique et les mœurs... Celui qui comparerait le gouvernement arbitraire et tyrannique de l'an II et de l'an III avec le gouvernement actuel, fruit d'une Constitution sage, ressemblerait à cet anthropophage qui s'efforçait de rappeler à sa femme les douleurs de l'enfantement pour lui faire égorger ses enfants. » Parlant ensuite de ceux qui regrettent l'ancien ordre de choses : « Qu'ils se rappellent, dit-il, le cruel orgueil de nos tyrans; qu'il se rappellent que la destruction d'une bête fauve ou d'un lapin n'étaient expiés que par la mort, le déshonneur et la ruine entière de ses enfants. Qu'ils se rappellent que nos aïeux étaient assimilés aux bêtes de somme, dont le travail et la fécondité, ce don sacré de la nature, ne servaient qu'à alimenter la voracité de ces hommes atroces et leur faire encore plus sentir le poids de leurs chaînes (1). »

(1) D'Envers adressait au commissaire près l'administration centrale le texte de ses discours avec un zèle qu'aucun autre de ses collègues n'égalait. Il pensait que son éloquence ne passerait pas inaperçue, pas plus que la glorification du gouvernement et de la Constitution de l'an III, qui était l'un de ses thèmes favoris. Il y joignait des réflexions désobligeantes sur les fonctionnaires publics qui mettaient peu d'empressement à venir applaudir ses allocutions. C'est ainsi qu'à l'occasion de la cérémonie du 2 pluviôse an VI, il écrit : « Vous remarquerez que plusieurs fonctionnaires publics n'ont point assisté à cette cérémonie : rien n'arrête pour la plus légère affaire particulière et la plus légère difficulté ou affaire empêche qu'on ne se trouve à une fête publique ou une séance d'administration. Il faut espérer que les rayons du soleil, lorsqu'ils ne seront plus

Il ne se contentait pas de chercher à rehausser la solennité des fêtes nationales par la grandiloquence de ses allocutions ; il croyait utile d'y ajouter l'attrait du décor. Il avait imaginé un autel-pyramide dont il est question en ces termes dans le compte rendu moral du 1er floréal an VI : « L'expérience a démontré depuis longtemps que dans les fêtes et cérémonies publiques, il faut quelque chose qui parle à la vue et aux oreilles, et c'est encore le cas de dire que sans un peu d'art la vérité fait bien souvent triste figure ; nous avons sans faste et sans prodigalité commencé à donner plus de relief en faisant construire un autel portatif surmonté d'une pyramide et en nous procurant deux drapeaux tricolores dont l'un est le point de ralliement de la garde nationale et l'autre sert à annoncer les jours de fêtes. » C'est à la fête de la Souveraineté du peuple du 30 ventôse qu'avait été inauguré cet autel-pyramide dont la description est donnée dans le procès-verbal de la cérémonie. On y constate que le cortège se rendit sur la place publique « où était préparé un autel élevé de cinq fortes marches autour de l'arbre de la Liberté et soutenant une pyramide de neuf pieds de haut, qui enveloppait le corps de l'arbre garni de feuillages et couronnes de laurier nouées avec des rubans des trois couleurs, surmonté d'un grand drapeau flottant et de la tête majestueuse de l'arbre ». Après que les formules rituelles ont été prononcées, trois élèves de l'école d'Ablis récitent les Droits de l'homme et la Constitution ; ils reçoivent en récompense une cocarde tricolore. D'Envers, prenant enfin la parole, fait ressortir le caractère et le charme de la fête de la Souveraineté du peuple : « Quel est celui d'entre nous, dit-il, qui regretterait quelques légers sacrifices pour jouir d'un si

obscurcis par la fumée du canon, échaufferont les cœurs de ces froids républicains. »

beau droit; j'aime à croire, citoyens, qu'il n'en est aucun qui voudrait changer un titre si glorieux contre le premier Roi de la terre. Nous avons l'avantage sur lui des vertus qui sont écartées par l'éclat d'un trône dont les bases sont fondées sur l'esclavage des hommes. Le premier de l'année était autrefois consacré par l'usage à présenter des hommages à la vénération de chaque père de famille qui, en récompense, en faisait un jour de réunion entre tous ses enfants. Le despotisme, profitant des plus saintes institutions pour faire sentir sa domination, en avait fait un jour de gloire pour lui et d'ignominie pour les peuples par la bassesse avilissante de ses courtisans esclaves de l'idole couronnée. »

Le 11 germinal, jour de la fête de la Jeunesse, D'Envers éprouva une véritable déception. Le mauvais temps avait cette fois encore obligé le cortège à se réfugier dans le temple où on avait placé l'autel à six faces surmonté de la pyramide ornée de verdure et couverte d'inscriptions appropriées à la circonstance. Le commissaire avait pensé exciter l'intérêt des habitants par une nouvelle attraction. Il avait fait décider qu'une palme de laurier serait remise à la citoyenne la plus vertueuse. Après une allocution sur les devoirs de la jeunesse, il entama « une hymne sur l'air *O filii* et finissant à chaque couplet par *Alleluia* ». C'était probablement l'hymne composée par le poète versaillais Félix Nogaret, qui commençait par ces vers :

> Jeunes filles, jeunes garçons,
> Chantez, célébrez par vos sons
> La plus brillante des saisons (1).

On devait alors procéder à la remise solennelle de la

(1) Voy. A. Mathiez, *op. cit*, p. 254.

palme de laurier. Deux jeunes citoyennes seulement se présentèrent; l'une était la fille de D'Envers. Celui-ci ne put s'empêcher de manifester son mécontentement de voir que les autres jeunes filles s'étaient abstenues; il tint même à ce qu'il en restât trace dans le procès-verbal, qui contient ce paragraphe : « Ensuite il s'est plaint de l'insouciance que l'on mettait à célébrer les fêtes nationales, de celle des jeunes gens et des jeunes filles de se trouver à cette cérémonie malgré les invitations réitérées qui leur en avaient été faites. Il leur a fait sentir combien ces institutions pouvaient contribuer au rétablissement des mœurs, que la palme de laurier destinée à la plus vertueuse était un encouragement pour toutes de la mériter par leur amour filial, leur douceur, leur décence et la circonspection dans leur conduite, leur faisant cette comparaison que la vertu d'une fille ressemble à une fleur qui se flétrit par le plus léger attouchement, que c'était avec peine qu'il voyait que, d'un grand nombre de jeunes citoyennes, deux seulement, qui étaient sa fille, dont il se glorifiait de la porter par ses principes et ses actions à donner l'exemple des devoirs républicains, et la citoyenne Morizet, s'étaient présentées à cette cérémonie, ce qui ôtait à l'administration les moyens de remplir le but qu'elle s'était proposé. » L'Administration municipale se trouvait dans un cruel embarras. Décerner la palme à l'une, c'était infliger à l'autre une humiliation; choisir la fille du commissaire, c'était s'exposer au reproche de favoritisme; donner la préférence à la citoyenne Morizet, c'était manquer d'égards vis-à-vis de D'Envers. On s'arrêta à la seule solution possible. « Le président, ajoute le procès-verbal, ayant alors monté à l'autel, en a détaché le bouquet de laurier, et, l'ayant partagé en deux, les deux jeunes citoyennes en ont eu chacune la moitié en récompense de leur patriotisme et de l'exemple qu'elles donnaient à leurs compagnes de concourir à l'obtention du prix destiné à la plus vertueuse du canton. »

Un mois après, à l'occasion de la fête des époux, le commissaire du Directoire, faisant l'apologie du mariage, lançait aux célibataires cette apostrophe empruntée à l'horticulture: « Le premier devoir imposé à l'homme en société est le mariage. L'homme insouciant et égoïste, qui trahit ce vœu sacré de la nature et de la société, telles que puissent être ses vertus, peut être comparé à l'arbre fruitier cultivé avec soin et qui ne rapporte que des feuilles, et souvent semblable à ces plantes venimeuses qui altèrent la terre qui les environne pour donner plus de force à leurs sucs empoisonnés. »

Bien que D'Envers, après avoir soutenu une lutte si opiniâtre contre l'ancienne administration municipale, fût devenu momentanément tout-puissant dans le canton d'Ablis, il ne tenait pas à y prolonger son séjour. Le 29 germinal, il avait adressé au président du Directoire une demande de nomination aux fonctions de commissaire départemental. Les commissaires de divers départements (entre autres celui de Seine-et-Oise) ayant été élus membres des Conseils législatifs, l'occasion lui avait paru favorable pour solliciter une situation plus importante et plus lucrative. « La modicité de ma fortune, écrivait-il (1), réduite par les circonstances, et le nombre de mes enfants me font un devoir de demander à être nommé à l'une de ces places vacantes. » Il rappelait ses services anciens et récents, espérant que son avancement serait un encouragement pour tous ceux qui, ainsi que lui, s'étaient dévoués à la chose publique. Il terminait, comme toujours, par son éloge : « Ma conduite morale et politique ne peuvent être révoquées en doute ; successivement persécuté par les différents

(1) Archives nationales, F1b II, Seine-et-Oise, 9.

partis, je n'ai jamais dévié des principes du vrai républicain qui veut fortement l'exécution des lois, l'ordre et la justice, et j'ai par ma conduite et mon caractère invariable forcé mes ennemis mêmes à reconnaître cette vérité (1) ». Le Directoire ne tint aucun compte de cette demande, et le laissa continuer dans le canton d'Ablis le cours de ses exploits.

X

L'application du régime décadaire avait ouvert un nouveau champ à son activité débordante. Écrire de grandes phrases sur la suprématie du pouvoir civil, régenter les ministres du culte, contraindre les habitants à abandonner des coutumes séculaires, exercer sur eux une surveillance incessante, poursuivre avec rigueur la répression des délits, c'était là une tâche qui lui convenait à tous égards et qui lui permettait de fournir de nouvelles preuves de son dévouement gouvernemental.

Il s'adressa d'abord aux ministres du culte ; il leur envoya une longue lettre pour les inviter à transporter aux décadis

(1) Le panégyrique était, on le voit, sans réserve. Cependant le commissaire d'Ablis ne se sentait pas à l'abri de tout reproche ; il avait continué à manquer de scrupules en matière de signature, comme le prouve la lettre suivante qu'il adressait, le 10 nivôse, au commissaire près l'Administration centrale, Challan : « Vous m'avez rendu justice, citoyen collègue, en jugeant que le zèle seul m'avait engagé à signer l'expédition concernant la veuve Tartarin. Impatient de voir que le secrétaire ne pouvait avoir de signature par l'absence de tous les administrateurs, qui étaient à la foire de Chartres, j'ai signé, et j'ai senti l'inconséquence peu de temps après. Je vous fais passer ci-joint une autre expédition signée du vice-président, que je vous invite à mettre en place de l'autre. S'il y a inconvénient, n'entendant point par cet échange me soustraire à aucune responsabilité, je vous prie d'être persuadé de ma déclaration à cet égard. Je sais tout le prix de l'intérêt que vous me témoignez, et reconnais en cela mon ancien collègue d'infortune que j'invite à croire au sentiment d'estime et de fraternité que j'ai pour lui. »

leurs fêtes et leurs principales cérémonies religieuses. Cette lettre débute par une déclaration solennelle en faveur de la liberté des cultes dont il donne une singulière définition : « Ma conduite politique et morale, soit comme simple citoyen, soit comme fonctionnaire public, a dû vous prouver que je respecte cette liberté, que j'estime, je dis plus, que je révère l'homme de bien qui ne fait usage de l'influence que lui donnent ses talents, son esprit ou son état que pour réunir et concilier ses concitoyens, leur faire connaître les avantages du gouvernement actuel et leur faire aimer les institutions républicaines. » C'est au nom de la religion qu'il adjurait les ministres du culte d'accéder à la demande du gouvernement : « Vous, citoyens, qui êtes les ministres d'un Dieu bon, qui ne devez être que des ministres de paix et de vérité, pourriez-vous être plus longtemps sourds aux vœux bien prononcés du gouvernement dont vous avez juré d'être les soutiens et les défenseurs! N'offenseriez-vous pas ce Dieu de miséricorde, qui ne veut que la concorde et l'union entre ses enfants! Ne trahiriez-vous point les principes de votre religion dont les bases sont l'humilité, l'obéissance et la soumission! Rappelez-vous ces paroles remarquables : Soyez soumis au gouvernement sous lequel vous vivez et rendez à César ce qui appartient à César. » Quittant ensuite le ton doucereux, il laissait poindre la menace : « Ne vous y trompez pas, cet ordre de choses ne peut subsister longtemps; les jours de prières, de repos et d'allégresse publique doivent être les mêmes pour tous les Français... N'attendez pas que le peuple français et son gouvernement s'aperçoivent qu'après avoir vaincu tous les obstacles qui s'opposaient à la liberté, qu'après avoir vaincu tous les rois ligués contre lui, quelques hommes épars et sans forces veulent lutter contre sa volonté. Le moment présent est encore celui du sommeil, profitez-en. Le réveil

pourrait être pénible pour vous, si l'on venait à croire que
cette résistance ne provient que d'une combinaison funeste
à la tranquillité publique, que de l'espoir enfin de voir
renaître ces temps malheureux de guerres de religion, où
le frère égorgeait son frère, où le fils massacrait son père
à la voix d'un ministre perfide, qui transformait ce Dieu si
bon en un Dieu de sang et de carnage pour assouvir ses
haines et ses passions particulières et faire triompher
l'ambition qui le dévore... Résister au gouvernement, c'est
résister à la volonté de Dieu. » A la séance du 21 floréal
an VI, il put annoncer triomphalement qu'il avait reçu
l'adhésion de tous les ministres du culte.

En ce qui touche le repos décadaire, le commissaire
multipliait les circulaires. Le 1er messidor an VI, il en avait
porté deux à la connaissance de l'Administration munici-
pale : l'une concernait les aubergistes et les joueurs de
violon ; l'autre, les cultivateurs. C'était par des calculs
mathématiques qu'il s'efforçait de déterminer ceux-ci à se
soumettre : « Le nombre des décades est de 36 ; il existe
3 fêtes nationales qui ne se rencontrent pas les jours de
décades, ce qui fait 39. En y ajoutant 36 jours de demi-
décades, cela fait 75 et n'augmenterait vos jours de repos
que de 2. Qui de vous serait assez mauvais républicain
pour ne pas supporter ce léger sacrifice afin de se conformer
au vœu du gouvernement et avoir une combinaison de
repos plus également répartis, surtout si vous vous
rappelez qu'à la voix d'un prêtre pendant longtemps ces
jours de repos étaient de 90 au moins, qu'à la voix d'un
autre prêtre ils ont été réduits à 73 ! Ce que la fantaisie
d'un prêtre pouvait faire exécuter par fanatisme, la voix
d'un gouvernement philosophe et raisonnable ne peut-il
le faire? Le repos des demi-décades peut être réduit à
l'après-midi ; alors les fêtes et jours de repos ne sont plus

que de 57; celui qui aime le travail le supprimera tout à fait et ne perdra que 39 jours. » Ces chiffres ne produisaient aucun effet sur les habitants des campagnes, qui considéraient l'obligation qu'on voulait leur imposer comme une véritable oppression.

Voyant que circulaires et discours restaient inefficaces, D'Envers recourut aux poursuites. Le 10 messidor an VI, jour de la fête de l'Agriculture, beaucoup de cultivateurs, parmi lesquels six agents et adjoints municipaux, avaient travaillé, sans tenir compte de la prohibition édictée par un arrêté de l'Administration municipale. Il jugea nécessaire de sévir. Bien que la légalité de cet arrêté pût être contestée, 58 citoyens furent, à sa requête, condamnés à une journée de travail; ils durent en outre supporter les frais d'impression et d'affichage de 100 exemplaires du jugement. Le ministre fut frappé du nombre des agents et adjoints qui avaient été traduits en justice : il exprima le regret qu'on ne les eût pas suspendus plutôt que de les poursuivre devant un tribunal (1). Ce n'était pas le premier excès de zèle auquel se livrait le commissaire d'Ablis; ce ne devait pas être le dernier.

Les ministres du culte avaient bien consenti à célébrer leurs offices les jours de décadis; mais ils les célébraient également les dimanches et les jours d'anciennes fêtes, au lieu de se contenter de simples prières comme l'aurait voulu D'Envers. Il déplora publiquement cet état de choses qu'il attribuait d'ailleurs moins aux prêtres eux-mêmes qu'aux « citoyens imbus d'un fanatisme répréhensible ou d'une habitude qui ne pouvait coïncider avec l'activité d'un peuple libre ». Sous le régime alors en vigueur les ministres du culte ne vivaient qu'à l'aide des subsides offerts par les fidèles; or beaucoup de ces derniers menaçaient

---

(1) Archives nationales F¹ 3686⁹.

de cesser toutes allocations, si les cérémonies n'avaient pas lieu, les dimanches et les jours de fêtes de l'ancien calendrier, avec la même solennité que par le passé. Le commissaire crut devoir faire un exemple. Le 22 frimaire an VII, il informa l'Administration municipale d'une grave infraction aux lois décadaires. Un habitant de la commune d'Ablis, nommé Bailly, avait, prétendait-on, promis à des citoyens réunis après une cérémonie catholique de donner un ciboire et un soleil du Saint-Sacrement, à la condition que le Saint-Sacrement serait exposé le jour de Noël et qu'un service serait célébré en mémoire des parents du donateur. Bailly comparut ; il déclara avoir fait la promesse au nom du citoyen Delatremblaye, mais sans conditions. Les administrateurs, qui se rendaient compte de la puérilité de la dénonciation, décidèrent de ne donner aucune suite à l'affaire par ce motif que les citoyens Delatremblaye et Baillly « se sont toujours bien comportés et n'ont pas eu d'intention contraire à la loi ».

On voit que les administrateurs se montraient beaucoup plus indulgents que le commissaire du Directoire dans l'application du régime décadaire ; ils savaient en effet combien ce régime était antipathique aux habitants. A la séance du 12 nivôse an VII, D'Envers signalait les infractions qui se commettaient dans cinq communes du canton. On n'y travaillait pas, il est vrai, sur la voie publique les jours de décadis, mais on y employait les ouvriers et les charretiers à battre dans les granges, alors qu'on suspendait au contraire tous les travaux les dimanches et les jours d'anciennes fêtes. L'Administration avait beau prescrire de redoubler de surveillance à l'égard des ministres du culte et ordonner de fréquentes tournées pour constater les délits ; la résistance continuait. Le commissaire en éprouvait une irritation dont se ressent le réquisitoire qu'il présentait, le 12 prairial, au sujet du remplacement des fêtes patronales par les fêtes communales : « Le législateur, disait-il, a voulu non seulement faire disparaître du calendrier les jours consacrés à l'empire du fanatisme des prêtres, substituer le repos civil au repos religieux, le jour de l'État au jour de l'Église, mais encore multiplier les jours de travail, favoriser les progrès de l'agriculture, du commerce, de tous les arts utiles et augmenter par là la masse des richesses nationales, en faisant évanouir cette multitude de fêtes que crée la superstition maintenue par la paresse et l'hypocrisie. » Le courant de réaction contre les institutions décadaires était trop fort pour pouvoir être remonté.

XI

L'ardeur avec laquelle D'Envers s'était efforcé d'assurer l'exécution des prescriptions décadaires ne l'avait pas empêché de prêter tout son concours à la célébration des fêtes officielles. Le 11 prairial an VI, avait eu lieu la fête de la Reconnaissance. Trois discours furent prononcés : l'un par le juge de paix, l'autre par le citoyen Rey, receveur en chef aux barrières sur les grandes routes, le troisième par le commissaire du Directoire. Ce dernier discours fut bien entendu jugé le seul digne d'être reproduit; il était consacré à la reconnaissance due aux défenseurs de la patrie. Après avoir affirmé que l'histoire n'offrait pas d'exemple d'une nation ayant eu à combattre autant d'ennemis que la France en avait vaincu depuis six ans, l'orateur dirigeait contre l'Angleterre les plus vigoureuses attaques : « Le gouvernement anglais, séparé de nous par les mers, se croyant par là à l'abri d'une juste vengeance, a joint à ses sacrifices la perfidie la plus noire ; la trahison, le fer, le feu, le poison, tout est mis en usage par lui ; l'anthropophage n'a jamais été aussi cruel dans la Vendée. Le vieillard palpitant sur le corps sanglant de son fils, cette tendre mère à genoux, tenant entre ses bras le fruit et le gage du plus chaste amour, se dévouant à la mort pour sauver cette victime, n'est pour lui qu'une jouissance de plus ; son cœur glacé ne reconnaît que le crime et la fureur de la rage. Le monstre plonge dans le sein de la mère et de l'enfant le fer dégouttant encore du sang du père et de l'époux. Sur les mers, violant tous les droits des gens les plus sacrés entre les nations, violant toutes les lois de la nature, il fait engloutir dans les flots ce qui se trouve plus faible que lui. » Quelque effrayante que soit cette peinture, elle n'est « qu'une faible esquisse des horreurs et des cruautés que nous préparaient nos ennemis et dont la valeur de nos guerriers nous a garantis... L'intempérie des saisons, les plus grands fleuves, les plus hautes montagnes, les roches les plus escarpées que l'art destructeur des tyrans avait rendus jusqu'à ce jour inaccessibles, des milliers de bouches à feu vomissant le feu et le carnage redoublent leur énergie et leur courage. L'un pense à son épouse et à ses enfants, l'autre à son père et à sa mère, tous pensent à la gloire de la patrie et ne connaissent point de danger pour défendre des objets si chers ; ils n'en connaîtront pas pour achever leur ouvrage et nous venger de ce gouvernement exécré de la nature, en portant aux Anglais dans Londres même le laurier de la paix et le bonnet de la liberté. » Ne voulant pas laisser ses auditeurs sous une impression trop lugubre, il traite ensuite de la reconnaissance envers Dieu et évoque les plus riantes images : « Qui de vous, citoyens, n'est pénétré du sentiment d'une reconnaissance enthousiaste pour l'auteur de la nature, en jetant sa vue sur les coteaux, les vallons et cette vaste plaine couverte des objets qui nous présagent l'abondance, dilate nos cœurs par son *odorat* et les remplit de cette émotion qui donne l'espérance de vivre heureux. »

Ce fut une fête tout à fait champêtre que celle du 10 messidor qui était consacrée à l'Agriculture et à la suite de laquelle furent intentées les poursuites dont j'ai parlé. L'autel de la patrie avait été dressé dans un champ le long de la route de Chartres; la pyramide était ornée de feuillages et de fruits. Dans le cortège on voyait une charrue attelée de deux chevaux tenus chacun par un administrateur; le vice-président conduisait les mancherons; le commissaire du Directoire suivait avec un semoir rempli de grains; des administrateurs accompagnaient deux herses et un rouleau traînés par des chevaux. De jeunes citoyens portaient des ustensiles d'agriculture, des couronnes, et des gerbes d'épis mêlés de fleurs. Lorsqu'on fut arrivé au champ de fête, le vice-président laboura quatre raies, le commissaire sema les terres labourées, des administrateurs hersèrent et roulèrent les semences. Après quoi, D'Envers prononça un discours dont le début avait un caractère essentiellement religieux : « Placés dans un des cantons les plus fertiles de la République, qui plus que nous, citoyens, doit reconnaître la bonté infinie d'un Dieu créateur et protecteur de toute chose? Qui plus que nous doit reconnaître et rendre grâce de cet ordre immuable de la nature qui a pourvu à nos besoins en rendant à la terre chaque année cette fécondité, premier mobile de notre bonheur? » Les vœux qu'il formulait en terminant étaient quelque peu outrés : « Que l'étranger, en passant sur notre sol, soit frappé d'admiration en voyant la culture de nos champs! que nos travaux, notre intelligence et notre industrie se répandent dans l'univers! Que le canton d'Ablis devienne l'école et l'exemple de tous les peuples agricoles!

Que la jeunesse guidée par l'expérience pénètre aux entrailles de la terre pour y chercher le trésor toujours renaissant de la fécondité et de l'abondance ! »

La date du 18 fructidor devait être particulièrement chère à D'Envers, car c'était grâce au coup d'État de l'année précédente qu'il avait pu assurer sa domination dans le canton. Cependant il ne se mit pas en frais d'éloquence pour en célébrer l'anniversaire; il se borna à présenter sous forme de discours, sans en prévenir son auditoire, les termes mêmes de la circulaire très emphatique de l'Administration centrale.

En l'an VII comme en l'an VI, il n'avait cessé de faire montre de son art oratoire. Il profita de « l'anniversaire de la juste punition du dernier roi des Français » pour résumer l'histoire de la royauté à partir des temps les plus reculés. Voici quelques passages de ce discours qu'il dut considérer comme un de ses chefs-d'œuvre : « Que représente l'histoire des rois depuis le premier qui a été prendre ce titre jusqu'à nos jours ? Le meurtre, le viol, le carnage et la destruction, le déshonneur des familles, la tyrannie et l'esclavage. Saül, David et Salomon, les premiers rois connus, ne nous offrent que des hommes esclaves de leurs passions, sacrifiant tout à leurs désirs effrénés et lubriques. Ptolomée, Alexandre n'étaient que de grands brigands dont la soif du sang et du carnage ne pouvaient être assouvie que par la destruction du genre humain. » Après avoir fait l'éloge de la République romaine et déploré sa chute, il décrit en ces termes l'invasion des barbares : « Bientôt après, des hordes de brigands vagabonds sortis des forêts et pays glacés du Nord se répandent de toute part, et, le fer et le feu à la main, jettent l'effroi chez les paisibles habitants de ces contrées. Bientôt les bons et hospitaliers Gaulois nos ancêtres sont dépouillés non seulement de tout ce qu'ils possèdent, mais encore de la qualité d'hommes. Réduits à l'esclavage et à la servitude, partagés comme de vils troupeaux d'animaux et destinés à satisfaire et servir d'aliment à tous les caprices de ces féroces dévastateurs qui s'érigèrent bientôt un chef sous le titre de roi... « Il aborde ensuite l'historique de la monarchie française : « A Paris un roi poignarde de sa propre main les enfants de son frère pour s'emparer de ses trésors. Un autre livre aux flammes une corporation nombreuse d'hommes pour s'emparer de ses richesses immenses amassées par cette corporation et reçoit le pardon d'un pape aux conditions de partager les dépouilles. Un abbé tyran subalterne de Saint-Denis, oubliant tous les devoirs d'homme et de ministre de Dieu, livre à des barbares sans foi et sans asile pour sa rançon six cents familles avec autant de facilité qu'il leur a livré déjà six cents animaux et la dépouille de son église. A Nîmes, un délégué du pape, au nom d'un roi, ordonne le massacre de tout ce qui respire dans cette ville, sans distinction d'âge, de sexe ou de religion. Charles IX ordonne par toute la France, au son d'une cloche, la destruction de la moitié des Français, voyant les eaux de la Seine rougir et gonfler par les cadavres mutilés, encouragé par l'hypocrite ambition du cardinal de Lorraine, s'abreuvant du sang de ses victimes, assassine lui-même les malheureux qui s'échappent du carnage... La politique astucieuse et cruelle du cardinal de Richelieu n'enfante-t-elle point ces tombes vivantes trouvées à la Bastille dans l'épaisseur des murs où l'homme qui avait déplu à cet altier ministre était enfermé vivant, et les portes murées, les trappes à bascule, qui, au moment où l'on vous prodiguait les plus grands témoignages d'amitié, vous précipitaient sur un millier de fers tranchants... »

Quoique D'Envers ait fréquemment à la bouche les mots d'union et de paix, il nourrit dans son cœur des sentiments de vengeance et d'extermination. Pour produire sur la population une impression d'épouvante, il lit, après son discours, une imprécation qui finissait ainsi : « Dieu tout-puissant, ne souffre pas qu'il reste parmi nous des traîtres ou des parjures; change leurs cœurs ou appesantis ton bras vengeur sur leurs têtes. Que la foudre qui est dans tes mains les anéantisse et les fasse rentrer dans les entrailles de la terre d'où ta bonté les a fait sortir... » Le commissaire prononça cette imprécation, dit le compte rendu, « étant à l'endroit où est placée la figure de la Liberté et accompagné de réchauds sur des trépieds qui brûlaient de l'esprit-de-vin et de l'encens ».

Aucun cérémonial ne fut plus minutieusement réglé que celui de la fête du 2 germinal an VII en l'honneur de la Souveraineté nationale. Dans chaque commune, à la pointe du jour, les agents municipaux devaient faire sonner les cloches pendant un quart d'heure. A sept heures au plus tard le rappel serait battu et suivi d'une nouvelle sonnerie. Les agents, les adjoints, les assesseurs, revêtus de leurs écharpes, partiraient pour Ablis avec les gardes nationaux et les citoyens qui se joindraient à eux. Dans le temple d'Ablis il y aurait un détachement de douze hommes; des gradins spéciaux seraient réservés aux mères de famille et aux vieillards. Les nombreux groupes formant le cortège devraient être séparés les uns des autres par une distance et comprendre notamment ceux des ouvriers, des cultivateurs, des artistes. Les Droits de l'homme portés par quatre jeunes citoyennes en blanc avec ceintures tricolores seraient maintenus dans un juste équilibre au moyen de quatre rubans tricolores que tiendraient un vieillard, un homme dans la force de l'âge, un jeune homme et un enfant représentant les quatre âges de l'homme; quatre jeunes citoyennes porteraient également la Constitution, etc. Un homme de lettres, du groupe des artistes, devait allumer un flambeau « au feu sacré qui brûlerait devant la statue de la Liberté et livrer aux flammes les rouleaux épars de papiers contenant les écrits des vils fauteurs de la tyrannie ». Pendant que ces écrits brûleraient on chanterait l'hymne de la patrie, et, après chaque couplet, seraient désignés les écrits qui alimenteraient le feu. Le programme, conforme d'ailleurs aux instructions ministérielles, était un peu ambitieux pour une petite commune. Le procès-verbal ne donne aucune indication sur la façon dont il fut exécuté; nous ignorons donc les noms des hommes de lettres et des artistes d'Ablis qui firent partie du cortège. S'il s'en trouva, aucun d'eux n'usa du droit de prendre la parole qui leur avait été expressément réservé. Le président, le juge de paix et le commissaire prononcèrent seuls des discours, Ce dernier, dans son exorde, exposa, peut-être sans trop le savoir, une doctrine qui était le contre-pied de celle de J.-J. Rousseau. Il fit ressortir la nécessité et les bienfaits de la société, l'impuissance de l'homme « jeté comme au hasard, environné de tous les maux de la nature, obligé de se défendre et de protéger sa vie contre les orages et les tempêtes, l'inondation des eaux et des volcans, contre l'intempérie des zones brûlantes ou glacées, contre les dents des bêtes féroces qui semblaient vouloir se rendre les dominateurs du globe dont ils se croyaient les maîtres... » Après une série d'aphorismes évidemment copiés, il s'étendit sur les bienfaits de la Révolution et déplora que les prêtres l'aient combattue. Si ceux-ci, dit-il, avaient chanté des hymnes à la Liberté au lieu d'embraser les torches de la guerre civile, cette conduite « aurait prévenu le massacre et la destruction de plusieurs millions d'hommes; le concert des volontés aurait prévenu la ruine de plusieurs millions de familles... Nous verrions déjà l'agriculture, le commerce et les arts encouragés et florissants; la classe indigente ne serait plus surchargée d'impôts; les rentes et les pensions seraient bien payées, le travail et l'industrie récompensés; nous verrions enfin l'âge d'or renaître parmi nous ».

Un an s'était écoulé depuis que D'Envers avait adressé au Président du Directoire une demande restée sans suite pour un poste de commissaire départemental. Espérant que le gouvernement finirait par récompenser le dévouement dont il n'avait cessé de témoigner par ses paroles et par ses actes, il se livra à une nouvelle tentative. En germinal an VII, il envoyait à quelques jours d'intervalle deux lettres au ministre de l'Intérieur. Ne recevant sans doute pas de réponse, il en adressait, le 18 floréal, une troisième dans laquelle il proclamait tout d'abord son aversion pour l'intrigue et les sollicitations : « Concentré dans ma famille depuis bien des années, étranger à tout parti, je ne suis connu que des autorités avec lesquelles je corresponds ou dont j'ai fait partie et du petit rayon qui environne mon habitation. L'éloignement que j'ai toujours eu de demander quelque chose pour moi m'empêcherait encore de le faire, si je n'étais convaincu que celui qui veut sincèrement le bien doit le faire connaître au gouvernement et balancer en quelque sorte par là l'intrigue dont il est souvent assiégé. Fonctionnaire public depuis 1792, j'en ai rempli le devoir avec le zèle et l'intégrité qui caractérisent le véritable ami de la patrie et de la République, et j'ai la satisfaction de voir que mon zèle plus d'une fois dans les temps difficiles n'avait pas été infructueux. » Dans quel département désire-t-il être nommé? Il en est un qui le tente; mais peut-il le désigner sans se départir de cette correction qu'il a tant à cœur d'observer? Il se décide à le faire en ces termes : « Plusieurs places de commissaires près les administrations centrales de département sont vacantes; la position satisfaisante sous tous les rapports politiques du canton que j'habite, le désir de rendre mon autorité et mon zèle plus utiles me font désirer d'être nommé à l'une de ces places. Je surmonterai même la délicatesse de ne point désigner les départements réunis comme ceux où je pourrais être le plus utile à la République, spécialement celui de Jemmapes dont je vous ai parlé dans mes lettres des 17 et 28 germinal dernier. » On se contenta, au ministère, de mettre cette mention : « Exclu par le défaut de domicile dans le département où la place de commissaire central est vacante (1) ».

XII

Malgré la situation critique de la France à cette époque, jamais D'Envers ne se montra plus confiant dans l'avenir qu'à la fête de la Reconnaissance du 10 prairial an VII : « L'histoire, dit-il, ne fournit aucun exemple d'une protection aussi marquée du souverain maître de toutes choses. » Il n'est pas jusqu'à la douceur ou à la rigueur des saisons qu'il ne considère comme une preuve visible de la bienveillance que Dieu témoigne à la Révolution : « Des récoltes abondantes en tout genre pour satisfaire à nos besoins, une population qui se renouvelle et s'augmente chaque jour pour combattre les ennemis de notre liberté, l'air pur et tempéré des saisons qui maintient nos corps dans leur vigueur et dans un état de santé parfaite, les glaces de l'an III qui ont favorisé nos armées, les gelées continuelles de cette année, qui ont fait périr les plantes empoisonnées ou nuisibles qui

(1) FII, Seine-et-Oise, 9.

croissaient dans nos champs et purifié l'air pestiféré qu'une saison plus douce aurait laissé pénétrer jusqu'à nous, tout nous fait apercevoir la main bienfaisante du Créateur, tout nous porte à la reconnaissance envers le souverain maître qui dirige la nature. » Les insuccès des armées françaises ne le troublent pas : « Si, sommeillant un moment à l'ombre des lauriers, l'ennemi a eu quelque avantage, le réveil n'en sera que plus terrible pour eux; déjà nos phalanges ont repris l'attitude fière qui faisait trembler les esclaves mercenaires des Rois à leur approche; déjà ces sauvages du Nord, dont on voudrait nous épouvanter, ont ressenti les effets de la valeur française, en laissant 3000 des leurs sur la place ou noyés. Ce prince des assassins, empereur d'Allemagne, divisé dans sa propre famille et dans son conseil, prévoit sa défaite; une flotte formidable sortie de nos ports a jeté l'épouvante à la cour de Londres; l'empereur des Turcs, effrayé au milieu de sa capitale, se prépare à l'abandonner. »

L'orateur adopte cette fois un autre mode. Persuadé que, si ses auditeurs admirent ses périodes ampoulées, elles ne restent pas gravées dans leur mémoire, il n'hésite pas à reprendre dans son discours de l'année précédente des passages entiers qu'il intercale dans celui de l'an VII. C'est ainsi qu'on voit réapparaître « les plus grands fleuves, les plus hautes montagnes, les rochers escarpés » de la fête de la Reconnaissance de l'an VI.

De même, dix jours après, à la cérémonie célébrée en mémoire des plénipotentiaires de Rastadt, il s'inspire de l'oraison funèbre de La Réveillère-Lépeaux, dont il s'était déjà inspiré lors de la fête funéraire de Hoche : « Ils ne sont plus, s'écrie-t-il, ces ministres de paix. Ce cri lugubre a volé de l'extrémité d'un pôle à l'autre. Leur dépouille mortelle seule a péri. » Il caractérise la politique de l'Autriche en ces termes dont l'énergie ne saurait être dépassée : « Depuis longtemps la politique perfide de la maison d'Autriche a fait connaître à l'univers qu'elle s'alimentait du sang des plus augustes victimes ; aspirant à la domination universelle, les crimes les plus atroces, la violation des droits les plus sacrés même chez les barbares et les sauvages anthropophages reconnus comme inviolables, sont traités de chimères dont la haute politique des Cours doit s'affranchir. L'existence du poisson est dans l'eau ; l'existence de la maison d'Autriche est dans le sang humain... »

Ce fut surtout à la fête de l'Agriculture du 10 messidor qu'il appliqua sa nouvelle méthode. Sauf quelques interversions de phrases et quelques changements de mots, son discours ne fut que la reproduction textuelle de celui de l'année précédente. Celui-ci commençait par cette phrase : « Rendre grâce au souverain créateur, encourager les travaux de la campagne... » Le discours de l'an VII débute ainsi : «Rendre grâce à l'auteur de la nature, encourager les travaux de la campagne... » Néanmoins la fin est différente. La fête de l'Agriculture eût pu fournir l'occasion de récompenser les cultivateurs les plus méritants ; mais n'était-ce pas s'exposer à s'aliéner ceux qui n'auraient pas reçu de récompense ? Pour ne susciter aucun mécontentement, le commissaire avait trouvé un moyen ingénieux : « Je désirerais, dit-il, vous offrir un prix digne des peines que vous vous donnez et des avantages qui en résultent pour la société ; mais, dans l'impossibilité de reconnaître celui d'entre vous qui a le mieux mérité de la patrie, recevez tous, au nom de l'Administration du canton, au nom du gouvernement, les témoignages d'une reconnaissance générale et l'assurance de l'estime particulière de vos concitoyens. » Les élèves des écoles primaires, qui récitèrent ensuite la Cons-

titution et les Droits de l'homme, furent mieux partagés ;
on remit à chacun d'eux un livre intitulé *Manuel républicain*. Des prix furent également décernés, l'un au vainqueur d'une course organisée par les jeunes gens de seize ans, un autre au plus adroit des gardes nationaux de service, un troisième à un tireur qui avait abattu un oiseau placé à 80 pieds de haut ; le tout était accompagné de danses qui durèrent jusqu'à dix heures du soir. Ces diverses distractions intéressèrent certainement plus les habitants d'Ablis que la réédition du discours de l'an VI. Ils rentrèrent chez eux en disant que « jamais fête dans la commune ne s'était passée plus gaiement ».

Les fêtes nationales n'étaient pour ainsi dire pas célébrées dans les autres communes du canton. L'administration municipale voulut stimuler le zèle des populations en instituant des jeux à l'instar de ce qui venait d'être fait à Ablis. Une délibération du 12 messidor autorisa les agents « à allouer 6 ou 7 francs pour les frais d'un prix qui serait tiré dans chaque commune les jours destinés à se réjouir ». C'était en effet le seul moyen d'attirer les habitants que la pompe et l'éloquence officielles laissaient de plus en plus indifférents.

Dans le discours qu'il prononça le 26 messidor, à l'occasion de l'anniversaire du 14 juillet, D'Envers dépeignait ainsi le régime antérieur à la Révolution : « 1400 ans de servitude et dégradation sous l'empire tyrannique des rois, du clergé et de la noblesse étaient un titre qu'ils ajoutaient à celui du brigandage qui enchaîna nos aïeux ; 1400 ans employés par nos pères à préparer les moyens de rompre les chaînes qui entouraient notre berceau étaient un crime qu'ils se préparaient à punir. L'infamie, l'esclavage ou la mort, telle était l'alternative du peuple français, le 14 juillet 1789. » Pour exciter à la haine de la royauté, il fait un tableau terrifiant des malheurs qu'entraînerait son retour: « S'il en était d'assez lâches pour abandonner la cause de leurs enfants et de leurs nombreux descendants et pour désirer le retour de la royauté, qu'ils se représentent le sort qui les attend, si leurs vœux étaient accomplis. Leurs maisons pillées, leurs biens partagés, leurs femmes et leurs filles déshonorées et violées, leurs fils massacrés, eux-mêmes, s'ils échappent au carnage, chargés de chaînes et de remords d'avoir méconnu et abandonné les droits de l'homme et de la nature, dépouillés et rampant sur la terre arrosée de leurs sueurs pour obtenir le pain de douleur nécessaire à leur subsistance; ils n'auraient plus même la liberté de se donner la mort pour abréger leurs souffrances. »

Cependant la verve oratoire du commissaire du Directoire s'épuisait. Son discours du 1er vendémiaire an VIII ne fut guère qu'une compilation de passages empruntés à des discours précédents. Une partie toutefois est inédite, c'est celle qui concerne la dernière coalition formée contre la France : « La joie renaît dans les cœurs, chacun se félicite et n'attend que la satisfaction d'une paix glorieuse pour proclamer le bonheur dans sa famille. Mais le démon de la discorde, le monstre de la perfidie, le lion des Anglais rugissant à l'approche des chaînes qui doivent contenir sa rage vorace et sanguinaire, s'élance et vomit son venin sur la surface de la terre. Un assemblage monstrueux des puissances du Nord et du Levant se forme; l'aigle et le croissant dirigés par les léopards extérieurs, le lion et le tigre secondent leur fureur, et la guerre recommence : « Quelque habitués que fussent les habitants d'Ablis à entendre de grandes phrases qu'ils ne comprenaient guère, ce *pathos* dut leur causer un certain étonnement. Très fier sans doute de l'imprécation si éloquente du 2 pluviôse précédent, l'orateur termina son discours par cette même imprécation. Le procès-verbal ne constate pas si elle fut cette fois encore proférée au milieu des flammes de l'esprit-de-vin et des nuages de l'encens!

L'allocution suivante, du 10 vendémiaire, en l'honneur du général Joubert, tué à Novi, présenta moins d'originalité. On y retrouve les phrases déjà prononcées aux cérémonies funèbres de Hoche et des plénipotentiaires de Rastadt. Ce n'est plus cependant d'un pôle à l'autre, mais seulement d'une extrémité de la France à l'autre, comme pour Hoche, que vole le cri lugubre. La péroraison est une nouvelle protestation de fidélité à la Constitution de l'an III : « Nous maintiendrons cette Constitution qui fut le constant objet de son dévouement; nous saurons, à son exemple, résister aux factions, braver les périls et ne connaître d'autre puissance que celle du Créateur du monde, la loi, la vertu ou la mort. »

XIII

D'Envers n'aurait certainement pas affirmé avec la même énergie sa résolution de défendre contre ses ennemis la Constitution de l'an III s'il avait pu prévoir qu'elle disparaîtrait quelques semaines après. Non seulement il ne songea pas à protester contre le coup d'État du 18 Brumaire, mais encore, lorsque, le 30 frimaire, l'administration municipale, qui avait décidé de faire la publication de la nouvelle Constitution « avec toute la pompe possible », se rendit, à raison de la rigueur du froid, au Temple décadaire où des feux avaient été préparés, ce fut lui qui donna « à haute et intelligible voix » lecture de la Constitution de l'an VIII, en y joignant certaines explications, qui ne devaient pas être empreintes d'hostilité.

Il n'avait d'ailleurs pas perdu de temps pour signaler au

gouvernement les qualités exceptionnelles de vigilance, de modération et d'impartialité qui distinguaient le commissaire près l'Administration municipale du canton d'Ablis. Dès le 26 brumaire an VIII, il écrivait au ministre de l'Intérieur : « La tranquillité, l'union et le calme le plus parfait, les personnes, les propriétés et les opinions respectées, les lois dans toutes les parties strictement exécutées ; les conscrits et réquisitionnaires à leur poste sans emploi de force, à l'exception de trois ou quatre, qui ne sont pas dans le canton, la totalité des impositions de toute nature et de tout exercice arriérés, acquittées depuis plus de huit mois... Tel est le résultat de la surveillance active et de la confiance qu'inspire une fermeté sans rigueur pour l'exécution des lois et la justice la plus impartiale pour tous (1) ... »

A l'époque où il adressait cette lettre, son omnipotence dans le canton avait déjà cessé. Les administrateurs lui avaient montré qu'ils étaient résolus à ne plus obéir servilement à ses volontés. De tout temps la garde nationale avait été l'objet des préoccupations du commissaire. Invoquant la recrudescence du brigandage, il avait obtenu, quelques jours avant le 18 Brumaire, que des patrouilles fussent faites dans toutes les communes et qu'un service de nuit fût organisé à Ablis de façon à fonctionner depuis six heures du soir jusqu'à six heures du matin. Prenant en mains la direction de ce service comme de tous les autres, il s'était réservé de donner le mot d'ordre et de recevoir le rapport des officiers. L'exécution de ces mesures laissa beaucoup à désirer : les patrouilles n'étaient faites que très irrégulièrement, et les gardes nationaux quittaient le poste avant l'heure réglementaire. D'Envers voulut sévir. Il commença par écrire au chef du bataillon : « Les plaintes

(1) Archives nationales, FIII, Seine-et-Oise.

des citoyens se multiplient sur la manière dont ils sont commandés, n'étant avertis le plus souvent qu'une heure avant celle de se rendre au corps de garde ; les patrouilles ne se font plus avec la même régularité ; la totalité du poste a quitté le corps de garde, la nuit du 15 au 16, à trois heures du matin, la nuit du 16 au 17, à une heure... Je ne puis me dispenser d'après les plaintes de dénoncer au juge de paix tous ceux qui sont coupables ; mais préalablement il doit m'être remis un rapport par vous sur les causes et motifs de cette négligence générale avec désignation des coupables. En conséquence je vous invite et vous requiers de me donner ces rapports dans les vingt-quatre heures pour tout délai... » Ce ton comminatoire n'était plus de mise ; les officiers durent être blessés du blâme qui leur était infligé avec si peu de courtoisie ; les gardes nationaux trouvaient d'ailleurs excessives les charges qu'on leur imposait, le danger ne paraissant pas tellement imminent qu'il fallût organiser un service de nuit comme dans une place de guerre. L'Administration municipale fut saisie de la question dans sa séance du 22 frimaire. D'Envers put s'apercevoir du changement qui s'était opéré dans les esprits. Vainement il allégua que différentes communes d'Eure-et-Loir venaient encore d'être victimes du brigandage et que « la suspension d'armes entre les républicains et les royalistes » était une nouvelle cause de péril, car elle donnait lieu de craindre « que les brigands de profession échappés des prisons ne se répandissent dans la plaine pour y recommencer les horreurs qui ont eu lieu en l'an IV et V ». Les administrateurs ne se laissèrent pas intimider. Beaucoup plus soucieux de ménager les habitants que de se soumettre aux réquisitions d'un commissaire dont les pouvoirs touchaient à leur fin, ils prirent un arrêté ainsi conçu : « L'Administration, considérant que les motifs qui l'avaient déterminée à surcharger la commune d'Ablis d'un service permanent sont éloignés par les mesures prises par le gouvernement ; considérant que les principales communes qui l'environnent n'ayant pas pris les mêmes mesures ou les ayant cessées, il serait arbitraire, reconnaissant l'inutilité du service ; considérant que si son devoir est de pourvoir à la surveillance du canton, il est aussi d'éviter que les citoyens ne soient grevés d'une charge qui devient pénible et dispendieuse, — Arrête qu'à compter du 25 du présent le service permanent de la commune d'Ablis est suspendu jusqu'à ce qu'il en soit autrement ordonné. »

D'autre part les populations, qui avaient vu dans le coup d'État de brumaire un acte libérateur, se montraient de plus en plus hostiles au régime décadaire. Lorsque les arrêtés de nivôse an VIII réduisirent à deux les fêtes nationales, rendirent au culte les églises non aliénées et annulèrent les délibérations municipales interdisant d'ouvrir, les jours autres que les décadis, les édifices religieux, on avait cru, dans le canton d'Ablis, ainsi qu'ailleurs, que les lois décadaires ne seraient plus obligatoires. Le commissaire voulut réargir ; il rédigea la circulaire suivante qu'il fit afficher dans toutes les communes : « Le commissaire du gouvernement près l'Administration municipale du canton d'Ablis aux citoyens du canton. — Le gouvernement voulant éteindre tout germe de division entre les Français, a, par la loi du 3 nivôse présent mois, supprimé toutes les fêtes nationales excepté l'anniversaire du 14 juillet, jour de la conquête de la liberté sur le despotisme et l'anniversaire de la fondation de la République conquise le 10 août. Voulant réunir tous les esprits et rattacher tous les citoyens au gouvernement républicain, les conseils se sont empressés par leurs arrêtés d'ordonner l'ouverture des églises qui ne sont point vendues, et d'annuler tous les

actes d'autorités constituées qui gênaient le libre exercice
des cultes. Aucune disposition de ces arrêtés n'est applicable
au canton d'Ablis. Cependant quelques hommes, toujours
empressés de saisir toutes les occasions de semer la division, interprètent à leur gré la loi du 4 nivôse, publient et
font publier avec assurance que l'observation des décades
n'est plus obligatoire, et vous le croyez. Avez-vous donc
oublié, citoyens, la confiance que vous devez à vos admi
nistrateurs ? Avez-vous oublié que leur vœu le plus prononcé est votre bonheur, que le plus grand de leurs désirs,
en faisant exécuter les lois, est de prévenir vos besoins et
la volonté de tous ? L'astuce de quelques hommes, qui voudraient dominer, vous fera-t-elle oublier la tranquillité dont
vous jouissiez depuis longtemps, vous fera-t-elle perdre cette
réputation toujours précieuse aux bons citoyens, celle
d'avoir donné l'exemple pour l'exécution des lois et du
dévouement pour le maintien du bon ordre et de la paix ?
vous mettra-t-elle en opposition avec vos magistrats qui
tiennent à l'accomplissement de leur devoir ? Non, le bon
esprit que j'ai reconnu dans la majorité des habitants du
canton m'assure que cette seconde invitation suffira pour
m'éviter le désagrément de provoquer contre aucun de
vous les peines prononcées par la loi : Attendez avec
calme que l'œil clairvoyant et juste du gouvernement puisse
s'étendre sur toutes les parties et reconnaître celles qui
seraient contraires à la prospérité de la République et au
bonheur général pour les faire disparaître. »

Très fier de cette circulaire dans laquelle il approuvait
sans réserve la ligne de conduite du gouvernement et
déclarait d'avance réserver la même approbation à toute
mesure qui serait prise dans l'avenir, il envoya, le
23 nivôse, à Lucien Bonaparte, ministre de l'Intérieur, un
exemplaire de l'affiche apposée, voulant sans doute se

concilier ainsi la faveur de ceux qui procédaient alors à la réorganisation administrative de la France. Ce fut une maladresse. Quelques jours après, le ministre répondit, non pas à D'Envers, mais à l'administration municipale ; il chargeait celle-ci de lui dire qu'il appréciait son zèle et la justesse de ses raisonnements, mais de lui faire en même temps observer que les commissaires n'ont qu'une mission de surveillance, et que les administrateurs seuls auraient eu compétence pour signer la circulaire qu'il s'était arrogé le droit de publier.

Les menaces contenues dans cette circulaire ne pouvaient d'ailleurs émouvoir beaucoup les habitants du canton d'Ablis ; il était devenu presque impossible d'y réprimer les infractions aux lois décadaires. L'Administration municipale fit défense aux gardes champêtres de s'occuper en quoi que ce fût de l'exécution de ces lois. Le juge de paix de son côté avait annoncé qu'il ne prononcerait de condamnations qu'à la suite de procès verbaux dressés par les agents municipaux ; or la plupart d'entre eux, loin de se prêter à la constatation de délits de cette nature, étaient les premiers à s'en rendre coupables.

A l'amertume que D'Envers devait éprouver en voyant cesser son influence se joignait une préoccupation des plus graves. La loi du 28 pluviôse an VIII ayant supprimé les administrateurs et les commissaires cantonaux, ses fonctions allaient expirer ; il était exposé à se trouver avant peu sans place et sans ressources. Après tant de rêves ambitieux, la réalité était douloureuse.

Le 6 germinal an VIII eut lieu la dernière séance de l'administration municipale du canton d'Ablis. Le commissaire tint à y prononcer encore un grand discours. Après avoir rappelé les causes de la Révolution, il résuma les événements de 1789 : « Le despotisme de tous les rangs, effrayé des progrès de l'instruction, voulut replonger la classe qu'il appelait peuple dans la servitude et l'ignorance. Irrité de l'opposition à ses volontés, il fit naître le canon, qui nous rendit la liberté et la dignité qui convient à des Français. C'est avec sensibilité que je me rappelle ces beaux jours où une nation entière d'un commun accord et unanime jurait de vivre libre, attendait avec calme de ses législateurs un pacte social fondé sur les principes de vertu et de sagesse qui éternise le bonheur et la gloire des nations et des lois, simple, facile à concevoir et à exécuter, garantisse la tranquillité de tous les membres de cette société, quelles que soient ses opinions politiques et religieuses, tel que soit son état passé, présent et à venir. » Oubliant la sympathie qu'il avait eue tout d'abord pour le régime de la Terreur, se souvenant seulement de la captivité qu'il avait subie, il flétrit le terrorisme : « L'ambition démesurée, la vengeance et l'intrigue de quelques hommes profita des premiers moments d'effervescence si facile à changer en fureur pour satisfaire leur passion dominante, la soif du sang et la destruction, et bientôt cette nation, qui n'attendait de ses mandataires que le bonheur, n'offrit plus aux yeux éperdus que des pleurs, des gémissements, des cachots, des échafauds. Tout le lien de la morale et de la nature rompit; l'innocence était sans asile, la brebis souvent forcée de revêtir la peau du loup pour allaiter son agneau. » Continuant à retracer à grands traits l'histoire de la Révolution, il arrive à l'époque du Directoire. Cette Constitution de l'an III, pour laquelle il témoignait, quelques mois encore auparavant, une admiration si enthousiaste, n'est plus qu'une « Constitution imparfaite mais nécessaire, accueillie comme un port après la tempête ». A peine a-t-elle été proclamée que les passions politiques et les divisions intestines auraient conduit la France « à une destruction totale, si la Providence, qui veille aux destinées de la République, ne nous avait encore une fois sauvés ». C'est à partir du 18 fructidor que la concorde commença à régner dans le canton d'Ablis. Associant cette fois l'Administration municipale à l'œuvre dont il s'attribue intérieurement tout le mérite, il en énumère les bienfaits : « Une surveillance active, les lois bien exécutées, les propriétés et les personnes respectées, les contributions de toute nature et de tout exercice acquittées, l'union et la tranquillité la plus parfaite entre les administrés. Voilà, citoyens administrateurs, ce qui atteste vos travaux, voilà ce qui vous dédommage des désagréments que vous avez pu éprouver; voilà l'état où vous remettrez le canton d'Ablis à la nouvelle autorité qui vous succède. »

S'il trouve défectueuse cette Constitution de l'an III à laquelle il avait à plusieurs reprises juré une inviolable fidélité, il fait un éloge sans restriction de la Constitution de l'an VIII et des hommes au pouvoir : « Une Constitution nouvelle accueillie avec encore plus d'empressement que la dernière, une régénération entière des bases fondamentales et conservatrices de la République et de notre liberté, une rénovation générale des autorités judiciaires et administratives et de ceux qui les composaient, la réputation des hommes à la tête du gouvernement, qui ont proposé, discuté, approuvé le nouvel ordre de choses, et les promesses du premier Consul, tout doit nous faire croire à un avenir plus heureux et prochain. » Il finit par cette péroraison digne des temps antiques : « Rentrés dans la classe de simple citoyen, c'est en donnant l'exemple de la soumission aux lois que nous lui prouverons encore notre dévouement, et, si les changements qui viennent de s'opérer, si des mains plus habiles et plus expérimentées ramènent le bonheur général, ne devrons-nous pas, comme certain Romain, nous écrier : Je rends grâce aux Dieux qu'il se trouve dans la République des milliers d'hommes qui puissent être plus utiles au bonheur commun. »

Nul doute que D'Envers eût été encore plus reconnaissant envers les Dieux, s'il avait été appelé à contribuer, comme ces milliers d'hommes, à la félicité publique. Cette satisfaction lui fut-elle accordée par la suite? Je l'ignore, car j'ai perdu complètement sa trace à partir du jour où il quitta si solennellement les fonctions qu'il exerçait depuis plus de quatre années dans le canton d'Ablis.

BENJAMIN CONSTANT
A LUZARCHES

Benjamin Constant était né à Lausanne le 25 octobre 1767. Dès l'âge de sept ans il quittait la Suisse pour courir le monde. Son père, alors officier au service de la Hollande, l'envoya tour à tour en Belgique, en Angleterre, en Hollande, en Allemagne, en Écosse, en France. Si cette existence cosmopolite, où d'extravagantes dissipations alternaient avec de sérieuses études, contribua à élargir et à enrichir son intelligence étonnamment précoce, elle lui permit malheureusement de s'abandonner sans frein à ses mauvais penchants. Il avait passé quelques mois à Paris en 1785; il y revint à la fin de 1786. La première fois, il s'était livré au jeu avec passion, épuisant ses ressources, s'endettant. Quant à son second séjour, voici ce qu'il écrivait dans une lettre souvent citée : « Je me repens fort, quand j'y pense, d'avoir fait un si sot usage, quand j'y étais, de mon temps, de mon argent et de ma santé... Je suis peut-être aussi sot à présent; mais au moins je ne me pique plus de veiller, de jouer, de me ruiner et d'être malade, le jour, des excès sans plaisir de la nuit (1).

Sur la demande de son père, qui voulait mettre un terme à cette vie de désordres, il fut nommé gentilhomme de la chambre du duc de Brunswick. En mars 1788, il prenait

(1) Lettre à Mme de Charrière du 10 décembre 1790.

possession de ses fonctions. Un métier consistant « principalement à faire asseoir les gens selon leur rang » (1) n'était guère de nature à lui convenir. Il s'ennuya profondément dans cette petite cour, qui était pour lui un lieu d'exil et dont les ridicules excitaient sa verve railleuse. Il se fit beaucoup d'ennemis et contracta un déplorable mariage qu'il lui fallut rompre quelque temps après ; il donna en 1794 sa démission, prévenant ainsi peut-être un congé qu'on ne tarderait pas à lui signifier.

A la fin de juillet, il quitte définitivement Brunswick et revient en Suisse. Il y retrouve un oncle, des cousines, à l'affection desquels il croit peu et qu'il avait d'ailleurs souvent froissés par ses propos ironiques et son égoïste vanité. Il sent bien qu'à leurs yeux, après ses tristes aventures, l'enfant prodige d'autrefois est devenu un être manqué dont ils sont enclins à se moquer. Il a plus de sympathie pour sa tante, la comtesse de Nassau, à laquelle il écrit que son bonheur serait d'aller vivre près d'elle ; mais l'entourage de celle-ci lui déplaît, il se fatigue vite de sa société. Près de Neufchâtel, au manoir de Colombier, il recevrait sans doute un tendre accueil de Mme de Charrière, cette femme si séduisante par l'originalité et la finesse de son esprit, qui avait été pour lui en mainte circonstance une douce consolatrice. Toutefois, à raison peut-être de leurs affinités intellectuelles, il y avait eu des heurts fréquents. A peine l'a-t-il revue que les dissentiments renaissent ; on échange une correspondance plutôt aigre.

Le 19 septembre 1794, a lieu entre Mme de Staël et Benjamin Constant une première rencontre qui devait exercer sur la vie de ce dernier une influence décisive. Il l'admire

(1) Gustave Rudler. *La Jeunesse de Benjamin Constant*, p. 501. — Ce ouvrage remarquable à tous égards est le plus complet et le plus documenté qui ait été publié sur la première période de la vie de Benjamin Constant.

d'abord avec certaines restrictions : « Elle cite les grands comme une parvenue de hier. Elle loue trop les gens parce qu'elle veut leur plaire pour se livrer à eux sans réserve ; quand ils n'y sont plus, elle revient naturellement sur ses pas ; on ne peut pas appeler cela positivement une perfidie... » Moins d'un mois après, l'admiration devient un enthousiasme délirant qui déborde dans ces lignes cruelles adressées, le 21 octobre, à Mme de Charrière : « C'est la seconde femme que j'ai trouvée qui aurait pu être un monde à elle seule pour moi. Vous savez quelle a été la première... C'est un être supérieur, tel qu'il s'en rencontre peut-être un par siècle et tel que ceux qui l'approchent, le connaissent et sont ses amis doivent ne pas exiger d'autre bonheur. » Il n'en termine pas moins sa lettre par ces mots usuels : « Je suis impatient de vous revoir. » Mme de Charrière, qui ne peut plus se faire d'illusion, lui répond amèrement : « Restez où vous êtes, cher Constantinus, il ne fait pas beau à Colombier, tandis qu'il fait beau à Lausanne et à Mézery (1). »

Benjamin Constant est décidé à ne pas rester en Suisse. Il n'aime pas son pays natal ; les liens de famille, nous venons de le voir, ne peuvent guère l'y retenir. Bien qu'il ait blessé Mme de Charrière, il ne dépend que de lui de rentrer en grâce ; mais ce serait se condamner à une vie languissante près d'une femme déjà presque vieille, qui voudrait de plus en plus prendre sur lui un ascendant tyrannique. Il avait songé un moment à se retirer en Amérique : « Amérique ! Amérique ! Amérique ! s'écriait-il l'année précédente, si je quitte une fois Colombier, si je vois toute liberté mourir en Europe, il me restera donc un asile ! » Avec le temps, l'idée lui sourit moins ; le 21 juillet 1794, il écrit à Mme de Nassau : « J'ai reçu des lettres

---

(1) *Mme de Charrière et ses amis* t. II, p. 160 et 166.

d'Amérique. On me fait une description vraiment tentante de ce pays-là. Mais vous avez raison, ma chère tante, une vie simple n'est pas ce qu'il me faut. » Ce qu'il lui faut maintenant, c'est jouer un grand rôle, ce qu'il ambitionne, c'est la gloire (1).

Dans quel pays pourra-t-il la conquérir? Quelques entretiens avec Mme de Staël suffirent vraisemblablement à fixer son choix. Les circonstances sont propices en France (2); un gouvernement nouveau va s'établir. Il y prendra rapidement place aux premiers rangs avec l'aide de Mme de Staël qui saura grouper autour d'elle de nombreux amis politiques grâce à la séduction de sa conversation, à ses écrits et aux relations qu'elle a dans tous les partis. De quel prix d'autre part ne sera pas pour elle le concours dévoué d'un homme éminent qui s'imposera par ses talents, par son éloquence! En mai 1795, il part pour Paris avec Mme de Staël.

C'était alors, suivant Sainte-Beuve, un « beau grand jeune homme, d'un blond hardi, muscadin, à l'air candide,

---

(1) A toute époque il fut poursuivi par la crainte de ne pas laisser après lui un nom glorieux. Dans son journal intime de 1804 on trouve cette note : « En attendant le dîner, je fais une promenade dans la vieille tour près d'Étampes. J'y suis monté autant que les vieux murs dégradés me l'ont permis, et j'ai éprouvé à l'aspect de ces ruines désertes, où tout attestait la mort et que nul mortel vivant n'a vues habitées, un assez vif serrement de cœur. Qui sait dans combien peu de temps je serai plus mort que ces ruines qui sont au moins encore debout et attirent parfois les regards des vivants? Je mourrai sans avoir rien fait pour cette gloire tant désirée, doué que j'étais de facultés universellement reconnues. »
En 1827, il écrit : La vie est rude, et quand je songe que j'ai 60 ans, je m'en réjouis. Je n'ai conservé qu'une chimère, celle de laisser après moi quelque célébrité, et je ne sais devant Dieu pas pourquoi. Mais c'est une habitude d'enfance. » (Bibliothèque de Genève).

(2) Dans une lettre qui, comme l'établit M. Philippe Godet (*Mme de Charrière et ses amis*, t. II, p. 65), doit être du 10 mars 1795, Benjamin Constant écrit à Mme de Charrière : « Les affaires de France prennent une tournure qui ajoute un intérêt de curiosité et de politique à ceux qui d'ailleurs me font pencher à y aller. »

mais en dedans très avancé, très désabusé ». L'illustre critique, d'ordinaire moins bienveillant pour le modèle, embellissait cette fois le portrait. Grand, Benjamin Constant l'était à coup sûr; beau, cela est plus contestable. Quelques mois auparavant, Mme de Charrière, déjà, il est vrai, en froid avec lui, écrivait à Mlle L'Hardy : « Convenez qu'il est fort laid : cheveux rouges, petits yeux comme de verre, taches jaunes sur tout le visage. » Mme Huber, plus indulgente, lui trouvait « des traits nobles dans leur laideur, une virilité juvénile avec un teint blafard et des cheveux rouges ». Rouges à faire « cuire des yeux », écrivait malicieusement sa cousine Rosalie. Muscadin, il l'était devenu depuis sa rencontre avec Mme de Staël. Mme de Charrière ne reconnaissait plus ce nouveau Constant, mis avec recherche, parfumé, portant des culottes jaunes. et laissant retomber sa chevelure sur son front et sur ses oreilles (1). Sainte-Beuve adoucissait également la teinte du portrait moral en représentant seulement comme avancé et désabusé ce jeune homme qui était, à cette époque de sa vie, « éloigné presque autant qu'on peut l'être de toute idée de devoir, de sacrifice (2) ».

Quant à ses opinions politiques, elles avaient été des plus contradictoires. Son aversion pour l'aristocratie de Berne, son horreur de toute contrainte, son éducation étrangement libre, sa vie nomade avaient certainement fait de lui un adversaire de l'ancien régime. Mais, hors de France, il ne put suivre que de loin les événements qui fréquemment le déconcertèrent. Lorsqu'il traverse en 1791 le camp des émigrés, il s'exaspère à la vue « de cette canaille enrégimentée, de ces paladins armés jusqu'aux dents, avec leurs casques à panaches blancs, leurs énormes sabres et leurs

---

(1) Mme *de Charrière et ses amis*, p. 187.
(2) Rudler. *La Jeunesse de Benjamin Constant*. Préface, 1.

vastes manteaux ». En juillet 1792, il accuse Vergniaud, Guadet, Condorcet, etc. d'être soudoyés par l'Autriche pour avilir l'Assemblée nationale : « Ces gueux-là, dit-il, ne sont pas même des scélérats par ambition ou des enthousiastes de liberté. Ils sont démagogues pour trahir le peuple. Cet excès d'infamie, dont j'ai vu les preuves, m'a inspiré un tel dégoût que je n'entends plus les mots d'humanité, de liberté, de patrie sans avoir envie de vomir. » Quatre mois après, il écrit : « J'espère que le parti de Roland, qui est mon idole, écrasera les Marat, les Robespierre et autres vipères parisiennes. » En octobre 1793, apprenant que des adresses sont envoyées pour demander la mort de la Reine, il ne peut contenir son indignation : « Quel peuple ! Quelle espèce que la nôtre ! Il faudra bien en venir à souhaiter que le repos sous le despotisme succède à ces convulsions d'anthropophages. » En 1794, il admire Robespierre et Couthon. Après le 9 thermidor, il est résolument thermidorien.

A peine à Paris, il écrit à sa tante de Nassau : « Paris, ce 6 prairial, l'an III de la république une indivisible et impérissable (1795). — J'arrive, ma chère tante, et je me hâte de vous écrire. Vous aurez vu par les journaux les événements du 1er au 4 prairial. Le triomphe de la Convention a été aussi complet que son courage a été sublime. Les hommes de sang sont écrasés, les faubourgs insurgés sont désarmés, les membres coupables incarcérés et traduits en jugement. Pour la disette, je ne puis rien vous en dire, n'étant pas encore sorti de ma chambre; je n'ai pas aperçu un seul visage pâle, ni vu un seul mendiant. On déteste les jacobins, on rit des royalistes et on les méprise, on veut l'ordre, la paix et la république et on l'aura (1) ! »

(1) Melegari. *Journal intime de Benjamin Constant et Lettres à sa famille et à ses amis*, p. 233.

Dès son arrivée, Mme de Staël rouvrait son hôtel de la rue du Bac. En 1787, B. Constant avait vu les hommes de lettres, les savants, les philosophes qui fréquentaient le salon des Suard. Il rencontra, en 1795, dans celui de Mme de Staël, les représentants des différents partis qui avaient survécu aux tempêtes révolutionnaires. Avec quelle mordante ironie n'a-t-il pas, plus tard, dépeint ce salon, « qui était alors composé de quatre à cinq tribus différentes : des membres du gouvernement présent, dont elle cherchait à conquérir la confiance, de quelques échappés du gouvernement passé, dont l'aspect déplaisait à leurs successeurs ; de ces nobles rentrés qu'elle était à la fois flattée et fâchée de recevoir ; des écrivains, qui depuis le neuf thermidor avaient repris de l'influence, et du corps diplomatique, qui était aux pieds du comité de salut public, en conspirant contre lui ! » Les couleurs étaient poussées au noir, mais le tableau ne manquait pas de ressemblance. En 1795, un jeune émigré, récemment rentré en France, Camille de Roussillon, écrivait peu charitablement à Mme de Charrière : « L'aimable jeune homme ! car il est vraiment aimable vu avec beaucoup de monde. Le salon de l'ambassadrice lui vaut mieux que le petit cabinet de Colombier… Si vous n'étiez pas si sauvage, que vous voulussiez rassembler dans votre cabinet vingt-cinq personnes, que l'un fût girondin, l'autre thermidorien, un autre jacobin, dix autres rien, alors j'aimerais à voir Constant écouté de tous à Colombier et goûté par tous. » Ces succès de salon qui flattaient sa vanité ne lui suffisaient pas ; il lui fallait un rôle plus actif et plus en vue.

Trop impatient d'arriver, il débuta par un faux départ. La Convention voulait se survivre ; elle était saisie d'une proposition tendant à obliger les assemblées électorales à renommer une partie des membres sortants. En messidor,

BENJAMIN CONSTANT A LUZARCHES.   283

Benjamin Constant publia dans les *Nouvelles politiques, nationales et étrangères* trois *Lettres à un député de la Convention*, pour combattre ce projet qui, disait-il, « fait l'étonnement et l'inquiétude de tous les bons citoyens » (1). Les modérés et les royalistes le félicitèrent et lui firent des avances (2). Craignant d'être compromis, il opéra un de ces revirements trop fréquents dans sa vie ; il se prononça contre la thèse qu'il venait de soutenir. Quelques jours après le décret du 13 fructidor qui consacrait le maintien des deux tiers, il écrivait avec une singulière désinvolture à son oncle Samuel de Constant : « Cette mesure, devenue absolument nécessaire par une foule de circonstances impossibles à décrire, passera à la très grande majorité, malgré les cris de quelques journalistes incendiaires et les déclamations impudentes de quelques hommes peu éclairés » (3).

(1) « On a révoqué en doute l'existence de ces lettres », dit Sainte-Beuve (*Nouveaux Lundis*, t. Ier). Cette existence est cependant certaine ; elles se trouvent dans les *Nouvelles Politiques* des 6, 7 et 8 messidor an III. Bien qu'elles ne portent pas de signature, elles sont sans aucun doute de Benjamin Constant. Camille de Roussillon écrivait à Mme de Charrière, le 11 messidor : « J'ai vu votre compatriote Constant, il m'a comblé d'amitiés ; il a bien le désir de m'obliger. Je voudrais, moi, pouvoir faire pour lui ce qu'il médite pour moi : le guérir de sa folle passion. Il est amoureux, comme on ne l'est guère à dix-huit ans. Il n'est cependant pas uniquement absorbé par son amour, car vous avez vu de son ouvrage dans les *Nouvelles politiques* des 6, 7, 8 messidor ». Camille de Roussillon aurait pu ajouter que, même en rédigeant ces articles, il n'oubliait pas Mme de Staël, car il y cite les *Réflexions sur la paix* de « l'auteur le plus éloquent et le plus sage qui ait écrit sur la Révolution. » Au surplus, dans les mémoires inédits écrits par Coulmann sous sa dictée, on trouve ces lignes : « Je publiai trois belles lettres, dans un journal que dirigeait M. Suard, contre la pensée que les conventionnels se perpétueraient en tout ou en partie. » Coulmann. *Réminiscences*, t. III p. 54.

(2) « Mes lettres firent un bruit du diable ; tous les salons me sautèrent au col. Mme la princesse de Poix me fit venir chez elle pour me témoigner son admiration. Les écrivains m'entourèrent et me comblèrent d'éloges ; les patriotes furent furieux, non pas contre moi, car par un hasard assez singulier ils ne surent jamais que j'étais l'auteur de ces lettres. » Coulmann, *Réminiscences*, loc. cit.

(3) « Constant est un nerveux, dit M. Rudler (*Bibliothèque Universelle*,

Si Mme de Staël ne visait pas, comme en 1792, « à gouverner l'Etat de son salon (1) », elle espérait du moins exercer une grande influence sur les hommes politiques appelés à constituer le gouvernement qui devait, suivant l'opinion publique, terminer la Révolution. Bien qu'elle fût alors sincèrement républicaine, elle avait conservé des relations personnelles avec un certain nombre de royalistes rentrés en France ou émigrés et s'employait en leur faveur. Les jacobins ne le lui pardonnèrent pas. Legendre la dénonça à la Convention. Cette dénonciation n'eut pas de suite ; mais la suspicion, qui s'attachait à elle et qu'entretenaient soigneusement ses ennemis, paralysait ses efforts. Répondant aux désirs du gouvernement directorial, elle reprit, en décembre 1795, le chemin de la Suisse pour aller retrouver son père à Coppet.

Benjamin Constant l'accompagnait. Quelques jours avant son départ il écrivait à sa tante de Nassau : « L'hiver rendra Paris un séjour insupportable ; les finances, au lieu de se rétablir, vont de mal en pis, et tous les emprunts forcés sur la classe aisée ne les remettront pas... Je ne doute pas cependant que tout ne s'arrange et que cette république que j'ai adorée dès sa naissance, quoique son intérieur dans ses premières années n'ait certes pas été sans taches et que son berceau soit bien ensanglanté, ne s'affermisse en

n° d'août 1912) ; donc, au rebours du proverbe, c'est presque toujours la première impulsion qu'il a mauvaise, aberrante. Puis il réfléchit, se reprend, rentre dans sa ligne et sa vérité ». Même sans tenir compte de sa nervosité, on peut s'expliquer les changements d'opinion de Benjamin Constant dans plus d'une circonstance. Mais on aimerait mieux qu'il se fût montré moins sévère pour ceux qui ne le suivaient pas dans ses évolutions, que par exemple il n'eût pas qualifié d'incendiaires, de déclamateurs impudents les journalistes qui continuaient à protester, en fructidor, contre les décrets des deux tiers qu'il avait lui-même si vigoureusement combattus, le mois précédent.

(1) Albert Sorel. *Madame de Staël*, p. 36.

dépit des passions, des projets et du manque de lumières de la majorité de ses agents (1). »

Il ne tarda pas à revenir à Paris. En mai 1796, il publiait sous ce titre : *De la force du Gouvernement et de la nécessité de s'y rallier*, une brochure à laquelle Mme de Staël avait collaboré (2) et dont l'objet était de convier tous les partis à soutenir le nouveau gouvernement. Le *Moniteur universel*, organe officieux du Directoire, la reproduisit entièrement, en la faisant précéder de cette note : « Tel est le titre d'une brochure imprimée en Suisse et encore assez rare en France. Il est remarquable de voir un étranger discuter avec une sagacité profonde les intérêts de notre pays et joindre à l'éclat et à la vigueur du style la justesse des aperçus... »

Cet écrit eut un grand retentissement. Les partisans du Directoire ne ménagèrent pas à l'auteur leurs compliments et leurs encouragements. Les opposants, au contraire, déjà irrités par l'attitude qu'il avait eue à l'occasion du décret des deux tiers, l'attaquèrent avec véhémence. Le 15 juin 1796 Bertin de Veaux, le futur directeur du *Journal des Débats*, fit paraître dans la *Feuille du Jour* un article des plus blessants. S'emparant de cette qualification d'étranger que le *Moniteur* avait donnée à Benjamin Constant, il demandait dans ces termes injurieux son expulsion : « Que fait ici M. Benjamin Constant ? Il est étranger ; pourquoi ne se soumet-il pas à la loi qui oblige tous les étrangers à sortir

---

(1) Melegari, p. 247.
(2) *Mme de Staël*, par Albert Sorel, p. 74. — Necker ne s'associait pas aux sentiments politiques de sa fille et de Benjamin Constant. Il écrivait de Coppet à Meister, le 2 janvier 1796 : « Ma fille est arrivée après une assez longue route, mais sans accident ; M. Constant lui a servi de compagnon de voyage. Ils sont tous deux merveilleusement lestés en idées et en espérances républicaines, et ils pardonnent un peu trop les moyens des gouvernements en faveur du but. Je suis bien éloigné de voir de même. » (*Lettres inédites de Mme de Staël à Henri Meister*, publiées par Usteri et Ritter).

de Paris ? Il est revenu de Suisse plein d'orgueil et d'espérance ; il croyait que le Directoire reconnaissant allait prendre pour mentor l'auteur de l'admirable brochure *De la force du Gouvernement*. Il a pu voir au triste accueil qu'il a reçu à Paris, à l'humiliant *incognito* qu'il continue d'y garder, malgré toutes ses petites intrigues, qu'à l'exemple de ce cordonnier de Rome qui avait appris à son perroquet à chanter : Vive l'empereur Auguste ! il n'avait fait qu'une bassesse inutile. Aussi, ce petit monsieur n'en est pas seulement au regret, son désespoir va jusqu'à la rage... Que conclure de tout ceci ? Que Carnot ferait sagement de mettre à la porte ce petit Suisse incivil, qui abuse de l'imprudente hospitalité qu'on a eu la bonté de lui donner, et de le renvoyer dans son pays cacher sa honte et ses remords avec un écriteau sur son dos : *Bassesse inutile.* »

Benjamin Constant ne pouvait rester sous le coup de pareilles insultes. Il demanda réparation à Bertin de Veaux. Il y eut, quelques jours après, au bois de Boulogne, une rencontre qui amena la réconciliation des deux adversaires sur le terrain et fut l'origine de l'amitié qui les unit depuis cette époque.

L'animosité des ennemis politiques de Benjamin Constant était telle, qu'un de leurs journaux, *Le Courrier républicain*, rendit ainsi compte de l'issue du duel dans son numéro du 11 juillet 1796 : « M. Benjamin Constant, cet aventurier venu tout exprès de Suisse pour apprendre au gouvernement le secret de se servir des terroristes pour assassiner les honnêtes gens, a été scandalisé de quelques plaisanteries que la *Feuille du Jour* s'est permises sur son compte. M. Benjamin a trouvé mauvais que ce rédacteur se soit égayé aux dépens de sa morgue pédantesque. Jour pris, les combattants se sont rendus au bois de Boulogne... Les armes sont à peine chargées que M. Constant, qui a pris des leçons de bravoure de Louvet (qui, comme on sait, n'en manque pas, témoins les coups de bâton qu'il a reçus maintes et maintes fois sans se défendre), s'est mis à trembler de tous ses membres. Les jambes lui flageolaient à ce point que ses amis, qui se sont aperçus de la gêne dans laquelle il était, ont proposé un accommodement, et cette affaire s'est terminée sans effusion de sang. » Bertin de Veaux protesta aussitôt par une lettre empreinte d'une véritable noblesse de sentiments : « Insulté par moi, dit-il, M. Benjamin Constant m'a demandé la satisfaction que l'on doit à un homme d'honneur et qu'un homme d'honneur ne peut refuser... Riouffe, auteur des *Mémoires d'un Détenu*, mon ami, et celui de M. Constant, informé de la querelle, a cru devoir se transporter sur les lieux du combat pour offrir sa médiation. Comment un journaliste, qui n'a point été témoin des faits, peut-il se permettre de déshonorer un galant homme en les dénaturant?... Je ne prétends pas, au surplus, répondre à toutes les calomnies que la sottise et la méchanceté pourront répandre sur une affaire plutôt heureuse que malheureuse, puisque je lui dois la connaissance et, j'ose le dire, l'amitié de M. Constant. Mais je déclare que quiconque dira que M. Constant, avant comme après, a eu quelques torts envers l'honneur et l'honnêteté, est ou trompé ou le plus vil des calomniateurs (1). » Cette lettre mit fin à la polémique ; le *Courrier républicain* battit en retraite, non sans avoir lancé une dernière épigramme contre le « complaisant d'une baronne intrigante »(2).

Quoique l'aventure eût tourné à son avantage, Benja-

(1) *Bertin aîné et Bertin de Veaux*, par M. Léon Say. (Livre du Centenaire du *Journal des Débats*, p. 22).
(2) Numéro du 23 juillet 1796.

min Constant comprit que tout avenir lui était fermé en France, s'il ne parvenait à se délivrer de ce titre d'étranger dont on se faisait avec tant d'acharnement une arme contre lui. Son embarras était grand ; il avait alors un procès à Berne ; il craignait de nuire à ses intérêts en abandonnant la nationalité suisse. Dès le mois de juin, il avait écrit à son oncle Samuel : « Mon père, sentant comme moi l'importance de me faire reconnaître citoyen français, me conseille de faire faire un extrait des papiers de famille qui sont en vos mains. » Il le priait de lui rendre ce service, mais il ajoutait : « Vous sentirez qu'il m'importe que mon projet ne soit connu de personne sans exception. Il me ferait du tort à Berne, et il faut au moins être sûr du succès, avant de braver la malveillance qu'inspirera l'entreprise. »

Au mois d'août suivant, il se décida enfin à adresser au Conseil des Cinq-Cents une pétition pour réclamer les droits de citoyen français, par application de la loi du 15 décembre 1790 sur les descendants de religionnaires fugitifs. Aussi optimiste qu'il était perplexe peu de temps auparavant, il écrit à sa tante : « J'ai eu dernièrement un grand succès à Paris ; je suis très bien avec la majorité du Gouvernement et des Conseils, et une pétition, que j'ai présentée avant mon départ, a été très bien accueillie. » Une déception l'attendait ; malgré l'avis favorable de Pastoret, qui avait été nommé rapporteur, le Conseil des Cinq-Cents vota l'ajournement, le 7 janvier 1797.

Si la question n'était pas tranchée, la solution en était remise à une époque indéterminée ; il fallait chercher une autre voie. Le 10 ventôse an V, Benjamin Constant se présentait devant la municipalité de Luzarches, et déclarait qu'il demeurait ordinairement en Suisse, mais que son intention était de fixer son domicile au hameau d'Hérivaux, dépendant de la commune de Luzarches.

II

A peine Benjamin Constant était-il arrivé en France que, fasciné par les bas prix auxquels les biens nationaux se vendaient à cette époque, il se figura pouvoir facilement réparer par de fructueux placements les brèches faites à sa fortune. Il s'empressa d'employer une partie de son patrimoine en acquisitions qui lui procureraient, croyait-il, de merveilleux revenus. Une lettre, qu'il adressait à sa tante, le 7 août 1795, montre quelles étaient ses illusions : « Je viens de faire un marché tel qu'il est difficile de s'en imaginer un. J'ai acheté ici un fonds de terre pour 30 000 francs de France, et il m'assure 8 000 francs de rente. Vous avouerez qu'il est difficile de mieux placer son argent! Que de choses quelqu'un ayant 200 000 francs comptant pourrait faire ici! Il s'assurerait 55 000 francs de rentes, et avec cela il vivrait presque pour rien, quoique tout paraisse excessivement cher à raison de la valeur supposée de l'argent... » En octobre, il écrit : « J'ai acheté pour 9 800 francs de Suisse un bien avec un château rapportant, indépendamment de l'habitation, du parc très considérable et des fruits, 2 600 francs de Suisse. J'ai ensuite acheté pour 10 440 francs de Suisse un bien rapportant 2 600 francs de Suisse... » Il ne se contentait pas d'énumérer complaisamment à sa tante les achats qu'il faisait; il avait voulu l'entraîner dans ses opérations rurales : « ... Si j'osais espérer de vous persuader, je vous conjurerais de venir en France, et vous achèteriez un superbe domaine, soit près de Paris, soit dans les plus beaux cantons de France. Une petite partie de vos revenus serait un Pérou ici. » Le dissipateur avait-il cédé la place à l'homme d'affaires avisé? N'était-ce pas aussi le joueur qui cherchait de nouveau à tenter le sort? Il est permis de le supposer, car il écrivait peu de temps après : « Le vaisseau peut couler bas et engloutir la moitié de ma fortune, comme il peut résister à la tempête et m'assurer une aisance plus considérable que celle dont j'aurais joui... » La comtesse de Nassau résista à la tentation ; elle refusa le Pérou qui lui était si affectueusement offert, et se contenta d'envoyer à son cher neveu des conseils qu'il se garda bien de suivre.

Ce n'est pas seulement à raison des bénéfices qu'il espère en réaliser que Constant se félicite de ces opérations. Il jouit par avance des séjours prolongés qu'il se promet de faire dans une des propriétés dont il vient de se rendre acquéreur. La maison sera arrangée au printemps ; il y transportera une partie de ses livres; Mme de Staël viendra l'y voir. Il a d'ailleurs « les meilleures espérances sur les destinées de la République » ; rarement l'avenir lui est apparu plus souriant. Il ne se contente pas d'être heureux ; il désire que certains membres de sa famille soient témoins de son bonheur. Dès le 16 septembre il adresse à son oncle Samuel une lettre pleine d'abandon et de tendresse : « Si vous preniez le parti de vous établir en France, il me serait bien doux de vous y rapprocher de moi. Mon bien est à quatorze lieues de Paris, sur une rivière. En cinq heures je suis à Paris et j'y trouve toutes les ressources de littérature qu'offre cette immense capitale. Je pense qu'un pareil séjour vous conviendrait fort, et je prendrais tous les moyens pour que vous soyez éloigné le moins possible. Je ne retournerai guère en Suisse que vers le mois de décembre ou de janvier. Je me propose d'apporter ici une partie de ma bibliothèque, celle surtout qui consiste en livres allemands ou anglais. Les lettres, la campagne, le voisinage d'une grande ville, le spectacle des plus grands intérêts, l'amitié de la plus aimable des femmes, que de raisons de bonheur, s'il n'y avait pas toujours dans la vie des raisons de malheur moins évidentes et plus sensibles. Notre séparation en est une, quoique nous n'ayons pas vécu beaucoup ensemble, mais l'état de vos affaires m'inquiète, et je voudrais que par une de ces occasions qui s'offrent aujourd'hui de toutes parts, je puisse vous en tirer. » En octobre, il écrit à sa tante : « Vous devriez bien, si nous n'avons pas l'année prochaine de guerre civile, venir habiter ma maison de campagne, que je compte faire arranger au printemps et qui sera un endroit charmant dans très peu de temps. Je compte y vivre quand je serai en France, je puis aller de là à Paris en cinq heures, et la situation est charmante ! »

Le printemps de 1796 lui donna, nous l'avons vu, surtout des déceptions. La brochure publiée à son retour de Suisse l'avait mis en évidence, lui avait valu des louanges flatteuses, mais lui avait suscité de vives inimitiés ; Mme de Staël était toujours hors de France ; il ne savait quand elle pourrait y rentrer. En mai 1796, il envoie à Mme de Nassau cette lettre découragée : « Je vous écris, ma chère tante, de la ville la plus tranquille qui soit sur la surface de la terre ; chaque jour affermit ce gouvernement parce que chaque jour il devient plus juste et trouve dans la Constitution assez de force pour comprimer les partis. Je ne dirai pas le même bien de la société depuis que je n'ai plus ici ce qui m'intéressait par-dessus tout et la maison où je passais ma vie (1). Je suis profondément fatigué

---

(1) Il n'exagérait pas. Le spirituel émigré dont nous avons cité la lettre le déplorait : « S'il n'y passait que deux heures par jour, il (le salon de Mme de Staël) serait pour lui la meilleure étude. Mais, hélas ! il y passe dix-huit heures ; il ne vit plus que dans ce salon, et le salon le fatigue, il n'en peut plus ; son physique si grêle souffre déjà. »
Dans un intéressant récit, publié par la *Revue Bleue* du 5 mars 1898

de Paris. J'y ai fait assez de connaissances, l'ouvrage que j'ai publié ayant produit quelque sensation, mais ces connaissances sont tellement difficiles à ménager entre elles, il y a tant de tracasseries personnelles auxquelles on ne peut pas rester étranger, il est si difficile de ne pas déplaire aux uns pour plaire aux autres, enfin on a si fréquemment l'occasion de se faire un ennemi ardent pour se conserver un ami tiède que je suis harassé de toutes les considérations de détails qui m'ont occupé depuis huit jours; je partirai dans peu de jours pour ma campagne et j'irai enterrer loin de Paris les honneurs et les fonctions. Une république naissante est une superbe chose considérée par les effets, mais il ne faut pas l'observer avec un microscope. C'est une triste chose que d'avoir des goûts aussi resserrés que les miens. Aimer et penser sont mes seules facultés ; ce qu'on appelle amusements, distractions, abandon

(*Madame de Staël et la police du Directoire*), M. Paul Gautier a fait connaître les circonstances qui empêchaient alors Mme de Staël de revenir de Suisse en France. Sur la demande du ministre de la Police, Cochon de Lapparent, le Directoire avait pris, le 3 floréal an IV, un arrêté constatant qu'elle était soupçonnée d'entretenir des correspondances avec des émigrés, et lui interdisant de franchir la frontière sous peine d'arrestation. Un agent secret avait été envoyé à Versoix, avec mission de la surveiller et de l'arrêter, si elle tentait de rentrer. Le résident de France à Genève avait, de son côté, adressé au ministre des Relations extérieures une dépêche pour le prévenir de l'intention où était Mme de Staël de rejoindre à Paris « un Genevois nommé Constant », qu'il fallait également surveiller. Benjamin Constant, dit M. P. Gautier, « était alors dans la lune de miel de ses rapports avec le gouvernement et ne se doutait guère que ce gouvernement si *juste* décachetait ses lettres et mettait des espions à ses trousses ». Mme de Staël ne devait pas avoir connaissance de l'arrêté du 3 floréal, mais elle avait appris qu'il circulait une liste de personnes à arrêter sur laquelle son nom était inscrit. Elle tenait d'ailleurs beaucoup à ce qu'on ignorât sa situation vis-à-vis du Directoire. « Vous comprenez bien, écrivait-elle à Rœderer, le 1er octobre 1796, que de toutes manières il m'importe qu'aucun journal, s'il est possible, ne parle de l'accusation du Directoire contre moi... Si on le savait ici positivement, je n'y pourrais pas rester, ce qui prouve la jolie position des amis de la liberté hors de France quand on ne leur croit pas l'appui de la France, et que le pays a peur de lui déplaire. » (*Œuvres du comte Rœderer*, t. VIII, p. 651.)

n'existe pas pour moi ; la nature me rend triste, les honneurs me blessent... »

Ce n'était pas la première fois qu'il se demandait s'il ne renoncerait pas à toute idée d'ambition pour s'ensevelir dans une profonde retraite. Déjà quand, à l'âge de 25 ans, il s'était décidé à rompre un mariage follement contracté, il écrivait à Mme de Charrière : « Les lettres et la solitude, voilà mon élément. Reste à savoir si j'irai chercher ces biens dans la tourmente française ou dans quelque retraite bien ignorée (1). » Pas plus qu'en 1792 il ne donna suite à ce nouveau projet de retraite; mais avec son caractère si mobile, si irrésolu, si enclin à la misanthropie, il avait besoin, lorsqu'il était saturé des satisfactions de vanité et des relations de société qu'il trouvait à Paris, d'aller demander à la campagne le repos et l'isolement, sauf à revenir, dès que l'ennui le gagnait, reprendre l'existence agitée qui le fatiguait, mais dont il ne pouvait longtemps se passer.

Quelque séduisante que lui eût paru tout d'abord la propriété qu'il décrit dans ses lettres de 1799, il renonça à s'y établir. Peut-être la trouva-t-il trop éloignée de ce Paris, qu'il dénigrait parfois et qui restait malgré tout le centre de sa vie. Le 11 brumaire an V (novembre 1796), était passé en l'étude de Me Leflamand, notaire à Luzarches, un acte par lequel Benjamin Constant, « cultivateur, natif de Lausanne en Suisse, résidant à Paris, rue de la Loi, n° 293 », achetait au prix de 50 000 francs l'abbaye d'Hérivaux, qui se composait de la maison conventuelle, d'une église, de communs et de 224 arpents en cour, jardin, terres, vignes et bois (2).

(1) Lettre du 17 décembre 1792.
(2) Hérivaux avait été vendu 220 000 livres, le 16 novembre 1791, comme bien national. L'adjudicataire, un sieur Gressier, tenant hôtel garni rue

On comprend qu'il ait été séduit par l'aspect de ce monastère situé dans une région d'un aspect plutôt sévère, construit à l'orée d'une forêt, environné de collines boisées. Ce qu'il demandait à la campagne c'était avant tout la solitude. Il aimait la nature silencieuse. « La campagne, écrira-t-il plus tard, quand on la recherche pour la solitude, vaut mieux en hiver qu'en été. En été, la nature est trop vivante et fait trop société. » Dans toutes les périodes de sa vie, il ne cessa de vanter les charmes « de l'inexprimable bonheur de la solitude », qu'il prétendait avoir découvert lors de son premier voyage en Angleterre. Que de fois ce mot « solitude » revient sous sa plume dans ses lettres et dans son *Journal intime* !

Sa correspondance ne fait pas connaître exactement l'époque à laquelle il s'installa dans cette propriété qui répondait si bien à ses goûts (1). Il est certain qu'il y passa presque tout l'hiver de l'an V. Grâce à l'appui de Barras, Mme de Staël avait obtenu que le gouvernement fermât les yeux sur son retour en France et qu'elle pût sans être inquiétée résider aux environs de Paris. Il était allé la chercher à Coppet et l'avait amenée à Hérivaux (1). Ils y étaient

des Anglais à Paris, n'ayant pu payer le prix, il fallut procéder, le 27 mars 1792, à une adjudication sur folle enchère. François Petit fut déclaré adjudicataire conjointement avec les sieurs Rémy et Collin. Devenu seul propriétaire du domaine au mois d'août suivant, il le revendit en l'an V à Benjamin Constant.

(1) D'après M. Eugène Asse (*Benjamin Constant et le Directoire* — Revue de la Révolution, année 1889) Constant aurait acheté Hérivaux en 1795, et ce serait à ce domaine que se rapporteraient les deux lettres que j'ai citées. Cependant l'acte notarié du 18 brumaire an V établit sans conteste la date de cette acquisition. Faut-il supposer que Constant était en possession d'Hérivaux dès la fin de l'an III, bien qu'il ne s'en soit rendu définitivement acquéreur qu'en brumaire an V? Les termes de la lettre du 16 septembre 1795 sont difficiles à concilier avec cette hypothèse. » Mon bien, y dit-il, est à quatorze lieues de Paris. » Or la distance d'Hérivaux n'est que de huit lieues, ainsi qu'il l'écrivait lui-même quelque temps après (Voy. Melegari, p. 267).

l'un et l'autre en pluviôse ; le 20 et le 22 pluviôse, B. Constant faisait allusion à la présence de Mme de Staël auprès de lui dans deux lettres datées d'Hérivaux et adressées, l'une à son oncle Samuel, l'autre à sa tante de Nassau (2). Ils s'y trouvaient également en ventôse, car Huber écrivait à Ustari, le 12 mars 1797 : « J'ai reçu aujourd'hui une lettre de Constant du 14 ventôse. Il est dans une propriété qu'il a acquise — avec Mme de Staël, hélas ! » A la fin de ventôse, Mathieu de Montmorency, qui était venu y passer quelques jours auprès d'eux, en informait Mme Necker de Saussure, cousine de Mme de Staël : « Nous sommes depuis trois jours tête à tête dans le désert dont elle vous a peut-être fait la description » (3). En germinal et floréal, Mme de Staël écrivait comme on encore, on le verra, des lettres datées d'Hérivaux.

Ce ne fut pas le silence qui régna pendant les premiers temps dans cette abbaye où Benjamin Constant venait prendre la place des anciens prieurs. Chaque jour, de nombreux ouvriers travaillaient à la transformation du domaine. La maison conventuelle étant beaucoup trop vaste pour un nouveau maître, qui recherchait avant tout l'isolement, il en fit sans tarder abattre plus des deux tiers ; il ne conserva qu'une des ailes, qui constitue depuis cette époque le bâtiment d'habitation et dont la distribution

---

(1) Paul Gautier. — *Mathieu de Montmorency et Madame de Staël*, p. 81.
(2) La lettre du 20 pluviôse, qui se trouve à la Bibliothèque de Genève, ne contient pas d'indication d'année, mais cette année est facile à déterminer. Il y écrit à son oncle : « Je suis en ce moment occupé à finir un ouvrage que je compte publier vers le commencement du mois prochain. Il prend tous mes moments et l'arrangement d'une campagne achève de m'accabler d'occupations. » L'ouvrage dont il parle ne peut être que sa brochure *Des réactions politiques*, qui parut en germinal an V. La lettre du 22 pluviôse est aussi sans aucun doute de l'an V, puisqu'il y est question également d'un ouvrage, « qui sera imprimé dans trois semaines à peu près ».
(3) Paul Gautier. — *Op. cit.*, p. 98.

intérieure est restée en partie telle qu'elle était avant la Révolution. En même temps, il faisait planter des arbres, préparer des prairies, creuser une pièce d'eau. Le mouvement auquel donnaient lieu ces divers travaux ne l'empêchait pas de goûter les charmes d'Hérivaux : « Je continue à jouir ici d'une délicieuse solitude, écrit-il à sa tante le 22 pluviôse, dans une campagne que mon ami et moi arrangeons divinement... ; mon bonheur est bien innocent, car il ne fait de mal à personne, et il fait assez de bien en donnant du travail à cinquante ouvriers par jour. »

Une des grandes satisfactions que le séjour à la campagne procure à Benjamin Constant, c'est le sommeil. A Paris, il prolonge ses veilles au point de nuire à sa santé et d'être parfois pendant le jour dans un état d'assoupissement dont il se plaignait (1). Il songe avec délice au bonheur qu'il aura de pouvoir dormir à son aise : « C'est une vraie volupté quand je puis me coucher à sept heures, et une jouissance est toujours un bien. J'aurai bien pleinement celle du som-

(1) Cet état d'assoupissement était tel qu'il lui arrivait, tout au moins à cette époque, de s'endormir à table, ainsi que le constate Camille de Roussillon dans sa lettre à Mme de Charrière, du 23 messidor 1795 : » Je sors de chez lui. J'ai mangé des cerises avec lui... il s'est endormi au milieu de notre déjeuner. »

Se coucher de bonne heure fut toujours pour lui une ambition difficile à satisfaire. Elle était contrariée par son goût du jeu. D'autre part, Mme de Staël aimait à veiller. Benjamin Constant, dans son *Journal intime* de 1804, raconte une scène à laquelle il assista pendant qu'il se trouvait à Coppet. Mme de Staël avait eu avec Schlegel une discussion qui s'était prolongée fort avant dans la soirée. « ... Elle voulait recommencer avec lui une explication à une heure du matin, en se réservant pour, après cette explication, une conversation sur des choses cent fois discutées. Je mourais de sommeil, et j'avais mal aux yeux, mais il faut obéir. » Quelques pages plus loin : « Il est clair que je serai forcé de me marier pour pouvoir me coucher de bonne heure » Il se marie, en effet ; il épouse Charlotte de Hardenberg. La malchance le poursuit, comme le prouve une note de son *Journal intime* de 1812 : » Charlotte a la manie de veiller, ce qui me fait passer des nuits détestables. Or, souvenons-nous que je me suis marié pour me coucher de bonne heure. Cela ne peut pas durer. »

meil à la campagne. » Si son corps a besoin d'un repos prolongé, son esprit ne saurait rester inactif. Quoiqu'il ait parfois affecté de s'accuser de paresse (1), il ne cessa jamais de se livrer à l'étude avec autant d'ardeur que de curiosité. De même qu'en 1792, il ne comprend pas la solitude sans les lettres. Aussi, l'arrangement de sa bibliothèque a-t-il été un de ses premiers soins; en s'installant à Hérivaux, il n'a eu garde d'oublier d'emporter avec lui « quelques livres en petit nombre, que rejoindront leurs camarades ». Il ne se contente pas de lire; il achève sa brochure *Des Réactions politiques*, il en écrit une autre qu'il intitule : *Des Effets de la Terreur*, ce qui ne l'empêche pas de continuer son ouvrage sur la *Religion*, qu'il composera et recomposera pendant plus de vingt-cinq ans.

Si attrayante que fût pour Benjamin Constant cette vie calme et studieuse, il n'avait nullement renoncé à ses ambitions politiques. Ce n'était pas à des préoccupations purement littéraires qu'il obéissait, en publiant sur la situation présente des ouvrages de nature à plaire aux gouvernants et à mettre son nom en relief. Mais l'échec de sa pétition au Conseil des Cinq-Cents créait un obstacle difficile à surmonter. En réclamant la qualité de Français, il s'était aliéné la Suisse; s'il ne parvenait pas à bénéficier de la loi du 15 décembre 1790, il lui fallait attendre plusieurs années pour acquérir la nationalité française.

L'approche des élections mit fin à ses hésitations. Ce que les Cinq-Cents n'avaient pas osé lui accorder, peut-être l'obtiendrait-il des habitants du canton de Luzarches. Ne devraient-ils pas se montrer empressés à accueillir un écrivain déjà connu, qui était venu habiter au milieu d'eux !

(1) Je deviens d'une paresse inconcevable... Quand on est actif on l'est dans tous ses états, et quand on est aussi paresseux et décousu que je le suis on l'est aussi dans tous ses états. » (Lettre à Mme de Charrière, du 10 décembre 1790).

Le 10 ventôse an V, ainsi que je l'ai dit, il faisait sa déclaration de domicile aux autorités de Luzarches ; le 1er germinal, il était admis à prendre part à l'assemblée primaire du canton. Le procès-verbal ne contenant pas mention de son admission, l'omission fut réparée sur sa demande ; il tint à faire consigner que, à l'appui de sa réclamation, il avait invoqué l'article 22 de la loi de décembre 1790 concernant les descendants des religionnaires fugitifs. Il put même espérer un succès encore plus grand. Lorsqu'on procéda à la désignation des électeurs, ce fut lui qui réunit le plus de voix ; mais, au second tour de scrutin, il n'en eut que 29 au lieu de 49 et ne fut pas nommé (1). L'assemblée communale de Luzarches le dédommagea de ce petit échec, en le choisissant, le 10 germinal, pour agent municipal.

Croyant toucher au but qu'il poursuivait depuis près d'un an, il rédigea, le jour même de son élection, une note qu'il plaça en tête de ses *Réactions politiques*, et qui se terminait par ces lignes : « Je ne suis point étranger. Originaire de France, et descendant d'une famille expatriée pour cause de religion, je suis rentré dans ma patrie aussitôt que j'ai pu. J'y ai reporté ma fortune. Une loi positive m'y invitait en me rendant tous mes droits civils et politiques. Cette loi a été corroborée en dernier lieu par la confirmation expresse des naturalisations décrétées par les assemblées précédentes. En conséquence, j'ai exercé dans les assemblées primaires de ma commune tous mes droits

(1) Dans un article qu'il publia, à la demande de Mme de Staël, sur les *Réactions Politiques*, Rœderer, qui avait peu de sympathie pour Benjamin Constant, fit à cet insuccès une allusion malveillante et inexacte : « Il nous avertit, dit-il, dans la préface qu'il est Français, qu'il a été à son assemblée primaire, qu'ainsi, il est en droit de nous donner des conseils. On dit même, mais sa modestie nous le cache, qu'il a eu deux voix pour être électeur. Une brochure de sept feuilles d'impression est le gage de sa confraternité. » (*Journal d'économie publique*, du 10 floréal an V.)

de citoyen ; et il est impossible, soit par sa naissance, soit par ses principes, soit par ses propriétés, soit par ses intérêts de tout genre, soit enfin par ses droits positifs et légaux, d'être plus Français que je ne le suis. — Hérivaux, le 10 germinal an V. »

La victoire que Benjamin Constant venait de remporter le combla de joie ; il dut penser que sa nationalité serait désormais à l'abri de toute contestation, et que cette élection lui ouvrait enfin la route dans laquelle il avait jusqu'ici vainement cherché à s'engager. L'avenir, qui lui semblait si sombre peu de temps auparavant, s'éclaircissait tout d'un coup. Une lettre qu'il s'empressa d'adresser à sa tante témoigne d'une sorte de renouveau qui se produisit en lui malgré les inquiétudes que lui causaient alors les résultats des élections législatives : « ... J'ai continué à embellir mon habitation, à laquelle je m'attache tous les jours davantage. Je compte y passer la plus grande partie de l'été. Les habitants de ce canton m'ont élu pour président de leur administration, ce qui me donne l'occasion dans un petit cercle de faire respecter les lois que j'aime et de protéger les républicains. Mes bois se couvrent de feuilles, tout devient charmant dans les environs ; ma bibliothèque s'arrange peu à peu. Si rien ne renverse mon édifice, je serai aussi heureux qu'on peut l'être en ce monde, qui n'est pas, il s'en faut, le meilleur des mondes possibles. »

La nouvelle donnée à sa tante n'était pas rigoureusement exacte ; il avait été nommé agent municipal de Luzarches, et c'était seulement en l'absence du président qu'il avait à présider l'administration municipale du canton. Ce détail importait peu à la comtesse de Nassau, qui ne pouvait d'ailleurs partager entièrement la satisfaction de son neveu. Elle l'avait vu avec un vif regret renoncer à la nationalité suisse, et elle pensait bien que ce n'était pas uniquement dans le but de protéger les républicains français qu'il s'était fait élire. Elle devait au surplus manquer de confiance dans la solidité du nouvel édifice qu'il commençait à élever, car il n'avait jusqu'alors construit que sur le sable. Cette fois, l'écroulement fut plus rapide encore.

Le 15 germinal an V, à la séance où il était installé dans les fonctions auxquelles l'avaient appelé les électeurs de Luzarches, le commissaire du Directoire exécutif près l'Administration municipale demanda l'expédition des procès-verbaux des élections, dont plusieurs lui paraissaient entachées de nullité, et, le 7 floréal suivant, le commissaire du Directoire près l'administration centrale du département de Seine-et-Oise requérait l'annulation de l'élection de Benjamin Constant. L'irrégularité de cette élection était flagrante. L'article 17 de la Constitution de l'an III exigeait au moins un an de résidence dans le canton ; or, sa déclaration de domicile était antérieure de quelques semaines seulement à sa nomination.

Deux mois après, l'Administration centrale du département de Seine-et-Oise, conformément à une décision du ministre de l'Intérieur, prescrivait, par un arrêté du 13 messidor an V, la nomination d'un agent municipal pour la commune de Luzarches, en remplacement de Benjamin Constant, dont l'élection était annulée.

Cet arrêté ne dut pas le surprendre. Ce qui l'inquiétait alors par-dessus tout, c'était la situation politique créée par les élections auxquelles il avait été procédé, en germinal, pour le renouvellement du tiers sortant des membres des Conseils, « Les dernières élections ont été abominables, écrivait-il, le 23 messidor an V, à son oncle Samuel, et sans quelque miracle qu'on doit espérer, mais qu'il est difficile de prévoir, on ne peut se flatter que la république survive aux élections prochaines. » Dans une autre lettre, qu'il lui adressait le 15 thermidor, après avoir présenté sous le jour le plus sinistre l'état des esprits en France, il ajoutait : « Si d'ici à deux mois il n'arrive pas je ne sais quel événement qui remette la République à flot, il n'y a aucune espérance à avoir, et cet événement peut être une calamité par les conséquences. » Dès le mois suivant, l'événement miraculeux se réalisa : ce fut le coup d'État du 18 Fructidor an V.

III

Dans un article, qui fut publié quelques mois avant sa mort, Benjamin Constant jugeait ainsi le 18 Fructidor: «... Les causes du 18 Brumaire remontent au 18 Fructidor, journée à laquelle des amis peu éclairés de la République avaient coopéré. La voyant menacée par un parti actif et puissant, ils avaient cru qu'on pourrait sauver une Constitution par un coup d'État, c'est-à-dire par la violation de la Constitution même, erreur commune accréditée par des gouvernements à vues courtes et à intentions perverses, et répétée par des écrivains serviles ou stupides (1). » Si l'on ne savait avec quelle apparente inconscience il condamna plus d'une fois les opinions qu'il avait lui-même défendues, on aurait peine à croire que l'auteur de cet article fut, en 1797, l'un des coopérateurs et l'un des apologistes du 18 Fructidor.

Les élections de germinal l'avaient consterné. Il prit peur; il vit la monarchie rétablie, les républicains persécutés, sa fortune compromise, son avenir politique brisé (2). Mme de

---

(1) *Revue de Paris*, t. XI, 1830.
(2) Dès le 18 fructidor an III, il écrivait à sa tante « Il est bien certain que, si la contre-révolution se faisait, toutes mes acquisitions seraient

Staël, qui était auprès de lui à Hérivaux, partageait ses impressions. Rentrée en France après un exil prolongé, elle avait dû penser que, grâce à des élections qui seraient favorables à ses amis politiques, elle se trouverait désormais à l'abri des persécutions. Les événements avaient trompé toutes ses espérances. Elle croyait maintenant à une réaction impitoyable, à la restauration prochaine d'une royauté despotique. Son imagination lui grossissant les périls, elle était inquiète même pour sa vie. C'est dans cet état de surexcitation d'esprit qu'elle écrivait d'Hérivaux à Rœderer, le 26 germinal (1) : « ... Se fait-on l'idée d'une réaction pareille à celle-ci, ou plutôt, au titre près, la contre-révolution n'est-elle pas absolument faite ? Vous vous amusez à combattre des ombres, tandis que l'ennemi le plus redoutable, l'ennemi sans appel est à vos portes. Eh bien ! M. Merlin est tout ce que vous dites, et nous le savons ; mais il est bien question de ce parti vaincu quand l'autre triomphe, et triomphe contre vous et contre la liberté ! Vous ressemblez à des gens qui, pour se donner contenance, continuent à frapper en l'air d'un côté pour ne pas être obligés de regarder de l'autre... Ce n'est pas une monarchie modérée que l'on voit prête à succéder à la République, c'est une monarchie plus despotique que celle de 1788, parce qu'il n'y a plus d'opposition contre elle dans la masse du tiers état. Les républicains ne sont pas aimables, j'en conviens ; mais qu'importe ce qu'ils sont, lorsque la liberté périt de toutes parts ?... Il n'y a de danger que du côté de l'aristocratie, et là est la haine éternelle, là est un état de choses qui ne changera plus quand il sera établi, et une destruction morale telle que je ne connais, quant

annulées, et moi-même forcé de m'enfuir pour ne pas être pris comme acquéreur de biens nationaux. »

(1) *Œuvres du comte Rœderer*, t. VIII, p. 653.

à moi, aucun péril physique que je ne préférasse. »

Sept jours après, d'Hérivaux encore, elle adressait une lettre à Meister (1) : « N'en avez-vous pas assez de votre république zurichoise, et n'êtes-vous pas curieux de venir dans un pays où l'on choisit pour député M. de Vauvilliers parce qu'il est compromis dans une conspiration royaliste, M. Bourlet parce qu'il a été valet de chambre de M. le comte d'Artois (2); enfin une république démocratique où l'on risque d'être lapidé, si l'on n'est pas aristocrate, un système philosophique où la profession de foi du catholicisme le plus superstitieux sert à tout. Sans les armées, il n'y aurait plus d'espoir pour la République, et je veux commencer un livre ainsi : La contre-révolution est faite ; Louis XVIII règne ; reste à savoir si les deux Conseils et le Directoire pourront conspirer assez adroitement pour le détrôner. Vous sentez que mon patriotisme a beaucoup d'humeur de tout ceci. La République m'exile, la contre-révolution me pend; il me faut un juste milieu qui n'est jamais en France qu'un passage si rapide qu'il sert à peine de transition entre un excès et l'autre. »

On peut, en lisant ces lettres, se figurer quel devait être le tour des entretiens de Mme de Staël et de Benjamin Constant, lorsque chaque jour leur apportait dans la solitude d'Hérivaux la nouvelle d'échecs de candidats directoriaux. Menacés des mêmes dangers, ils avaient les mêmes appréhensions, et se préparaient l'un et l'autre à seconder résolument le Directoire dans sa lutte contre les Conseils. Elle s'efforça avec une ardeur passionnée de rallier à sa cause ceux des constitutionnels sur lesquels elle avait

---

(1) *Lettres inédites de Mme de Staël à Henri Meister.*
(2) Les électeurs du département de Seine-et-Oise venaient de nommer de Vauvilliers membre du Conseil des Cinq-Cents, et Bourlet membre du Conseil des Anciens.

quelque empire. Quant à lui, il fut un des principaux fondateurs du *Club de Salm* ou *Cercle constitutionnel* de la rue de Lille, créé sous les auspices du Gouvernement pour combattre l'influence du *Cercle de Clichy*. « Vous avez vu, dans les papiers, écrivait-il à son oncle le 23 messidor, des détails bien défigurés sur un cercle qui a commencé par un dîner chez moi, et qui est composé actuellement de plus de six cents personnes, parmi lesquelles se trouve tout ce qu'il y a d'estimable et de distingué dans le parti républicain. Le Gouvernement encourage fort cette réunion, et déjà à présent elle sert à relever l'esprit public. »

Cette même lettre montre à quel point il tenait à se mettre dans les bonnes grâces de Barras, dont il était l'ami et le protégé. Un frère du fastueux Directeur s'était réfugié en Suisse; Benjamin Constant le recommandait à son oncle : « Malgré les déchirements amenés par la Révolution, les liens du sang subsistent toujours, et le Directeur Barras verra avec plaisir et reconnaissance que son frère puisse vivre tranquille dans l'asile qu'il s'est choisi. Comme je lui ai des obligations de tous les genres et que je suis particulièrement lié avec lui, je ne veux rien négliger pour rendre service à quelqu'un qui l'intéresse. » Afin de mieux stimuler Samuel, qui a besoin de protecteurs en France, il lui fait comprendre de quel avantage peut être pour sa famille le service qu'il rendra au tout-puissant personnage : « Je suppose que son nom illustre dans l'ancien régime et recommandable dans le nouveau lui ouvrira l'entrée des meilleures maisons, et j'invoque votre assistance à cet effet. Si jamais Charles vient à Paris, je lui promets qu'on le comblera d'amitiés en échange des politesses que la personne en question aura reçues à Lausanne. »

Le premier résultat de la fondation du Club de Salm fut la nomination, en thermidor, d'un ministère choisi presque exclusivement parmi les membres de ce cercle. Il semblait que Benjamin Constant obtiendrait sans peine la récompense de son zèle. Samuel en doutait si peu qu'il s'empressa de témoigner toute sa satisfaction à son neveu ; celui-ci lui répondit d'Hérivaux, le 22 thermidor : « Je suis bien sensible à la part que vous prenez à un changement que vous croyez fait dans nos circonstances. Ce changement n'a point eu lieu. Les nouveaux ministres sont mes amis parce que leurs principes sont les miens ; mais je n'ai accepté aucune place, et je ne veux partager de leurs destinées que les dangers, s'il y en a. Un concours de circonstances assez singulier a fait penser que j'avais contribué à la nomination de ce nouveau ministère pris en entier, moins un seul individu, dans la société que j'avais fondée, et surtout que j'avais travaillé au renvoi des anciens ministres. Cette seule conjecture m'interdirait d'accepter aucune fonction ; je ne veux pas que l'on croie que je me suis servi du peu d'influence que je puis avoir dans un but personnel, et je n'accepte de mon prétendu crédit que les ennemis qu'il m'attire en très grand nombre. »

Ce désintéressement et ce scrupule purent paraître excessifs à l'oncle Samuel. S'il avait été moins loin de Paris et mieux en état de s'assurer de la vérité, il aurait probablement reconnu qu'elle avait été légèrement altérée. Il semble certain, en effet, que Talleyrand, qui était revenu en France grâce à l'appui de Mme de Staël, voulait nommer Benjamin Constant secrétaire du ministère des Affaires étrangères. On disait même que la nomination était signée. Le 30 juillet 1797, Mallet du Pan écrivait de Berne : « Il (Talleyrand) a renvoyé Giraudet, secrétaire des Affaires étrangères, homme sage et modéré, pour investir de cette place de

confiance un petit Suisse nommé Constant, connu par
quelques brochures révolutionnaires, embrasé du désir de
républicaniser l'Europe entière, ayant de l'instruction et
des talents, mais le plus pervers des hommes avant trente
ans et le plus mortel ennemi de Berne. » Avant de clore sa
lettre, il y met ce *post-scriptum* : « La nomination de
Constant au secrétariat des Affaires étrangères n'est pas
encore définitivement arrêtée, mais il paraît sûrement destiné ou à cette place ou à celle de secrétaire du Directoire. »
La qualification d'étranger qu'on ne cessait d'accoler à son
nom dut empêcher de lui confier des fonctions qu'il n'eût
vraisemblablement pas refusées. Les termes de la lettre
qu'il adressait à son oncle confirment cette supposition.
« Je désirerais bien, dit-il non sans aigreur, être à même
de vous rendre quelque service ici ; mais dans la carrière
des emplois cela est totalement impossible pour des étrangers et très difficile aux Français, vu le grand nombre des
candidats (1). »

Dissimulant son dépit, il était parti pour Hérivaux où
Mme de Staël devait venir le rejoindre. Il était anxieux, il
s'attendait aux plus graves événements. « Le peu d'idées
que j'ai, écrivait-il, s'évapore dans l'agitation, et je ne connais rien de plus ennuyeux que cet avant-goût de guerre
civile. » Il croit que c'est le Directoire qui va être attaqué;
il se déclare prêt à aller le défendre « avec tous les amis
de l'ordre et de la liberté ».

Le Directoire n'eut pas besoin de défenseurs ; ce fut lui
qui prit l'offensive. Le 18 fructidor an V, à trois heures
du matin, les soldats d'Augereau pénétrèrent, sans rencontrer de résistance, dans les salles des séances des Conseils.
Le lendemain, sous le prétexte de réparer les atteintes

(1) Voir, ci-après, la lettre de Talleyrand à Bonaparte, du 1er brumaire
an VI.

portées à la Constitution et de sauvegarder « la liberté, le repos et le bonheur du peuple », le Corps législatif mutilé annulait les opérations électorales de 49 départements, condamnait à la déportation 65 citoyens (dont 2 Directeurs, 42 membres du Conseil des Cinq-Cents, 11 du Conseil des Anciens), supprimait la liberté de la presse, enjoignai aux émigrés non rayés définitivement de sortir du territoire, et conférait au Directoire le pouvoir de déporter par des arrêtés individuels les prêtres qui troubleraient « la tranquillité publique ».

Benjamin Constant, n'occupant pas de fonctions, n'eut pas à participer à l'exécution d'un coup d'État qui était la négation de tous les principes soutenus par lui depuis deux ans ; mais il avait épousé la cause des hommes politiques qui le préparèrent, et il paraît avoir fait campagne avec eux jusqu'au dernier jour. Thibaudeau raconte que, le 28 thermidor, il assista avec Benjamin Constant, De Bry et Poulain Grandpré à un dîner donné par Talleyrand. « Cette conférence, dit-il, n'eut aucun autre résultat que de me convaincre des violences auxquelles le Directoire était résolu à se porter (1). » Si l'on en croit Mallet du Pan, Benjamin Constant et Mme de Staël eurent un rôle décisif. « Les triumvirs, écrivait-il le 26 septembre 1797 (2), balancèrent cependant jusqu'au vendredi. Barras, le plus furieux des trois, guidé par Benjamin Constant et Mme de Staël, et maître d'Augereau, nouveau commandant de l'armée intérieure, entraîna ses deux collègues. »

Mme de Staël a protesté avec indignation, dans ses *Considérations sur la Révolution française*, contre la com-

(1) *Mémoires sur la Convention et le Directoire*, t. II, p. 243.
(2) *Correspondance inédite avec la Cour de Vienne*, t. II, p. 339. — Voir également, ci-après, la lettre de Benjamin Constant aux Directeurs, du 30 frimaire an VI.

plicité qu'on lui avait imputée. « La révolution du 18 Fructidor, a-t-elle dit, doit toujours faire horreur et par les principes tyranniques dont elle partait et par les suites affreuses qui en ont été la conséquence nécessaire (1). » Telle n'était certainement pas son opinion lors du 18 Fructidor. Un an environ après, elle commença à écrire un ouvrage politique qu'elle n'acheva pas. Or, on y trouve ceci : « Les uns haïront avec fureur les auteurs du 18 Fructidor, les autres les exalteront avec enthousiasme. Ni l'un ni l'autre de ces sentiments ne sera juste. Le 18 Fructidor, c'est le droit de dissoudre le Parlement d'Angleterre violemment exercé, parce qu'il n'en existait pas un moyen légal et qu'il y en avait une nécessité positive. » Dans un autre passage, elle parle de la violation de l'acte constitutionnel « quelquefois nécessaire (2) »..Il est donc incontestable que, quoi qu'elle ait pu penser ou écrire depuis que la suite des événements l'avait mieux éclairée, elle reconnaissait alors expressément la nécessité du coup d'Etat. Ce ne dut pas être toutefois sans une profonde émotion que de la maison

(1) Chapitre xxv.
(2) *Des Circonstances actuelles qui peuvent terminer la Révolution et des principes qui doivent fonder la République en France.* (Ouvrage publié par M. John Viénot ; Paris, 1906, p. 118 et 285.) — Mme de Staël y expose, avec une grande élévation de pensée et une éloquence souvent entraînante, les principes de gouvernement qu'elle jugeait nécessaire d'appliquer pour mettre fin à la crise redoutable que traversait la France. Le manuscrit, légué en 1885 à la Bibliothèque nationale par Mme Ch. Lenormant, avait déjà fait l'objet de deux études approfondies. l'une de M. Paul Gautier (*Revue des Deux-Mondes*, du 1er novembre 1889), l'autre de M. Edouard Herriot (*Un ouvrage inédit de Mme de Staël;* Paris, 1904).

D'après M. Viénot cet ouvrage aurait été rédigé dans les premiers mois de 1799 ; je crois qu'il a été commencé dès la fin de 1798. « Il y a dix-huit mois, lit-on page 285, le retour des anciens préjugés était à craindre; il y a six mois, les amis de Robespierre s'offrant pour députés revêtissaient pour robes de candidats leurs tuniques ensanglantées. » La première allusion me paraît se référer, non pas au 18 Fructidor, mais aux élections de germinal an V; quant à la seconde, elle a trait évidemment aux élections de germinal an VI.

amie où elle passa la nuit du 17 au 18 fructidor elle entendit rouler les canons dans les rues silencieuses et vit les troupes envahir les Tuileries. Ajoutons que, dans quelque mesure qu'elle ait contribué au 18 Fructidor, Mme de Staël n'approuva jamais ni les déportations, ni les résolutions arbitraires et oppressives du lendemain. De même qu'en 1792, elle se porta avec une généreuse pitié au secours de ceux qu'elle savait être en péril. « Le 18, elle fut du parti des gouvernants; le 19, elle se retrouva du parti des victimes (1). »

Comme Mme de Staël, Benjamin Constant réprouvait la loi du 19 fructidor. S'il plaignit certaines victimes, il n'en resta pas moins « du parti des gouvernants », mais en demandant le rétablissement d'un régime de légalité et de liberté. Le 30 fructidor, il prononçait au Cercle constitutionnel, à l'occasion de la plantation d'un arbre de la Liberté, un discours où il célébrait pompeusement le coup d'État : « Si, dans cette journée, disait-il, quelques malheurs individuels peuvent légitimer des regrets, la journée en elle-même n'en était pas moins indispensable. Non, ce n'est pas la puissance d'une assemblée qui s'est vue détruite, ce ne sont pas trois hommes qui en ont asservi sept cents, ce n'est pas la force armée qui a subjugué les mandataires de la Nation; c'est le sentiment patriotique qui a démêlé la contre-révolution dans une faction qui dominait les Conseils comme il l'avait jadis démêlée dans les factions de la Cour... Ce n'est pas Cromwel cassant un parlement rebelle à sa volonté, c'est le génie de la République repoussant du pouvoir des mandataires égarés ou infidèles. » Tout en faisant l'éloge du 18 Fructidor, il n'était pas sans appréhension. Il avait redouté une restauration monarchique, mais le retour des jacobins au pouvoir

(1) *Madame de Staël,* par Albert Sorel, p. 76.

ne lui inspirait pas une crainte moins vive. Aussi, après avoir attaqué l'aristocratie avec autant d'énergie que le faisait quelques mois auparavant Mme de Staël dans sa lettre à Rœderer, il insistait sur la nécessité de mettre fin aux mesures exceptionnelles, et « d'exclure l'arbitraire, incompatible avec tout gouvernement (1) ».

Il semblait se poser ainsi en homme d'État et préparer son entrée dans les Conseils de la République. Cependant il fut sur le point de suivre une autre voie. Bonaparte demandait la création d'une commission de publicistes « pour organiser l'Italie libre ». Le nom de Benjamin Constant avait appelé l'attention du général en chef de l'armée d'Italie, à qui Talleyrand écrivit le 1er brumaire an VI : « Je sais que le nom de Benjamin Constant s'est présenté à votre idée ; j'ai pensé que vous trouveriez bien que je vous fisse connaître l'opinion des hommes faits pour en avoir une ; la voici : c'est aussi la mienne, Benjamin Constant est un homme à peu près de votre âge, passionné pour la liberté, d'un esprit et d'un talent en première ligne ; il a marqué par un petit nombre d'ouvrages écrits d'un style énergique et brillant, pleins d'observations fines et profondes ; son caractère est ferme et modéré ; républicain

---

(1) *L'Ami des lois* du 2e jour complémentaire de l'an V donne les détails suivants : « Ce discours a été couvert d'applaudissements ; un peuple immense, qui était dans les rues et sur les quais, invita Benjamin à répéter son discours ; il le répéta monté sur un balcon, et à chaque instant le long du rivage on entendait des cris de Vive la République ! Les femmes disaient en revenant de cette fête : Du moins cet arbre-là n'a point été arrosé du sang de notre famille. » En rendant compte de cette fête, la *Gazette nationale de France* du 4e jour complémentaire de l'an V insistait sur la nationalité étrangère de Benjamin Constant : « Un Suisse (il n'était point là de Français sans doute), un Suisse nommé Benjamin Constant a harangué l'assemblée, qui était nombreuse. Nous savions à la Suisse l'avantage de compter M. Constant parmi ses concitoyens, et, tout étranger qu'il soit parmi nous, on ne peut que regretter de l'avoir vu paraître si tard dans la Révolution. »

inébranlable et libéral. Lorsque ce talent, à la fois jeune et en pleine maturité, s'est annoncé ici avec un si grand éclat, on a cherché à l'écarter en disant que c'était un étranger, le fait est faux; c'est un Français rendu à la France par le décret philosophique qui réintègre les descendants des protestants réfugiés. Mais, après tout, ce prétexte, qui a fourni quelques armes à la jalouse médiocrité, ou plutôt à la mauvaise foi, pour le cas où il s'agit de la France et de ses intérêts secrets, devient ici sans application possible, puisqu'il est question d'une organisation étrangère. En résultat, je verrais avec un extrême plaisir qu'il fût désigné par vous (1)... »

Ce projet fut abandonné; Benjamin Constant dut renoncer à aller chercher fortune au delà des Alpes. Il avait d'ailleurs déjà tourné à nouveau ses regards du côté de Luzarches,

IV

Par suite de l'application de la loi du 19 fructidor le nombre des administrateurs du canton de Luzarches s'était trouvé réduit de treize à six. Les administrateurs nommés par les membres restants étaient opposés au Gouvernement et refusèrent de siéger. L'Administration municipale, paralysée dans son fonctionnement, demanda à l'Administration centrale « de prendre dans sa sagesse » les moyens les plus prompts pour remédier à la situation. La solution était facile à prévoir. Le Directoire se chargea de la réorganisation en remplaçant ceux des administrateurs qu'il jugeait hostiles par d'autres sur la docilité desquels il croyait pouvoir compter.

L'un des habitants les plus influents du canton était le

(1) *Nouveaux Lundis*, t. Ier, p. 448.

citoyen Leflamand, celui-là même qui, en qualité de notaire public, avait passé l'acte de vente du domaine d'Hérivaux l'année précédente. Directeur des postes depuis trente et un ans, syndic municipal avant la Révolution, électeur en 1789 et en 1791, ancien maire de Luzarches et membre du directoire du département de Seine-et-Oise, il avait applaudi au 18 fructidor, et entendait bien en profiter pour se délivrer de ses adversaires politiques. Dès le 25 fructidor, il écrivait au commissaire du Directoire près l'Administration centrale : « Je présume, cher collègue, que notre administration municipale, composée de royalistes et de chouans, sera cassée ; elle l'est bien de fait pour la moitié par la loi, mais que le reste sautera le pas. » Il indiquait les candidats à nommer et signalait ceux qu'il fallait à tout prix évincer. « J'ai en conséquence, disait-il, cru pouvoir prendre sur moi de vous adresser une liste des citoyens qui peuvent en remplir les places ; surtout ne nous mettez pas de Corboran, fanatique et royaliste à toute outrance ; il était commissaire du Directoire exécutif (1) ; il a été pour bonne cause destitué, et, nonobstant ce, l'Administration municipale l'avait nommé agent temporaire afin de donner un soufflet au Directoire. Au nom des républicains, n'allez pas non plus nous donner un Porlier, autre royaliste et par-dessus tout une mauvaise tête ayant vexé les patriotes. » Au-dessous de sa signature, il énumérait les différentes fonctions qu'il avait remplies, en y ajoutant le titre alors fort apprécié d'acquéreur de biens nationaux.

Leflamand avait pris sous sa protection Benjamin Constant : il le plaça en tête de sa liste, et le recommanda dans ces termes pour la présidence de l'Administration muni-

(1) C'était Corboran qui avait provoqué l'annulation de l'élection de Benjamin Constant en germinal an V.

cipale : « L'esprit public de ce canton fanatisé par les prêtres réfractaires et nettement royalistes a besoin d'un président qui, par ses lumières et son républicanisme, fasse revenir le peuple de son égarement ; ainsi personne n'est plus en état d'occuper cette place que le citoyen B. Constant, agent municipal qui avait donné sa démission pour affaires. » La bienveillance de Leflamand était telle qu'il transformait une annulation d'élection en une démission.

Le ministre de la police générale, Sotin, avait été informé de la situation. Il demanda des renseignements. « Il paraît, écrivit-il, que, par la composition actuelle de cette Administration municipale, l'effet de toutes les mesures de salut public prescrites par cette loi (du 19 fructidor) contre les ennemis de la République est nul, et que le fanatisme et le royalisme y dominent comme auparavant. »

Un nouveau commissaire près l'Administration municipale du canton de Luzarches venait d'être nommé ; c'était le citoyen Le Maire, de Saint-Martin-du-Tertre. Il avait été installé seulement le 5 vendémiaire. Six jours après, il « mettait sous les yeux » du commissaire près l'Administration centrale « un tableau de Luzarches ». Après avoir donné les noms des habitants qu'il considérait comme dangereux, il concluait ainsi : « Les plus coupables sont Oudaille et Cardine ; si ces deux individus ne souillaient pas le sol de notre département, nous y jouirions de la tranquillité la plus parfaite, et je ne dois pas vous dissimuler qu'il est pressant que le Gouvernement porte un œil sévère sur la conduite des prêtres, notamment sur celle d'Oudaille et de Cardine. » Il les dénonçait comme étant à la tête de rassemblements de prêtres et ayant signé une rétractation de serment à la Constitution civile du clergé, imprimée à Paris, rue Martin, près celle aux Ours, chez le citoyen Leclerc, n°s 254 et 89, rétractation dans laquelle ils déclaraient « ne reconnaître pour leur supérieur légitime que l'émigré Juigné, ex-archevêque de Paris ». C'était les désigner clairement pour la déportation. A son tour, Le Maire envoyait une liste de candidats, avec cette note : « Les patriotes paraissent désirer pour président Benjamin Constant, ancien agent de la commune de Luzarches, Le citoyen Leflamand, ancien administrateur du département, est aussi très capable de remplir ces fonctions. »

La candidature de Benjamin Constant, patronnée par Leflamand et acceptée par Le Maire, ne pouvait être que bien vue d'un gouvernement dont il avait prononcé solennellement l'éloge et dont Barras faisait partie. Le 15 brumaire an VI, le Directoire exécutif prenait l'arrêté suivant : « Considérant que l'esprit public est entièrement dépravé dans le canton de Luzarches ; que les institutions républicaines y sont avilies, les lois méconnues : que le royalisme et le fanatisme y lèvent une tête audacieuse ; que ces désordres prennent leur source dans l'administration municipale elle-même, en partie composée de prêtres fanatiques qui exercent une influence dangereuse sur la presque totalité de leurs collègues ; Arrête, en vertu des articles 196 et 198 de l'Acte constitutionnel et de la loi du 19 fructidor : Art. 1er. Les membres élus en l'an IV et tous autres composant l'administration municipale du canton de Luzarches sont destitués, à l'exception des agents d'Asnières et de Jagny, de l'agent et de l'adjoint de Bellefontaine. — Art. 2. Le Directoire nomme pour remplir les fonctions d'administrateurs, avec les citoyens Prevot, agent d'Asnières, Bucquet, agent de Jagny, Normand, agent de Bellefontaine, et Cernois, adjoint, les citoyens Benjamin Constant, président, Julien-François, Martin, agent municipal de la commune de Luzarches, Nicolas Imbert, adjoint, Louis-Charlemagne Da, agent de Chaumontel, etc. »

On voit dans quel milieu allait se trouver le président que la faveur du Directoire venait de mettre à la tête de l'Administration municipale du canton de Luzarches. Les documents que j'ai cités montrent quelles passions s'agitaient dans ce petit coin du département de Seine-et-Oise. N'en était-il pas d'ailleurs de même dans presque toute la France, où le coup d'État de Fructidor avait fait naître tant de convoitises, provoqué tant de dénonciations (1) !

Sans se laisser troubler par cette agitation des esprits, Benjamin Constant envisageait maintenant l'avenir avec plus de confiance. Satisfait du cours des événements, qui lui semblaient enfin propices, il jouissait paisiblement de son séjour à Hérivaux, au début de l'automne. Cependant, le 27 ven-

(1) La célèbre cantatrice Sophie Arnould, ruinée, ne subsistant plus guère que des secours qu'elle sollicitait du gouvernement, s'était retirée à Luzarches ; elle y menait une existence des plus champêtres dans un ancien prieuré qu'elle avait dénommé le Paraclet Sophie. Elle avait profité du coup d'État, non pas, comme tant d'autres, pour dénoncer, mais pour attirer sur elle la bienveillante attention des hommes au pouvoir, dont les faveurs lui étaient si nécessaires. Dès le 24 fructidor elle adressait aux membres du Directoire la lettre suivante :

« Du Paraclet Sophie de Luzarches, département de Seine-et-Oise, le 24 fructidor an V de la République française une et indivisible. Sophie Arnould aux membres composant le Directoire de la République française — Citoyens Directeurs, Eh moy aussy, je veux joindre les sentiments de mon admiration, de ma reconnaissance à ceux qui vous sont témoignés en ces moments par des amis de la Liberté, de la République, en un mot, de la patrie. Et puisqu'ils chantent vos vertus, permettez-moi, comme autrefois les filles de Mémoire, d'y mêler mes accens les plus doux, afin que vous le sçachiés.

Je chantais, ne vous déplaise.

« Grâce donc vous soit rendue de ce que par vos soins, vos veilles, vos méditations, vos tendres et vigoureuses sollicitudes vous avez sauvés la République si glorieusement fondée, d'avoir servis de boucliers à tous les citoyens contre les méchants, d'avoir arresté la marche rapide des traitres, etc., etc., etc. Nouveaux Cicérons, vous, vous avez sçus dissipper les conjurations des Catilina. L'un de vous qu'on censurait naguerre!.. et que l'Univers loue aujourd'huy à sçu repousser cette armée d'esclaves couronnés. Ah ! que vous êtes devenus des objets chers à un cœur aussy plein d'amour pour la patrie que celuy de Sophie. » — Archives nationales, AF^{III}262.

démiaire, sa quiétude avait été troublée par une alerte dont le souvenir n'était pas encore effacé de sa mémoire sept ans après. « Je me couchais heureux, écrit-il dans son *Journal intime* de 1804, en me disant : Pour cette nuit, rien ne m'empêchera de dormir, j'en réponds ! Je n'avais pas dormi depuis une demi-heure, qu'il arriva chez moi une visite domiciliaire. Je n'avais aucune raison de m'attendre à pareille chose ; j'étais bien avec le Directoire, je croyais le ministre de la police mon ami, et j'avais donné assez de preuves de mon attachement à la République. » Cette visite domiciliaire était le résultat d'une erreur, elle n'eut donc pas de suite ; mais en rédigeant son journal, il songeait encore à la mauvaise nuit qu'il avait passée : « Némésis, conclut-il philosophiquement, ayant voulu m'apprendre à ne pas me dire, en me couchant, que rien ne m'empêcherait de bien dormir. »

Le 23 brumaire an VI, Benjamin Constant était installé dans ses fonctions de président, et prononçait le discours suivant :

« Citoyens, le Directoire exécutif nous a nommés aux fonctions d'administrateurs de ce canton ; notre premier soin doit être de nous retracer les devoirs que ces fonctions nous imposent. Le temps de l'indécision est passé ; il faut aujourd'hui que toutes les autorités de la République marchent dans le même sens et que les dépositaires du pouvoir exécutif, les représentants du peuple, les administrateurs du département, les agents des communes soient dévoués sans réserve à la cause de la Liberté et à la Constitution de l'an III.

« Notre canton, citoyens, a souffert plus qu'un autre des tempêtes révolutionnaires ; c'est une raison de plus de nous réunir ; plus nous avons de blessures à fermer, plus la concorde est nécessaire ; nous sommes des frères longtemps battus de l'orage et qui, arrivant au port, ne se souviennent plus des différends passagers qui ont pu s'élever entre eux pendant la route.

« Nous ferons tous nos efforts pour rendre l'exécution des lois aussi facile que prompte; nous écarterons soigneusement tout ce qui tiendrait à la vexation et tout ce qui aurait l'air de l'insouciance ; nous serons les premiers à donner l'exemple de l'obéissance à la loi, de l'assuidité à un devoir, du dévouement à la patrie; j'en prends en votre nom, citoyens administrateurs, l'engagement solennel, et je sais que vous remplirez cet engagement dans tous ses points.

« Pendant la réaction qui a précédé l'immortelle journée du 18 Fructidor, bien des désordres se sont fait sentir ; les acquéreurs de biens nationaux ont été inquiétés, des patriotes ont été flétris de dénonciations injurieuses, des prêtres ont usé de leur puissance sur des esprits crédules. Je ne rappelle pas ces faits pour réveiller des haines, mais pour prévenir des désordres, pour en effacer jusqu'à la trace.

« Acquéreurs de biens nationaux, que vos inquiétudes cessent; partout aujourd'hui vous serez protégés; votre propriété sacrée, comme la propriété l'est toujours, est sacrée même comme tenant son existence de la République; cultivez ces champs, habitez ces presbytères qu'on vous disputait, et songez que la Nation entière est là pour vous maintenir dans les acquisitions que sa loyauté vous a garanties.

« Quant à vous, ministres d'une religion que la Constitution tolère, ne craignez pas, si vous vous conformez aux lois, des poursuites vexatoires ni des persécutions illégales; nous ferons exécuter strictement la loi du 19 fructidor; elle nous servira toujours de règle, rien ne pourra nous en faire dévier ; mais votre repos, votre liberté, l'exercice de votre culte est assuré si vous vous montrez de bons citoyens, si vous vous interdites toutes manœuvres contre les principes républicains, enfin si, vous renfermant dans les bornes de vos fonctions purement spirituelles, vous ne cherchez en rien à influencer dans ce monde.

« Nous tous, concitoyens, rallions-nous à la République, soutenons ce gouvernement qui sera protégé contre les attaques de toute l'Europe, qui a défendu vos propriétés contre les conspirateurs qui voulurent vous en dépouiller, auquel vous devez le retour de la paix et qui ne négligera rien pour réparer les maux inséparables d'une révolution ; ces maux se renouvelleraient, ils seraient remplacés par des calamités plus affreuses, si cette révolution rétrogradait ; nous ne retournerions pas seulement à l'ancien régime, mais des vengeances inouïes rendraient notre servitude sanglante ; tous ceux d'entre vous, et vous êtes tous dans ce cas, qui auraient eu quelque part à l'établissement de la liberté, soit par l'envoi d'un fils aux frontières, soit par l'acquisition d'un bien national, seraient dépouillés, chassés, proscrits, et verraient succéder aux sacrifices momentanés que la patrie leur impose une ruine totale, l'opprobre et la mort.

« Vous n'êtes pas encore, je le sais, sans sujets de regrets et de plaintes ; vos enfants, vos frères sont encore loin de vous, mais une paix déjà conclue vous promet la conclusion de la paix qui reste à faire, et vous les reverrez bientôt victorieux de tous vos ennemis et d'autant plus attachés à la République qu'ils ont mieux mérité d'elle.

« Les contributions sont pesantes, mais c'est en donnant au Gouvernement les moyens de faire la guerre que vous faciliterez la paix, et qui ne prévoit le degré de prospérité que la paix va rendre à la France ! Vous serez amplement dédommagés, citoyens, des privations que vous supportez encore et dont une contre-révolution vous arracherait tout le fruit.

« Citoyens, dans la République, dans l'observance des lois, dans l'attachement à la Constitution, dans l'acquittement des impôts, dans l'oubli des divisions passées, vous trouverez et des motifs de consolations et des moyens de bonheur ; ce n'est que là que vous trouverez à votre existence une tranquillité nécessaire à tous les projets de chacun de vous ; c'est par là que vous acquerrez de la sécurité et le loisir qu'exigent vos affaires et vos spéculations privées.

« Citoyens, pour l'intérêt de chacun comme pour celui de tous, jurez avec moi, et que ce serment soit à jamais la règle de votre conduite :

« Haine à la royauté et à l'anarchie, attachement et fidélité à la Constitution de l'an III et au gouvernement républicain. »

Ce discours était habilement approprié à un auditoire composé d'habitants de la campagne, partisans du Gouvernement qui venait de leur témoigner sa bienveillance, acquéreurs de biens nationaux pour la plupart, désirant tous la fin des guerres dont le pays était excédé. Faisant la part des circonstances, Benjamin Constant proclamait immortelle une journée dont les conséquences commençaient à l'inquiéter, et s'abstenait de toutes réserves au sujet de la loi du 19 fructidor qui révoltait ses instincts libéraux ; il était sûr de se concilier les sympathies de ses collègues en déclarant sacrée la propriété des biens nationaux et en annonçant la paix prochaine qui serait une source abondante de prospérité.

Le procès-verbal de la séance constate que le discours fut unanimement applaudi, et qu'on en vota l'impression et l'annexion. Il fut inséré au Registre des délibérations municipales. Fut-il imprimé? Cela est douteux, car on n'en trouve aucun exemplaire.

V

Les fonctions de président de l'Administration municipale d'un petit canton pouvaient paraître à Benjamin Constant un témoignage insuffisant de la reconnaissance du Gouvernement auquel il n'avait cessé de prêter son zélé concours. S'il les avait acceptées, ce dut être surtout parce qu'il les considérait comme une première étape. Des élections législatives auraient lieu en germinal; grâce à l'influence que sa nouvelle situation lui donnerait dans le canton de Luzarches, il lui serait facile de se faire désigner comme l'un des électeurs par l'assemblée primaire, et de briguer ensuite, à Versailles, un siège au Conseil des Cinq-Cents.

Le discours du 30 fructidor au Cercle constitutionnel lui avait suscité de nombreux ennemis; ils ne perdirent pas de temps pour l'attaquer et pour combattre une candidature qui cependant n'était pas encore posée. Quelques jours avant sa nomination à la présidence de l'administration de Luzarches, le *Journal des Hommes libres* publiait, dans son numéro du 11 brumaire an VI, une série de questions adressées à « Benjamin dit Constant, républicain suisse et représentant de tous les patriotes de 1791 au Cercle constitutionnel ». On lui reprochait insolemment son origine, ses relations avec Mme de Staël : « Est-il vrai que vous êtes le fils d'un baron prussien suisse, l'un des paladins les plus entêtés de la noblesse? Est-il vrai que votre liaison avec Mme de Staël, que vous déguisez sous le nom d'une intrigue galante, ne soit dans le fait qu'une intrigue politique? » Il n'était pas jusqu'à son attitude dans le canton de Luzarches qui ne fût critiquée : « Est-il vrai qu'après vous être présenté à Pastoret, dans sa puissance, sous l'hypocrite déguisement de religionnaire fugitif, vous prétendez en ce moment effacer votre extranéité par la loi Pastoret, et que, trop impatient pour attendre l'expiration du terme fixé par la Constitution, vous affectez l'aménité de Grandisson envers les laboureurs qui avoisinent votre château, pour qu'ils vous nomment incessamment leur représentant? »

Un incident faillit, à cette même époque, le compromettre gravement vis-à-vis du Gouvernement. Le 8 vendémiaire an VI, le commissaire près l'administration d'Ostende envoya cinq lettres saisies par des corsaires français sur un paquebot anglais, à l'embouchure de la Tamise. Il résultait du contenu de l'une d'elles que Mme de Staël (dont le nom toutefois était indiqué seulement par ses initiales) avait, le 17 fructidor, fait prévenir certains émigrés des préparatifs du coup d'Etat, en les exhortant à quitter Paris au plus vite (1). Le ministre de la Police communiqua au Directoire ces documents, ainsi que les rapports secrets sur les correspondances qu'elle entretenait avec les émigrés et les ennemis de la République. Il proposa de prendre contre elle un arrêté lui enjoignant de quitter dans les huit jours le territoire français. Comme, dans une des lettres saisies, il était question d'assurances données par Barras à la femme d'un émigré, au sujet du retour de celui-ci à Paris, le Gouvernement décida d'éviter tout éclat et de se borner à faire transmettre officieusement à Mme de

(1) On voit que, loin de noyer ses amis la veille, pour se donner le plaisir de les repêcher le lendemain, suivant le propos si spirituellement méchant qu'on prête à Barbé-Marbois, elle fit, avant comme après le coup d'État, tout ce qui dépendait d'elle pour écarter les dangers auxquels ils pouvaient être exposés.

Staël le conseil de s'éloigner pendant quelque temps (1).

Les *Mémoires de Barras* contiennent à ce sujet un récit des plus perfides. Mme de Staël serait venue se jeter aux genoux du Directeur ; froidement accueillie, elle serait retournée chez lui le lendemain, escortée de Benjamin Constant comme d'un « fidèle garde du corps (2) ». Il semble, au contraire, que Barras, ainsi qu'elle le dit dans ses *Considérations sur la Révolution française*, mit le plus grand empressement à lui être utile. Ce qui est certain, c'est que Benjamin Constant intervint et témoigna à son amie, dans cette circonstance, le plus absolu dévouement. Le 30 frimaire an VI, il adressait aux Directeurs une lettre dans laquelle il prenait chaleureusement sa défense : « J'implore à nouveau, disait-il, la justice du Directoire, et c'est sur ma tête que j'appelle la vengeance des lois, si Mme de Staël est jugée coupable, car depuis un an je ne l'ai pas quittée ; pas un de ses jours, à peine quelques-unes de mes heures se sont écoulées loin d'elle ; je n'ai pu ignorer ses liaisons, ni ses actions, ni ses discours, ni ses plus intimes pensées ; si elle a conspiré, si elle a mérité une peine quelconque, je dois la partager avec elle ; ma vie et mes propriétés sont entre vos mains ; que mes propriétés et ma vie répondent d'elle ! » Pour mieux assurer le succès de son intervention il rappelait, en s'en faisant gloire, la part qu'il avait prise à la préparatoin du coup d'État : « Si ces garanties ne suffisaient pas, j'invoquerais parmi vous et ceux des membres du Directoire que j'ai l'honneur de connaitre personnelle-

---

(1) *Mme de Staël et la police du Directoire*, par M. Raymond Guyot (Bibliothèque Universelle, septembre 1904). — Archives nationales, F¹ 6608.

(2) Tome IV, chap. v. — Ce qui prouve surabondamment que Barras n'eut pas alors l'attitude dédaigneuse que lui attribuent ses Mémoires, c'est que Mme de Staël écrivait un an après : « Quel républicain n'aurait pas regretté que l'intrépide et généreux Barras n'eût pas atteint quarante années ! » (*Des Circonstances actuelles...*, p. 129.)

ment et qui ont eu le loisir de juger mes écrits et mes principes, et le président actuel du Directoire avec qui j'ai partagé les dangers du 18 Fructidor. J'invoquerais, parmi les députés, les hommes qui ont le plus contribué à cette mémorable journée et qui m'ont vu concourir à leurs projets de toutes mes forces et les aider de tout mon zèle ; j'invoquerais l'ombre de Hoche, de cet homme dont la présence ici ramena l'impulsion républicaine et avec qui, le 8 thermidor dernier, je jurai, moi quatrième, de mourir pour le Gouvernement ou de l'aider à terrasser les conspirateurs. »

L'époque des élections approchait. Le 6 ventôse, le *Moniteur universel* annonçait que le Cercle constitutionnel, dont un grand nombre de membres avaient été, soit avant, soit après le 18 Fructidor, appelés aux premières places de la République, venait de se transférer de la rue de Lille à la Maison-Égalité (Palais-Royal). L'auteur de l'article, Lenoir Laroche, ajoutait que, dans une séance solennelle qui devait se tenir le nonidi suivant, on s'occuperait « d'intérêts analogues aux circonstances ».

Le 9 ventôse, les membres du Cercle constitutionnel se réunirent en effet pour entendre un grand discours de Benjamin Constant. C'était une nouvelle affirmation des idées qu'il avait déjà exposées le 30 fructidor. Cette fois encore, il faisait l'apologie du coup d'État qu'il présentait en quelque sorte comme l'œuvre du Cercle : « Le 18 Fructidor a été votre récompense ; nulle intrigue, nulle calomnie ne peut vous la ravir... Les vainqueurs de l'Italie et du Rhin avaient reconnu la voix de leurs frères, et bientôt leur seule présence a dissipé sans obstacles les rhéteurs timides de la royauté. » S'il déclare qu'une alliance avec les monarchistes serait « flétrissante », s'il parle avec mépris de « ce nouveau Théodose réduit à prodiguer ses pouvoirs à

tous les aventuriers misérables qui daignent les accepter »,
c'est surtout contre les hommes du nouveau parti terroriste,
« devenus à juste titre l'exécration de l'espèce humaine », qu'il
se répand en violentes invectives : « Ce sont des jongleurs de
séditions, des spéculateurs de massacres, incapables de fanatisme, parce que dans le fanatisme il y a de la grandeur...
Pareils au plus stupide de nos tyrans, à Robespierre, qui
crut égaler Mahomet en fabriquant une religion (1), ils
veulent égaler Danton en préconisant l'anarchie... C'est
pour dérober qu'ils détruisent, pour dépouiller qu'ils assassinent ; ils se flattent d'être un peu moins vils en se montrant plus féroces, et dans leurs calculs misérables ils adoptent le crime comme parure de l'avidité. Derrière eux, à
côté d'eux marche, avec le recueillement de la suffisance,
une autre espèce d'aspirants à la dignité de factieux, des
adolescents machiavéliques qui, pour avoir mis en antithèses quelques phrases d'atrocité, se disent les nouveaux
Tacites de ces Tibères nouveaux. Ils n'ont pas lu Machiavel,
car ils n'ont rien lu ; mais ils ont ouï dire que Machiavel
avait existé, que c'était un homme qui ne croyait pas à la
bonne foi en politique et qui avait réduit le crime en théorie... Proscrire pour piller, dénoncer pour exclure, c'est
ce que les uns appellent révolution ; dédaigner la bonne foi,
se prosterner devant le crime même absurde et inutile ;
n'avoir pas une idée, ne pas savoir un fait, ne pas arriver
à un résultat, c'est ce que les autres appellent pensée. Trou-

(1) Benjamin Constant, on le sait, n'avait pas toujours jugé Robespierre
aussi sévèrement. Mme de Charrière écrivait à Hubert, le 30 avril 1795 :
« Il se porte fort bien, à ce qu'il me paraît ; je suis sans inquiétude sur
son compte, et comme je ne m'intéresse ni gaiement, ni sérieusement à sa
carrière moitié politique, moitié amoureuse, que les pagnoteries sur Tallien et consorts m'ennuient aujourd'hui autant que les apologies de Robespierre et de Couthon m'impatientaient l'année dernière, j'espère n'apprendre plus rien de tout cela. » (*Mme de Charrière et ses amis*, t. II, p. 186).

vez-vous, citoyens, que tout cela forme un parti ? Sans doute, cela compose une horde qui peut commettre des délits sans nombre, et qui ne manquera jamais d'en commettre toutes les fois qu'elle surprendra la distraction du Gouvernement, mais qui retombera dans le néant dès que le Gouvernement fera un signe... » Par contraste il évoque les mânes des Girondins, « ces vainqueurs de la monarchie, ces défenseurs et ces martyrs de l'ordre social ». Aux doctrines des disciples de Babeuf, il oppose l'inviolabilité de la propriété : « La toucher, c'est l'envahir ; l'ébranler, c'est la détruire ; elle est un miracle de l'ordre social ; elle en est devenue la base, elle ne peut cesser de l'être qu'en cessant d'exister. » Comme au 30 fructidor, il s'élève avec énergie contre l'arbitraire ; il reconnaît que « quelques droits précieux ont été passagèrement suspendus, quelques formes ont été violées, quelques parties de la liberté ont été froissées » ; mais il en accuse le royalisme qui a poussé les républicains « dans ces défilés où le danger semblait motiver l'oubli momentané de la loi ». La conclusion, c'est que la nation a le moyen de conjurer les dangers qu'il signale ; ce moyen, c'est, quand elle sera appelée bientôt à prononcer sur ses destinées, de « ne confier qu'aux républicains les fonctions de la République ». Il n'a garde, d'ailleurs, d'omettre ce peuple des campagnes auquel il va demander ses suffrages : « Depuis plus d'une année, dit-il, j'ai partagé ses intérêts et contemplé ses mœurs. Il est vraiment digne de la liberté. »

En lisant ces périodes étudiées et sonores, il semble qu'on soit encore au lendemain du 9 Thermidor. Le coup d'État avait été loin de produire l'apaisement ; les partis étaient aussi excités qu'avant le 18 Fructidor ; mais la lutte s'engageait sur un autre terrain. Le Directoire se sentait débordé par certains de ses alliés ; il comprenait que pour lui le péril était maintenant surtout à gauche. Si ce discours n'avait pas de caractère officiel, il répondait aux inquiétudes et aux vues du Gouvernement.

Benjamin Constant avait, comme écrivain, une trop grande notoriété, et le Cercle constitutionnel était composé d'hommes politiques trop en vue, pour que le programme électoral qu'il venait de développer ne donnât pas lieu aux commentaires de la presse. Les journaux peu nombreux qui avaient survécu au coup d'État étaient sous la dépendance absolue du Directoire. Il pouvait les « prohiber » à son gré, mais cela ne lui suffisait pas; « son idéal, c'était d'arriver à rédiger les principaux journaux (1) ». Pour atteindre ce but, il adressait presque chaque jour aux plus importants d'entre eux des articles composés suivant ses instructions (2). Certains Directeurs ou ministres s'occupaient particulièrement de ces rapports avec la presse. Si Benjamin Constant pouvait compter sur l'amitié de plusieurs, quelques-uns lui étaient fort hostiles. Aussi l'attitude des journaux différait-elle suivant qu'ils étaient soumis à l'influence des uns

---

(1) Aulard, *Histoire politique de la Révolution française*, p. 618.
(2) On trouve aux Archives nationales (AF[III] 45) un nombre assez grand d'originaux de ces articles, avec l'indication des journaux auxquels ils devaient être envoyés par les soins de Lagarde, secrétaire du Directoire. La plupart sont de Barbet, ancien rédacteur du *Messager du Soir* et policier par occasion, car il transmettait parfois au Gouvernement les propos tenus dans les réunions royalistes auxquelles il assistait. Il touchait 300 francs par quinzaine, mais affectait de n'attacher à cette rétribution qu'une importance secondaire. « Il tient à mes petits arrangements domestiques, écrivait-il, de savoir si les intentions du Directoire relatives aux 300 francs par quinzaine sont les mêmes. Je ne les recherche pas comme une dette. J'ai écrit pour la liberté publique lorsque les cachots étaient la récompense des amis de la République. Je n'ai besoin que du seul sentiment de ma conscience pour consacrer ma plume à notre gouvernement constitutionnel. La bienveillance du Directoire ne peut influer que mes petits arrangements domestiques. » Barbet veillait toutefois à ce qu'on n'oubliât pas la date à laquelle cette bienveillance devait se manifester : « Je vous prie, écrit-il à Lagarde, de vous rappeler que nous sommes le 9 ventôse et que la date de ce jour entre dans mes calculs domestiques. »

ou des autres. Tandis que le *Moniteur universel*, qui avait toujours fait son éloge, continuait de lui être favorable et reproduisait *in extenso* son discours dans les numéros des 21 et 22 ventôse an VI, l'*Ami des Lois*, fondé par Poultier, membre du Conseil des Anciens, et dirigé par les frères Sibuet, lui faisait la guerre la plus acharnée. Reubell, qui en voulait à Mme de Staël de plus d'un trait piquant, était chargé d'inspirer ce journal ; il ne se bornait pas à laisser passer les attaques injurieuses dirigées contre Benjamin Constant ; tel article dans lequel celui-ci était violemment pris à partie y fut inséré par ordre du Directeur.

Le 20 nivôse, l'*Ami des lois* avait déjà annoncé en ces termes sarcastiques le nouvel éloignement de Mme de Staël: « *Lugete veneres cupidinesque*, la baronne des baronnes, l'honneur de son sexe, la perle des femmes, la déesse des oligarques, *la favorite du dieu de la constance*, la sultane de Blankenbourg, la protectrice des émigrés, la femme universelle enfin, a quitté la France. » Le bruit s'étant répandu que Benjamin Constant se présenterait dans plusieurs départements, ce même journal reprend, dans son numéro du 20 ventôse, la thèse qu'il n'est pas éligible parce qu'il est étranger : « ... Nous devons prévenir que Benjamin Constant, qui, se faisant le coryphée de ce club (le Cercle constitutionnel), le perdra sûrement comme il a perdu celui de l'hôtel Montmorency ; que ses discours bien cauteleux, ses rôles bien préparés, ses éloges bien répandus dans les journaux, ses distributions de listes, les recommandations de ses amis dans huit départements, en un mot toutes les intrigues qu'il fait agir en sa faveur, ne le mèneront pas à son but et pourraient au contraire l'en éloigner de cent lieues et plus. Un seul mot suffit pour prouver que Benjamin n'arrivera pas à son but, et ce mot est qu'on ne peut pas devenir membre du Corps législatif de France sans être citoyen français ; il a présenté une pétition à la Convention nationale pour être considéré comme citoyen français, mais la Convention a passé à l'ordre du jour. *En vain dira-t-il qu'il est président d'une administration municipale qu'il ne préside pas*, et que le Directoire a confirmé sa nomination ; le Directoire ni le Corps législatif ne peuvent porter aucune atteinte à l'Acte constitutionnel... »

Trois jours après, autre article dans lequel le discours du 9 ventôse est qualifié de « logogriphe en 23 pages, dont personne n'a encore deviné le mot ». Le rédacteur insiste encore sur ce titre d'étranger qu'on ne cesse d'opposer à Benjamin Constant pendant toute la période électorale : « ... Quel malheur que vous n'ayez pas pris plus tôt le parti de vous faire Français ! Qu'il a dû vous paraître pénible d'être chambellan du duc de Brunswick, alors que ce prince commandait la horde d'esclaves qui combattit les premiers élans de la liberté républicaine ! Mais puisque nous avons le bonheur de vous posséder sain et sauf, puisque nous pouvons espérer que vous ne serez député ni par Brunswick, ni par Berne, prenez patience ; vous n'avez plus que six ans à parcourir depuis votre inscription civique jusqu'à votre installation ; dans six ans, on aura oublié la petite incartade de Brunswick, les clefs de chambellan seront rouillées ; alors la France entière n'aura qu'une voix pour vous appeler à ses conseils, qui sait, même peut-être à son gouvernement. »

Le 24 ventôse, c'est le discours du Cercle constitutionnel qui fait l'objet d'un article intitulé ironiquement : « Défense de Benjamin Constant ». L'auteur se demande quel a pu être le but de l'orateur « en peignant le terrorisme avec des traits de fer, tandis qu'une ombre adroitement ménagée cache les crimes du royalisme et des partisans de l'étranger ».

Le lendemain, l'*Ami des lois*, passant de l'injure à la calomnie, publie cette épigramme :

> L'écrivain des Réactions,
> Dans ses énigmes politiques,
> Ne parle tant des factions
> Que pour mieux cacher ses pratiques;
> C'est de l'esprit bien employé,
> Et j'aime à lui rendre justice.
> On dit : Point d'argent, point de Suisse.
> Il écrit, donc il est payé.

Le journal ne se contente pas d'insérer des articles contre Benjamin Constant. Le 2 germinal, il annonce la publication d'un pamphlet sorti de son imprimerie, qui se vend à ses bureaux, place Vendôme, n° 1, au prix de 5 sous pour Paris. Cet écrit, dont le titre était : *Lettre d'un républicain de la Gironde à un de ses amis de Bordeaux, etc.*, avait pour but de combattre sa candidature dans la Gironde. C'était une critique des plus acerbes du discours du 9 ventôse, ce « tissu rare de bêtises et de perfidie ». La forme y était jugée avec autant d'acrimonie que le fond : « Quelques personnes élèvent jusques aux nues le mérite et les talents littéraires de Benjamin Constant; il en a donné la mesure dans cet écrit, dont le pathos a fait dire à un plaisant qu'en lisant le français helvétique du dernier discours de Benjamin Constant, on se rappelle que Mme de Staël est absente... Les maximes lourdement sentencieuses qu'il rend obscures, ne pouvant les rendre profondes, sur la propriété, l'arbitraire et l'hérédité, ne sont qu'un gâchis de plagiats. Il reproche à certains de n'avoir rien lu; pour lui, il prouve qu'il a lu, car il copie. » Le tout est suivi, comme d'habitude, du grief tiré de sa nationalité étrangère et accompagné de diatribes contre lui et contre Mme de Staël · « Quel est ce Benjamin Constant? C'est un jeune étranger, inconnu dans la Révolution, un frelon politique, qui vient pour dévorer le miel que les républicains ont recueilli au prix de leur sang et de leurs sueurs; c'est un baron suisse qui n'est en France que depuis peu de temps. Il y est venu avec la baronne de Staël, cette intrigante déhontée que le Gouvernement a été obligé de chasser deux fois de Paris à cause de ses tripotages politiques. C'est elle qui l'a produit; c'est son collaborateur, son confident, son agent, son continuateur pendant son absence. L'âme de cette intrigante baronne, celle de Necker, son père, animent ce jeune énergumène. »

Ces citations peut-être trop nombreuses permettent de juger du ton des polémiques de la presse à cette époque. Si les journaux s'astreignaient à une certaine réserve dans la critique d'un gouvernement dont ils avaient tout à redouter, ils se dédommageaient de cette prudence en ne gardant aucune mesure lorsqu'il s'agissait de personnes qu'ils se savaient libres d'injurier et de calomnier sans encourir les foudres directoriales.

Benjamin Constant ne répondait pas aux attaques incessantes auxquelles il était en butte, mais il était cruellement blessé. Quoique sa tante, froissée de son changement de nationalité et de son attitude politique en France (1),

(1) Elle l'était à ce point qu'elle ne correspondait plus guère avec son neveu. Il s'en plaignait affectueusement dans une lettre qu'il lui adressait d'Hérivaux, le 9 vendémiaire an VI : « Il est bien évident, chère tante, que vous ne voulez pas m'écrire. J'ai pourtant beaucoup repassé ma conduite; je ne puis rien y trouver qui motive votre indifférence, moins encore un mécontentement quelconque... Ni l'absence, ni une subite différence d'opinion, après avoir été du même avis pendant de longues années, ni votre refroidissement enfin, que j'aurais accepté de toute autre personne que vous, incapable que je suis de redemander deux fois l'amitié qu'on me refuse, rien, ma chère tante. n'a pu, je ne dirai pas me détacher de vous, mais me suggérer la possibilité de supporter votre oubli. »

n'eût plus avec lui, depuis quelque temps, le même abandon, il ne put s'empêcher de laisser percer dans une de ses lettres l'irritation qu'il éprouvait en voyant de quelles inimitiés il était entouré. « Lorsqu'on a énoncé une opinion, lui écrivait-il d'Hérivaux le 1er ventôse, on s'est fait mille ennemis : il faut avoir des amis pour se garantir, il faut agir pour n'être pas faible, il faut être le plus fort. » Il avait voulu, quelques jours après, montrer sa force en groupant autour de lui tous les partisans de ses idées ; mais son discours au Cercle constitutionnel n'eut d'autre effet, nous l'avons vu, que d'exciter davantage l'animosité de ses adversaires.

Il venait alors fréquemment à Hérivaux reprendre son existence solitaire et chercher à oublier momentanément ses tristesses et ses déceptions. « Je vis fort souvent à la campagne, ajoute-t-il dans cette même lettre, changeant peu à peu les défauts de ma maison, plantant quelques arbres dans mon jardin et me délassant de la vie agitée que je mène de temps en temps à Paris. » Bien qu'il ne veuille pas heurter la comtesse de Nassau en l'entretenant de la part qu'il prend à la lutte électorale, il lui exprime sa confiance dans le résultat des élections qui vont avoir lieu. « Nos élections, dit-il, approchent et seront différentes de celles de l'année dernière ; puissent-elles terminer la Révolution qui commence à durer plus qu'il ne faudrait pour la liberté. Jusqu'à cette époque, je crois que tout restera dans la même situation qu'à présent, et ce ne peut être que des élections bonnes et sages qui donneront à la République une marche ferme et régulière au dedans. »

Pendant qu'il est à Hérivaux, il ne se borne pas à surveiller les travaux qu'il fait exécuter dans sa propriété, il s'occupe aussi de ses fonctions municipales. Contrairement à l'allégation de l'*Ami des Lois*, il préside la plupart des séances de l'Administration du canton. Quoique les questions purement locales ne puissent guère l'intéresser, il est à son poste toutes les fois qu'il y a lieu de prendre une délibération de quelque importance.

A la suite du discours que La Révellière-Lépeaux avait lu à l'Institut, le 12 floréal an V, sur le culte, les cérémonies civiles et les fêtes nationales, le gouvernement du Directoire avait favorisé plus ou moins ouvertement la théophilanthropie. La *Quotidienne* représentait ironiquement le Cercle de la rue de Lille comme un lieu de réunions théophilanthropiques où Mme de Staël faisait la quête, « donnant la main à son Jasmin Constant (1) ». Si Benjamin Constant s'était associé à ce mouvement, ce dut être à un point de vue uniquement politique. Dans son discours du 30 fructidor, il avait insisté sur la nécessité de rendre plus solennelles les fêtes nationales. Il fallait, disait-il, « revêtir la liberté de splendeur et de pompe, donner à toutes les fêtes l'empreinte républicaine, faire que l'orgueil nobiliaire s'y trouve sans cesse froissé ».

Préludant aux mesures que devait bientôt consacrer le vote des lois décadaires, le ministre de l'Intérieur avait publié, le 18 brumaire an VI, une circulaire relative aux fêtes nationales et aux décadis. A l'instigation sans doute de Benjamin Constant, l'Administration municipale de Luzarches montra le plus grand empressement à complaire au Gouvernement. Dès le 5 nivôse, elle prenait, sous sa présidence, la délibération suivante : « Considérant qu'il est du devoir d'une administration de faire tous ses efforts pour remonter l'esprit public, faire suivre le calendrier républicain, chômer autant que possible les décadis, donner de l'éclat aux fêtes nationales ; — Art. 1er. Les assemblées de l'administration se tiendront le quintidi. Les

---

(1) A. Mathiez, *La Théophilanthropie et le Culte décadaire*, p. 156.

bureaux seront fermés les jours de décadis et les fêtes nationales. — Art. 2. Aucune marchandise autre que les comestibles ne pourra, les jours de fêtes nationales et les décadis, être exposée en vente dans les rues, places et marchés de ce canton. — Art. 3. Aucun marchand en boutique ne pourra, ces mêmes jours, exposer aucune montre ni étalage faisant saillie sur la voie publique. — Art. 4. Les maçons, charpentiers, charrons et autres ouvriers ne pourront, ces mêmes jours, travailler ou préparer sur la voie publique les matériaux qui y seront déposés. » L'Administration centrale fut très satisfaite de cette délibération, et adressa sans retard ses félicitations aux administrateurs de Luzarches.

Dans le même ordre d'idées, l'Administration municipale, présidée également par Benjamin Constant, votait une délibération enjoignant aux agents municipaux du canton de surveiller très sévèrement les écoles particulières et maisons d'éducation, de constater si l'on y observe les décadis ainsi que les fêtes nationales, et si « l'on s'y honore du titre de citoyen ».

Benjamin Constant ne se contentait pas de donner son appui à des mesures qui n'étaient pas précisément conformes à ses doctrines libérales, il tenait tout particulièrement à participer à la célébration des fêtes nationales à Luzarches. Il était en voyage à l'époque de la fête du 2 pluviôse, consacrée à « l'anniversaire de la juste punition du dernier roi des Français ». Regretta-t-il cette absence ? On peut en douter ; mais il envoya ses excuses de la ville de Bar-sur-Aube où il se trouvait alors, et, dès son retour, il s'empressa de les renouveler, à la séance du 5 pluviôse.

Il présida, au contraire, la fête de la Souveraineté du peuple, qui venait d'être instituée par une loi du 13 pluviôse an VI. Il y avait eu un peu d'audace à décider la création d'une pareille solennité six mois après que le Gouvernement avait montré quel était son respect pour la représentation nationale. La date en avait été fixée au 30 ventôse, c'est-à-dire à la veille de la réunion des assemblées primaires ; c'était donc avant tout une fête électorale. « Les élections, disait l'année suivante le ministre de l'Intérieur, François de Neufchâteau, sont la grande affaire de tous les Français ; le législateur a voulu les y disposer par une cérémonie religieuse. » Comme président de l'Administration municipale et comme candidat, Benjamin Constant devait désirer qu'elle eût le plus d'éclat possible. Il offrit de se charger de la confection des bannières prescrites par l'arrêté du Directoire, qui réglait minutieusement le cérémonial pour toutes les communes de France. Les administrateurs acceptèrent avec reconnaissance la proposition, et invitèrent les agents municipaux du canton à veiller à ce que la fête fût dignement célébrée.

Le 30 ventôse, à une heure de l'après-midi, les habitants de Luzarches voyaient défiler dans les rues de leur petite ville des gendarmes et des chasseurs précédant un cortège en tête duquel s'avançait gravement leur jeune président, accompagné des membres de l'Administration et des fonctionnaires. Derrière eux marchaient quatre jeunes gens portant les bannières qu'il avait offertes et vingt-cinq vieillards tenant à la main une baguette blanche. « Un nombreux concours de peuple de tout âge » suivait le cortège ; les gardes nationaux formaient la haie de chaque côté. De la salle des séances on se rendit à la place de la Liberté où était dressé un autel de la Patrie sur lequel avaient été posés le livre de la Constitution et une statue de la Liberté. Une fois le cortège arrivé, les jeunes gens, suivant le rite ordonné, plantent leurs bannières, la musique se fait entendre, on tire des décharges d'artillerie, on chante l'hymne : *Veillons au salut de l'Empire*. Les vieillards forment un faisceau de leurs baguettes qu'ils lient avec des rubans tricolores. L'un d'eux gravit les degrés de l'autel et récite les formules sacramentelles, auxquelles le président répond par d'autres formules également indiquées dans l'arrêté gouvernemental. Après la lecture de la proclamation du Directoire et d'un message annonçant l'organisation de la République romaine, Benjamin Constant prononce, suivant l'expression du temps, « un discours analogue à la fête », dans lequel il « fait clairement sentir l'importance des choix à faire dans les élections prochaines, en démontrant les espèces d'hommes qu'il fallait écarter ». Ce discours est suivi de chants et de cris patriotiques ; le cortège revient à la salle des séances, et le reste du jour se passe en repas fraternels et en danses qui ne prennent fin qu'à dix heures du soir.

Les proclamations, les fêtes, les discours ne suffisaient pas à préparer de bonnes élections ; il fallait en outre quelque acte d'intimidation. Ce détail essentiel n'avait pas été oublié. Le Directoire exécutif, recourant à un procédé très usité de tout temps, mais dont jamais aucun gouvernement n'a fait un plus scandaleux abus, avait, par un arrêté du 13 ventôse, épuré l'administration municipale du canton, réorganisée en vendémiaire. Trois administrateurs, les citoyens Bucquet, Da et Prudhomme, étaient destitués. La mesure ne manquait pas de brutalité, et le but n'en était pas dissimulé. On reprochait bien aux administrateurs frappés de destitution des propos malsonnants et des « insinuations ironiques » ; mais le principal grief était tiré de ce qu'ils se rendaient « sans cesse à Versailles pour influencer les élections prochaines ».

Le lendemain de la fête de la Souveraineté du peuple, le 1er germinal, l'assemblée primaire de Luzarches se réunissait et désignait comme l'un des électeurs le notaire Leflamand ; le 2 germinal, au second tour de scrutin, Benjamin Constant était nommé aussi électeur par 134 voix sur 227 votants. Trois jours après, il était confirmé dans ses fonctions de président de l'administration municipale par 85 voix sur 109 votants. Il l'emportait donc à Luzarches. C'était maintenant à Versailles qu'il devait engager la lutte, dans l'assemblée électorale convoquée pour le 20 germinal.

VI

Au début de la période électorale, le Directoire avait adressé une proclamation au peuple français. « Écartez avec soin du banc des législateurs, disait-il, tous ceux qui ne sont pas fortement attachés au régime républicain, tous ces partisans du royalisme et de l'aristocratie qui, sous le prétexte de vous rendre le repos et de vous amener à un meilleur ordre de choses, ne cherchent qu'à regagner leurs privilèges, afin de vous remettre sous le joug le plus avilissant et de continuer à s'engraisser de vos sueurs... Soyez aussi scrupuleusement attentifs à déjouer la funeste ambition des fauteurs de l'exécrable régime de 1793, de ces dénonciateurs à gage, qui ne connaissent de république que celle qui s'environne de victimes et de bourreaux. »

Ce programme était précisément celui qui avait été développé dans le discours du 9 ventôse. Aussi fut-il question de désigner dans plusieurs départements Benjamin Constant comme candidat gouvernemental. Dans la Gironde, on avait publié une liste sur laquelle son nom figurait à côté de ceux de plusieurs membres du Directoire ; le ministre de l'Intérieur fit afficher une lettre dans laquelle il affirmait qu'aucun Directeur ne se présentait aux suffrages des électeurs ; c'était un dernier coup porté à la candidature de Benjamin Constant, qui avait déjà été violemment attaquée dans le pamphlet que j'ai cité.

On avait également songé à lui pour le département de l'Eure. Sans se dissimuler qu'il n'avait pas de chances sérieuses d'y être élu, il déclara que, s'il était nommé, il accepterait, mais en refusant de se livrer à aucune sollicitation. Il ne poussait pas toutefois la réserve jusqu'à s'abstenir de signaler les titres qu'il se croyait fondé à invoquer, et de se prévaloir, en des termes qu'on retrouverait sans peine dans plus d'une profession de foi électorale de nos jours, de ses relations avec les hommes au pouvoir : « Il me paraît bien difficile qu'un département, dans lequel je n'ai pas habité et où je ne puis être connu que par quelques ouvrages dont le mérite est dans l'intention, veuille m'honorer d'une marque de confiance aussi distinguée. Sans doute, si, pour mériter leurs suffrages, il ne fallait qu'un dévouement sans bornes et un zèle sincère pour la République et les républicains, je pourrais me flatter d'en être digne. Je l'ai prouvé à toutes les époques, et j'ai combattu également tous les partis qui retarderaient l'affermissement du repos intérieur, sans lequel il ne pourra y avoir ni commerce, ni industrie, ni véritable liberté. Je crois bien aussi que mes relations intimes avec le Gouvernement, auquel j'ai prouvé mon attachement à la République, pourraient être de quelque utilité au département que je représenterai. » Cette considération ne suffit pas à entraîner les électeurs ; Benjamin Constant échoua et fut même accusé d'avoir mis en usage « les moyens les plus odieux ». Il avait, prétendit-on, offert jusqu'à 50 louis au *Bulletin de l'Eure* pour qu'il soutînt sa candidature. Un journaliste, se faisant l'écho de cette accusation, parlait du « sceau d'infamie à imprimer sur le front de ce dangereux intrigant qui a trafiqué de tout pour arriver à son but (1) ». Les mœurs de ce temps réputé si corrompu étaient-elles candides à ce point qu'un pareil acte fût presque assimilé à un crime !

En réalité, Benjamin Constant ne comptait guère que sur le département de Seine-et-Oise ; il pensait même tout d'abord devoir l'emporter sans peine. « Tout est gelé autour de nous, écrivait-il à sa tante (2), il n'y a pas une feuille sur les arbres et pas un brin d'herbe dans les champs ; je crois que la Révolution a épuisé toute la chaleur physique et morale, et que nous sommes à cette époque par laquelle M. de Buffon prétend que tout doit finir. Nos assemblées primaires se sont ressenties de cette congélation universelle, il n'y a eu ni concurrents ambitieux, ni partis, ni divisions ; à peine a-t-on recruté de quoi former les bureaux et nommer les électeurs, et le peuple souverain a exercé sa souveraineté sans bruit comme sans pompe. » S'il espéra que l'assemblée électorale de Versailles serait aussi calme que l'assemblée primaire de Luzarches, cette illusion fut de courte durée. Une lettre, qu'il écrivait d'Hérivaux quelques jours après, montre qu'il commença bientôt à éprouver une certaine crainte. « Il répugne à mon caractère, disait-il, de me jeter dans la foule des intrigants qui se mettent en évidence, et comme tous ceux de Paris refluent à Versailles, je ne ferai, malgré les offres d'appui et d'instance qui m'ont été faites par le Directoire, aucune démarche pour être nommé (3). »

(1) *L'Ami des Lois* du 2 floréal an VI.
(2) Lettre du 12 germinal an VI.
(3) En tout cas B. Constant avait sollicité la recommandation de Barras : il lui adressait d'Hérivaux, le 7 germinal an VI, la lettre suivante : « Citoyen Directeur, permettez-moi, puisque les affaires me retiennent à la campagne, de vous écrire pour vous rappeler que vous m'avez souvent témoigné le désir de me voir au nombre des amis de la République portés dans le Corps législatif aux élections qui s'approchent. Nommé électeur dans mon canton, il me sera possible de parvenir à être élu, si vous me

Attaqué à Paris, attaqué à Versailles, il lui fallait se défendre et rompre enfin le silence qu'il avait gardé depuis le 9 ventôse. Il se décida à répondre en rédigeant, sous ce titre : « Benjamin Constant à ses collègues de Seine-et-Oise », un écrit qu'il se proposait de faire distribuer aux électeurs lors de leur réunion à Versailles. Dès les premières lignes, il prenait nettement position contre les royalistes et les jacobins, et se proclamait le partisan de ce que depuis on a appelé la République bourgeoise : « La République a deux espèces d'ennemis. Les uns, conspirant contre la propriété, veulent égorger les propriétaires ; les autres, regrettant la monarchie, veulent proscrire les républicains. Bien qu'opposés dans leurs vues, il se réunissent également contre les défenseurs de l'ordre social et de la liberté constitutionnelle. A ce double titre, je me suis jusqu'à ce jour

continuez cette bienveillance. Je sais peu solliciter, et le dévouement sans bornes, que j'ai cherché à vous prouver, ne me paraît pas encore légitimer ma demande. Mais si vous croyez que ma conduite, depuis que je suis attaché au sort de la République, la manière dont j'ai combattu la réaction, lorsque vous osiez résister à Carnot dans le Directoire, me rendent digne de cette place, j'ai la confiance que vous voudrez bien m'appuyer de votre influence. Je vous dois déjà plus que je ne puis dire ; je vous devrais plus encore, car je vous devrai une occasion de vous prouver plus efficacement que, soit à la tribune, soit lorsqu'il faudra combattre à vos côtés, je serai toujours ce que j'ai tâché d'être, lorsque vous avez, le 18 fructidor, sauvé la République française et la liberté du monde. — Salut, respect, attachement inviolable. — Benjamin Constant.

Après avoir reproduit cette lettre, Barras ajoute dans ses *Mémoires* (t. III, p. 200) : « B. Constant m'avait rendu justice en m'écrivant la lettre qu'on vient de lire ; mais le mouvement électoral était plus fort que ma recommandation. » Le ton humble et élogieux du candidat avait dû lui plaire ; il ne semble pas toutefois être intervenu activement pour l'aider à lutter contre le mouvement électoral.

Est-il vrai, comme l'a écrit M. E. Faguet (*La Revue*, année 1904), que Benjamin Constant aurait voulu « être gouverné par les hommes les plus purs du Directoire dans une République pacifiée, désarmée et libérale » ? En théorie peut-être ; en réalité il fit alliance, comme il prenait bien soin de le rappeler dans sa lettre, avec les ennemis de Carnot, et se mit, dès le début du Directoire, sous la protection de Barras, qui était loin de personnifier la pureté et le libéralisme politiques.

honoré de leurs calomnies, et je ne leur ai opposé que le silence. Mais, élevé par mes concitoyens aux fonctions électorales, je leur dois aujourd'hui de prouver à la fois et que la loi ne m'interdit pas l'exercice de ces fonctions et que mes principes ne me rendent pas indigne de ce témoignage de confiance. Je ne produirai que des pièces justificatives ; je ne citerai que des lois. Quant aux hommes qui m'ont attaqué, on me permettra de n'en rien dire. Il est des adversaires avec lesquels la lutte est ridicule et le triomphe une humiliation. »

Après ce fier exorde, il entrait dans la discussion, il énumérait les textes sur lesquels il s'appuyait pour établir sa nationalité française. « Non, citoyens, concluait-il, je ne suis point un étranger; je ne suis même pas naturalisé ; je n'ai jamais perdu mon domicile en France, car, d'après toutes les lois, la violence et la tyrannie ne portent aucune atteinte aux droits dont elles interrompent l'exercice ; je suis un Français banni de sa patrie par l'intolérance et le despotisme, et rentré dans ses foyers après la conquête de la liberté. » A ceux qui lui reprochaient d'être noble, il répondait : « Je ne suis pas non plus un ci-devant noble, j'ignore ce qu'était ma famille à l'époque de son exil. Ce que je sais, c'est que, si elle était noble, elle a cessé de l'être en quittant la France, car les lois de la monarchie dégradaient de noblesse les religionnaires fugitifs. Pendant plus d'un siècle que nous avons habité la Suisse, nous n'avons pris aucun titre, joui d'aucun privilège. Rentrés en France, nous avons trouvé la noblesse anéantie ; nous avons réclamé les droits de la liberté et non les institutions de la servitude. Nous avions depuis cent ans cessé d'être nobles, en supposant que nous l'eussions jamais été. Nous sommes redevenus citoyens... » Il rappelait ensuite les services qu'il avait rendus au gouvernement de la République : « J'ai lié mon sort à la cause de la République lorsque la République était en guerre avec l'Europe. J'ai acheté des biens nationaux lorsque les acquéreurs des biens nationaux étaient impunément égorgés. J'ai combattu la réaction lorsque la réaction pesait sur la France avec son sceptre de fer. Voilà mes crimes, citoyens. Je pourrais les produire encore, ces journaux où l'on m'appelait terroriste féroce. Les circonstances ont changé ; il faut varier l'attaque, et l'on me désigne aujourd'hui comme royaliste, comme noble, comme étranger, comme fils d'un oligarque bernois, comme partisan de l'oligarchie, tandis que ce que je dois à l'oligarchie bernoise, c'est l'exil, la proscription de mon père et la perte de la moitié de mes biens. Cependant, je dois en convenir, j'ai d'autres crimes encore à me reprocher. Lorsque la royauté triomphait, j'ai proclamé mon horreur pour elle, dans des écrits faibles sans doute par le talent, mais estimables peut-être par quelque courage ; je me suis élevé, presque seul entre tous les écrivains, contre les grossiers sophistes des partisans du sacerdoce et de la féodalité ; mais lorsque l'anarchie nous a menacés, j'ai déclaré sans déguisement mon exécration pour l'anarchie. J'ai voulu toujours la liberté mais non le pillage, la sécurité mais non l'arbitraire, la République mais non la férocité. »

Il terminait en protestant de son désintéressement politique : « L'on m'a reproché de me mettre en avant. Oui, je me suis mis en avant, lorsqu'il a fallu défendre la Constitution contre les ennemis de tout genre ; je me suis mis en avant, lorsqu'il y avait du danger ; je me suis retiré après la victoire. Aujourd'hui, content si la République est consolidée, je n'ai ni désirs, ni projets, ni espérances personnelles. Je serais heureux sans doute de la confiance de mes concitoyens, s'ils me l'accordaient. Mais pourquo

m'affligerais-je, s'ils ne me l'accordent pas ? Ne puis-je
pas, dans la situation la plus obscure, servir encore la
cause de la liberté ? A qui la chérit pour elle-même, le
pouvoir, la célébrité, les places ne sont point nécessaires.
Son bonheur est dans l'affermissement de l'ordre social,
dans la diffusion des lumières, dans le spectacle des lois
obéies, des propriétés inviolables, de la raison respectée et
de l'égalité triomphante. Je vous ai, mes concitoyens,
démontré mes droits, retracé mes actions, exposé mes
principes. Permettez que désormais je ne parle plus de
moi. Dans un moment où la République vous réclame tout
entiers, on se sent coupable de vous en distraire. Pensons
à consolider par nos choix la Constitution, notre seul asile,
à terminer la Révolution qui ne peut se prolonger qu'en
nous dévorant, à seconder le Gouvernement qui de toutes
parts appelle l'ordre et la paix, à entourer d'une garantie
sacrée la propriété, la liberté, la sûreté, l'industrie que toutes les factions menacent également, et ne nous occupons
plus, je vous en conjure, ni des calomniateurs, ni des calomnies. »

Quelque habile que fût ce plaidoyer, il était vulnérable
sur plus d'un point. A l'accusation d'avoir été attaché à la
Cour du duc de Brunswick, alors que celui-ci était à la
tête des troupes qui envahissaient la France, Benjamin
Constant se bornait à répondre vaguement qu'il avait lié
son sort à la cause de la République pendant qu'elle était
en guerre avec l'Europe. N'était-ce pas, d'autre part, compter un peu trop sur la crédulité des électeurs que de trans-
former une opération de spéculation en un acte de courage,
et de prétendre qu'à l'époque où il avait acheté des biens
nationaux, les acquéreurs de ces biens étaient impunément
égorgés ?

A l'appui de sa défense, il produisit de nombreuses pièces,

justificatives, parmi lesquelles figurait un certificat des administrateurs de Luzarches constatant le zèle avec lequel il s'acquittait de ses fonctions de président, et un autre délivré par le ministre de la Justice, Lambrechts, le 24 ventôse an VI. Ce dernier attestait que Benjamin Constant n'était pas noble. « Les membres de cette famille, disait-il, ont perdu dans le temps les avantages attachés à l'état de noble ; il doivent donc maintenant être affranchis des inconvénients que peuvent entraîner les vestiges de la noblesse. » Il ajoutait : « C'est avec une vraie satisfaction que je saisis l'occasion d'appliquer ces principes à l'auteur de plusieurs écrits brûlants de patriotisme et marqués au coin du talent. »

Malgré cette sorte d'estampille officielle que Benjamin Constant avait fait apposer sur sa candidature, la campagne de presse était poursuivie contre lui à Paris avec le même acharnement. L'écrit dont nous avons parlé ayant été publié en partie dans un journal avant la réunion de l'assemblée électorale, l'*Ami des Lois* l'appréciait en ces termes aussi violents qu'injustes : « Le ton bas et rampant du candidat effronté, les impostures qui appuient ses prétentions, et surtout l'impudence avec laquelle il vante ses mérites et son talent, ont révolté même ses plus chauds partisans. » Le rédacteur avait imaginé une prétendue lettre d'un ancien maréchal de France à un ex-conseiller au parlement de Bordeaux : « Ce brave rejeton de la noblesse, lui écrivait-il, s'appelle Benjamin Constant. Il s'était réfugié prudemment à Paris dès qu'il avait vu que la démocratie agitait les contrées helvétiques... Il s'était tapi dans le giron d'une aimable baronne, qui l'avait présenté aux faiseurs de Paris, pour le mettre en avant. Physionomie jésuitique, grands mots insignifiants, style équivoque, habitudes convenables à tous les partis, nous lui donnâmes tout cela, enfin nous le produisîmes... Il avait obtenu l'électorat; encore huit jours et il allait recommencer Camille Jordan; je m'endormais hier dans cette douce espérance, après avoir écrit quelques lettres aux partisans dispersés de notre Majesté de Blakenbourg; mais quel réveil! Ce matin, j'ouvre mon journal et j'y vois une longue diatribe de mon lourdaud qui, se croyant, comme Sixte-Quint, sûr du scrutin, se démasque et entonne le *Te Deum*. Les amis de la Liberté qui domineront dans l'assemblée électorale de Seine-et Oise vont être scandalisés de ce ton chevaleresque. »

Le pseudo-maréchal ne s'était pas trompé dans son pronostic. Dès le premier jour où les électeurs de Seine-et-Oise se réunirent au Palais national de Versailles, dans le Salon d'Hercule, Benjamin Constant put se convaincre de l'impossibilité de sortir victorieux de la lutte. Il ne fit même pas distribuer sa lettre à ses collègues. Les attaques de ses ennemis politiques avaient produit leur effet. Malgré les anathèmes que, dans chacun de ses écrits, il avait lancés contre les monarchistes; malgré l'ardeur avec laquelle il avait participé au coup d'État du 18 fructidor; malgré les témoignages de sympathie que lui avaient donnés certains membres du Gouvernement, il n'était aux yeux de la grande majorité de l'assemblée électorale qu'un royaliste intrigant.

Le 24 germinal, une discussion des plus vives s'engagea à l'occasion de la validation des pouvoirs. Plusieurs scissions s'étaient produites dans les assemblée primaires. Le respect des droits de la minorité était un principe tellement hors d'usage qu'on n'avait besoin d'user d'aucun subterfuge pour l'écarter. Un membre déclara nettement qu'il fallait toujours, en cas de scissions, admettre les patriotes et rejeter leurs adversaires, sans se préoccuper de rechercher qui avait eu la majorité. « Il est temps, dit-il, de sortir les patriotes de l'état d'avilissement dans lequel ils gémissent, il est bien question de principes abstraits, de formalités inutiles ; la balance de nos décisions doit être celle du patriotisme ; faites-vous lire les procès-verbaux de chaque assemblée scissionnaire ; voyez de quel côté sont les patriotes énergiques; admettez-les, fussent-ils en minorité ; rejetez les autres, vous accomplirez les vœux du Corps législatif et du Directoire (1). » Deux exemples feront ressortir l'iniquité des résolutions qui furent adoptées. On valida les pouvoirs des électeurs nommés par 53 scissionnaires du canton des Essarts, tandis que leurs concurrents avaient été élus par l'assemblée primaire, composée de 96 votants, en invoquant cet unique motif que l'assemblée était « présidée par un de ces hommes dont le 18 Fructidor avait fait justice ». Pour le canton de Saint-Germain *extra muros*, la décision était encore plus révoltante. Il y avait eu dans l'assemblée primaire 201 votants, et 83 seulement dans la réunion scissionnaire. Les électeurs nommés par celle-ci furent admis, après qu'un membre eut fait observer qu'il était nécessaire « de n'admettre aux fonctions publiques que des hommes amis du Gouvernement ».

Le 26 germinal, la lecture du procès-verbal provoqua un tumulte tel qu'à deux reprises le président dut se couvrir. Le lendemain, un membre fit de nouveaux efforts pour décider l'assemblée électorale à revenir sur ses résolutions antérieures. « Il réfuta cette doctrine monstrueuse à l'aide de laquelle une poignée d'hommes veulent priver de l'exercice des droits que la Constitution leur assure la masse des citoyens paisibles, amis de la liberté, mais soumis aux lois. »

(1) Procès-verbal de la réunion scissionnaire. — Archives départementales.

La proposition fut accueillie par les clameurs de la majorité, qui vota l'ordre du jour. Le citoyen Vernier, de Pontoise, déclara alors qu'en présence de ce vote, il ne prendrait plus part aux opérations de l'assemblée; il sortit accompagné par quelques électeurs, au nombre desquels se trouvait Benjamin Constant. Les procès-verbaux ne disent pas quelle part celui-ci prit aux débats qui avaient été si agités ; mais il était considéré comme le chef de la minorité et l'instigateur de la scission. A peine les dissidents avaient-ils quitté la salle, qu'un membre de la majorité restée au Salon d'Hercule le dénonça à ses collègues. « Ce n'est pas, dit-il, les décisions que vous avez portées le 24 qui ont déterminé cette espèce de scission. Je sais qu'il y a plus de trois jours qu'elle entrait dans les projets de certains membres. Il est temps que je vous dévoile un homme que j'ai circonvenu, parce qu'il nous était indiqué comme un intrigant. Je veux parler de Benjamin Constant. Je sais qu'il voulait une scission ; dans les premiers jours, il me disait que les royalistes voulaient le mettre à la tête d'une scission. Je vais vous donner une autre preuve de l'esprit d'intrigue qui anime ce Benjamin Constant. Je me suis emparé d'un mémoire imprimé qu'il avait préparé pour répondre à l'avance aux attaques qui lui seraient faites dans cette assemblée. Je sais d'autres particularités que je tairai, parce qu'il ne serait pas prudent de les dévoiler. » Tel était l'état des esprits, qu'il fut décidé que le procès-verbal contiendrait mention « de ces faits ».

Les membres scissionnaires, dont le nombre finit par s'élever à 80, s'étaient d'abord transportés à la Halle, place de l'Abondance ; il siégèrent ensuite dans le local des anciennes écuries de la Reine. Dès qu'ils furent réunis, Benjamin Constant, qui venait d'apprendre ce qui s'était passé au Salon d'Hercule après son départ, s'empressa de déposer sur le bureau le mémoire auquel il avait été fait allusion et qui n'était autre que sa lettre aux électeurs. Il ne put même pas d'ailleurs poser sa candidature ; l'un des scissionnaires, le citoyen Dupéron, ancien grand vicaire, avait fait adopter cette motion que leurs suffrages ne se porteraient sur aucun d'eux.

L'*Ami des Lois* n'avait pas discontinué ses attaques. Le numéro du 29 germinal contenait sous ce titre : « Sur deux nouveaux grands hommes », un article signé Blondin et envoyé par ordre de Reubell, dans lequel Benjamin Constant et le révolutionnaire Antonelle étaient injuriés avec la même virulence : « ...Et vous, mon très grave Constant, en vous revêtant de votre nouvelle grandeur, il faut vous baptiser en *us*, car c'est l'usage ; vous avez bien la taille colossale d'un *Marius* ; vous avez un air sombre et farouche quoique vous fassiez tous vos efforts pour prendre une physionomie doucereuse... Marius était plébéien, et vous êtes baron suisse ; il s'était fait démagogue par ressentiment contre l'oligarchie avilissante du Sénat, et vous, vous êtes oligarque, fils de baron, baron vous-même, amant en titre d'une baronne, l'intime ami de tout ce que la Suisse, dans ses plaines et dans ses montagnes, a produit de barons... Je me rappelle un personage en *us*, devenu comme vous, avec assez de bizarrerie, un grand homme ; il s'appelait *Apicius*... Vous vous êtes fait un nom dans vos banquets comme cet illustre Romain ; mais encore une fois vous êtes un baron, il n'était qu'un riche plébéien ; vous vous mêlez des affaires publiques, et lui ne connaissait que la cuisine, l'office et la table ; et il ne disait de bons mots qu'au milieu des flacons de *Chio* spiritueux et de l'aromatique *Phalère*, et vous, vous montez sur les tréteaux les plus élevés pour faire entendre vos calembours métaphysiques et vos charades politiques, dont vous nous promettez la clef explicative dans un supplément au recueil de vos ouvrages. Que ferons-nous donc de vous ? A vous dire le vrai, je n'en sais rien ; ils devraient bien me dire leur secret, ceux qui vous font un grand homme et qui sans cesse occupent de vous les journaux, les cercles, les tripots bachiques et les brillantes coteries... »

L'échec de Benjamin Constant à Versailles n'avait pas désarmé l'*Ami des Lois*. Après avoir annoncé la scission dans un premier article, il donna de nouveaux renseignements dans son numéro du 2 floréal. Cette fois, il faisait l'éloge de la majorité des dissidents sans rien retirer de ses imputations touchant Benjamin Constant et ses partisans : « Le citoyen Dupéron, l'un des scissionnaires, ainsi que l'ex-constituant Castellane, dont la conduite dans cette circonstance a été présentée sous des couleurs défavorables, doivent être à l'abri de tout reproche : le premier, qui a fait oublier son ancienne qualité de grand vicaire, en devenant époux et père et acquéreur de biens nationaux, remplit depuis deux ans les fonctions de commissaire exécutif dans son canton ; et non seulement il n'a point trahi la confiance du Gouvernement, mais encore il a fait preuve du plus entier désintéressement, en demandant, aussitôt après la séparation, qu'aucun des scissionnaires ne fût promu aux places à nommer. Le citoyen Castellane avait déclaré, dès l'ouverture de l'assemblée, qu'il n'accepterait aucune espèce de place ; mais nous n'en restons pas moins convaincus que Benjamin Constant et sa clique, se voyant éliminés par l'assemblée mère, n'avaient fait scission que pour se faire nommer au Corps législatif, car il est très vrai que la proposition du citoyen Dupéron, tendant à ne nommer aucun des scissionnaires, fut approuvée par toute l'assemblée, excepté par les hommes de ce parti. »

La lutte électorale finie, Benjamin Constant n'attendit

pas pour demander aux directeurs de l'*Ami des Lois* raison des outrages que leur journal lui avait prodigués pendant plusieurs mois. Georges Sibuet, qui devait, quelques années après, être un des fondateurs de la Banque de France, accepta, au nom des rédacteurs, le duel, qui eut lieu au bois de Boulogne. Benjamin Constant, désigné par le sort pour tirer le premier, n'atteignit point Sibuet; celui-ci tira en l'air. Ce duel eut les mêmes suites que celui de 1796; des explications furent échangées; les adversaires se réconcilièrent. Comme l'avait fait Bertin de Veaux, Sibuet accorda à Benjamin Constant une réparation publique. Le 6 floréal an VI, on rendit compte du duel dans l'*Ami des Lois*. « On m'a provoqué, dit-il, j'ai répondu en homme d'honneur, et après on s'est expliqué; d'autres commencent par où nous avons fini, cela dépend des goûts. Quant aux explications que nous avons eues postérieurement à l'affaire, j'aime à convenir qu'elles ont été à l'avantage de Benjamin Constant. Autant il serait lâche et déshonorant de sacrifier son opinion à des considérations quelconques, autant il est loyal, à mon avis, de rendre justice à un ennemi dont on a essuyé le feu, qui a demandé froidement à courir la même chance, et qui a répondu ensuite aux inculpations qui faisaient l'objet de la querelle. Il y a peut-être bien quelques nuances de diversité dans nos opinions politiques, mais ce n'est pas une raison, dis-je, pour que je lui refuse mon estime, et je ne crains pas d'être démenti par lui ni par les témoins, en disant que, d'après ce qui s'est passé entre nous, j'ai des droits à la réciprocité de ce sentiment. »

Le 14 floréal, le député Dubois présentait au Conseil des Cinq Cents le rapport sur les opérations électorales de Seine-et-Oise. Au point de vue politique, il n'y avait pas de différence sensible entre les votes de l'assemblée électorale et ceux de la fraction scissionnaire ; Garat et

Treilhard avaient même été élus par les deux réunions. Conformément à la proposition du rapporteur, qui rendit d'ailleurs hommage à la sagesse dont s'étaient inspirés les scissionnaires aussi bien que les membres non dissidents, les opérations électorales de l'assemblée du Salon d'Hercule furent validées par le Conseil des Cinq-Cents, le 14 floréal; mais la loi du 22 floréal an VI annula l'élection de l'ancien commissaire du Directoire, Germain, qui avait été nommé membre du Conseil des Cinq-Cents.

VII

L'effondrement était complet. En repoussant la candidature de Benjamin Constant, les électeurs de Seine-et-Oise avaient voulu avant tout barrer la route à celui qu'on leur représentait comme un aventurier politique. C'était pour le présent un échec retentissant, et pour l'avenir la ruine de ses espérances. Il ne put se défendre d'annoncer son insuccès à sa tante, mais en insistant, afin de mieux s'assurer sa sympathie, sur ce qu'il s'était montré le défenseur énergique de l'ordre contre l'anarchie. « J'ai reçu votre lettre, lui écrivait-il le 9 floréal, à l'instant même où je montais en voiture pour venir me reposer ici de la lutte que j'ai, avec quelques amis de l'ordre, soutenue à Versailles contre une assemblée électorale menée par des anarchistes. Cette lutte qui m'a empêché d'être député, ce que je regrette un peu, m'a donné l'occasion de prouver que si, dans tous les temps, j'ai voulu imperturbablement la République dans toutes les circonstances, je veux aussi le maintien des propriétés et l'éloignement des hommes qui ont marqué par leurs excès. A présent que j'ai rempli mon devoir et qu'on ne m'en a pas imposé d'autres, je ne veux plus m'occuper que de mes affaires et de mes plaisirs. Vous voyez que je commence par le dernier point, puisque je débute par vous écrire... »

Cette lettre est datée d'Hérivaux. Il s'était hâté, en effet, de venir à la campagne se retremper dans un « bain de solitude », suivant une expression de son *Journal intime* (1). « Je jouis, ajoutait-il, du plus beau printemps que j'aie jamais vu; les arbres que j'ai plantés commencent à promettre un peu d'ombre, les rossignols chantent, la lune brille, l'eau coule et il n'y a pas un être humain à une demi-lieue à la ronde; je goûte avec délices cette profonde paix qui a tous les charmes de la nouveauté (2). »

Peut-être ne jouissait-il pas autant qu'il l'affirmait du spectacle de la nature printanière. La vue de ses arbres et le chant des oiseaux l'aidaient sans doute à chasser le souvenir de sa défaite, mais son domaine n'était pas sans lui causer plus d'un ennui. Il y avait passé, comme je l'ai dit, une grande partie de l'hiver; c'était même là qu'il avait composé, dans une retraite absolue, son fameux discours du 9 ventôse. Toutefois, la lutte qu'il soutenait l'avait obligé à s'absenter fréquemment; le défaut de surveillance qui en résultait lui avait suscité certaines tribulations dont il entretenait plaisamment sa tante, dans une lettre du 12 germinal : « J'ai été dans les petits embarras domestiques jusqu'aux oreilles. J'ai retrouvé ma campagne dans le beau désordre qui résulte de l'absence : mon vigneron allait à

(1) C'était la solitude beaucoup plus que le paysage qu'il appréciait à la campagne. Coulmann raconte dans ses *Réminiscences* (t. II p. 112) que Benjamin Constant, à qui il voulait faire admirer un site des Vosges, lui dit un jour : Ah! bien quoi, toujours des arbres, des rochers et de l'eau. « Il est vrai, ajoute Coulmann, qu'il avait la vue basse et ne marchait plus qu'avec peine. »

(2) Par suite d'une singulière confusion, Lady Blennerhasset dit, dans son ouvrage sur Mme *de Staël et son temps*, que Hérivaux était un domaine des Montmorency, situé dans le Vendômois, où Mme de Staël se trouvait au milieu d'une société extrêmement animée. (Tome II, p. 327 et 346.)

la chasse régulièrement et mon jardinier montait parfaitement à cheval. Cette foule de talents nouveaux m'a fait grand plaisir à découvrir, comme vous pensez bien. Cependant, j'ai voulu rendre ce perfectionnement domestique un peu plus applicable aux choses réelles, mais j'ai été obligé de me défaire de la plupart de mes amateurs, desquels je me suis séparé avec le respect qu'on doit au génie. Tout cela m'avait rendu si bête que j'ai voulu, pour vous écrire, attendre que l'esprit me fût un peu revenu. »

Il avait en même temps, au sujet de sa propriété d'Hérivaux, des soucis plus sérieux. Ils se piquait d'être un homme d'affaires pratique, et tout en s'abandonnant à la passion du jeu, il ne négligeait pas l'administration de sa fortune (1). Nous avons vu avec quelle ardeur il s'était, à son arrivée en France, laissé entraîner à des acquisitions rurales, et avec quelle satisfaction d'habile spéculateur il faisait dans ses lettres le calcul des bénéfices énormes qu'il se croyait certain d'en retirer. Aujourd'hui, il commence à perdre ses illusions, et, en apprenant à sa tante sa déception électorale, il lui confesse les déboires qu'il éprouve en ce qui touche sa fortune. « Je suis retenu ici par des affaires d'argent, lui dit-il. Afin qu'une campagne que j'ai payée trop cher me rapporte quelque chose, je veux engager des gens qui me doivent à me payer, ce qui n'est plus du tout d'usage dans ce pays. Cela fait, et j'espère que cela se fera bientôt, je demanderai un passeport, et j'irai retrouver en Suisse autre chose que des révolutionnaires (2). »

Des préoccupations encore plus graves l'assaillaient. Trois ans auparavant, il semblait qu'il ne pût vivre sans

(1) Voir *Benjamin Constant sous l'œil du guet*, par M. Victor Glachant, p. 200. Paris, 1906.
(2) Lettre précitée du 9 floréal.

cette femme « dont tous les jours le cœur, l'esprit, les qualités étonnantes et sublimes l'entraînaient et l'attachaient davantage (1) ». Il n'aspire maintenant qu'à secouer un joug qu'il ne peut plus supporter. Son intimité avec Mme de Staël avait été pour lui la cause des plus vives contrariétés. Sa famille la déplorait, et ses ennemis politiques en avaient cruellement tiré parti. D'autre part, l'entourage de Mme de Staël ne dissimulait pas son aversion pour Benjamin Constant et la poussait à une rupture (2). Elle restait inébranlable et lui conservait toute son affection; mais « elle l'aimait avec trop de despotisme et le dominait de trop haut. Tout flatté qu'il en était, il n'eût pas plus tôt enchaîné Mme de Staël à sa vie, que la chaîne lui pesa (3) ».

Leurs goûts étaient d'ailleurs à certains égards tellement opposés, qu'un choc devait fatalement se produire. L'un affecte de trouver la solitude délicieuse dans une campagne « triste, dépouillée, avec le vent qui souffle, les nuages noirs qui glissent dans le ciel »; l'autre a horreur de l'isolement et ira jusqu'à dire un jour à Fauriel : « Vous en êtes encore au préjugé de la campagne. » Leur long séjour à Hérivaux, en l'an V, avait dû contribuer à faire naître un premier orage. Mme de Staël ne pouvait apprécier les charmes du domaine où se complaisait momentanément la mélancolie de son ami. Elle s'efforce de

(1) Lettre du 10 prairial an III.
(2) La comtesse Pauline de Beaumont écrivait à Joubert : « Je ne sais si c'est une manière de vous calmer que de vous assurer que Benjamin Constant est aussi haï que possible. Lui-même ne peut parvenir à s'aimer. » En 1799 elle lui écrit encore : « Je me désole de voir le sort d'une femme que j'aime lié à cet homme vraiment haïssable. » Joubert, de son côté, écrivait à Mme de Pange : « Je crois devoir de la reconnaissance à Mme Beaumont et à vous : à elle, de tout le mal qu'elle m'en dit, et à vous, Madame, de celui que vous en pensez. » — Voir Lady Blennerhasset, *op. cit.*, t II, p. 392 et s. — Bardoux, *La comtesse de Beaumont*, p. 259.
(3) Albert Sorel, *op. cit.*, p. 31 et 32.

l'arracher à sa retraite. Il s'irrite, s'aigrit, gémit intérieurement de la passion impérieuse qui trouble son existence; mais il n'ose se révolter. En l'absence de Mme de Staël, il se sent plus courageux. Prenant pour confidente Mme de Nassau, il lui avoue ses angoisses et la conjure de le secourir; il lui envoie d'Hérivaux la lettre suivante : « Je vous écris, ma chère tante, du fond de la solitude la plus complète, au milieu de nos forêts et sentant qu'il ne me manque que de la stabilité dans ma situation pour être tolérablement heureux. Je vous écris pour vous demander si vous pouvez m'aider à donner à cette situation ce qui lui manque. Un lien auquel je tiens par devoir, ou si vous voulez par faiblesse, — mais auquel je sais bien que je tiendrai aussi longtemps qu'un devoir plus réel ne m'affranchira pas, et que je ne pourrai briser qu'en avouant que j'en suis terriblement fatigué, ce que je suis trop poli pour dire, — un lien qui, me précipitant dans un monde que je n'aime plus et m'arrachant à la campagne que j'aime, me rend profondément malheureux et menace du plus grand désordre une fortune qu'au milieu du vagabondage de ma vie je ne me suis acquise que par miracle, un lien enfin, qui ne peut se rompre que par une secousse qui ne saurait venir de moi, m'enchaîne depuis deux ans. Je suis isolé sans être indépendant; je suis subjugué sans être uni. Je vois s'écouler les dernières années de ma jeunesse sans avoir ni le repos de la solitude ni la légitimité des affections douces. C'est en vain que j'ai tenté de le rompre! Il est impossible à mon caractère de résister aux plaintes d'une autre auxquelles je n'ai à opposer que ma volonté, lorsque surtout je puis retarder mon affranchissement d'un moment, d'un jour à l'autre, sans un inconvénient évident. Je m'use ainsi dans une situation contraire à mes goûts, à mes occupations favorites et à la tranquillité de ma vie. D'ailleurs, ce lien brisé, je me trouverai dans une solitude qui ajoutera à l'image de la peine vraie ou fausse qu'on dira que j'ai causée. Pour m'en consoler, il faut que je donne à quelqu'un un peu de bonheur... Devinez-vous, ma chère tante, où je veux en venir? A une chose que j'ai projetée depuis un an, pour laquelle je vous ai écrit vingt lettres que j'ai déchirées, enfin, à vous demander une femme! Je désire un peu de fortune; quant à la personne, je la voudrais Genevoise plutôt que Suisse, parce qu'il m'importe à moi, nouveau Français, d'épouser une Française, âgée de seize ans au plus, d'une figure passable, sans aucun défaut prononcé, ayant des habitudes simples, de l'ordre, la possibilité surtout de supporter une retraite profonde, assez de raison pour vivre à huit lieues de Paris en y allant très rarement. Quant au caractère, je m'en remets à vous; pour de l'esprit, j'en ai par-dessus la tête. »

On trouve le même appel désespéré dans une autre lettre qu'il adressait également à Mme de Nassau et qui a été souvent citée : « Je brûle, ma chère tante, de m'entourer de mes livres, de me fixer loin des orages révolutionnaires et de faire oublier le nom dont les journaux sont parvenus à m'ennuyer plus encore que le public. Je ne serai pas un mari bien amoureux, mais je serai un ami assez fidèle, je laisserai ma femme très indépendante. Je respecterai beaucoup son bonheur pourvu qu'elle sache s'en composer un. Si, jeune et peu formée comme je le désire, elle me permet de l'aider, j'y consacrerai ce que je puis avoir d'esprit et la longue expérience de mes fautes... Je ne serai plus le satellite d'un météore brûlant, condamné à retrouver par un autre la triste célébrité dont je voudrais me défaire. »

Maintenant, il tient à ne pas épouser une Française. « J'aurais pu, ajoute-t-il, rencontrer à peu près ce que je cherche, mais les malheurs révolutionnaires ont produit cet effet fâcheux que la classe où se trouve l'éducation a des souvenirs amers, des préjugés fatigants ; et celle où ces souvenirs et ces préjugés n'existent pas n'a pas l'éducation désirable. D'ailleurs ce que je ne veux absolument pas, c'est épouser une famille entière, et surtout une famille française. » Mais il persiste énergiquement à vouloir surtout que la femme qu'il épousera ne ressemble en rien à Mme de Staël : « Depuis deux ans je suis, tout essoufflé, le char d'une femme célèbre. J'en veux une qui ne soit ni une servante ni un prodige, qui ne retrouve pas ses parents dans la cuisine et dont surtout je ne retrouve pas le nom dans les journaux (1) ».

(1) Dans le Recueil Melegari, cette seconde lettre porte la mention « date illisible ». Si l'on ne peut fixer exactement cette date, il est facile de déterminer l'époque à laquelle la lettre a été écrite. C'est certainement en l'an VI, après les élections de germinal ; on y trouve en effet le passage suivant : « Pensez-vous que m'étant lancé dans la carrière révolutionnaire j'épouvanterai toute mère paisible et tout père prévoyant ? Cela serait assez possible. Mais je suis bien revenu de cette carrière ; le hasard m'ayant offert la possibilité de m'en retirer sans une brouille avec mes compagnons d'armes, je ne suis pas tenté de laisser échapper cette heureuse chance. Enfin, chère tante, je m'en remets à vous ; depuis plus de six mois j'ai le projet de vous confier mon bonheur et je n'ai attendu que l'époque où je pourrais, sans avoir l'air d'un fou, renoncer à la carrière politique dans laquelle les circonstances m'avaient poussé. Aujourd'hui je ne pense pas qu'on me rattrape à quitter mon indépendance, mes livres et mes acacias. » D'autre part il avertit sa tante de la difficulté qu'il éprouve à se procurer un passeport pour aller s'entretenir avec elle en Suisse : Il me faut un passeport pour aller vous voir ; on ne m'en accordera pas, parce qu'on n'en accorde que très difficilement et que, les autorités de mon département étant plus ou moins terroristes, l'opposition que j'ai marquée aux projets de cette faction me vaudra toutes les tracasseries du monde tant que les coquins seront en place, ce qui heureusement ne sera pas long, je pense. » Il y a là une allusion manifeste à la réunion des scissionnaires à laquelle il avait pris part et dont il passait pour avoir été le fauteur.

Quant à la première lettre, elle porte dans le même Recueil la date suivante : « Hérivaux, ce 26 floréal an V de la République — 18 mai 1797 vieux style. » Cette date, toute précise qu'elle soit, paraît douteuse. La lettre se termine par ce paragraphe : « Voilà mon nouveau roman ; ce n'est pas d'aujourd'hui que je le roule dans ma tête, mais, poussé par

Mme de Nassau, qui connaissait l'humeur changeante de son neveu, ne s'émut pas de ces cris de détresse ; elle n'eut pas à se le reprocher, car peu de temps après elle recevait une autre lettre (1) lui annonçant qu'il avait renoncé à la lutte : « Vous voulez donc, la plus aimable des tantes, lui écrivait-il, que votre neveu demeure dans le célibat! Que votre volonté soit faite! Je m'y résigne d'autant plus facilement que mon légitime souverain est de retour, et que tout projet d'insurrection est abandonné. Pour parler sérieusement, je vous dirai que j'ai reçu de nouvelles et si grandes marques de dévouement de la personne — à laquelle j'ai cru un moment plus avantageux pour elle et pour moi de paraître moins attaché, — que je ne pourrais sans la plus vive ingratitude et sans me préparer des regrets

les alentours vers les élections, j'ai attendu que cette chance fût passée ; elle l'est, grâce au ciel, et à présent que j'ai fait pour la liberté plus que je n'étais appelé à faire, à présent que les choses prennent une tournure plus tranquille, et que le gouvernement, comprimant tous les partis, veut se charger à lui tout seul du sort de la république, je pense à moi. » N'est-ce pas également aux élections de l'an VI qu'il se réfère ? On s'expliquerait d'ailleurs difficilement comment au moment où il se préparait à jouer un rôle si actif dans le conflit qui s'engageait entre le Directoire et les Conseils législatifs il aurait pu écrire qu'il se désintéressait de la politique, et que les choses prenaient une tournure plus tranquille. Dans l'une et l'autre lettre enfin il parle de son esclavage qui dure depuis deux ans. On est donc porté à croire qu'elles sont presque contemporaines. La question est au surplus de peu d'importance. A quelque date qu'elles aient été écrites, il résulte de ces lettres qu'Hérivaux fut l'occasion d'une première crise que tant d'autres devaient suivre.

Les nombreuses inexactitudes de dates qu'on découvre dans les Recueils Melegari et Menos proviennent non seulement de reproductions qui ne sont pas conformes aux textes, mais aussi d'erreurs commises par B. Constant lui-même. Il a effet toujours manqué de précision en matière de dates. Dans son Journal de 1804, il écrit (p.79) : « C'est aujourd'hui 3 octobre que je suis né il y a trente-sept ans ; or il était né le 25 octobre. Ailleurs, dans un projet d'épitaphe, il indique le 25 novembre comme la date de sa naissance.

(1) Cette lettre est ainsi datée dans le Recueil Melegari : « Hérivaux ce 10 messidor an V (1er juillet, vieux style). » La date n'est-elle pas aussi erronée? B. Constant écrit : « La Hollande vient d'être régénérée. » Or c'est au commencement de 1798 (an VI) qu'eut lieu cette « régénération ».

très amers, penser à faire quoi que ce soit qui lui soit pénible. Je vous prie donc instamment d'oublier la partie de ma lettre qui a rapport à cela, et surtout de ne la montrer à personne. »

Si Benjamin Constant avait reculé devant « l'insurrection », son état d'âme restait le même ; c'était avec un sentiment d'amère tristesse qu'il se résignait à supporter encore la servitude qui lui pesait tant : « L'arrivée de mon amie, poursuit-il, ne change rien à mes habitudes ; je me partage entre sa campagne et la mienne. Plus on a de raisons de s'affliger, plus la solitude est une ressource nécessaire. Je vais essayer d'y joindre l'étude dont j'ai pris l'habitude depuis quelque temps. La révolution dévore toutes les facultés ; je veux rassembler mes débris et tâcher d'en faire encore quelque chose. »

Il invite sa tante à visiter Hérivaux, mais dans quels termes ! « Vous devriez venir à Hérivaux ; vous y trouveriez une petite maison, reste d'un immense édifice que j'ai fait abattre, de jeunes acacias qui ne donnent pas d'ombre, de jeunes arbres fruitiers qui ne donnent point de fruits, des prairies nouvellement semées où il n'y a point d'herbe, une pièce d'eau qui n'est pas encore remplie, enfin, tout y est en espérance et l'on y est à l'abri de ce grand fléau de la vie humaine, la satiété. Vous m'accorderez qu'il y a de l'adresse chez un homme blasé à s'arranger de la sorte. »

La fin de la lettre est lugubre : « Dans l'état actuel du monde, il n'y a plus de place pour les projets. La Hollande vient d'être régénérée et se ressent de ce bouleversement. Votre Suisse est loin d'être calme ; ce que chacun peut faire, c'est de se tapir dans son coin et de cacher sa vie comme le conseillait Pythagore. Au milieu de mes campagnes, je ne crois pas que l'on déterre la mienne, surtout quand mes arbres seront venus. J'y laisserai tout au plus un petit chemin pour que je puisse vous y conduire, ma chère tante, quand vous voudrez partager mon ermitage. Il n'y manque que des crucifix et des têtes de mort, mais, si vous l'ordonnez, ces embellissements s'y trouveront bientôt. »

Cependant il parvint à se ressaisir. Revenant sur ses confidences, il écrit de Paris, le 28 messidor an VI : « Moi fâché contre vous, ma chère tante ! Je ne connais pas cette possibilité ; je ne sais ce qu'il a pu y avoir dans ma lettre qui ait pu vous donner cet étrange soupçon, mais il faut qu'il s'y trouve quelque chose qui en approche le moins du monde, et que j'aie exprimé le contraire de tout ce que j'éprouvais. Je crois cependant deviner ce qui a pu donner un air de singularité et de contrainte à cette lettre. J'avais quelque honte de revenir aussi subitement sur ce que je vous avais écrit, j'avais quelques regrets d'avoir voulu relâcher un lien avec une personne qui chaque jour me donne des preuves du sentiment le plus dévoué, et tout cela a pu jeter dans mon style je ne sais quoi de gêné que vous aurez remarqué. L'étude a repris une partie de ses charmes pour moi, c'est un plaisir qui se fortifie de l'habitude, et le brouhaha dans lequel j'ai vécu pendant près d'un an a un peu dépensé mes facultés de raisonnement : je travaille à les rassembler. Une petite partie de ma bibliothèque est arrangée, une autre petite partie est en chemin, et bientôt j'espère avoir retrouvé à la fois la force et les moyens du travail. » Il termine en insistant de nouveau auprès de sa tante pour qu'elle vienne à Hérivaux. Quelle forme gracieuse et tendre revêt cette fois l'invitation ! « Vous vous moquez de mes arbres sous lesquels je me promène avec un parasol ; je vous parie que dans deux ans je serai à l'abri du soleil et de la pluie sous leur ombre touffue, et, si je gagne, je vous obligerai à venir être témoin de la réussite de mes plantations. C'est mon plan favori ; c'est pour vous que je plante, et lorsque je trouve un beau point de vue ou un bel arbre, je fais placer un banc pour vous. »

VIII

Lorsque Benjamin Constant était revenu à Hérivaux, au commencement de floréal, il semblait décidé à ne plus affronter de nouvelles luttes politiques. Il annonçait même à sa tante son intention de quitter la France pour regagner la Suisse où il avait le désir de se fixer. Fort irrésolu comme presque toujours, il voulut tout au moins réserver l'avenir. Aussi, dès son arrivée, reprit-il ses fonctions présidentielles à Luzarches.

L'ardeur avec laquelle un certain nombre de théophilanthropes s'étaient faits, pendant la période électorale, les champions des idées jacobines avait excité contre eux une partie des membres du Directoire. Le Gouvernement cessa d'accorder les mêmes faveurs à la théophilanthropie pour consacrer tous ses efforts à l'organisation du culte décadaire, qui exercerait, pensait-il, sur les populations plus d'influence que des cérémonies souvent tournées en ridicule (1). Le 14 germinal an VI, le Directoire avait pris un arrêté pour assurer la stricte exécution du calendrier républicain et « faire cesser les résistances qu'il éprouvait de la part des ennemis de la liberté ». Ces derniers mots peuvent paraître singuliers en tête d'un arrêté dont les prescriptions étaient essentiellement restrictives de la liberté, puisqu'il avait pour objet principal d'interdire tous bals, spectacles, etc., les dimanches et jours de fêtes de l'ancien calendrier. Dans plus d'un département, les autorités locales se refusèrent à faire exécuter des dispositions qu'elles préten-

(1) Voir Mathiez, *op. cit.*, p. 414 et suiv.

daient n'avoir pu être édictées que par le législateur. Benjamin Constant, qui continuait à se poser en ami des gouvernants, ne partageait pas ces scrupules. Dès le 20 floréal, les administrateurs de Luzarches prenaient, sous sa présidence, une délibération interdisant à tous musiciens de donner à danser et de jouer sur les places publiques les dimanches et jours de fêtes de l'ancien calendrier, et à tous aubergistes et cabaretiers d'ouvrir ces mêmes jours « leurs salles de divertissements, sous peine d'être fermées à perpétuité ».

L'Administration municipale avait, en outre, pour se conformer à un désir exprimé dans une circulaire du ministre de l'Intérieur, décidé de convoquer les ministres du culte afin de les engager à transférer aux décadis leurs cérémonies religieuses. Presque tous s'étaient rendus à la séance du 15 floréal. Benjamin Constant, qui la présidait, les invita à acquiescer au vœu du Gouvernement et « leur fit sentir l'importance et l'urgence d'établir les nouvelles institutions et de concourir au triomphe de la République, à laquelle ils avaient juré attachement ». Les uns promirent de célébrer leurs offices les décadis, d'autres s'engagèrent seulement à faire ce qu'ils pourraient. Le ministre du culte de la commune de Belloy, qui n'avait pu, à raison de son grand âge, assister à la séance, adressa une lettre quelque peu ironique, qui montre combien la mesure était inefficace et quelle était la résistance des fidèles. « Citoyens, écrivit-il, je n'ai jamais été réfractaire en rien ; je ne refuse pas encore de me soumettre, mais, malgré ma bonne volonté, je ne pense pas pouvoir y réussir, car, à la dernière décade, je me proposai de chanter la messe, j'avais même invité un chantre de s'y trouver pour l'office. Il est venu, mais, étant déjà âgé, il me dit qu'il ne pouvait pas chanter seul, et, n'en étant pas venu d'autres, je fus obligé de dire une messe basse à laquelle il n'assista que les personnes qui y assistent tous les jours; car je la dis tous les jours, assiste qui veut. Je veux bien chanter une messe tous les jours de décade et même faire l'office, s'il se trouve des chantres; je l'ai annoncé à l'église, et même j'ai exhorté le peuple à s'y trouver, et ils y assisteront, s'ils veulent. Cela ne m'empêche pas de dire la messe tous les dimanches et fêtes; quand il se trouve des chantres, je dis une grande messe, et quand il ne s'en trouve pas, je dis la messe basse, car les chantres n'étant plus gagés se trouvent quand ils veulent, on ne peut plus les forcer. Voilà quels sont mes sentiments et ma façon d'agir. »

Comme avant les élections, Benjamin Constant présidait la plupart des cérémonies officielles. Le 10 floréal, avait été célébrée à Luzarches la fête des Époux. Présider cette fête était un rôle tout particulièrement délicat pour un homme qui, peu d'années auparavant, avait eu à se repentir si amèrement d'un imprudent mariage, et qui dans son désespoir s'était écrié : « Hymen, hymen, hymen, quel monstre ! » Aussi, se borna-t-il à engager « les pères et mères à former leurs enfants aux vertus républicaines, à leur faire aimer la liberté et la République, en faisant sentir qu'il ne pouvait y avoir de bonheur ailleurs que dans son sein ». Il laissa au commissaire du Directoire le soin de vanter « les charmes et les avantages du mariage, et d'exhorter les époux à l'union conjugale et à la déférence mutuelle qu'ils se doivent les uns aux autres ».

Le 10 prairial, il prononça un discours à la fête de la Reconnaissance nationale. Le 10 messidor, ce fut la fête de l'Agriculture. Suivi d'un cortège de fonctionnaires et de cultivateurs décorés de rubans tricolores, il se rend dans un champ où, conformément au rite prescrit, il enfonce le soc de la charrue et trace un sillon; au pied de la statue de la Liberté ornée de fleurs, il recommande la soumission aux lois et « l'observance des institutions républicaines ». Il traite le même sujet le 9 thermidor; puis, après avoir entendu réciter par un des élèves de l'école de Viarmes la Déclaration des Droits de l'homme et du citoyen, il témoigne à l'instituteur la reconnaissance de l'Administration et l'engage « à persévérer d'inculquer de tels principes à ses élèves ». La dernière fête à laquelle le Registre municipal constate sa présence en 1798 est celle du 1er vendémiaire an VII.

En octobre 1798, Benjamin Constant partit pour la Suisse, où il fit un séjour de plusieurs mois, résidant tantôt à Coppet, tantôt à Genève. Il reçut de la société de cette ville un accueil si empressé qu'il paraît avoir été alors sérieusement tenté d'y établir définitivement son domicile. C'est du moins le projet dont il entretient sa tante dans deux lettres qui, bien qu'incomplètement datées, sont certainement de cette époque. « Je quitterai Genève avec regret, lui écrit-il; la société y est agréable; j'y ai trouvé plus d'hommes d'esprit que je n'en avais rencontrés hors de France, et l'on s'y occupe peu de politique, ce qui est un vrai repos après deux ou trois ans de révolution. Si les circonstances ne me retiennent pas à Paris, je crois que je viendrai cet été à Genève et que je m'y domicilierai tout à fait. J'y serai tout près de mes amis de Lausanne, c'est-à-dire près de vous... » Il exprime la même pensée dans une autre lettre : « Je suis à peu près décidé à me domicilier à Genève, et je n'ai pas besoin de vous dire que l'idée d'être si près de vous et de vous consacrer une grande partie de ma vie entre pour beaucoup dans cette décision... »

Ce n'était pas uniquement pour être agréable à sa tante qu'il faisait luire à ses yeux cet espoir. Après avoir été, pendant plusieurs mois, en butte à tant d'outrages, il devait être séduit par la sympathie que lui exprimaient les Genevois. Ne pourrait-il pas d'ailleurs tenter de se faire élire député à Genève (1)! D'autre part, comment renoncer, tant qu'une chance quelconque de succès lui resterait en Seine-et-Oise, au rêve qu'il caressait depuis plusieurs années (2)! Il y avait certes beaucoup d'hommes d'esprit à Genève ; mais n'en trouverait-il pas encore plus à Paris! A côté de Paris, n'y a-t-il pas ce domaine d'Hérivaux où il pourra reprendre, lorsqu'il en éprouvera le désir, sa vie de repos, d'étude et d'isolement! C'est là qu'il devait revenir tout d'abord. « Écrivez-moi le plus tôt possible, disait-il à sa tante, à Hérivaux près Luzarches, département de Seine-et-Oise. D'aujourd'hui en huit, j'espère y être et avoir recommencé à la fois mes occupations littéraires et mon apprentissage agricole. »

Mme de Nassau pouvait supposer que son neveu était en passe de devenir un véritable agriculteur. S'il traçait officiellement un sillon, le jour de la fête de l'Agriculture, l'apprentissage agricole dont il parlait consistait alors surtout à faire abattre des arbres de ses bois pour reconstituer son patrimoine très amoindri. Quelque temps après, il écrivait (3) : « J'ai encore fait venir la moi-

(1) Le 28 février 1799, Mme de Charrière écrivit à Hubert : « Constant est retourné à Paris, et sa dame est restée à Genève, où elle étonne le monde autant par ses attitudes que par son esprit... M. de Salgas m'écrit qu'on prétend que Constant et Mme de Staël se donnent beaucoup de mouvement pour être nommés par Genève aux Cinq-Cents, mais que Barras n'en veut pas. Je serais comme lui, il y a assez de brouillons sans eux. » (*Mme de Charrière et ses amis*, t. II, p. 318.)

(2) Ce passage d'une lettre qu'il adressait à sa tante, le 28 messidor an VI, prouve qu'il était loin d'avoir perdu tout espérance de voir ce rêve se réaliser : « Je ne suis pas détaché de la cause de la liberté, mais je crois qu'elle s'établira sans que je sois obligé de quitter mes acacias ; j'ai payé mon tribut de citoyen et je ne rentrerai dans la lice que *dans le cas d'un appel bien prononcé.* »

(3) Lettre du 23 prairial an VII.

tié de ce que j'avais ici, et cette dépense, jointe à l'achat de quelques meubles pour ma campagne, m'a réduit à une extrême pauvreté. Je suis cependant en négociation pour vendre des arbres; si je réussis, je serai à flot. » Être à flot ! Ce fut chez lui une illusion persistante, mais ce ne fut jamais qu'une illusion.

A peine de retour à Hérivaux, il préside de nouveau les séances municipales. Les mesures prises pour l'observation du calendrier républicain avaient rencontré une vive résistance dans plus d'une commune. En messidor an VI, l'ancien maire de Versailles, Richaud, devenu commissaire du Directoire près l'administration centrale, signalait au ministre de l'Intérieur le mauvais esprit du canton de Luzarches et de quelques autres du département de Seine-et-Oise. Pendant l'absence de Benjamin Constant, les administrateurs de Luzarches avaient cependant mis tout leur zèle à faire exécuter dans le canton les lois décadaires qui venaient d'être votées en thermidor et en fructidor. Ce zèle avait même été parfois exagéré, car il allèrent jusqu'à se demander s'il ne fallait pas poursuivre des jeunes filles qui se réunissaient dans une pièce, hors de la vue du public, pour faire de la dentelle, et qui s'y livraient à ce travail sans observer le repos décadaire. Cette vigilance tracassière n'avait d'autre résultat que d'exciter encore davantage les esprits.

Benjamin Constant ne demandait qu'à prêter son concours au Gouvernement; mais il ne tarda pas à être pris de fièvres qui l'obligeaient à recourir souvent aux soins de son médecin à Paris. Les administrateurs, désireux de ménager la santé de leur président, décidèrent, sur sa demande, de tenir leurs séances le nonidi, afin de lui permettre de ne faire qu'un seul voyage et d'assister ainsi un jour à la séance municipale et le lendemain aux cérémonies décadaires. Celles-ci n'avaient pas en général produit l'effet attendu par les législateurs et le Gouvernement. A Luzarches, elles n'étaient pas célébrées avec tout l'ordre et toute la décence désirables. Par une délibération du 9 messidor an VII, l'administration avait dû enjoindre au commandant de la garde nationale d'assurer le silence dans le temple décadaire pendant les solennités des décadis et des fêtes nationales, et lui prescrire de dénoncer les contrevenants. Les hommes placés sous ses ordres ne lui rendaient pas sa tâche facile et ne faisaient rien pour ajouter par leur tenue au prestige des fêtes patriotiques. Dans la séance du 29 messidor, que présidait Benjamin Constant, un administrateur fit entendre des doléances à ce sujet. « Les gardes nationaux, dit-il, qui se présentent pour le service des réunions décadaires affectent de paraître avec l'accoutrement le plus négligé, les uns en veste et les autres en bonnet et en blouse. » On adressa de nouvelles injonctions au commandant, en l'invitant à astreindre les gardes de service à ne pas quitter les places qui leur étaient assignées. Le commandant devait avoir beaucoup de peine à venir à bout d'une troupe aussi récalcitrante.

Le ministre de l'Intérieur lui-même se plaignit du défaut de vigilance des fonctionnaires de beaucoup de cantons de Seine-et-Oise. Les administrateurs de Luzarches ordonnaient bien aux agents de redoubler de zèle; presque partout, ceux-ci se heurtaient à une hostilité qui se manifestait sous toutes les formes. Dans tel village, c'était un instituteur dont on faisait fermer les classes parce qu'il donnait congé à ses élèves les jours fériés de l'ancien calendrier, et qu'il ne les conduisait jamais aux fêtes décadaires ou nationales. Sur le territoire même de la commune de Luzarches, c'était une croix qu'on avait fait ériger secrètement et qu'il fallait briser; quelques jours après, c'était l'arbre de la Liberté qui avait été l'objet d'un « attentat »; des citoyens malveillants l'avaient entaillé à coups de serpe. Dans la plupart des campagnes, on travaillait ouvertement les jours prohibés. Vainement l'Administration municipale menaçait de destitution les gardes champêtres, qui se sentaient incapables de réprimer tous les délits.

Les fêtes nationales avaient perdu l'attrait de la nouveauté; le cérémonial « analogue » à chaque anniversaire restait invariable; la foule assistait sans enthousiasme et même sans intérêt à des solennités allégoriques qui, dans tous les détails, étaient la répétition de celles de l'année précédente. Cependant, il y eut à Luzarches, en l'an VII, une cérémonie exceptionnelle; ce fut celle qu'on célébra après l'assassinat de Bonnier et Roberjot, plénipotentiaires à Rastadt. « Au milieu du cortège, lisons-nous dans le procès-verbal, marchent des militaires invalides ayant perdu, les uns leurs bras, les autres les jambes dans les actions belligérantes pour la cause de la liberté, et se trouvant aujourd'hui à Luzarches. » On se rend au temple décadaire, où Benjamin Constant « prononce un discours par lequel il manifeste les sentiments pleins de feu et de patriotisme dont il est animé, s'exprimant avec énergie pour inspirer l'amour du républicanisme et l'horreur du gouvernement autrichien dans le cœur des assistants, lesquels applaudissent généralement par les acclamations, les cris répétés de : Vengeance! de : Vive la République! et des décharges de mousqueterie ». Son discours n'est pas le seul; le commissaire du Directoire, l'agent de la commune de Belloy et le citoyen Boucher, notaire à Luzarches, prennent également la parole; il n'est pas jusqu'au fils de ce dernier, étudiant à Paris, âgé de seize ans, qui ne donne lecture d'une ode par lui composée pour la circonstance.

Malgré les cris de vengeance proférés par les habitants, ils étaient de plus en plus impatients de voir cesser les guerres étrangères, et beaucoup d'entre eux cherchaient à échapper à la conscription. Aussi, le 23 thermidor, fête anniversaire du 10 août, Benjamin Constant s'efforçat-il de « faire sentir aux conscrits appelés à la défense de la Patrie l'avantage qu'ils allaient remporter et procurer à la France en marchant sur les traces de ceux qui les ont précédés ». Les revers que subissent les armées françaises n'étaient pas de nature à réveiller dans les cœurs des sentiments belliqueux. Benjamin Constant voulut profiter de la fête du 1er vendémiaire an VIII pour remonter le moral de ses administrés, en s'empressant de leur annoncer « l'arrivée d'un courrier du Directoire exécutif, lui apportant la nouvelle des victoires éclatantes remportées par l'armée batave ». Il lut ensuite les noms des conscrits qui avaient obéi à la loi et signala ceux qui s'y étaient soustraits. En même temps, il demandait aux citoyens d'abjurer leurs divisions pour se rallier à la République. Le citoyen Boucher et son jeune fils, qui décidément prenaient goût à pérorer en public, et ne craignaient pas de porter la parole même après Benjamin Constant, crurent devoir prononcer ensuite, l'un et l'autre, un discours sur les avantages du gouvernement républicain. Moins de deux mois après cette fête anniversaire de la fondation de la République, un coup mortel lui était porté ; nul parmi les habitants de Luzarches ne songea à protester.

Le 22 brumaire, l'inflexible patriote Leflamand, son adjoint et le secrétaire de l'administration municipale revêtaient leurs écharpes ; précédés d'un tambour, d'un détachement de chasseurs à cheval, escortés par la gendarmerie, ils se rendaient sur les diverses places de la commune pour y donner lecture du décret du 18 brumaire, ordonnant la translation des Conseils à Saint-Cloud. Trois jours plus tard, avec le même cérémonial, Leflamand proclamait la loi du 19 brumaire, qui supprimait le gouvernement du Directoire. Le 5 frimaire suivant, Benjamin Constant, en fidèle fonctionnaire, prêtait la nouvelle formule de serment. Le 7 nivôse, il écrivait aux membres de l'administration du canton de Luzarches que « le Sénat conservateur, en le nommant tribun du peuple, lui impose la loi de renoncer aux fonctions de président ».

IX

Au mois de juin 1799, Benjamin Constant avait écrit à sa tante : « Je suis sur le point de partir pour la campagne, et je m'en réjouis. Paris me fatigue profondément, malgré l'accueil distingué qu'on m'y a fait. Je ne suis pas destiné à vivre avec la puissance. Le pouvoir est toujours le pouvoir; il donne je ne sais quoi d'inquiétant. On a l'air de demander quelque chose lorsqu'on se presse autour de gens qui peuvent donner, quoique je ne prétende ni ne puisse prétendre à rien. J'ai la conscience d'un ambitieux, sans avoir ses illusions ni ses espérances. Dans mes bois, je n'aurai pas peur de flatter mes arbres ou mes dindons. »

Cet empressement à fuir les puissants du jour n'était guère dans les habitudes de celui que M. Émile Faguet dépeint si bien « rôdant autour des pouvoirs avec l'impatience éternelle d'y entrer » (1). On peut donc supposer que la lettre qu'il adressait à Mme de Nassau cachait quelque déconvenue pareille à celle qu'il avait éprouvée en l'an V, lors de l'avènement de Talleyrand au ministère. La politique n'en continuait pas moins à l'attirer. Il avait publié sous ce titre : *Des causes de la contre-révolution en An-*

(1) *Politiques et Moralistes du* XIXe *siècle*, 1re série, p. 212.

gleterre, une brochure qui, sous l'apparence d'une étude historique, était un écrit d'actualité destiné à combattre la propagande royaliste dont les progrès lui paraissaient gros de dangers. Comme il y demandait que le pouvoir exécutif fût fortifié, certains crurent y voir une apologie des gouvernants. Il s'en défend énergiquement dans une lettre à son oncle, datée du domaine d'Hérivaux, où il était alors retenu par une blessure à la jambe. Il est certain qu'il ne se dissimulait pas les fautes commises par le Directoire, car il qualifiait les lois récentes sur les otages et les emprunts forcés de « mesures révolutionnaires, ressuscitées de 1793, exécrables autant qu'inutiles (1) ». Il dut bientôt reconnaître qu'aucun remède ne pouvait sauver la Constitution de l'an III, et que le Directoire n'avait plus que peu de jours à vivre.

Le 14 brumaire, Benjamin Constant était allé au-devant de Mme de Staël, qui revenait de Suisse ; il arriva à Paris le 18 au soir. Le lendemain, il courait à Saint-Cloud pour assister aux péripéties de cette mémorable journée. Quoi qu'il ait dit plus tard, ses vœux devaient être alors pour Bonaparte; il n'avait plus rien à attendre du Directoire, et, comme tant d'autres, il se méprenait sur la portée du nouveau coup d'État, qui était la conséquence presque fatale de celui du 18 Fructidor auquel il avait applaudi. En tout cas, il songea sans retard au parti qu'il en pourrait tirer. Quelque répugnance qu'il prétendît avoir à solliciter, il adressa, cinq jours après, la lettre suivante au consul provisoire Sieyès : « Citoyen Consul, sans la graduation qui

---

(1) Cette lettre ne peut être du 9 vendémiaire an VII, comme l'indique Menos, puisque les lois sur l'emprunt forcé et sur les otages sont de messidor et de thermidor an VII. La véritable date est probablement celle du 9 vendémiaire an VIII, car il écrit en terminant : « Nous recevons la nouvelle de la victoire de Masséna à Zurich. » Cette victoire avait été remportée au commencement de vendémiaire an VIII.

probablement va faire partie de la Constitution nouvelle, je ne vous écrirais assurément pas pour vous demander une place. Celle de député était la seule que je désirais, parce que je crois que j'y servirais la liberté. Mais puisque l'on dit que, dès les élections prochaines, il faudra, pour y arriver, avoir été administrateur de département ou commissaire, j'ai cru devoir faire une démarche pour être nommé soit dans le Léman, où je suis né et où je pourrais être fort utile à Genève, qui a beaucoup souffert sous le Directoire, soit dans Seine-et-Oise, où je suis domicilié depuis plusieurs années, et administrateur municipal depuis trois. Je préférerais ce dernier, comme m'éloignant moins de vous. Aujourd'hui que les destinées de la République se rattachent à votre nom, il me serait doux de la servir sous ce nom qui rappelle les premiers principes de la liberté (1)... »

On voit que, s'il fut indécis en mainte circonstance, il avait l'ambition tenace. Pour être député de Seine-et-Oise, il avait fixé son domicile à Luzarches et s'était fait nommer agent de la commune, puis président de l'administration municipale du canton. La Constitution de l'an III est abolie, le Directoire est renversé ; il veut encore être député de Seine-et-Oise. Pour y arriver, il écrit à Sieyès cette lettre, dont l'auteur ne semble pas avoir une si grande peur de flatter les gens au pouvoir. Il dut bientôt changer ses projets. La Constitution du 22 frimaire an VIII réduisit le corps législatif au silence et réserva aux tribuns le droit de discussion. Ne pouvant accepter d'être un député muet, il ambitionna le Tribunat. Grâce surtout aux démarches pressantes de Joseph Bonaparte, très lié avec Mme de Staël, le Premier Consul finit par consentir à ce que Benjamin Constant fût élu, le 3 nivôse, tribun par le Sénat. Pas plus que Mme de Staël, il ne doutait que, par son talent

(1) Voir Victor Glachant, *op. cit.*, p. 310.

oratoire, il dirigerait bientôt l'opinion publique. C'était une nouvelle illusion.

Le Tribunat se réunit le 11 nivôse. Dès le 14, Benjamin Constant prononce un discours qui excite la colère de Bonaparte ; la presse jacobine et la presse royaliste attaquent avec la dernière violence l'orateur et Mme de Staël qui passe pour être son inspiratrice. Il commence à redouter de ne pouvoir, pas plus que sous le Directoire, jouer le rôle glorieux qu'il a rêvé.

Son oncle Samuel, qui aimait à s'ériger en censeur, avait jugé le discours trop modéré. Son neveu lui répond, le 8 germinal : « Vous trouvez que j'en ai dit trop peu. Le peu que j'en ai dit a été trouvé tellement trop, qu'il en est résulté plus de haines, de persécutions et de dangers que je ne puis ou veux dire. » Il est si inquiet que, le mois suivant, pendant que Bonaparte traverse la Suisse, il écrit à Samuel : « Vous avez, je suppose, vu bien à votre aise l'homme si remarquable qui fait un assez long séjour dans votre pays... Il m'importe de savoir s'il a parlé de moi et ce qu'il peut en avoir dit. Je vous prie avec d'autant moins de scrupule de me le mander, que sûrement ça n'aura pas été l'objet de plus d'une phrase. » L'oncle, à qui Benjamin Constant parlait volontiers de sa farouche indépendance, est étonné d'un pareil langage. « Je suis fâché, lui écrit-il, que vous ayez des inquiétudes sur votre crédit, sur votre place. Vous devez avoir le courage de ne point vous soumettre à la faveur capricieuse. » Le neveu cherche à se justifier : « C'est comme fait et non comme devant influencer ma conduite que j'ai désiré les détails que vous me donnez, et jamais, croyez-le bien, aucune considération humaine ne me fera faire le sacrifice de ce que je croirai bien ou utile ou honorable (1). » Ces explications parurent cer-

(1) Lettre du 14 prairial an VIII.

tainement subtiles à Samuel; lorsqu'il mourut, deux mois après, il devait avoir quelques doutes au sujet de la fermeté des principes de son neveu (1). Il faut reconnaître d'ailleurs que, malgré les craintes qu'il éprouvait alors et qui n'étaient que trop fondées, Benjamin Constant continua de suivre la ligne de conduite qu'il s'était tracée. Tout en cherchant à rentrer en grâce auprès de Bonaparte, il se borna à atténuer son langage et prit plus d'une fois la parole pour essayer de faire modifier dans un sens libéral les projets de loi proposés par le Gouvernement.

Retenu à Paris par les séances du Tribunat, n'étant plus appelé à Luzarches par ses fonctions municipales, il délaissait beaucoup Hérivaux. Cependant, après un voyage en Suisse, il vint, en octobre 1800, y faire un séjour de quelques semaines, pour hâter l'achèvement de son ouvrage sur l'histoire des religions, qu'il se croyait toujours sur le point de publier et qu'il ne cessait de recommencer. Il y vécut dans une solitude encore plus complète qu'autrefois, ne voulant rien savoir, ni des hommes, ni des choses, dont sans doute il n'espérait plus quoi que ce fût de favorable. « Vous me demandez, écrit-il à sa cousine Rosalie de Constant, des nouvelles, que je ne puis pas vous donner. L'on dit que, depuis mon départ, il s'est passé des événements qui auraient eu sur la France et sur l'Europe des suites incalculables. Je n'en connais aucun détail, n'ayant pas même de journaux. Je suis venu ici pour mettre en ordre un livre d'un ouvrage auquel je travaille de toutes mes forces, et j'ai voulu, pour n'être distrait par rien, couper

(1) Il est vrai que Samuel était moins rigide en ce qui le concernait personnellement ; lui aussi, il désirait une place, comme le prouve ce passage de la lettre que lui écrivait Benjamin Constant, le 2 germinal: « Ce n'est pas qu'il faille vous faire illusion sur le genre des places ; elles sont d'un très mince produit, et aucune n'excède mille ou douze cents francs de France d'appointements. Apportez toute la prudence possible dans vos démarches... »

momentanément toutes communications entre moi et les nouvelles du jour. »

Évidemment, Hérivaux n'a plus pour lui le même charme, il n'est nullement désireux d'y rester. « Ma Thébaïde, dit-il, est si triste que je n'oserais assurément pas vous proposer d'y venir en hiver. J'y ai mené un jeune homme qui me sert de copiste et de lecteur, il est devenu si mélancolique, malgré l'intérêt que doit lui inspirer mon ouvrage, que, lors même que je ne serais pas forcé de retourner à Paris, j'y retournerais par pitié pour lui. » Trois ans auparavant, il écrivait à sa tante qu'il serait à Hérivaux aussi heureux qu'on peut l'être dans ce monde. Aujourd'hui, il se contente de dire à Rosalie : « Quant à moi, je m'y trouve assez bien. »

La vie mondaine qu'il mène à Paris est aussi impuissante que l'isolement à lui rendre le calme de l'esprit; il en est vite dégoûté. Au commencement de 1801, Mme de Staël, arrivée de Genève, est « dans un tourbillon de bals, de fêtes, de soirées »; elle parvient quelquefois à l'y entraîner; « mais le plus souvent il se sauve à la nage (1) ». Les circonstances deviennent, il est vrai, de moins en moins propices. La victoire de Marengo, puis le traité de Lunéville ont consacré la toute-puissance du maître dont il n'est pas parvenu à apaiser le courroux.

En janvier 1802, Benjamin Constant est éliminé du Tribunat avec dix-neuf de ses collègues. Le mois suivant, il vend le domaine d'Hérivaux à Bertin de Veaux, devenu, comme je l'ai dit, son ami depuis le duel de l'an IV (2).

---

(1) Lettre à Rosalie de Constant, de janvier ou février 1801.
(2) Acte reçu le 26 pluviôse an X par Me Batardy, notaire à Paris. Quoique cet acte soit postérieur à son élimination du Tribunat, Benjamin Constant est qualifié de membre du Tribunat, demeurant à Paris, rue du Bac, n° 560. Quant à Bertin de Veaux, il est désigné comme ex-agent de change; il

A la fin d'avril, il partait pour la Suisse. Plus découragé que jamais, il écrit à Fauriel, au cours de son voyage : « Fait-on autre chose dans la vie que de remplacer la douleur par la douleur !... Oh ! soignez bien cettte plante rare qu'on nomme le bonheur. C'est si difficile à acquérir, et c'est peut-être impossible à retrouver ! »

A peine à Genève, il est troublé par une nouvelle préoccupation ; certains propos de Fouché, qui lui ont été rapportés, lui font craindre que le Premier Consul ne s'oppose à son retour. Il engage avec Fauriel, ancien secrétaire de Fouché, une correspondance à mots couverts, tant ses alarmes sont vives (1). Pour éviter l'exil dont il se croit menacé, il s'engage, si cela est nécessaire, à habiter la campagne sans aller à Paris de tout l'hiver. Fouché, qui n'avait cessé d'entretenir des relations avec Mme de Staël et Benjamin Constant, et qui redoutait alors pour lui-même une disgrâce, préférait en effet les voir l'un et l'autre loin de Paris. Mais, bien que Bonaparte n'eût oublié ni les épigrammes de Mme de Staël, ni les encouragements qu'elle avait donnés, avant son départ, aux intrigues de Bernadotte et des officiers groupés autour de lui, il n'avait cependant pris tout d'abord aucune mesure contre elle. La publication des *Dernières vues sur la politique et les finances* de Necker, et celle du roman de *Delphine*, qu'il déclarait immoral et antisocial, l'ayant irrité au plus haut point, il donna, en février 1803, l'ordre formel de la faire reconduire à la frontière, si elle tentait de revenir, comme le bruit en avait couru. Quant à Benjamin Constant, qui lui était tout aussi antipathique que son amie, mais qu'il considérait comme moins dangereux, il fut laissé libre de

avait été en effet pendant quelque temps agent de change, avant de devenir copropriétaire du *Journal des Débats*.
(1) Victor Glachant, *op. cit.*, chap. II.

rentrer en France. Au mois d'août 1803, rassuré sur les intentions du gouvernement consulaire, il quitta la Suisse, où il venait de passer près d'une année.

X

C'était par des considérations d'ordre surtout économique que Benjamin Constant avait dû se décider à vendre son domaine d'Hérivaux. Il l'avait payé 50 000 francs et y avait fait de très fortes dépenses de transformation et d'aménagements ; il le cédait pour 30 000 francs à Bertin de Veaux. Outre qu'il touchait ce prix, il s'affranchissait ainsi de lourdes charges d'entretien. Il cessa d'habiter la commune de Luzarches, mais il ne quitta pas le canton. Avant de partir pour la Suisse, il avait acheté une petite propriété appelée *Les Herbages* et située dans la commune de Saint-Martin-du-Tertre, à une lieue et demie de Luzarches. L'acquisition devait être de peu d'importance : « Un ruisseau, un bois, une prairie, voilà tout mon domaine. » Quant à l'habitation, c'était « une petite maison de paysans qu'il rendit logeable (1) ».

Il avait hâte de prendre possession de sa nouvelle résidence. A son retour de Suisse, il s'était arrêté quelques heures seulement à Paris. Dès son arrivée aux Herbages il écrit à sa cousine Rosalie (2) : « Me voici chez moi, dans une solitude profonde, arrangeant une petite maison comme si j'y devais passer ma vie, et me reposant à la fin des agitations politiques et des tracasseries de cet hiver... Je voudrais que vous vinssiez me voir ici ; ma campagne est un vrai désert qui sera charmant ; il n'y manque, pour rappeler les premiers âges, que l'innocence,

(1) *Souvenirs du baron de Barante*, t. Ier, p. 160.
(2) Lettre du 3 floréal an XI.

de l'amour et de la jeunesse. Il n'y a que l'amour dont je me charge dans ces trois choses, encore! Quant à l'innocence, il faut qu'on me l'amène, et quant à la jeunesse, on aura beau me l'amener, elle s'ennuiera toujours. » Il s'étend également sur les charmes de son domaine dans une lettre qu'il adresse, le 5 floréal, à sa tante de Nassau : « Excepté chez vous où je me trouverais beaucoup mieux, je ne connais pas d'endroit de la terre où j'aime mieux être qu'ici. Le voisinage de Paris a l'avantage de rassurer l'imagination par l'idée que, si l'on s'y ennuie, on peut en quatre heures être au plus fort du tourbillon, et ce voisinage n'est pas perceptible d'ailleurs. C'est un tel silence, un tel repos, une quiétude si parfaite, qu'on se croirait dans les forêts d'Amérique. Jusqu'à présent, ma maison n'est pas arrangée, et je ne suis ni nourri, ni logé ; mais mes arbres sont verts, mon ruisseau murmure, et, s'il ne pleuvait pas, j'aurais le plus beau soleil du monde. »

Quinze jours après, nouvelle lettre à sa cousine. Tout en se félicitant de son bonheur, il laisse percer l'ennui qui commence à le gagner : « Il faut avoir vécu autant que je l'ai fait, avoir autant le dégoût de ce qui ressemble à des tracasseries, c'est-à-dire de presque tout ce qui compose la société, pour jouir aussi délicieusement de mon profond repos et de ma solitude absolue. Je vais tous les quinze jours passer un jour à Paris, parce que j'y ai des affaires que je ne puis régler tout de suite. Mais, pendant les quatorze jours qui s'écoulent entre mes courses, je ne vois personne que quelques ouvriers que j'emploie, des bois, mes chevaux et mes livres. Je me lève avec le soleil, je renais à la nature. Tout cela est superbe pour moi que le monde a froissé ; mais pour une âme jeune qui n'a rien connu, rien senti, il y aurait de quoi périr mille fois d'ennui. »

Mme de Nassau, qui connaissait la mobilité d'impressions de son neveu, ne croyait pas à la durée de cet engouement ; elle lui avait exprimé ses craintes. Il lui répond en donnant de nouveaux détails sur sa vie. Quoi qu'il ait écrit tout d'abord, les Herbages sont loin de rassembler aux forêts d'Amérique ; — le désert est habité ; le nouveau propriétaire, quelque amant qu'il soit de la solitude, est déjà lié avec ses voisins de campagne ; il les voit même chaque jour. Ce n'est pas toutefois qu'il trouve beaucoup d'intérêt dans les conversations auxquelles il prend part : « Nous sommes tous quatre de nouveaux propriétaires du bien que nous habitons ; tous quatre, nous cherchons à porter les baux plus haut qu'ils ne sont à présent ; enfin, nous arrangeons tous quatre notre maison. Cela fournit trois ou quatre sujets de conversation inépuisables. Nous causons d'abord sur le pays et ses habitants, sur la valeur des terres et le gain excessif de nos fermiers, puis sur les ouvriers que nous employons et dont nous comparons les comptes. Vous voyez que nous n'avons besoin ici ni d'esprit, ni de connaissance de ce genre de conversations, et que nous ne causons pas d'abstractions ni de théories, mais de faits très positifs. » Il est vrai que, si les conversations quotidiennes de la campagne lui semblent trop terre à terre, il trouve celles de Paris trop bruyantes : « J'entends vingt ou trente personnes parler comme on parle ici, c'est-à-dire toutes à la fois, et je reviens à mes livres et à mes arbres, les remerciant de leur silence. »

Malgré le dédain qu'il affecte pour Paris, il y prolonge ses séjours, qui bientôt sont, non plus d'un jour, mais de trois jours par quinzaine. « Je commence, écrit-il à Rosalie, à voir clair dans l'arrangement de ma maison qui, jusqu'à présent, était sens dessus dessous. Je lis, j'écris, je dirige mes ouvriers, je monte à cheval. J'ai un cuisinier excellent que j'ai pris pour les amis qui viendront me voir et dont, en attendant, je me sers pour moi. Je me couche à neuf heures, je ne dors point, je me lève à quatre. Tous les quinze jours, je vais passer trois jours à Paris. Je me jette dans le monde, j'y reprends une forte passion pour la solitude, et je reviens la satisfaire ici. J'ai de grands moments de tristesse, j'en ai de fréquents d'insouciance. Je sens que ma vie n'est pas fixée, et ce sentiment nuit à l'intérêt. »

De nouveau, il est obsédé par cette idée que sa vie ne sera « fixée » que s'il se marie. Cinq ans auparavant, c'était de la main de sa tante de Nassau qu'il voulait prendre une femme ; aujourd'hui, il fait appel à sa cousine Rosalie qui, tout en le froissant quelquefois par sa franchise de langage, avait pour lui une sincère affection. Elle avait pensé que Benjamin épouserait Mme de Staël, devenue veuve au mois de mai 1802. Bien qu'elle eût pour « la trop célèbre » plus d'admiration que de sympathie, elle désirait ce mariage qu'elle jugeait nécessaire à tous les deux. Après l'avoir considéré comme « immanquable », elle dut reconnaître qu'il était impossible. Benjamin Constant avait fait la proposition à son amie, mais en laissant trop voir qu'il se résignerait en cas de refus ; la vérité est qu'ils avaient peur l'un et l'autre. A défaut de Mme de Staël, il avait été question entre Rosalie et lui, pendant son séjour en Suisse, d'Amélie Fabri, qui avait alors trente ans. Dès les premières lignes de la lettre qu'il adresse à sa cousine, le 3 floréal, immédiatement après son retour, il la questionne dans des termes qui indiquent que le projet avait pris quelque consistance (1) : « Avez-vous rencontré la

(1) Ce projet avait même transpiré. Rosalie de Constant écrivait à son frère Charles, le 14 avril 1803 (germinal an XI) : « Il n'y a que la trop célèbre qui a voulu s'en prendre à moi de ce qu'on a dit que Benjamin

demoiselle dont vous m'avez si souvent parlé? Elle était si peu sérieusement occupée de moi, quand j'étais près d'elle, que je parierais qu'elle ne l'est plus du tout, depuis que je suis absent. Cependant, je pense à elle avec assez de tendresse, et, parmi les vagues idées qui charment ma retraite, je la mets au premier rang. Je ne lui ai pas encore écrit, et je ne lui écrirai pas de quelques jours encore. »

Dans sa solitude des Herbages, il ne cesse de songer à Amélie Fabri et de se livrer à des réflexions dont il fait part à sa cousine. « Autre chose est de vouloir le repos le plus profond pour soi, autre chose d'offrir à quelqu'un qui s'est reposé toute sa vie un repos dont elle est fatiguée depuis trente ans. Ce que je vous dis me paraît malheureusement s'appliquer à toutes les personnes dans la situation de la demoiselle dont il s'agit plus particulièrement. Et je ne connaîtrais rien de plus terrible que de voir une pauvre personne qui, tout en désirant troquer le célibat contre le mariage, se décide au moins en partie parce que le mariage passe pour être plus animé, que de la voir, dis-je, trompée dans son espérance, vivant plus retirée qu'auparavant et baillant à côté de moi. » Six jours après : « Je lui crois le besoin du grand monde provincial, et c'est aussi fâcheux pour le bonheur et l'esprit que celui du grand monde de la capitale. Cependant, si j'avais vu en elle la moindre marque de sensibilité pour moi, je ne sais ce que j'aurais fait. Mais son goût, j'ai peur, est pour le mariage en général, et ce goût fort légitime n'est pas ce qu'il y a de plus flatteur pour le mari. Je suis de votre avis sur la jeunesse. On n'est pas vieille à trente ans. Mais il faut au moins que le caractère

épousait Amélie Fabri ; je me suis défendue et j'ai été entraînée à lui dire quelques vérités auxquelles elle n'a pu se refuser et qui l'ont calmée. » (*Rosalie de Constant, sa famille et ses amis*, par Lucie Achard, t. II, p. 279).

soit formé et que l'esprit soit habitué à l'attention. Or, c'est ce qui n'est pas en elle. »

Il y a bien une autre personne qu'il a rencontrée à Genève et qui lui plaît infiniment : « Je lui ai toujours trouvé de la grâce dans sa nonchalance, du piquant dans l'esprit, l'air de sentir celui des autres ; je lui supposerais la possibilité d'être occupée par le mien ; elle a de beaux yeux, de beaux bras, de l'éclat. J'aime sa figure. Enfin, si elle eût été dans les circonstances d'Amélie, je n'aurais pas hésité l'hiver dernier. » Mais il prévoit obstacles sur obstacles. Il ne lui reste qu'une issue : se marier soudainement et secrètement : « Si Amélie, qui était indépendante, avait été autre chose qu'une linotte, je lui aurais proposé une espèce d'enlèvement, un mariage à l'insu de tout le monde, tout ce qui, rendant toute opposition inutile, l'eût peut-être évitée (1)... Je prendrai ce parti sans hésiter, si je trouve un être doux, aimant, qui puisse supporter la solitude et qui puisse comprendre l'esprit. »

Rosalie avait pris au sérieux cette résolution de mariage impromptu et s'en était inquiétée. Benjamin Constant

(1) Les notes de son *Journal intime* de 1804, malgré leur ton ironique en ce qui touche Amélie Fabri, prouvent qu'il avait conservé pour elle une certaine tendresse : « Course à Genève ; fait visite aux demoiselles de Sellon. Revu Amélie Fabri ; elle est tout aussi noire, tout aussi vive, tout aussi éveillée. Comme je l'aurais prise en aversion, si on était parvenu à me la faire épouser ! Mais elle est, au fond, bien aimable. J'ai toujours la mauvaise chance de trouver des impossibilités chez les femmes que je pense à épouser (p. 43)... J'ai revu Amélie Fabri. C'est bien dommage qu'elle soit vieille, noire et maigre ; avec dix ans de moins, je la préférerais à toute autre. J'en aurais fait une personne charmante, à condition que j'eusse déjà été ce que je suis aujourd'hui. Ses défauts tiennent uniquement à l'isolement dans lequel elle a vécu. Tout le monde s'est amusé de son esprit, et en voyant rire de ce qu'elle disait, elle a cru que tout ce qui faisait rire était bon à dire (p. 71)... J'ai passé la soirée chez la pauvre Amélie et joué au piquet avec elle, et je ne la crois pas non plus aussi douce qu'elle cherche à le paraître. Mais elle a une sorte de gaieté et de grâce qui, malgré sa laideur toujours croissante, ranime, chaque fois que je la regarde, mon petit sentiment pour elle (p. 85). »

s'empressa de la rassurer. « Ce n'est pas, lui répond-il des Herbages, le 11 fructidor, que je n'aie, au moment même où je vous écris, une belle occasion de prendre le parti que vous craignez. Il y a dans un château, à dix minutes de chez moi, une jeune personne de dix-neuf ans, d'une taille superbe, qui a le plus beau teint, les plus beaux yeux, les plus beaux cheveux, les plus belles formes du monde, qui est modeste, réservée, légère de démarche et mélancolique d'expression, candide comme un enfant et pure comme un ange, fille d'une mère qui, n'ayant aucune fortune, veut la marier absolument... Je la vois tous les jours, elle monte mes chevaux, je passe avec elle toutes les soirées. Eh bien, ma cousine, je ne l'épouserai pas. »

Pour aider Rosalie dans ses recherches, il lui avait fait le portrait de la femme qu'il rêvait (1) : « Envoyez-moi quelqu'un qui soit assez riche pour que je ne sois pas plus pauvre, assez gaie pour n'être pas accablée de mes accès de découragement, assez sensible pour aimer mon désir de la rendre heureuse, assez spirituelle pour tout comprendre, assez calme pour supporter une retraite absolue, assez élégante pour n'être en rien ridicule dans le monde, assez sage pour n'aimer que moi, assez passionnée pour m'aimer avec délire, assez raisonnable pour n'avoir ce délire que quand il le faut, et, outre cela, instruite, douce et jolie ; je la prends, ma cousine, sur votre responsabilité. » En lisant ces lignes humoristiques, Rosalie dut penser que, si Benjamin avait autant d'esprit que jamais, décidément il n'était pas mariable. Et cependant il désirait sérieusement se marier. « Tous les jours, écrivait-il, je me sens plus fortement saisi du besoin de repos, de la vie domestique, et d'avoir auprès de moi une femme qui tire son bonheur de moi. J'ai une sorte de plaisir à

(1) Lettre du 29 mai 1803.

retourner chez moi à la campagne, parce que les enfants de mon concierge me reçoivent avec amitié. L'air de bienveillance de mes domestiques m'est agréable. Une communauté d'intérêt avec un être dont l'éducation et les idées seraient analogues à ma nature ferait mon bonheur, autant que le bonheur se fait sur la terre. »

Il ne se contentait pas de méditer sur les qualités de la femme idéale qu'il voulait trouver; il supputait, en calculateur exact qu'il crut toujours être, les dépenses qu'entraînerait pour lui le mariage : « Quant à la fortune, j'ai voulu savoir à quoi m'en tenir sur la nécessité d'une plus grande fortune en ménage que celle que je possède, et j'ai, comme expérience, monté ma maison comme je la monterais étant marié. J'ai quatre domestiques hommes et femmes, et deux chevaux, et j'ai trouvé, par une observation très précise et très minutieuse même, que 10 000 francs de rente pouvaient suffire en vivant toujours à la campagne. La fortune d'une femme ne me serait donc nécessaire que pour le rapport de ses goûts et de ses fantaisies, si elle en avait. Pour moi, je n'en ai plus, et peut-être vais-je à cet égard jusqu'à une apathie trop complète. L'étude, un sentiment affectionné, la campagne et surtout le repos, voilà ce qui me devient le plus nécessaire. Pourvu qu'une personne dont je serais aimé et qui voudrait vivre sans agitation, pourvu, dis-je, que cette personne possédât de la fortune, cela serait consacré à des courses à Paris, courses que la proximité de ma campagne rend faciles et peu chères, et à des voyages de temps en temps à Genève et près de vous. Ma fortune, que je ne vois aucun moyen d'augmenter, mais qui peut diminuer par des accidents que la prudence humaine ne peut prévoir, suffit à l'établissement fixe et tranquille tel que je vous l'ai décrit. »

Si, poursuivi par cette idée du mariage, Benjamin

Constant ne cesse de trouver des motifs pour reculer toujours devant une résolution ferme, cela tenait encore moins à l'indécision de son caractère et à la fantaisie de son humeur qu'à une autre cause qui, pendant dix ans, s'opposa à la réalisation de ses projets. Mme de Staël ne pouvait pas se décider à l'épouser, mais elle ne voulait pas qu'il en épousât une autre. En 1798, il avouait à sa tante son effroi; en 1803, il déclare encore à sa cousine que la lutte serait trop douloureuse pour qu'il puisse s'y décider: « Il est impossible de calculer jusqu'à quel point de violence se porterait une personne qui croit m'aimer beaucoup, qui regarderait mes projets comme des choses de circonstances qui passeraient, si elle pouvait en empêcher l'exécution, et qui irait jusqu'à me nuire momentanément, parce que son affection pour moi et que ses moyens d'éclat et de fortune lui font toujours croire qu'elle a de quoi tout réparer. Vous croyez qu'il y a là de la pusillanimité. Je conviendrai que je ne puis envisager sans une grande douleur une lutte amère et violente avec une personne pour laquelle j'aurai toujours beaucoup de tendresse (1). » Ailleurs, il parle de « l'influence surnaturelle de sa voix et de ses lettres ». On voit que si Benjamin Constant vantait sans cesse le repos délicieux dont il jouissait à la campagne, il ne pouvait s'agir que du repos physique. Jamais il n'avait été plus agité par ses préoccupations matrimoniales. Tel était l'état très complexe de son âme pendant les premiers mois de son installation aux Herbages, lorsqu'un incident imprévu vint changer le cours de ses idées.

Depuis plus d'un an, Mme de Staël était en Suisse, tantôt à Coppet, tantôt à Genève; elle savait que Bonaparte disait, toutes les fois qu'on parlait d'elle : « Je ne veux pas qu'elle vienne. » De plus en plus, elle s'exaltait : Va-t-elle être à

(1) Lettre du 23 juillet 1803.

jamais exilée de ce Paris où elle est née, où elle a passé son enfance, où tout l'attire ! Elle écrit à Benjamin Constant des lettres désolées ; elle lui reproche son malheur, qu'elle lui peint « des couleurs les plus déchirantes ». De nouvelles démarches sont faites auprès du Premier Consul ; il semble que ses dispositions se soient un peu adoucies ; il laisse pressentir qu'il ne s'opposera pas au retour l'année suivante. Encouragée par ces nouvelles plus rassurantes, convaincue que Bonaparte, absorbé par les préparatifs de son expédition en Angleterre, l'a oubliée, Mme de Staël se décide à partir. Au mois de septembre 1803, elle arrive à Maffliers, petite commune qui n'est distante des Herbages que d'une lieue et demie ; elle s'y installe avec deux hommes de service, une femme de chambre, un entendant et un cuisinier. Elle a en effet l'intention d'y passer tous les hivers, « tant que durera la tyrannie ». Elle n'habitera pas Paris, mais elle pourra du moins y aller parfois au spectacle, dans les musées (1). A Maffliers, elle recevra les visites de ses amis ; en moins d'une heure, Benjamin Constant sera auprès d'elle.

On ne fait d'ailleurs aucun mystère de son séjour à Maffliers. A la fin de septembre, Benjamin Constant écrivant au préfet de Seine-et-Oise à l'occasion d'une affaire concernant son ancienne propriété d'Hérivaux, terminait ainsi sa lettre : « Vous savez peut-être déjà que j'ai dans mon voisinage et à une heure de chez moi une dame de mes amies et qui a pour vous la plus tendre affection. Elle me charge de vous le rappeler ; je lui soutiens que cela est inutile, mais je crois que, sur mon refus, elle vous écrira elle-même (2). » Peut-être le préfet était-il moins satisfait que ne le supposait Benjamin Constant de savoir que Mme de Staël

(1) *Dix années d'exil*, chap. XI.
(2) Archives départementales.

se trouvait dans son département et ne tenait-il nullement à recevoir une lettre qui pourrait le compromettre.

Dans les *Dix années d'exil*, Mme de Staël donne sur son séjour à Maffliers des détails qui ne sont pas tous d'une rigoureuse exactitude, ce qui s'explique facilement à raison du temps écoulé. Les lettres qu'elle adressait alors à son père et que M. le comte d'Haussonville vient de publier (1) fournissent des renseignements plus précis : « J'y étais paisible depuis un mois, écrit-elle dans les *Dix années d'exil*, lorsqu'une femme comme il y en a tant, cherchant à se faire valoir aux dépens d'une autre femme plus connue qu'elle, vint dire au premier consul que les chemins étaient couverts de gens qui allaient lui faire visite. » Ce propos attribué à Mme de Genlis (car c'est elle qu'elle désigne certainement) était tout à fait erroné ; Mme de Staël se plaint au contraire, dans une lettre du 5 octobre, du silence de ses amis, qui lui fait « grand chagrin. » Ce propos au surplus a-t-il été tenu ? Elle n'y fait aucune allusion dans sa correspondance ; il y est seulement question de Mme de Vaines, qui aurait, par malveillance ou par légèreté, révélé à Bonaparte que Maffliers n'était qu'à six lieues de Paris. Le séjour de Mme de Staël à Maffliers n'était pas d'ailleurs absolument paisible. Elle constate, dès son arrivée, que la maison est inhabitable à cause de son humidité. Elle veut, sinon habiter Paris, du moins s'en rapprocher au plus vite. Les informations qui lui parviennent ne lui laissent aucun repos d'esprit. Apprenant que le Grand Juge a reçu l'ordre de la faire reconduire à la frontière, elle se décide à écrire au Premier Consul pour le conjurer de lui faire « grâce entière » et de l'autoriser à habiter l'ancienne maison de

(1) *Revue des Deux Mondes* de 1913.

son père à Saint-Ouen. Ni cette lettre ni les démarches réitérées de Joseph Bonaparte n'apaisent la colère du maître. Le 15 octobre, à quatre heures de l'après-midi, elle était à table avec trois de ses amis, lorsqu'un homme en habit gris, à cheval, s'arrête à la grille de sa maison et la fait demander. C'était un officier de la gendarmerie de Versailles qui venait, par ordre du général Moncey, la sommer de partir dans les vingt-quatre heures, avec interdiction de résider à moins de quarante lieues de Paris. Elle obtient un répit de quelques jours et se rend à Paris où elle descend dans une maison rue de Lille qu'elle à louée. Ne pouvant se résigner à perdre tout espoir, elle accepte l'hospitalité que Joseph Bonaparte lui offre courageusement à Mortfontaine. Vainement quelques amis fidèles intercèdent encore pour elle. Le 25 octobre, elle écrit à son père : « L'ordre est arrivé; tous les efforts humains n'ont pu le faire révoquer. » Le lendemain, elle quitte Paris; Benjamin Constant l'accompagne.

De Francfort, où ils se sont arrêtés, il annonce à sa cousine qu'il va bientôt partir pour les Herbages. Redoutant le jugement qu'elle a dû porter sur son voyage, il lui écrit : « Vous avez trouvé tout simple, je le pense, que, malgré mes résolutions de cet été, je n'aie pas hésité à rendre à une personne à laquelle je ne puis cesser d'être attaché par une amitié très sincère tous les services en mon pouvoir, dans la circonstance la plus douloureuse de sa vie. » Rosalie n'avait vu dans ce témoignage de dévouement qu'une nouvelle preuve de faiblesse, et Mme de Nassau partageait son opinion sur la conduite de son neveu. Celui-ci, qui, au lieu de revenir en France, avait suivi Mme de Staël à Weimar, cherche à se disculper auprès de l'une et de l'autre. Il écrit à sa cousine : « Il était plus possible de brûler la cervelle à un ami que de l'abandonner dans les circonstances de cet hiver. » A sa tante : « Pourquoi, je vous prie, m'accusez-vous d'avoir un caractère faible? J'ai trouvé cet hiver une occasion de rendre un grand service et de faire un bien véritable ; je l'ai saisie avec empressement, j'ai fait une très bonne action et je n'ai point été faible. » Pour les calmer, il leur promet d'être bientôt auprès d'elles. Il a changé d'avis en effet; au lieu de revenir aux Herbages, il va en Suisse. A peine est-il arrivé que M. Necker meurt, le 10 avril 1804. Benjamin Constant repart aussitôt pour Weimar, puis retourne en Suisse; il y passe quelques mois et se met enfin en route pour la France. Il s'arrête à Brévans, chez son père, ensuite à Lyon où il fait ses adieux à Mme de Staël. La ville lui paraît aussi insipide que la société qu'il y rencontre. Il a la nostalgie de l'Allemagne. « Ou je suis fou, écrit-il, ou je dois être à Weimar dans trois semaines. » Cependant, c'est vers Paris qu'il se dirige, tandis que Mme de Staël franchit les Alpes.

Pendant plusieurs mois, il reste soit à Paris, soit aux Herbages. On sent, en lisant les notes de son *Journal intime*, que la campagne n'a plus pour lui d'attrait : « A mesure qu'on avance en âge, la nature semble moins bavarde. Je me souviens du temps où j'entendais une sorte de bruit qu'on aurait dit sortir de toutes les plantes et de tout ce qui m'entourait. C'était comme la vie de la nature que j'entendais. Aujourd'hui, j'ai trouvé cette espèce de bruit bien diminué (1). » Si la nature l'attire moins, la société des

---

(1) En cette même année 1804, Chateaubriand écrivait à Fontanes : « Quand on est très jeune, la nature muette parle beaucoup ; il y a surabondance dans l'homme, tout son avenir est devant lui ; il espère communiquer ses sensations au monde et il se nourrit de mille chimères. Mais dans un âge avancé, lorsque la perspective que nous avions devant nous, passe derrière, que nous sommes détrompés sur une foule d'illusions, alors la nature seule devient plus faible et moins parlante. » (*Chateaubriand et son groupe littéraire*, par Sainte-Beuve, t. 1er, p. 132.)

habitants de la campagne lui est insupportable. « J'ai donné à dîner à mon curé, dit-il dans une autre note. Je ne sais si je vieillis, mais je n'ai plus cette faculté que j'avais autrefois de m'identifier avec les bêtes et de m'intéresser à leurs intérêts, et par cela même de leur plaire. Je ne sais plus que parler de ce qui m'intéresse, moi, c'est-à-dire des idées et des faits. Et ces conversations fécondes sur les commérages de villages, que je soutenais fort bien, il y a quelques mois, me sont devenues impossibles. » Avec la sincérité qu'il apporte dans la rédaction de ses notes, il ajoute : « Il se peut que, tout motif d'ambition ayant cessé, je ne me sente plus disposé à faire les frais que je faisais quand ces motifs existaient encore. Pour un homme qui aspire au choix du peuple, les bêtes sont une corporation respectable, car elles forment toujours la majorité (1) ». De combien de candidats cette note dédaigneuse ne traduit-elle pas les secrètes pensées !

Dans cet état d'esprit, comment aurait-il pu se plaire aux Herbages ! Aussi n'y vient-il que rarement ; le plus souvent, il est à Paris, allant beaucoup dans le monde, dînant

(1) Lorsque, sous la Restauration, Benjamin Constant rentra dans la lice politique, loin de redouter le contact des foules, il le recherchait au point de dire, à l'occasion d'une manifestation des habitants de Brumath, chez son ami Coulmann : « Laissez-les s'approcher ; un empereur romain prétendait que le corps d'un ennemi ne sentait jamais mauvais ; je trouve que les corps des amis vivants sentent toujours bon. » (Coulmann, *Réminiscences*, III, 70.) — Il montra en effet, pendant la dernière partie de sa vie, un amour de la popularité qui faisait sourire même ses amis. Mais, bien qu'il se soit qualifié parfois de démocrate et qu'il ait souvent affecté pour l'aristocratie un profond mépris, il était aristocrate d'esprit et de goûts. — Le 7 novembre 1814, il écrivait à sa cousine : « Je voudrais que vous m'envoyassiez ou une empreinte de nos armes ou un cachet gravé en acier joint à celui de Charles. A présent que tout le monde reprend à tort et à travers les anciens titres et les nouveaux, mon cachet B. C. me donne l'air d'un marchand de drap, et comme je n'ai malheureusement rien à vendre, je voudrais avoir tous les avantages d'un homme vivant noblement, c'est-à-dire n'étant utile ni à lui, ni aux autres. » Il est difficile d'allier plus spirituellement le sarcasme à la vanité nobiliaire.

presque chaque jour en ville, voyant fréquemment ses amis Hochet, Piscatory, de Barante, cherchant à s'étourdir, car, plus que jamais, il a besoin de chasser les idées tristes qui le hantent partout. L'une des femmes qu'il a le plus aimées, Mme Talma, est mourante. Rentré chez lui, il écrit cette note : « Mme Talma est toujours plus mal ; les médecins sont divisés, l'art insuffisant, la nature inexorable. Et l'on m'écrit que Blacon vient de se tuer. Je ne saurais dépeindre l'effet que ces événements produisent sur moi. Je ne sais quoi de sombre et d'affreux se répand sur ma vie. Le monde se dépeuple de ce qui est bon, et les monstres vivent. Il me semble que la nature a perdu de son charme et que la campagne que j'aimais ne me dit plus rien. Pour qui vais-je planter des arbres ? Qui viendra s'asseoir à leurs pieds ? Tous mes amis meurent, et je ne me souviens pas d'avoir vu mourir un seul ennemi. »

XI

Au milieu de l'année 1805, Benjamin Constant partit pour la Suisse; il revint à Paris à diverses reprises, en 1806 et en 1807 : mais il semble n'être guère allé aux Herbages ; aucune note de son *Journal intime* n'indique qu'il y ait séjourné, et, parmi les nombreuses lettres de lui qui ont été publiées, on n'en trouve aucune remontant à ces deux années qui soit datée de sa propriété. Il y arriva au mois d'avril 1808 et s'empressa d'écrire à son ami Prosper de Barante. Cette fois, la solitude l'épouvante à ce point qu'il a hâte d'y échapper : « Je suis venu jeter un coup d'œil sur ma pauvre campagne, mais je n'y resterai pas; et, au lieu d'y rester quinze jours comme je me le proposais, je crois que j'en repartirai après-demain. J'y suis mal arrangé, comme on l'est toujours dans un bien qu'on n'habite jamais, et l'idée que je dois en repartir m'ôte tout l'intérêt et s'oppose à toute occupation. » Quelques années auparavant, ce qu'il préférait, c'était la campagne pendant l'hiver. Maintenant, un tel spectacle est pour lui si mélancolique qu'il ne peut le souffrir : « La campagne est horrible. Il n'y a pas une feuille sur les arbres. Le vent de l'hiver souffle à travers leurs branches noires. Rien n'annonce encore le printemps de la nature qui m'est d'autant plus nécessaire que l'automne a déjà commencé pour moi. » La vue de cette campagne morne, dépourvue de vie, lui inspire des pensées sinistres; la mort se présente à lui sous toutes les formes. Jamais il n'a écrit de lettre à la fois plus désespérée et plus éloquente : « Je suis entouré ici d'une correspondance de près de vingt ans, presque entièrement avec des morts, et que je ne puis m'empêcher de relire sans cesse, quoiqu'elle fatigue mes yeux et brise quelquefois mon cœur. Ce n'est pas tant le regret des individus qui m'attriste, bien qu'il y en ait qui sont pour moi des pertes irréparables, que ce sentiment du passé et cette mort au bout de tant d'activité, de tant de liaisons, de tant de querelles quelquefois ; c'est surtout dans les lettres de femmes que cela se fait sentir. Il n'y a pas d'homme qui ait été aimé qui n'ait rompu soit à tort, soit avec raison ; mais ces ruptures, qui paraissent fort simples, tant que les objets en sont encore existants, deviennent horriblement lugubres lorsqu'elles sont terminées par cette grande et silencieuse catastrophe qui termine tout... Je promène mes regards sur toutes ces lettres écrites par des mains qui sont à présent de la poussière ; sur ces lettres qui ne peuvent plus être répondues et auxquelles, quand je répondais, j'opposais tant de raisonnements tirés de la vie et des circonstances et de l'avenir. Tous ces raisonnements, toutes ces circonstances, tout cet avenir s'est abîmé dans une fosse qui elle-même a disparu... Chaque jour, j'entends moins ce que c'est que la vie, et je suis prêt à me jeter sur la terre pour lui demander son secret. Tout le monde a-t-il ce sentiment et le cache-t-il comme je le cache? Tout le monde joue-t-il son rôle et se fait-il commun et inconséquent de peur de paraître fou? Ou y a-t-il vraiment des gens à qui la vie telle qu'elle est convienne, et à qui il paraît tout simple de naître, de voir mourir autour d'eux, de sentir la main invisible qui s'appesantit sur eux, sillonne leurs traits et affaiblit leurs organes, enfin de mourir eux-mêmes? Je suis comme ces pédants qui répètent le *om* mystérieux. Il n'y a pas de parole dans aucune langue qui puisse exprimer les questions que je voudrais adresser à cet inconnu muet que je sens et qui se tait. » Pendant qu'il écrit, le temps est devenu plus affreux; il sent qu'il ne pourra pas supporter un jour de plus l'isolement. Il se décide à partir immédiatement pour Paris. Il termine par cette boutade qui montre à quel point son cœur est ulcéré : « J'aime encore mieux les hommes que les vilains arbres qui m'entourent. Jugez si ces arbres sont laids (1). »

Dix-huit mois après, il vint de nouveau aux Herbages. Bien que la campagne fût aussi dépouillée, puisque c'était en novembre, ce n'est pas cette vue qui l'attriste; ce qui le bouleverse, c'est le souvenir des faits presque incroyables qui se sont succédé depuis son dernier séjour, c'est la situation morale à laquelle l'ont acculé l'indécision et la faiblesse de son caractère.

Il avait connu, en 1793, à Gœttingue, Charlotte de Hardenberg, qui appartenait à une des premières familles du Hanovre; il s'était pris pour elle d'une « passion furieuse ». Elle était, à cette époque, la femme de M. de Marenholtz; depuis, elle avait divorcé pour épouser un ancien émigré

(1) Lettre du 22 avril 1808. — *Revue des Deux Mondes* du 15 juillet 1906.

français, le comte Dutertre. Il la revit, en 1807, et se résolut à l'épouser; Dutertre consentit à l'annulation de son mariage. En juin 1808, un pasteur protestant maria secrètement, à Brévans, Benjamin Constant avec Charlotte. Lorsque, au bout de quelques mois, Mme de Staël apprit ce mariage, elle exigea que le secret continuât à être gardé; il resta à Coppet auprès d'elle, tandis que sa femme alla habiter Paris. Mme de Nassau et Rosalie de Constant, révoltées de cette attitude inqualifiable, voulaient rompre avec lui; les propos les plus malveillants étaient tenus. Benjamin Constant finit par comprendre qu'il ne pouvait rester plus longtemps en Suisse; mais, n'osant résider à Paris, parce que son mariage n'y était pas connu, il vint se réfugier aux Herbages, d'où il écrivit à sa cousine pour répondre aux reproches qu'elle lui avait renouvelés. La lettre est lamentable; il ne tente même pas de se justifier; il hésite encore entre sa femme et Mme de Staël : « Je sens très bien ma situation, le mal que je fais et que je laisse se faire, et la manière dont j'abuse d'une personne vraiment angélique, qui, malgré sa douceur, a plus d'une fois été malade de désespoir. Mais j'ai au fond du cœur je ne sais quelle sympathie funeste avec une autre personne, qui fait que, tant que je la croirai de bonne foi dans la douleur ou dans son sentiment, je pourrai bien prendre un parti violent pour sortir d'une situation qui me pèse; mais je retomberai dans une sorte d'agonie qui me rend fou et déconcerte tout ce que j'ai fait et tout ce que d'autres ont fait pour moi... » Il revient à Paris et écrit à sa tante qui n'est pas moins courroucée contre lui : « ... Je ne saurais vous peindre quel désespoir me prend, quand je pense que c'est moi qui, par ma folle confiance, ai livré l'être qui m'aimait, qui se fiait à moi, et qui, regardant sa réputation comme mon bien, a cru que je serais assez digne d'elle et de moi pour la défendre. Je sens que, si je croyais lui avoir fait un tort irréparable, je ne supporterais pas la vie, et j'erre depuis ces nouvelles comme un insensé, ne dormant pas deux heures par nuit et ayant sans cesse une fièvre de douleur. J'ai vu l'horreur de l'abime où je m'entraînais et où, ce qui est pis, j'entraînais un ange qui m'a dévoué sa vie. La mienne tout entière sera consacrée à réparer le mal que j'ai fait. »

Au mois de janvier 1810, il peut annoncer à Mme de Nassau que toutes ses affaires sont en règle et qu'il a déclaré son mariage, ce qui ne l'empêche pas de repartir le mois suivant pour Coppet. « Tout s'arrange, écrit-il le mois suivant à sa cousine, de manière à ce qu'il n'y aura aucun déchirement. » Dans son bonheur, il ajoute : « Ça m'est une preuve que le ciel récompense les intentions, car il n'y a eu que mes intentions de bonnes, et la plupart de mes actions ont été des maladresses et des sottises. » Cependant, il ne hâte pas son retour; le 30 mars, il est encore à Coppet, et sa cousine lui en ayant exprimé son étonnement, il lui répond : « Oui, certes, je désire ma réunion avec ma femme plus vivement que jamais homme peut-être n'a jamais désiré rien de pareil. Je ne suis pas surpris qu'on ne conçoive pas bien comment une chose, maintenant si simple et si légitime, peut éprouver le moindre retard. Mais je pense pourtant qu'au milieu de la conduite la plus bizarre en apparence, j'ai mieux atteint mon but que par tout autre. »

Le 14 avril, enfin, il vint retrouver à Paris Charlotte, cet « ange d'affection et de bonté ». Peu de temps après, il s'installe avec elle aux Herbages. N'ayant pas à redouter d'impérieuses exigences de la part de cette femme, qui a tout accepté avec une docilité sans pareille, il se croit en possession de la félicité qu'il a vainement poursuivie pendant tant d'années. Aussi est-il repris d'un nouvel amour pour la campagne qui, deux ans auparavant, lui faisait horreur. « Nous sommes très bien tous les deux, écrit-il à sa tante, et d'ailleurs nous voici à la campagne, où nous serons presque tous les jours pendant le temps que nous passerons dans les environs, cet été... Depuis que je suis ici avec Charlotte, je m'attache doublement à cette demeure que j'ai toujours aimée. Il est vrai que ma femme est tellement douce à vivre, que chaque instant qui s'écoule avec elle est un plaisir. Elle s'intéresse à tout ce qui me plaît et se refuse tellement à toute fantaisie personnelle que j'ai le double bonheur de voir mes désirs devancés et de lui prouver que je l'aime en devançant les siens. Elle met autour de moi l'ordre après lequel j'ai toujours soupiré sans avoir pu l'établir. Enfin, c'est une providence douce et bienveillante qui embellit chaque détail et ne diffère de la grande qu'en ce qu'on a plus de bonheur à faire le sien. »

Pendant qu'il est aux Herbages, il écrit également à Prosper de Barante. Dans la lettre qu'il lui adresse le 29 mai, la note est déjà moins enthousiaste : « Ma campagne me plaît assez, la vie que j'y mène me conviendrait. Mais depuis qu'on a retranché l'avenir de toutes les vies, ce qui plaît a' perdu sans que ce qui déplaît soit diminué. On a le sentiment d'être dans une auberge ; si elle est bonne, on s'afflige de la quitter ; si elle est mauvaise, on n'en ressent pas moins les inconvénients, et l'on a de plus l'idée qu'il ne vaut pas la peine d'y remédier. » On voit qu'il recommence à s'abandonner à ce pessimisme qui est encore l'état le plus habituel de son esprit. La politique ne lui a donné que des déceptions ; il lui faut renoncer à ses rêves d'ambition ; il ne peut s'en consoler. Il gémit du présent ; il condamne le passé ; cette Révolution française qu'il a tant de fois célébrée lui semble maintenant néfaste. « Je viens de lire, écrit-il à de Barante, votre admirable histoire de la Vendée. Vous devez vous trouver heureux d'avoir ainsi consacré les plus glorieux, je dirais presque les seuls glorieux souvenirs de notre longue, sanglante et inutile révolution. » Quelque douce que lui soit la compagnie de Charlotte, il s'échappe encore et va se joindre aux amis qui entourent M*me* de Staël installée au château de Chaumont pour surveiller l'impression de son livre sur *l'Allemagne*. Il revient au bout de six semaines, et passe avec sa femme tout l'été à Paris et surtout aux Herbages.

De nouveau, il se dit qu'il ne peut y avoir pour lui de bonheur plus grand que celui qu'il trouve dans la société de cette femme dont il admire chaque jour davantage les rares qualités, mais dont il se sépare avec tant de facilité. Il éprouve le besoin de s'épancher dans une lettre à sa tante : « ... C'est là que nous sommes aussi heureux que la condition humaine le comporte. Je ne pourrais que vous répéter sur ma femme ce que je vous ai dit tant de fois. Mais ce que je vous ai dit prend plus d'autorité à mesure que le temps s'écoule, et le témoignage d'un mari déjà hors du mois de miel, comme disent les Anglais, en est d'autant plus croyable. Nous n'avons pas, depuis que nous vivons ensemble, eu une différence de sentiment, de volonté ou d'impression, et je n'en ai pas vu, dans une seule circonstance grande ou petite, la bonté, la douceur, l'affection de ma femme être obscurcies du plus petit nuage. Je l'aime de toutes les puissances de mon âme et de toute la reconnaissance qu'elle mérite de moi à tant d'égards. »

M*me* de Nassau n'ajoute foi qu'avec une certaine réserve à cette tendresse de Benjamin Constant pour sa femme ; elle lui demande s'il tient le même langage aux étrangers. La question l'étonne et l'embarrasse un peu. « Il doit être assez égal aux étrangers, répond-il, que je sois heureux ou non, et mes développements sur mon bonheur ne les amuseraient guère, comme ceux sur le leur m'ennuieraient peut-être assez; je ne comprends donc pas bien pourquoi vous me demandez si j'en parle ailleurs avec autant de vérité qu'avec vous. Avec autant de vérité sûrement, mais, comme je viens de le dire, j'ai cru pouvoir accorder à l'expression de ce que j'éprouve plus d'étendue en vous écrivant. » Et, pour mieux convaincre sa tante, il l'entretient de la vie que sa femme et lui mènent aux Herbages : « Nous sommes à la campagne depuis près d'un mois, avec assez de voisinage, et voyant nos voisins avec quelques difficultés à cause des chemins qui ne sont pas bons et des chaleurs extrêmes qui empêchent de sortir le jour. Depuis que les chaleurs ont diminué, nous avons commencé à faire des visites, et nous nous préparons à aller aujourd'hui à un grand dîner, à une lieue d'ici. Heureusement que ma femme monte très bien à cheval; j'ai acheté deux petits chevaux, car en voiture, excepté sur la route de Paris, il n'y a plus moyen d'aller; et, pour parvenir aux maisons de campagne du voisinage, il y a plus ou moins de chemins de traverse. Nous allons encore dîner demain à trois lieues, puis nous nous reposerons quelques jours et irons visiter Paris, à la fin de la semaine. »

Mᵐᵉ de Nassau, nous venons de le voir, ne prenait pas toujours à la lettre ce que son neveu voulait bien lui écrire ; elle n'avait pas tort, car il arrivait à celui-ci de déguiser plus ou moins la vérité (1). Sa correspondance ne laisse pas de doute à cet égard. Le mariage n'avait pas calmé chez lui la passion du jeu; il s'y adonnait plus que jamais en 1810. Rosalie lui avait fait part de ses craintes ; Benjamin Constant s'était indigné. Le 10 novembre, il lui écrit :

(1) « Cet homme que la misère de sa vie obligeait à tromper sans cesse ne se ment jamais à lui-même. » (*Notice*, par M. Anatole France.)

« Je reste confondu de votre lettre, chère cousine. Vous m'écrivez comme à Beverley, et je ne puis deviner la cause de cette vive inquiétude ni surtout de cette crédulité si complète pour tout ce qui m'est désavantageux. Je n'ai qu'un mot à répondre. Depuis que je suis parti de Lausanne, je n'ai pas joué dix fois. Sur six mois, j'en ai passé trois à la campagne bien volontairement, et j'ai en outre passé six semaines à Blois. Depuis environ un mois que j'ai été sans interruption à Paris, je suis allé à peu près tous les deux jours au spectacle avec ma femme, ou en société avec elle ou bien j'ai passé la soirée avec elle chez moi. Je ne suis pas rentré une fois passé onze heures, et mon bonheur domestique est aussi vrai, aussi pur qu'il l'a jamais été. Vous voyez qu'il faut que je tienne bien à votre opinion pour vous rendre ainsi compte de ma conduite... Je serais désolé que Mme de Nassau eût entendu les mêmes faux bruits qui vous ont si fort épouffée... » Or, si l'on se reporte à son carnet de cette époque, on y lit : « Ma tête se trouble entre Charlotte et Mme de Staël. Je perds 20 000 francs en un jour (13 octobre 1810). Je continue à jouer et je perds toujours. »

Le séjour que Benjamin Constant fit aux Herbages en 1810 devait être le dernier. En janvier 1811, il se rendit avec sa femme en Suisse ; il y passa trois mois, qui durent être des plus pénibles, si l'on en juge par ces lignes de son carnet : « Arrivé à Genève. Je vais à Lausanne. Course à Genève, sans Charlotte. Mme de Staël me ramène à Coppet. C'est la dernière fois que j'ai vu Coppet. Luttes contre mon père, contre Charlotte, contre Mme de Staël. Vie misérable. Charlotte en tout réussit mal à Lausanne... »

En mai, il part pour l'Allemagne. De Bâle, il écrit à Prosper de Barante : « J'ai vendu ma campagne parce qu'elle était inhabitable pour ma femme. J'attends plusieurs circonstances de fortune et autres pour savoir si je ferai une nouvelle acquisition (1). » Etait-ce bien pour être agréable à sa femme qu'il s'était décidé à vendre les Herbages ? Une attention aussi délicate peut étonner de la part de celui qui écrivait quelques mois après, dans son *Journal intime* : « Querelles assez fréquentes avec Charlotte. Je ne parierais pas que nous finirons notre vie ensemble. Excellente lettre de Mme de Staël. Hélas! qui sait? » et l'année suivante : « Encore de nouvelles scènes avec Charlotte, mais je sens que je les crée. Au lieu d'être faible et dur, je devrais être ferme et doux. Je sens que je porte l'ennui de ma femme et le mien : c'est pesant. Mme de Staël est perdue pour moi, je ne m'en relèverai pas. » S'il vendit sa propriété, ce fut certainement surtout parce qu'il ne voyait plus pour lui de rôle politique à jouer en France, tant que durerait le gouvernement impérial, qu'il jugeait alors inébranlable. Une lettre, qu'il adressa le 2 mai 1814 à sa cousine Rosalie, en fournit la preuve. Après avoir fait l'éloge des princes, qui sont « admirables de modération », il ajoute : « Si le petit Corse, qui a fini si bizarrement, m'avait mis dans sa confidence, je n'aurais pas vendu ma petite campagne, tous mes meubles et la plus grande partie de ma bibliothèque, choses que je regrette à présent beaucoup. Mais il paraissait si bien établi! La nation était si complaisante! J'ai envie de leur faire un procès à l'un et à l'autre pour m'avoir dupé (2). » Il ne fit pas de procès au petit Corse; on sait comment, après avoir publié contre lui, le 19 mars 1815, dans le *Journal des Débats*, un article resté célèbre, il devint, le mois suivant, son collaborateur pour la rédaction de l'*Acte additionnel*.

---

(1) Lettre du 25 mai. — *Revue des Deux Mondes* du 1er août 1906.
(2) *Madame Récamier et ses amis*, par Herriot, t. Ier, p. 323.

FRANÇOIS FRÉVILLE

Qui donc connaît aujourd'hui François Fréville? Et cependant il fut jadis presque célèbre. Depuis le règne de Louis XVI jusqu'à celui de Louis-Philippe, il avait publié plus de cinquante volumes. Son nom était répandu partout en France; je trouvais récemment, au milieu de documents provenant d'un petit chef-lieu de canton, des prospectus de librairie de la fin du xviiie siècle sur lesquels certains de ses ouvrages figurent à côté de ceux de Florian et de Berquin. Comme ce dernier, il fut l'ami des enfants; il ne cessa d'écrire pour eux, simplifiant à leur usage les méthodes d'instruction élémentaire, cherchant des procédés ingénieux pour leur rendre les leçons attrayantes (1), recueillant, sans une grande rigueur de critique, dans l'histoire de tous les temps des récits propres à inculquer les principes de la morale et même de l'héroïsme.

Ce n'est pas l'éducateur que je me propose d'étudier ici. Je veux seulement rappeler deux épisodes qui touchent à la politique et remontent à la Révolution; le premier faillit lui coûter la vie, le second lui fit perdre la seule fonction publique à laquelle il ait été appelé.

(1) *Les Jeux, les Fables et les Maximes pour enseigner la lecture par une pirouette.* — *Le Domino des enfants et les petits Contes suivis de la lanterne magique.* — *Les lettres rendues sensibles par ceux qui les portent.* — Il proposait d'entourer les sucreries de maximes imprimées, afin que les jeunes citoyens « trouvent, sous le titre de bonbons patriotiques, un cours de morale dans un sac de pistaches ».

I

Si invraisemblable que cela puisse paraître, l'auteur de tant d'œuvres candides avait professé, pendant quelques années, des opinions révolutionnaires auxquelles il donna libre cours dans un petit livre aujourd'hui fort rare. Désirant consacrer le souvenir d'un tout jeune fils qu'il avait perdu en brumaire an II, il publia un opuscule intitulé *Vie et mort républicaines du petit Émilien* (1), qui fut présenté à la Convention nationale et renvoyé avec mention honorable au Comité d'instruction publique.

Alors qu'Émilien était presque mourant, Fréville assiste à la fête de la Raison célébrée à Notre-Dame. « L'auguste cérémonie » le remplit d'enthousiasme. Il oublie ses inquiétudes de père pour « se réjouir de la fuite soudaine du monstre fanatique qui, depuis tant de siècles, pesait avec des rois barbares sur la France abâtardie. » Il a demandé qu'on lui apporte des nouvelles de son enfant ; en les attendant, il se plaît à montrer aux citoyens qui l'entourent « les statues des premiers tyrans de la dynastie française qu'on venait de précipiter du haut du portail sur le parvis du Temple ».

Si l'on en croit son père, Émilien, dès l'âge de deux ans, manifestait de l'aversion pour la royauté. Il avait accompagné sa mère, qui, se trouvant à Versailles, était allée entendre la musique de la chapelle du château. « L'appareil fastueux, la pompe régnant à la cour du tyran, l'empressement avec lequel la multitude se portait pour voir le roi, le nom du roi répété avec emphase par le peuple encore esclave, cette exclamation : Ah ! voici le roi ! retentissant de toutes parts au moment où le sire offrit aux yeux

(1) Bibliothèque nationale L n° 27 8022.

stupéfaits le prodigieux volume de son stupide individu, tout cela frappa beaucoup le petit Émilien. » Il en fut frappé à ce point que, devançant les événements, il ne cessa depuis d'appeler le roi : Monsieur Capet.

Un enfant si bien doué devait rapidement mettre à profit les enseignements révolutionnaires qu'il recevait de son père. Celui-ci manquait toutefois sur un point de logique dans ses procédés d'éducation. Il est grand admirateur de Sylvain Maréchal, le chef de la secte des hommes sans Dieu, qu'il proclame le plus hardi penseur du siècle, ce qui ne l'empêche pas de composer une prière au « Créateur » et de la faire réciter à son fils matin et soir. Mais en même temps il s'attache à lui inspirer la haine des prêtres, et il y réussit pleinement, comme le prouve le trait suivant : « Âgé de quatre ans environ, il voyait passer fréquemment sous nos fenêtres des gardes nationaux; il s'écria un soir, dans son indignation contre les porte-dieux qui causaient indécemment et qui riaient même entre eux : Quoi ! ces geux-là vont donc emporter tous les patriotes dans la boîte ! » Fréville s'était moins efforcé, semble-t-il, de faire pénétrer dans son cœur la pitié pour les victimes. La nuit qui précéda la mort de l'enfant, un voisin entre dans sa chambre et s'approche du lit. Émilien, qui n'avait que sept ans, s'informe de l'issue du procès de Bailly : « Ne vient-il pas, dit-il, d'aller à la guillotine ? — Oui, mon ami. — Oh ! il l'a bien mérité. »

Fréville habitait, 31, rue de la Cerisaie (section de l'Arsenal) une petite maison qu'il avait achetée comme propriété nationale. Il continua, après la mort d'Émilien, à y vivre très modestement, sans domestique, avec sa femme et un fils qui lui restait. Les temps étaient durs; les livres devenaient d'une vente difficile, les élèves rares et les leçons peu rémunérées. D'autre part la pénurie des denrées se faisait sentir; on était souvent forcé de faire une longue station à la porte des marchands.

Le 25 ventôse an II (10 mars 1794), Fréville prit une résolution qui, pour être celle d'un bon père de famille, n'en fut pas moins malencontreuse. Obligé d'aller au faubourg Saint-Germain, il se décide à s'arrêter au marché pour y acheter un quarteron de beurre. Parti de chez lui dès six heures du matin, il s'y rend directement. Depuis la perte de son fils, il assistait rarement, sans doute, aux réunions du comité révolutionnaire de la section de l'Arsenal auquel il était affilié. A peine a-t-il pris place à la suite de la queue déjà formée, qu'il apprend avec stupéfaction la nouvelle qui est l'objet des conversations animées de la foule. Hébert, le rédacteur du *Père Duchesne*, a été arrêté la veille au soir, ainsi que plusieurs de ses amis. Tous les bruits circulent; ne raconte-t-on pas que Pache et la plupart des membres de la Commune ont été également mis en état d'arrestation ! En entendant le nom du maire de Paris, qu'il a eu l'occasion de connaître, Fréville ne peut se contenir. « Pendant que le peuple en est réduit à faire la queue pour se nourrir, s'écrie-t-il, on incarcère les meilleurs patriotes! » L'exclamation est mal accueillie. Le gouvernement avait très habilement excité la population contre les Hébertistes, en insinuant que la disette actuelle était due à leurs menées perfides et qu'il y avait parmi eux des agents de l'étranger. Près de lui se trouvait une citoyenne Sensier, habitante du quartier; elle lui conseille ironiquement de ne pas se préoccuper du sort des patriotes, qui, s'ils sont innocents, n'en seront que plus victorieux. Le colloque s'envenime; Fréville se hasarde à dire que le peuple est mal informé et ne peut se rendre compte de ce qui se passe. La fille Sensier réplique que, pour s'instruire, les citoyens n'ont qu'à fréquenter les sociétés populaires. Son interlocuteur lui tient tête et finit par lancer cette apostrophe antiféministe : « Vous feriez mieux de rester chez vous pour vous occuper de votre ménage que d'aller aux clubs. » C'en est trop. La citoyenne, qui d'ailleurs, en voyant les vêtements de deuil de son voisin, l'a pris pour un prêtre réfractaire, va trouver le commissaire de la section Mutius Scevola (primitivement du Luxembourg), et lui désigne « le particulier » qui vient de proférer des paroles séditieuses. Immédiatement Fréville est appréhendé et consigné au poste de la section (1).

Sa famille crut d'abord que l'affaire était sans importance et qu'il serait libéré le jour même. Le lendemain, elle commence à s'inquiéter. Le fils, Émile, écrit à Pache pour implorer son appui; la femme s'adresse au comité révolutionnaire de l'Arsenal pour lui demander d'intercéder en faveur de son mari; elle va trouver un membre de la Convention et le juge de paix de la section Chalier. Lettres et démarches restent sans effet. Pache, qui n'a pas encore été arrêté, mais qui est fort compromis, se borne à cette mention : « L'administration ne peut rien, le comité Mutius Scevola n'ayant point fait part à l'administration de ses motifs. » Le comité de l'Arsenal refuse d'intervenir. Émile Fréville de plus en plus anxieux envoie, le 29 ventôse, à Pache une nouvelle lettre qui se termine ainsi : « Maman est dans la plus grande désolation parce qu'il a des infirmités, et craint pour sa santé. Citoyen, je vous prie de faire tout ce qui dépendra de vous pour son élargissement; vous nous rendrez la vie. »

Le comité Mutius Scevola, après avoir reçu les dépositions de trois témoins qui confirmèrent la déclaration de la citoyenne Sensier, avait fait conduire Fréville au poste de

(1) Les documents concernant l'arrestation et le jugement de Fréville se trouvent aux Archives nationales W 359 n° 754.

la Commune. Le 19 germinal, il était amené à la maison d'arrêt dite Égalité, rue Jacques (Sainte-Pélagie). Interrogé par Subleyra, juge au tribunal révolutionnaire, il allégua que, retenu chez lui par la maladie de son enfant, il avait « perdu de vue les affaires politiques » et qu'en entendant les propos tenus au marché, il avait cru que les patriotes étaient opprimés par les aristocrates. Quant à ses paroles concernant les clubs, il prétendit que son langage avait été mal interprété, qu'il avait, contrairement aux affirmations des témoins, exprimé le regret que le peuple, obligé de s'occuper tout le jour de se procurer des subsistances, ne pût aller dans les assemblées populaires prendre la défense des patriotes.

A la fin de son livre sur la vie et la mort du petit Émilien, Fréville avait, sous le titre de *Funeste aventure qui m'arriva en terminant cet ouvrage,* inséré quelques pages dans lesquelles il racontait ses impressions de captivité. De la prison de l'Égalité il fut conduit au dépôt du ci-devant collège du Plessis où étaient enfermés les prévenus de contre-révolution. Au milieu de ceux-ci un patriote aussi farouche se trouvait « un peu dépaysé »; mais, n'ayant rien à se reprocher, il conservait toute sa fermeté d'âme et consacrait ses loisirs forcés à combiner « différents plans relatifs au salut public ». Il avait même, pour se distraire, écrit un dialogue fantaisiste intitulé *Le Dimanche et le Décadi*, où il ne ménageait ni « la vermine sacerdotale et nobiliaire » ni le roi « assassin ». Après avoir entendu les injures les plus violentes proférées contre lui par Décadi, « Mgr Dimanche courait se noyer de rage dans les flots de la Vendée », tandis que Décadi « allait danser la carmagnole avec de jolies Parisiennes sur les bords de la Seine ».

Le prisonnier fut brutalement arraché à ces doux rêves. Le 15 floréal, il entendit tout à coup « les verrous rouler

avec fracas » et son nom retentir dans les corridors. Il crut
à l'apparition « d'un génie protecteur ». C'était le guichetier qui lui apportait l'acte d'accusation, signé de Fouquier-Tinville, le traduisant devant le Tribunal révolutionnaire
à raison de « propos aussi contre-révolutionnaires que
séditieux, lesquels ne permettent pas de douter qu'il ne
soit un des agents d'Hébert et ses complices, qui cherchaient à exciter des troubles à l'occasion des subsistances
pour soulever le peuple contre la Convention ». Il avoue
qu'il fut alors agité par mille sombres pensées et « ne ferma
point l'œil de la nuit ». A peine avait-il écrit à sa femme et
à son fils des lettres contenant ses derniers adieux, qu'un
gendarme vint le lier avec un compagnon d'infortune pour
le transférer à la Conciergerie. Le lendemain, Fréville
comparaissait devant « le tribunal le plus formidable comme
le plus juste que l'on ait encore établi en France ». Quelque
confiance qu'il dût avoir dans une telle juridiction, il crut
son dernier jour arrivé. Comment n'aurait-il pas tremblé
pour sa vie, alors que le mois précédent avait été l'un des
plus sanglants de l'époque de la Terreur ! En vingt jours
tous les chefs des partis opposés à Robespierre étaient
montés sur l'échafaud. Hébert et plusieurs de ses partisans
avaient été guillotinés le 4 germinal ; Danton et Camille
Desmoulins le 16 ; Chaumette et Gobel le 24.

Lorsqu'il eut entendu l'accusateur public, Fréville était
tellement certain qu'une sentence de mort allait être prononcée contre lui, qu'il renonça à lire un mémoire justificatif préparé dans sa prison. Enfermé à la *Souricière*
pendant que les jurés délibéraient, il regardait à travers
l'étroite fenêtre qui éclairait la pièce et se disait : « Bientôt je ne verrai plus ce beau soleil et ce beau fleuve ! J'ai
pourtant fait le bien, j'ai toujours cultivé la vertu et je suis
un bon citoyen. » Rentré dans la salle d'audience, il entend

le président prononcer « au milieu d'un majestueux silence » le jugement qui l'acquitte. Son saisissement est tel qu'il demande à un gendarme « si c'est bien vrai ». Il lui semble qu'il est revenu de l'autre monde ; il se jette au cou d'un membre du comité de l'Arsenal assigné comme témoin ; il sort de la salle aux acclamations du peuple. Un autre triomphe lui est réservé. Le comité de l'Arsenal, qui a refusé de lui venir en aide après son arrestation, lui témoigne tout son intérêt lorsqu'il est mis en liberté, en lui envoyant une députation. Il assiste à une séance, reçoit l'accolade du président, puis, considérant sans doute que sa détention et son procès ont été le meilleur des noviciats, les membres du comité le désignent à l'unanimité pour faire partie du jury criminel de la Seine.

Fréville termine le récit de sa « funeste aventure » par ces réflexions quelque peu incohérentes : « Scène touchante et horrible! Jour affreux et consolant! Non, jamais je ne t'oublierai. Quelle sagacité! Que de lumières et quelle équité dans mes juges! Je l'avoue, avec la franchise qui est toujours dans mon cœur, telle est l'épouvante que m'inspire le tribunal révolutionnaire, nonobstant mon innocence, que je ne voudrais pas faire souffrir à mon plus mortel ennemi la centième partie des angoisses dont mon âme sensible a été froissée durant dix-huit heures. » Son étonnement et sa joie d'avoir vu des juges si éclairés et si sagaces, acquitter un innocent lui fait oublier que, le même jour, ce tribunal envoyait à l'échafaud trois autres citoyens assis à côté de lui, poursuivis comme lui à raison de propos contre-révolutionnaires, et qui vraisemblablement n'étaient guère plus criminels que lui : un commis de la loterie, un gendarme et un pauvre garçon confiseur âgé de dix-huit ans.

II

Deux années se sont écoulées depuis que Fréville a presque miraculeusement échappé à la mort; le règne de Robespierre a pris fin; la Constitution de l'an III a institué un nouveau gouvernement. La Convention, avant de disparaître, avait décrété qu'une École centrale serait créée dans chaque département. Le 18 floréal an IV, Fréville était nommé professeur de belles-lettres à celle de Versailles (1). Le jury d'instruction publique de Seine-et-Oise, en proposant son nom, faisait connaître les titres du candidat sur lequel son choix s'était fixé : « Homme de lettres, instituteur à Paris, dont le talent est constaté par divers ouvrages de littérature et de morale, et qui exerce avec distinction et succès cet art si utile, depuis quinze ans. » Le nouveau professeur aurait été moins flatté de cette notice élogieuse, s'il avait su que, quelques mois auparavant, ce même jury écrivait : « Ce ne seront pas des personnes d'un mérite très distingué qui quitteront Paris pour venir à Versailles. »

Le 1er messidor, Fréville assistait dans la salle des gardes du palais à l'inauguration solennelle de l'École. Il y entendait le discours que prononçait le citoyen Lépicier, président de l'Administration centrale. S'adressant aux maîtres qui venaient d'être désignés, l'orateur définissait ainsi la mission qui leur était confiée : « Vous allez être les créateurs d'un monde nouveau ; à quelles destinées sublimes vous êtes appelés ! Premiers instituteurs d'un peuple républicain, il vous faut ou acquérir une gloire immortelle ou dévouer votre mémoire au scandale de la postérité. Vos noms seront tracés à la tête des annales d'un peuple qui commence son

---

(1) Voy. *L'École centrale de Seine-et-Oise*, par M. Godart. (*Revue de l'histoire de Versailles et de Seine-et-Oise*. Août 1909 à février 1911).

histoire. » Ce n'était pas une gloire immortelle que Fréville poursuivait, en acceptant le poste auquel il était nommé; il avait été surtout tenté par le traitement; il désirait ne pas se fixer à Versailles et être autant que possible un professeur *in partibus*. Les vacances étant proches, il attendit pour commencer son cours la rentrée qui devait avoir lieu le 1er brumaire.

On avait envoyé dans tous les cantons du département un programme des divers enseignements. Le professeur de belles-lettres, y était-il dit, « puisera dans l'imitation de la nature les principes généraux de l'éloquence et de la poésie; il en fera l'application sur les ouvrages des grands orateurs tant anciens que modernes. Cicéron, Démosthène, Quintilien, Eschine, Bossuet, Daguesseau réfléchiront aux yeux des élèves les traits du génie et leur communiqueront cet ascendant supérieur qui subjugue et entraîne jusqu'aux volontés. Parallèles, analyses et compositions achèveront de développer les semences du goût par la considération du beau, du grand et du solide. »

Ce programme, quelque pompeux qu'il fût, ne produisit pas sur les pères de famille l'effet prévu; dix élèves avaient été inscrits pour le cours de belles-lettres, deux seulement le suivirent régulièrement. Le professeur lui-même résista à l'attraction. Aller à Versailles, y faire son cours, revenir à Paris, c'était un déplacement d'une journée presque entière; aussi s'employa-t-il à conserver sa place, tout en professant le moins possible. A peine donna-t-il quelques leçons au début de l'an V, puis il demanda un congé. Atteint d'une maladie d'yeux, il avait consulté deux médecins en renom qui lui interdisaient « toute espèce d'études et d'application », et lui prescrivaient, outre l'apposition de sangsues et de vésicatoires, l'absorption, chaque matin, du suc de 20 à 100 cloportes des champs, etc. A l'expiration du congé qui lui fut accordé, il en obtint, grâce à l'intervention du ministre de l'Intérieur, la prolongation jusqu'à la fin de l'année scolaire.

En l'an VI, Fréville ne professa guère davantage. Sa femme est sur le point d'accoucher et se propose de nourrir son enfant « pour la patrie » ; il a deux nouveaux ouvrages sous presse. Il ne peut venir s'installer à Versailles, le logement qu'on lui offre est délabré : comment au surplus déménager au milieu de l'hiver ! Les professeurs de l'École réclament ; les administrateurs du département menacent, mais il avait trouvé de puissants protecteurs. C'était un titre des plus sérieux à la faveur des hommes alors au pouvoir que celui de victime du gouvernement de Robespierre. Nul doute que Fréville ne se soit très habilement prévalu de l'emprisonnement qu'il avait subi avant le 9 thermidor. Il s'adresse au Directeur Barras, au ministre Le Tourneur, les apitoie sur son sort : il est dans le besoin ; sa femme souffre des suites de ses couches ; faute de domestique, il lui faut rester chez lui pour la soigner ; son fils est tombé en démence (1). Avec l'appui de ces hauts personnages, il finit par obtenir un second congé et le paiement d'une somme de 215 francs retenue sur son traitement à raison d'absences non justifiées.

Ce fut à Paris qu'éclata l'orage si longtemps conjuré. A la fin de l'an VI, les membres de l'Administration centrale de Seine-et-Oise recevaient une lettre de François de Neufchâteau, datée du 1er jour complémentaire. Il s'agissait cette fois non plus d'une bienveillante recommandation, mais d'un fait grave dont le nouveau ministre de l'Intérieur les invitait à saisir le jury d'instruction publique :

(1) Fréville avait dû assombrir la situation. L'état de son fils était moins grave qu'il ne le prétendait, car il fait allusion dans un de ses livres à la mort de ce fils qui succomba plus tard « sous le glaive de l'horrible Bellone ».

« Citoyens administrateurs, leur écrivait-il. on a dénoncé dans les journaux la *Vie des enfants célèbres*, ouvrage d'A.-F.-J. Fréville, professeur de belles-lettres près l'École centrale de votre département, comme renfermant des détails louangeurs et déplacés relativement au petit Capet mort dans la prison du Temple, à son père et à d'autres individus de sa famille. D'après le compte que je me suis fait rendre de cette production, il paraît que la dénonciation dont il s'agit n'est que trop fondée. Vous serez sans doute aussi surpris que je l'ai été moi-même qu'un homme appelé à l'instruction des jeunes républicains ait oublié l'objet de sa mission au point de recueillir pour leur usage des souvenirs dont l'effet doit être d'exciter leur admiration même plus encore que leur pitié en faveur d'une race justement proscrite et par suite de leur inspirer la haine de la République et le désir de voir relever le trône. Le citoyen Fréville est d'autant plus répréhensible en cela qu'il n'a cherché à prévenir ces dangereuses conséquences par aucune réflexion patriotique. Je dois néanmoins vous informer d'une circonstance qui semble atténuer le tort dont il s'est rendu coupable. Peu s'en est fallu qu'il n'ait grossi le nombre des victimes du tribunal révolutionnaire et l'impression de ce qu'il a souffert a pu égarer sa plume. C'est au jury d'instruction publique établi près de vous qu'il appartient d'examiner jusqu'à quel point cette considération doit lui concilier l'indulgence, et si, en ne le supposant même qu'imprudent et aigri, il convient de lui laisser occuper plus longtemps la chaire de belles-lettres de votre École centrale. Je vous invite à provoquer sa décision à cet égard et à nous la transmettre dans le plus bref délai possible. »

Puis, en *post-scriptum* de la main du ministre : « Je dois vous rappeler en outre que ce professeur s'est déjà rendu coupable d'absences prolongées et non autorisées dont sa classe a dû se ressentir. »

Voici donc Fréville, après avoir été, quatre ans auparavant, poursuivi pour complicité avec les Hébertistes, dénoncé comme un fauteur de monarchisme. La *Vie des enfants célèbres* était l'un des deux ouvrages dont il avait invoqué la publication prochaine pour obtenir un congé. Un chapitre de ce livre, bien que portant le titre peu royaliste de *le Petit Capet*, n'en était pas moins un hommage au prisonnier du Temple; l'auteur y citait avec attendrissement nombre de traits d'intelligence et de bonté du malheureux enfant. En le lisant, on a peine à croire qu'il ait été écrit par le fougueux révolutionnaire qui célébrait naguère les vertus républicaines de son Émilien. Celui-ci était d'ailleurs, à côté du petit Capet, un des héros du nouvel ouvrage, qui reproduisait le récit de sa vie et de sa mort; mais combien le texte de l'an II n'avait-il pas été émondé et transformé!

Tout était théâtral à cette époque, même l'expression de la douleur la plus sincère. Un orateur dramatique avait offert de mettre sur la scène les derniers moments d'Émilien; le père avait accepté. Ce projet avait été abandonné; mais un artiste avait dessiné un tombeau allégorique. La gravure, qui fut placée en tête de l'opuscule de l'an II, était des plus prétentieuses. Au milieu d'un bosquet de cyprès on voit un sarcophage surmonté d'une pyramide au sommet de laquelle un petit génie ailé dépose une couronne de roses supportant un bonnet phrygien; à droite et à gauche figurent deux autres petits génies; sur une branche sont perchés des oiseaux, dont l'un prêt à s'envoler est censé représenter le frère d'Émilien. Au-dessous du monument, une inscription rappelle les dernières paroles de l'enfant : « Ce qui me fait le plus de peine, c'est de te quitter,

maman, et de ne pouvoir être utile à la République. »
L'image se trouve également en tête de la *Vie des enfants
célèbres*; mais le bonnet phrygien a disparu, et l'inscription est remplacée par cinq vers ridicules. Il est vrai que
dans le corps de l'ouvrage les dernières paroles de l'enfant
sont encore relatées, avec une variante toutefois. Les événements ont rendu Fréville prudent; n'étant plus aussi
assuré de la stabilité de la République, il fait dire à Émilien qu'il regrette en mourant de ne pouvoir être utile à la
patrie. Il prend soin en même temps de supprimer tous
les passages dans lesquels il avait manifesté trop énergiquement ses opinions politiques d'autrefois.

Le 11 vendémiaire an VII, le jury d'instruction publique rend sa décision. Il estime que Fréville a été imprudent, « dans un moment où il serait à désirer qu'on pût jeter
un voile épais sur les excès qui ont souillé quelques-unes
des années de notre Révolution », en faisant l'éloge du
petit Capet et en donnant des détails sur « le mauvais
traitement (que pour l'honneur de l'humanité il faut croire
exagéré) exercé envers un enfant innocent des torts de
son père ». Il juge cependant que la faute du professeur
est atténuée par l'intention qu'il a eue de faire ressortir les
dangers d'une éducation grossière, — par le souvenir du
danger qu'il avait jadis couru, pour « le tendre sentiment
qui semble l'enthousiasmer toutes les fois qu'il parle d'enfants doués de dispositions précoces pour la vertu ». Fréville
n'a-t-il pas d'ailleurs publié *le Temple de la morale*, où il avait
réuni nombre de vers des poètes les plus célèbres glorifiant
l'amour de la liberté et dépeignant « les maux accumulés
sur l'espèce humaine par l'ambition et les crimes des rois! »
Le jury émet en conséquence l'avis que le professeur soit
maintenu dans ses fonctions, à la condition qu'il viendra
demeurer à Versailles avant la rentrée de l'École centrale.

Le bruit ne tarda pas à courir qu'en prenant cette délibération le jury avait cru se conformer aux vues du ministre. François de Neufchâteau s'en émeut. Le *post-scriptum* de sa lettre, écrit-il, prouve assez qu'il n'a pas recommandé l'indulgence. Il invite l'administration départementale à sommer les membres du jury de reconnaître que ce n'est pas la lettre ministérielle qui les a déterminés. Ceux-ci n'hésitent pas à faire cette déclaration, mais ils maintiennent leur premier avis.

Le 8 brumaire, Fréville est entendu par l'administration centrale. Le président Lépicier lit le principal passage incriminé : « Le Mentor de trempe nouvelle répondit parfaitement à l'esprit et aux ordres des dominateurs de ces temps désastreux. Il s'évertua à démoraliser complètement son élève ; il lui inspira, autant qu'il le put, un profond mépris pour les auteurs de ses jours ; il lui assura que la science était un inutile fatras; il lui fit apprendre fort gravement les Droits de l'homme, et du reste il lui fit chanter du matin au soir *Madame Veto* et *la Carmagnole*. »

Si Fréville n'est pas angoissé comme il l'avait été devant le tribunal révolutionnaire, il éprouve peut-être plus d'embarras pour se disculper; il ne s'agit plus de témoignages oraux qu'on peut contester, c'est un texte formel qui lui est opposé. Le président le presse de questions. L'adverbe *gravement* qu'il a employé ironiquement ne prouve-t-il pas qu'il a voulu tourner en dérision la Déclaration des droits, qu'il a d'ailleurs accolée à *Madame Veto* et à *la Carmagnole*. L'auteur proteste de son respect pour la Déclaration et prétend qu'il a seulement cherché à signaler l'ineptie du maître qui veut l'apprendre à un enfant incapable d'en apprécier le mérite. Réponse malhabile ; n'était-il pas à cette époque enjoint aux instituteurs de faire réciter par leurs élèves la

Déclaration des droits dans les classes et dans les réunions décadaires ! Le président insiste sur la faute qu'il a commise en se livrant à l'éloge fastidieux d'un enfant dont la famille est bannie et en excitant ainsi les passions royalistes. Fréville reconnaît son imprudence et finit par avouer la vérité. Il n'a pas poursuivi un but politique ; il a obéi à un amour-propre d'auteur ; il a voulu « donner un peu de célébrité » à son ouvrage en choisissant un sujet d'actualité qui attirerait les lecteurs. Pour montrer combien peu il a cherché à faire de la propagande royaliste, il ajoute qu'il se proposait d'insérer dans son livre des anecdotes concernant la jeunesse de Barras, mais qu'il n'a pu se procurer les matériaux nécessaires.

Le 6 frimaire, l'Administration centrale prend un arrêté longuement motivé. Comparant la *Vie des enfants célèbres* avec *le Temple de la Morale* elle constate le contraste frappant que présentent les deux livres et qui prouve la facilité avec laquelle « la plume du citoyen Fréville sait se plier aux circonstances ». Abordant ensuite l'ouvrage dénoncé, elle reproche à son auteur, qui pouvait sans peine trouver des modèles dans les Républiques d'Athènes, de Rome ou de France, d'avoir puisé à des sources obscures ou connues de lui seul et composé ainsi une sorte de roman servant de cadre à l'histoire du petit Capet. L'aveu de Fréville en ce qui concerne son désir de rechercher la célébrité indique la mesure de ses opinions politiques. Un professeur, qui n'a pas craint de « caresser la faction royaliste » et qui d'ailleurs a fait preuve de la plus grande insouciance dans l'exercice de ses fonctions, est incapable de former une jeunesse républicaine et ne saurait sans danger être maintenu dans sa chaire. Toutefois, comme l'Administration centrale ne peut prononcer une révocation que sur avis conforme du jury d'instruction publique, elle renvoie le dossier au ministre de l'Intérieur pour qu'il prenne le parti qu'il jugera convenable.

François de Neufchâteau n'hésite pas. Les membres du jury se refusent à donner l'avis conforme qu'exige la loi ; il suffit de les remplacer par d'autres qui seront plus accommodants. Cependant, pour leur éviter « le désagrément d'un arrêté de destitution », il consentira à accepter leur démission.

Une dernière chance de salut semble s'offrir. On va célébrer le 2 pluviôse, à Versailles, l'anniversaire de la mort de Louis XVI. L'École centrale a été invitée à prêter son concours à cette cérémonie. Les professeurs se réunissent et demandent à leur collègue d'écrire deux pièces de vers : une *Invocation à l'Etre suprême* et des *Imprécations contre les parjures*. Au grand mécontentement de ses collègues, Fréville se borne à envoyer une *Invocation*. En composant cette ode, il a retrouvé ses accents de l'an II pour maudire les prêtres et les rois :

> « Du joug humiliant et des rois et des prêtres.
> Tyrans astucieux, lâches autant que traîtres,
> Ton bras nous affranchit, et nos vaillants soldats
> S'avancent d'un pas sûr de victoire en victoire,
>   Fixant près d'eux la gloire
>   Même avant les combats. »

Il finit par une strophe de circonstance :

> « Il est encore un vœu que forme la patrie.
> Dieu ! veille aux jours si chers du vainqueur d'Italie.
> Pour combler son triomphe et nos communs souhaits,
> Qu'il revienne punir l'Anglais traître et parjure,
>   De sa barbare injure
>   Et qu'on chante la paix. »

Les vers si médiocres du poète (1) ne sauvèrent pas le

(1) La pièce de vers de Fréville paraît avoir été peu goûtée du public

professeur. Afin d'échapper à une révocation que le ministre voulait à tout prix, Fréville donna sa démission pour cause de santé. Le 21 pluviôse an VII, les administrateurs du département en informèrent François de Neufchâteau, dont la satisfaction dut égaler la leur.

Sauf le traitement dont il était privé et auquel il tenait beaucoup, Fréville ne pouvait regretter des fonctions qui n'avaient été pour lui qu'une source de déboires. Peu tenté de se mêler à la politique active, il ne paraît pas avoir demandé au vainqueur de l'Italie devenu tout-puissant la récompense de ses vers de l'an VII. Il se contenta, pendant le Consulat et l'Empire, d'exploiter la veine féconde qu'il avait été l'un des premiers à découvrir. Il publia des éditions nouvelles de ses anciens ouvrages et en composa d'autres analogues aux précédents quant au fond et quant à la forme.

La *Vie des enfants célèbres* avait été traduite en plusieurs langues; trois éditions françaises avaient déjà paru, lorsque la restauration de la royauté sembla à l'auteur

versaillais. Dans son numéro du 10 pluviôse an VII, le *Journal du département de Seine-et-Oise* rendit compte de la cérémonie du 2 pluviôse précédent. Le rédacteur de l'article raconta qu'il se trouvait près d'un groupe dans lequel un citoyen portait sur l'œuvre de Fréville ce jugement peu bienveillant : « Ses oreilles avaient été cruellement blessées par le stile de cette strophe de la pièce du citoyen Fréville :

> De héros renaissans, peuple bon, magnanime,
> L'effroi des ennemis dont il conquiert l'estime,
> De vingt rois conjurés bravant le rude choc,
> Dans les camps, au conseil toujours inébranlable
> Le Français indomptable
> Demeure comme un roc.

« Peut-on rien trouver, ajoutait-il, de plus barbare qu'un stile semblable? Ne dirait-on pas au mauvais goût et à la dureté des expressions que l'auteur a été enchaîné par de fâcheux bouts-rimés. » Ce même rédacteur, qui recueillait volontiers les propos des assistants, avait entendu un autre citoyen dire que « se reportant au passé, il comptait jusqu'à vingt-quatre sermens qu'il avait faits depuis la Révolution ».

une occasion favorable pour la mise en vente d'une quatrième qui, grâce à de légères modifications, pourrait être encore d'actualité, *le Petit Capet* devient *le Jeune Roi martyr;* sa sœur, *Madame Royale.* La prise de la Bastille est « la première foudre révolutionnaire qui frappe l'autorité légitime du plus juste des souverains ». Le lâche infanticide commis par des législateurs en démence est un crime inutile, puisque, à défaut de Louis XVII, il y avait d'autres héritiers, « ces princes chéris et bien forts de leurs vertus, de leurs droits et de l'opinion dominante ». Fréville prend soin de rappeler que la publication de la vie de Louis XVII lui a valu, vingt ans auparavant, la perte de la place qu'il occupait; il ajoute qu'il publiera les pièces authentiques relatives à cet incident. Il semble avoir renoncé à cette publication, qui aurait nécessité trop de suppressions. A la suite de la Révolution de 1830, l'auteur aurait vraisemblablement apporté quelques retouches à ses *Enfants célèbres*; mais il était alors âgé de plus de quatre-vingts ans.

La renommée de Fréville lui survécut. Après sa mort, des éditions de plusieurs de ses ouvrages furent imprimées en France et à l'étranger. Vers 1840, ses livres étaient encore donnés en récompense dans beaucoup de distributions de prix, et il n'était guère de bibliothèques d'enfants qui n'en continssent quelques-uns. L'oubli ne tarda pas à être complet. Aux récits historiques et moraux de Fréville les générations nouvelles préféraient les aventures plus récréatives de *Jean-Paul Choppart* et de *Robert-Robert*, en attendant les chefs-d'œuvre de Jules Verne.

JACQUES GUILLEMETEAU [1]

Dans la matinée du 16 avril 1793, un individu d'un aspect étrange entrait dans la petite ville de Chevreuse et s'arrêtait, pour s'y faire servir à boire, à l'auberge de Saint-Jacques, tenue par le citoyen Delaplane ; ses vêtements ne semblaient pas à sa taille, il portait un chapelet attaché à l'une de ses boutonnières et tenait sous le bras un gros paquet. Quelques habitants, qui avaient été frappés de la singularité de cet accoutrement, avertirent les membres du Comité révolutionnaire. Ceux-ci s'assemblèrent d'urgence, et, après une courte délibération, firent amener à la Maison commune le voyageur suspect. Aux questions qui lui furent posées, il répondit qu'il s'appelait Jacques Guillemeteau, était âgé de cinquante-cinq ans et depuis un long temps curé de Saint-Jean-de-Biarge, dans le département de la Charente. L'examen des papiers trouvés sur lui donna à penser que la capture était de plus d'importance qu'on ne l'avait cru tout d'abord. N'y découvrit-on pas des pièces de vers adressées à plusieurs membres de la famille royale enfermée au Temple ! Le texte, à la vérité, en était inintelligible ; mais ces écrits semblaient par cela même un indice encore plus sérieux ; leur sens énigmatique cachait évidemment quelque complot. Séance tenante, Guillemeteau est mis en état d'arrestation.

[1] Les documents que j'ai principalement consultés sont soit aux Archives nationales, W, doss. 972, soit aux Archives départementales de Seine-et-Oise.

A huit heures du soir, le Comité se réunit de nouveau. Le second interrogatoire aggrave encore les présomptions. L'inculpé reconnaît avoir été déjà arrêté à Paris, le mois précédent, et les explications qu'il fournit au sujet des papiers saisis et placés sous scellés sont aussi confuses qu'invraisemblables. On décide en conséquence qu'il sera conduit par la gendarmerie à la maison d'arrêt de Versailles, où il est en effet écroué dès le lendemain.

Trois jours après, en vertu d'un arrêté du Directoire du département de Seine-et-Oise, Louis Baron et François-Mellon Sauvat, administrateurs, interrogent longuement l'abbé. Invité à dire comment il se trouvait, le 16 avril, à Chevreuse, il fait le récit suivant : L'année précédente, le mauvais état de l'église de Saint-Jean-de-Biarge l'avait déterminé à venir à Paris, où il espérait se procurer plus facilement l'argent nécessaire pour la réparer. En attendant le résultat de ses démarches, il avait rempli, pendant neuf mois, les fonctions de vicaire à la paroisse de Fontenay-sous-Bois ; puis il était retourné à Saint-Jean-de-Biarge, qu'il quittait encore en 1793. Revenu à Paris le 26 mars, il descendait, comme l'année précédente, dans une auberge située rue de la Calandre. Le lendemain, il était arrêté et conduit à la section de l'Arsenal; mis en liberté au bout de huit jours, il s'adressait au curé de Fontenay-sous-Bois, à celui de Saint-Maur, à l'archevêché de Paris, sans pouvoir rien obtenir ; enfin, sur l'indication d'un administrateur de Bourg-l'Égalité, il allait à Vaugirard faire une tentative également infructueuse. Passant, à son retour, par Issy, il fut arrêté et amené au Comité révolutionnaire de la Cité, dont dépendait la rue de la Calandre. Libéré presque aussitôt, il s'était rendu à Versailles; l'évêque de cette ville étant absent pour plusieurs jours, il résolut de se diriger à tout hasard vers la Normandie. Le 15 avril, il couchait à Trappes, et il arrivait le lendemain à Chevreuse, où son odyssée avait pris fin par une troisième arrestation.

Questionné au sujet de la bizarrerie de son costume, il dit qu'il avait acheté à Paris des vêtements « suivant ses facultés » ; le paquet contenait sa soutane ; quant au chapelet, il le portait pour remplir une promesse faite à la Sainte Vierge pendant une maladie, suivant d'ailleurs en cela, ajoutait-il, un usage très pratiqué autrefois.

Une des charges relevées contre lui était d'avoir, à Trappes, refusé les assignats que l'aubergiste voulait lui rendre en échange d'un petit écu. « Quand j'ai des assignats, répond-il, je m'en sers ; mais quand je donne de la monnaie, je veux qu'on me rende de la monnaie. » Si dangereuse que fût à cette époque la manifestation d'un sentiment de méfiance à l'égard des assignats, il n'y avait peut-être pas là un motif suffisant pour le maintien de l'arrestation. Il en était autrement des papiers saisis.

Guillemeteau s'imaginait être poète ; dès qu'une idée quelconque naissait dans son esprit, il s'ingéniait à composer ce qu'il croyait être des vers. Parmi les pièces figuraient des échantillons de ses poésies, qui n'étaient que des phrases plus ou moins rimées et presque dénuées de sens. Dès longtemps déjà il devait cultiver ce genre de littérature, car dans son dossier est une lettre à lui écrite, le 15 janvier 1782, par un habitant de Versailles à qui il avait envoyé des vers. En réalité, c'était un « agité » et un « maniaque ». Dans une demande qu'il adressait aux administrateurs de Seine-et-Oise, il faisait suivre sa signature d'un résumé des différentes phases de son existence. Il n'était devenu curé de Saint-Jean-de-Biarge qu'après de nombreuses pérégrinations. Du collège d'Angoulême, il était entré successivement aux séminaires de Périgueux, d'Angoulême, de Poitiers ; il avait été ensuite vicaire dans plusieurs paroisses, dont celle de Conflans-Sainte-Honorine ; il était resté, à la vérité, pendant vingt-deux ans titulaire de la cure de Saint-Jean-de-Biarge, mais sans mener pour cela une vie beaucoup plus sédentaire. La région de Paris l'attirait ; il y était venu à diverses reprises dans l'espoir d'y trouver des protecteurs, essayant même de se faire attribuer par la Cour de Versailles un supplément de traitement qu'on lui refusait en province. Les événements révolutionnaires avaient dû provoquer chez lui un grand trouble ; il avait été profondément ému par la captivité de la famille royale ; bien qu'il ne la connût pas et l'eût seulement aperçue autrefois à Conflans, alors qu'il y était vicaire, il avait écrit des vers de sa façon à l'intention des prisonniers du Temple. Cela ne l'avait pas empêché de prêter serment à la Constitution civile du clergé, et ensuite de jurer de maintenir la liberté et l'égalité ou de mourir.

Les administrateurs lui demandent des éclaircissements au sujet de différentes pièces de vers qu'il reconnaît être son œuvre. Il y en a de toutes sortes. Plusieurs sont adressées au Prince royal, à la princesse Élisabeth, à M. de Bellegarde, député de la Charente, au citoyen Guadet, président de la Convention nationale, au curé de Fontenay-sous-Bois. A côté de compliments de nouvelle année est une traduction de l'*Apocalypse*. Comment a-t-il fait parvenir celles qui portent pour suscription : « Madame, Madame Élisabeth, au Temple, à Paris. — Monsieur, Monsieur le Prince royal, dans le Temple, rue du Temple, à Paris » ? Il répond qu'il les a mises à la poste, sans cependant être bien sûr de les avoir envoyées ; en tout cas, il n'a pas reçu de réponse. Un écrit a particulièrement appelé l'attention, à raison de ces vers :

> Mon maître Guillemeteau
> M'envoye en Allemagne
> Chercher des métaux,
> Après en Espagne,
> Visiter l'or du Pérou,
> L'apporter en France,
> Boucher un grand trou.
> A sa commission,
> Selon ma prudence,
> Joignes votre mission.
> Pendant mon absence,
> Qu'on fasse provision.
> Oui pardy, il faut qu'on danse.
> Signes ce petit rondeau,
> S'il vous plaît, comme il faut,
> Pour moy, pour Guillemeteau.
>
> *Signé :* Finette.

On comprend dans une certaine mesure les soupçons que concevaient les commissaires en lisant ces membres de phrases dont la signification échappe. Qu'est-ce que ce messager mystérieux envoyé en Allemagne, en France? Cette signature de Finette ne dissimule-t-elle pas le nom de quelque important personnage? Guillemeteau ne donne d'autre renseignement que celui-ci : « C'est encore une idée qui m'est venue dans ma chambre à Fontenay ; c'est ma petite chienne Finette qui me l'a fournie. » Il fait une réponse analogue en ce qui touche une autre pièce adressée au Prince royal et signée Citron, dans laquelle se trouvent ces deux vers :

> J'aime le roi François,
> Comme moy donc franc sois.

Citron, dit-il, était le nom du chien du prince de Rohan, qui l'avait emmené de Paris en Allemagne.

Un document surtout semble des plus graves; c'est une lettre en prose qui paraît avoir été écrite en 1792 et qui est ainsi conçue : « Monsieur le Comte, vous avez beaucoup de pouvoir sur les Allemands; vous êtes aimé des Français; vous savez de quoi il tourne. Vous pouvez rendre service à tous; nous implorons votre secours. Si vous voulez, il ne tient qu'à vous; il y a des fleurs dans votre jardin. Le roy les acceptera de votre main; le bouquet sentira bon. La bonne odeur plaira, en le présentant, s'il vous plaît de le faire. Le plus tôt n'est que le meilleur; c'est une réjouissance. Vous ne la refuserez pas, j'espère, en vous le demandant pour l'amour de Dieu. Quelle reconnaissance de notre part, jointe à un respect sans borne. — Guillemeteau, vicaire de Fontenay. » N'est-on pas porté à croire que, dans cette lettre destinée à un ami des Allemands, chacune des phrases doive avoir un sens caché et contenir une allusion à quelque ténébreux dessein ? Ce jardin, ces fleurs, ce bouquet ne sont-ils pas des mots convenus? L'abbé répond que la personne à laquelle il écrivait est le comte allemand de Benteim, qui habitait un château à Fontenay; il le croyait asssez influent pour faire aboutir un projet qu'il poursuivait : la paix entre la France et l'Allemagne par le mariage de l'Empereur avec Madame Élisabeth. Paix et mariage auraient été accompagnés de fleurs formant un bouquet odoriférant. S'il avait pensé au comte de Benteim, c'est parce que celui-ci lui avait donné un témoignage de sa bienveillance, en lui faisant remettre une belle brioche un jour où il rendait le pain bénit. Au surplus, la lettre n'avait pas été envoyée.

Les explications, on le voit, sont aussi incohérentes que les écrits; mais lorsqu'il s'agit de questions ne concernant pas ses élucubrations, Guillemeteau fait preuve de lucidité et même d'habileté en répondant à l'interrogatoire insidieux des administrateurs : « Êtes-vous fâché que le ci-devant roi soit mort ? — S'il était bon roi, j'en suis fâché ; mais je ne suis pas son juge et n'ai point vu son procès ; mais je l'ai vu bon jusqu'à un certain temps et ignore s'il était tyran ; je ne l'ai vu exercer aucun acte de tyrannie. » Il en est de même lorsqu'on l'interroge sur des sujets touchant à la religion. On incrimine ce passage d'une lettre au curé de Fontenay : « Dieu se plaît à se couvrir de ténèbres pour nous cacher son visage autrefois si lumineux. » « Autre chose, dit-il, est de voir, autre chose de connaître. Je ne l'ai vu qu'autant que l'entendement peut y atteindre. » L'interrogatoire se poursuit : « Croyez-vous à Dieu ? — Je l'ai trop étudié pour n'y pas croire de toutes les manières possibles. — Croyez-vous au Christ ? — Oui, c'est l'antidote du péché d'Adam. — Savez-vous ce que c'est que le fanatisme ? — Je pourrais en donner une définition, mais peut-être pourrais-je me tromper. — Croyez-vous que les évêques aient bien fait d'abandonner leurs fonctions ? — Je ne suis pas leur juge et me contente de n'avoir pas agi comme eux. »

Les administrateurs ne considérèrent pas Guillemeteau comme un conspirateur bien redoutable. Le 16 juillet, il était transféré de la maison d'arrêt à la prison des Récollets. Il ne fut procédé à aucun nouvel acte d'instruction jusqu'au 12 floréal an II, date à laquelle l'Administration du département, se fondant sur ce que les mesures de sûreté générale étaient exclusivement du ressort des districts, se déclara incompétente et ordonna l'envoi du dossier au district de Versailles. Pendant sa détention, l'abbé avait continué à être possédé par sa manie. C'était aux administrateurs qu'il adressait des vers. Il écrivait « au citoyen président du département de Seine-et-Oise, en son hôtel de Versailles, à Versailles » :

. . . .
Je le dis et je suis libre,
Sur la Seine, aussi le Tybre ;
A Paris comme dans Rome
Doit bien vivre tout homme.
La liberté qu'elle donne
Surpasse toute couronne.
J. Guillemeteau, curé de Saint-Jean-de-Biarge,
Qui vous a demandé d'être mis au large.

Le 15 nivôse an II, c'est « au citoyen président et autres bons citoyens administrateurs de la République française en son comité à Versailles », qu'il envoie une pièce de vers commençant ainsi :

Qu'est-ce que le temps ?
Sans nul contre-temps
Il faut répondre
Sans rien confondre.
Non, l'éternité,
Terme illimité,
Durée en limite,
Se définit vite.
. . . . . .

Ces vers du prisonnier sont sa meilleure justification. Il est évident que l'étrangeté de ses écrits ne servait pas à masquer une conspiration et tenait uniquement à son état mental. Malheureusement, il ne se borna pas à chercher dans sa versification un adoucissement à son infortune. La vie était dure pour les prisonniers des Récollets. Guillemeteau couchait sur la paille dans un corridor, en promiscuité avec des malfaiteurs de droit commun (1) ; en outre, la nourriture était insuffisante et détestable. Il s'en plai-

(1) Il résulte d'un rapport présenté le 17 octobre 1793 au Conseil général du département que la maison destinée à recevoir 80 personnes en contenait alors 180, et que le défaut d'air et de place occasionnait de graves maladies. Les détenus manquaient de vêtements à ce point qu'ils avaient été obligés de faire une quête pour habiller l'un d'entre eux.

gnait avec plus de mélancolie que d'amertume dans les vers
suivants :

> Aujourd'hui il s'agit du bec.
> Sans la nation je suis à sec.
> Je ne puis sans vous consulter
> Me faire apporter à manger.
> . . . .
> Vous avez la clef du bon pain.
> Je vous prie de parler soudain.
> L'honneur défend la banqueroute.
> Un peu de mie avec la croûte.
> J. Guillemeteau, curé juré
> Qui ne veut être parjuré.

Pour apprécier la modération de cette réclamation, il faut lire les Mémoires plus ou moins véridiques de Mistress Elliott, dont la traduction française a été publiée, il y a quarante ans, avec une très élogieuse préface de Sainte-Beuve. La belle et célèbre aventurière anglaise raconte qu'elle fut arrêtée à Meudon au commencement de septembre 1793 et qu'elle resta trois mois environ aux Récollets; elle s'y serait donc trouvée en même temps que Guillemeteau. Or voici dans quels termes indignés elle parle de la nourriture qu'on imposait aux détenus et qui ne rappelait en rien, il faut le reconnaître, les mets succulents servis sur la table du prince de Galles ou du duc d'Orléans, dans l'intimité desquels elle avait vécu :

« Notre ordinaire consistait en haricots bouillis, tantôt chauds et tantôt froids; chauds, ils étaient accommodés au beurre rance; froids, avec de l'huile commune. Un des plats qu'on nous servait le plus souvent, c'étaient des harengs tout crus; on nous en donnait beaucoup, parce que les Hollandais en avaient envoyé une quantité à Paris pour acquitter une partie d'une dette qu'ils avaient envers la République. Parfois nous avions ce qu'on appelait de la soupe et du bouilli, mais nous étions toujours malades après en avoir mangé. Quelques prisonniers pensaient que c'était de la chair humaine qu'on nous apportait, mais réellement je crois que c'était du cheval, de l'âne ou de la vache crevée. En somme, le plus pauvre mendiant en Angleterre n'aurait pas voulu manger ce qu'on nous servait. Nous n'avions que du pain d'orge dégoûtant qui nous prenait à la gorge; j'en souffrais extrêmement à cette époque et je ne pus rien avaler pendant trois jours. Je ne pouvais avoir ni gargarisme, ni boissons adoucissantes, ni même une goutte d'eau propre pour me rafraîchir la bouche, malgré une fièvre violente... »

Quelque suspects que soient les récits contenus dans les Mémoires de Mistress Elliot, quoi qu'on puisse même se demander si elle a été effectivement incarcérée aux Récollets (1), il est certain que la nourriture y laissait fort à désirer. Le pain d'orge, qui prenait Mistress Elliott, à la gorge, fut supprimé; on le remplaça, non par un pain de meilleure qualité, mais par des rations de riz. Le régime alimentaire devint tel que la Convention fut suppliée d'intervenir. « Je viens à votre barre, était-il écrit dans une pétition du citoyen Maubeuge, au nom de l'humanité souffrante, au nom des malheureux détenus de la maison d'arrêt des Récollets de Versailles, réclamer pour ces infortunés votre justice et la sévérité des lois. Je ne chargerai pas le tableau des maux et des privations pénibles qu'éprouvent ces malheureux prisonniers. Je ne connais que la vérité. Je la dirai toute nue. Votre sensibilité sera sans doute émue en apprenant que ces infortunés ne mangent jamais de pain et qu'ils s'estiment heureux lorsqu'ils obtiennent de leurs parents quelques chats dont ils font leur subsistance pour suppléer à la faible portion de riz qui leur

(1) Voy. l'Appendice.

JACQUES GUILLEMETEAU.   429

est accordée chaque jour. Dans cet état déplorable, ces malheureux invoquent à grands cris la justice de la Convention nationale, et c'est pour me rendre à leurs vœux que je viens aujourd'hui, législateurs, vous prier d'ordonner leur prompt jugement, car je n'invoque aucune grâce, les détenus eux-mêmes n'en demandent pas. Mettez un terme à leurs maux, mille fois plus cruels que la mort même (1)...»

Guillemeteau, peu habitué à la chère délicate et au bien-être de l'existence, subissait probablement avec plus de résignation que d'autres un traitement aussi barbare ; mais cet homme, qui ne pouvait tenir en place, devait supporter impatiemment une longue et rigoureuse réclusion. D'autre part, la décision de l'Administration départementale qui saisissait le district était de nature à lui inspirer des craintes quant à l'issue de la nouvelle instruction judiciaire qui allait s'ouvrir. Ce qui est certain, c'est que l'idée d'une évasion le hantait. Montrant un jour un morceau de bois à un détenu pour vol qui était souvent son compagnon de

---

(1) Voy. Le Roi, *Histoire de Versailles*, t. II, p. 198. — Le médecin des prisons de Versailles, le citoyen Duclos, devait négliger parfois la surveillance sanitaire qui lui était confiée. Il n'avait point la « sensibilité » de Maubeuge et s'apitoyait beaucoup moins que lui sur le sort des détenus. Visant au bel esprit, il trouvait pittoresque le spectacle qu'offrait l'intérieur de la maison des Récollets et dont il donnait la description suivante dans un rapport aux administrateurs du district, du 24 thermidor an II : « Partout ce n'est que groupes dont la vue serait amusante dans un optique, leur inquiétude à part. Les uns y distraient leur langueur par des jeux innocents ; les autres y sont dans la contemplation, comme dans une chartreuse. Peu se récréent d'images riantes ; tous enfin paraissent faire des vœux pour la prospérité de l'Empire et leur liberté. La liste des remèdes n'a pas été longue depuis le commencement de cette décade ; il n'en a guère coûté que des consolations que le district sait que je ne vends pas cher. »

A la fin de l'an III, aucune amélioration n'avait encore été apportée au régime alimentaire des détenus, comme le prouve ce passage d'un rapport sur les prisons, du 13 thermidor : « Le pain manque. Les prisonniers pauvres n'ont d'autre nourriture que la ration de riz cuit à l'eau qui leur est distribuée journellement. »

jeu : « Avec cela, lui dit-il, je pourrais m'évader de prison. » Une semaine après, on constatait sa disparition.

Probablement afin de se procurer quelque argent, Guillemeteau travaillait comme aide à la boulangerie, ce qui l'obligeait à se lever, la nuit, entre une heure et deux, sauf à revenir, sa besogne terminée. Le 7 messidor au matin, on s'aperçut de l'absence de celui que les détenus appelaient « le pasteur ». L'un des gardiens avertit le concierge Mistrolet, qui fut profondément surpris. A onze heures, faisant sa tournée habituelle, il avait constaté que tout était en ordre ; puis, à une heure et demie, entendant les chiens aboyer, il était allé dans le jardin et n'avait vu personne. Un prisonnier, employé comme cordonnier, qui s'était levé à trois heures, n'avait rien entendu. Cependant, la fuite de l'abbé ne pouvait laisser de doute. Le juge de paix de l'arrondissement sud de Versailles fut sans retard informé ; il parvint à se rendre compte des conditions dans lesquelles l'évasion s'était accomplie. Guillemeteau, passant par une fenêtre de la chambre à la farine, était entré dans le jardin et ensuite dans la cour, où se trouvait une cave. A l'aide d'une échelle qu'il y avait prise, il avait atteint le sommet du mur d'où il était descendu dans la rue Saint-François, grâce à un appentis. On découvrit dans le jardin des savates imprégnées de farine ; deux traînées indiquaient qu'après avoir voulu franchir le mur sur un premier point, le prisonnier s'était décidé à l'escalader à l'endroit où se trouvait l'appentis, du côté de la rue.

La sévérité était extrême alors contre tous ceux qu'on soupçonnait d'avoir facilité une évasion. L'émoi fut profond à la prison ; bien qu'aucune faute ne parût imputable à Mistrolet, il fut mis en état d'arrestation et transféré, le lendemain, à la maison de justice.

Mistress Elliott ne ménage guère dans ses Mémoires un

ancien septembriseur qu'elle qualifie de geôlier. Le personnage qu'elle désigne pourrait bien être le concierge Mistrolet; les propos qu'elle lui attribue expliqueraient, s'ils ont été vraiment tenus, le mauvais souvenir qu'elle avait conservé de lui. Elle lui demande un peu d'eau chaude pour se laver; il lui répond : « Cela n'a pas de sens commun ; rien ne peut vous sauver des mains du bourreau, et, comme elles sont fort sales, vous n'avez pas besoin de vous laver. » Une autre fois, elle entre chez lui. « Il était assis à table, raconte-t-elle, à boire avec un élégant et beau jeune homme ; il me dit de m'asseoir et de boire un verre avec eux ; je n'osais pas refuser. « Maintenant, dit le jeune homme « en regardant sa montre, il faut que je m'en aille. — Non, « répondit le geôlier, votre besogne ne commence qu'à « midi. Je regardai le jeune homme, et le geôlier, me dit : « Vous devez vous faire un ami de ce citoyen ; c'est le « jeune Sanson, l'exécuteur, et peut-être sera-t-il chargé « de vous décapiter. » Je me sentis défaillir, surtout quand le bourreau me prit le cou en disant : « Ce sera bientôt « fait ; il est si long et si mince. Si c'est moi qui dois vous « expédier, vous ne vous en apercevrez même pas. »

Le pauvre Mistrolet ne devait guère être en goût de plaisanteries macabres lorsqu'il se vit tout d'un coup transformé de fonctionnaire en détenu, car la législation punissait de mort tout complice d'évasion, et la complicité était très facilement admise. Son innocence fut vite reconnue; le 27 messidor, il était acquitté par le district de Versailles : le 29, il reprenait son emploi de concierge aux Récollets (1).

(1) A la suite de l'évasion de Guillemeteau, le Directoire du district se préoccupa des mesures à prendre pour éviter le retour d'un pareil fait. Son embarras fut grand. Il avait décidé, le 29 messidor, qu'une sentinelle serait placée chaque nuit le long du bâtiment donnant sur le jardin. On protesta ; la sentinelle, disait-on, serait, en cas d'événement, dans l'impossibilité de recevoir un secours quelconque. Le commandant de la garde natio-

Guillemeteau, ne sachant de quel côté porter ses pas, était retourné à Issy. Son allure devait être plus étrange que jamais. Dès le lendemain (8 messidor), un habitant de la commune l'amenait devant la municipalité. N'ayant pu exhiber qu'un passeport de 1790, il fut conduit à Bourg-l'Égalité, où l'on constata sans peine son identité. Le district de Versailles reçut avec une vive satisfaction la nouvelle de cette arrestation. Le futur commissaire du Directoire, Germain, qui remplissait provisoirement les fonctions d'agent national, écrivit à celui du district de l'Égalité : « Je t'invite à donner les ordres nécessaires pour faire conduire le fuyard à Versailles, sous bonne et sûre garde, le plus promptement possible, ou de le confier au gendarme que je t'adresse. Tu sais combien il est intéressant qu'il soit réintégré dans la maison d'où il est sorti. Ton zèle m'est trop connu pour que tu ne fasses pas toute la diligence possible. » Une fois l'abbé au Récollets, le district de Versailles redoubla d'activité. Le 11 messidor, les administrateurs déclarèrent que les pièces trouvées sur lui et l'interrogatoire ayant établi qu'il avait « entretenu des correspondances tant avec la famille Capet depuis sa détention, qu'avec d'autres ennemis de la République, dont la justice a déjà puni les forfaits », le Comité de Salut public et celui de Sûreté générale en seraient informés. Le 26 messidor, Germain adressait Guillemeteau à l'accusateur public près le Tribunal révolutionnaire ; c'était l'envoyer à la mort. Le 8 thermidor, il comparait devant le Tribunal.

nale, Locart, et le concierge remis en fonction, Mistrolet, demandèrent l'installation d'un poste dans l'intérieur de la prison. Le Directoire estima qu'une semblable mesure surchargerait trop la garde nationale et supprimerait la responsabilité qui devait incomber au concierge. Le 9 thermidor, intervint une nouvelle décision abrogeant l'arrêté précédent et enjoignant au concierge de faire, accompagné de deux gardes nationaux au moins, les visites, rondes et patrouilles qu'exigeraient les circonstances.

Sur les hauts gradins, dressés dans l'ancienne Grand'-Chambre, prennent place trente accusés de tout âge et de toutes conditions : des membres de familles de vieille noblesse (duc de Clermont-Tonnerre, marquis de Crussol-d'Amboise, princesse de Chimay, princesse de Monaco, comtesse d'Ossun, etc.), un évêque, plusieurs prêtres, un ancien magistrat, un aubergiste, un marchand, un homme d'affaires, une femme de chambre et même une fille des rues. L'audience ne se prolonge guère; l'exécution doit avoir lieu le jour même; il n'y a plus d'ailleurs qu'à peine un simulacre de justice : le sort des accusés est fixé d'avance, il n'est procédé qu'à un interrogatoire de pure forme, on n'admet plus de témoins qu'à titre exceptionnel, le décret de prairial a supprimé les défenseurs.

Les trente accusés sont condamnés à mort. Deux d'entre eux habitaient le département de Seine-et-Oise. L'un était de Caix, curé à Avernes, arrondissement de Pontoise. En nivôse, « un franc républicain de campagne » l'avait dénoncé comme fréquentant la maison du seigneur de Théméricourt, « genséniste, aristocrate dans l'âme ». L'enquête avait révélé notamment qu'il « faisait faire la première communion à des jeunes filles, différents jours de la semaine, pour éviter l'éclat ». Le second, Fournier, commissaire adjoint des guerres, avait été poursuivi à raison de propos contre-révolutionnaires qu'on lui imputait. Une circonstance récente encore de la vie de la comtesse d'Ossun se rattachait également au département de Seine-et-Oise. Marie-Antoinette, dont elle était la dame d'atours et l'amie, lui avait écrit un billet, avant de quitter Paris pour la fuite à Varennes, mais sans lui rien révéler du fatal projet. Sur l'ordre du Directoire du département, elle fut arrêtée, le 22 juin 1791, à Noisy, près Versailles, dans la propriété de sa mère, la comtesse de Gramont. Amenée à l'Hôtel de Ville de Versailles, elle fut acquittée le soir même par le Tribunal du district. Elle était revenue courageusement à Paris, après le 10 août. Bien qu'aucun fait n'eût été relevé contre elle depuis cette époque, le jugement du Tribunal révolutionnaire la déclara convaincue « d'avoir participé à tous ces complots infâmes qui se sont ourdis dans cette cour aussi perfide que corrompue ». « Peut-être, dit l'auteur d'une très intéressante étude (1), revit-elle alors dans une image fugitive cette Maison commune de Versailles où elle avait ressenti de poignantes émotions. » Que de souvenirs du passé ne pouvait-elle pas évoquer pendant ces derniers jours d'angoisses! Trianon, la Cour de Versailles, et aussi, en remontant plus loin, cette autre cour du duc de Choiseul exilé à Chanteloup, alors que jeune, adulée, elle était l'une des trois Grâces que Montesquiou célébrait en une chanson au gré de cette société frivole.

Quant à l'infortuné Guillemeteau, il devait attendre avec une religieuse résignation la sentence qui le condamnerait à mort pour avoir entretenu « des correspondances avec Capet père, Capet fils et l'infante Élisabeth, jusque dans leur prison » ? Que pouvait-il regretter de ce monde qu'il allait quitter? Sa vie avait été toute d'agitations stériles, de déceptions, de misères. Et cependant un homme compatissant ne lui avait-il pas jadis procuré une grande joie en le remerciant de ses vers par une lettre qu'il gardait précieusement sur lui; il n'avait en effet jamais cessé de se croire un poète, rimant encore, reclus aux Récollets. Il s'était figuré, dans la naïve bonté de son cœur, que ses poésies pourraient apporter quelque consolation aux royaux captifs du Temple.

(1) M. Coüard, *Un autographe de Marie-Antoinette* (*Mémoires de la Société des Sciences morales, des Lettres et des Arts de Seine-et-Oise*, tome XIX).

Il avait même espéré devenir, par une habile intercession, le pacificateur de l'Europe. Folles imaginations, visions de maniaque assurément; mais les belles illusions, s'il faut en croire un éminent académicien (1), ne sont-elles pas, « à tout prendre, le seul bonheur réel dont l'homme connaisse ici-bas la douceur »!

Avant la nuit, vingt-neuf victimes avaient péri sur l'échafaud de la barrière de Vincennes. Il en manquait une, c'était Thérèse de Stainville, princesse de Grimaldi-Monaco, nièce du duc de Choiseul, âgée de vingt-cinq ans à peine, « charmante, pleine de grâce, de gaieté (2) ». On a souvent rappelé sa fin émouvante. Après avoir été deux fois arrêtée, elle s'était réfugiée en province chez une amie; craignant de la compromettre, elle revint à Paris, où, à raison d'une nouvelle dénonciation, elle fut conduite à la maison des Oiseaux. La voiture envoyée à la prison du Plessis pour chercher les détenus qui seraient jugés le lendemain n'étant pas pleine, l'huissier chargé de cet odieux service la fit conduire aux Oiseaux pour compléter la fournée. C'est par suite de ce funeste hasard que la princesse de Monaco comparut à la même audience que Guillemeteau. Voulant pouvoir couper elle-même sa chevelure et l'envoyer à ses enfants, elle se déclara enceinte; dès le soir, elle se rétractait. Elle fit ainsi partie, le 9 thermidor, de la « dernière charrette ». De combien peu il s'en fallut qu'elle ne fût épargnée! L'infâme président Dumas, qui avait signé l'ordre d'exécution, était arrêté dans l'après-midi de ce même jour en pleine audience, et il n'était pas encore six heures lorsque la Convention décréta d'accusation Maximilien Robespierre (3).

(1) M. le marquis de Ségur, *Au couchant de la Monarchie*.
(2) Maugras, *La Disgrâce du duc et de la duchesse de Choiseul*.
(3) Lenôtre, *Le Tribunal révolutionnaire*.

APPENDICE

Les détails donnés par Mistress Elliott sur son séjour à la prison des Récollets sont tellement circonstanciés et précis qu'il ne semble pas qu'on puisse douter qu'elle y ait été détenue. « On m'avait logée, dit-elle, dans une vaste salle, qui avait été habitée par trois ou quatre cents lapins; elle était malpropre et infecte. Il y avait certainement la place pour une quarantaine de lits; dans un coin un mauvais grabat à roulettes, avec deux vieilles chaises, une table sale et non moins vieille, une chandelle dans un chandelier, des chenets, des pelles et pincettes, et une cheminée où on aurait pu faire rôtir un bœuf tout entier; là brûlait un grand feu dont l'aspect était consolant. Pendant tout le temps que je passai dans cette prison, on ne me refusa jamais de feu, parce qu'on brûlait les portes, les barrières et les poteaux qui se trouvaient dans les bois et les parcs autour de Versailles... »

Comment supposer qu'elle ait dressé un inventaire minutieux d'un mobilier qu'elle n'aurait pas vu et décrit aussi une salle où elle ne serait pas entrée! — Elle trouve la nourriture horrible; les documents que j'ai cités prouvent qu'il n'y a guère d'exagération dans son récit. — Elle parle du représentant Battelier, qui avait été en effet délégué à la manufacture de Sèvres, du représentant Crassous, qui était en mission dans le département de Seine-et-Oise; ce qu'on sait de ce dernier permet d'admettre qu'il aurait bien été capable de lui reprocher, ainsi qu'elle le prétend, le luxe insolent dont elle abusait en portant sur elle un sachet parfumé. — Le propos qu'elle prête à l'exécuteur de Versailles a pu être « arrangé » par elle; mais l'exécuteur d'alors s'appelait bien Sanson; il était le frère de celui de Paris. — Elle fait l'éloge d'un geôlier ou concierge qui aurait été remplacé par un septembriseur dont elle se plaint fort; en l'an II, Mariotte, dénoncé comme cumulant l'emploi de concierge dans deux prisons, a été remplacé par Mistrolet (1). — Elle signale les bénéfices que les concierges prélevaient sur la nourriture des prisonniers ; or, les concierges avaient alors le privilège des fournitures dans les maisons de détention, et on reprocha à Mariotte d'en avoir abusé (2).

Malgré tant de preuves de la véracité de Mistress Elliott, on est hésitant. Le registre d'écrou des Récollets paraît très exactement tenu ; son nom n'y figure pas, il en est de même de celui d'un vieux médecin anglais qu'elle y aurait rencontré et dont elle aurait obtenu la mise en liberté. Cette constatation donne à réfléchir, car on ne trouve pas davantage le nom de Mistress Elliott sur les registres d'écrou des différentes maisons de Paris où elle affirme avoir été incarcérée (3). Elle est d'ailleurs sujette à caution en ce qui touche les prisons au temps de la Terreur. Elle raconte dramatiquement les derniers adieux de François-Philippe de Custine à sa femme, dont elle aurait été témoin à la maison des Carmes ; or, c'est à la Conciergerie qu'a eu lieu la séparation des deux époux. M. A. Bardoux, après avoir relevé dans son ouvrage sur Mme de Custine cette flagrante inexactitude, ajoute : « Tout est faux dans ces

---

(1) Laurent-Hanin, *Histoire municipale de Versailles*, t. III, p. 207.
(2) Voy. *Versailles pendant la Révolution française*, par M. Gatin, p. 110.
(3) *La Grande Encyclopédie* (M. Ch.-V. Langlois).

quelques lignes. » De son côté, M. Langlois dit, en parlant des Mémoires : « C'est un livre curieux, mais qui fourmille d'erreurs volontaires ou involontaires. » Faut-il penser que Mistress Elliott, pour ajouter de l'intérêt et du piquant à ses Mémoires, y a inséré des récits recueillis par elle ? Mais auprès de qui aurait-elle pu recueillir ceux qui concernent la prison des Récollets ?

Sainte-Beuve, dans la notice qu'il a consacrée à Mistress Elliott, ne se pose pas de semblables questions. Il a manifestement subi le charme de la séduisante Anglaise; il admire son courage, la fermeté de ses opinions politiques; il est touché de la sincérité de ses impressions. Quelque enclin qu'il soit au scepticisme, quelque soin qu'il apporte d'ordinaire à tout scruter, il ne songe pas à contrôler une seule de ces anecdotes si bien et si finement contées.

FIN

TABLE DES MATIÈRES

L'Administration centrale de Seine-et-Oise et le Directoire... 1
L'Administration municipale du canton de Marly-la-Machine.... 103
Un Politicien de village............................ 166
Benjamin Constant a Luzarches......................... 276
François Fréville.................................... 400
Jacques Guillemeteau 419

4181-13. — Corbeil. Imprimerie Crété.

www.ingramcontent.com/pod-product-compliance
Lightning Source LLC
Chambersburg PA
CBHW060927230426
43665CB00015B/1867